SAM HEUGHAN
GRAHAM MCTAVISH

mit Charlotte Reather

THE CLANLANDS ALMANAC

Ein Jahr voll schottischer Abenteuer

Aus dem Englischen
von Barbara Schnell

Die englische Originalausgabe erschien 2021 unter dem Titel
»The Clanlands Almanac« bei Hodder & Stoughton, London.

Besuchen Sie uns im Internet:
www.droemer-knaur.de

Die Verlagsgruppe Droemer Knaur hat sich zu einer nachhaltigen Buchproduktion verpflichtet. Gemeinsam mit unseren Partnern und Lieferanten setzen wir uns für eine klimaneutrale Buchproduktion ein, die den Erwerb von Klimazertifikaten zur Kompensation des CO_2-Ausstoßes einschließt. Weitere Informationen finden Sie unter www.klimaneutralerverlag.de

Deutsche Erstausgabe Oktober 2023

Die Rezepte in den Kapiteln Februar, April und Juli wurden freundlicherweise zur Verfügung gestellt von Tony Singh (tonysingh.co.uk).
Redaktion: Isa Theobald
Covergestaltung: ZERO Werbeagentur, München
Coverabbildung: Iain McIntosh,
Cover-Fotografie: Sarah Christie, Hodder & Stoughton
Abbildungen im Innenteil: Clan-Wappen: Peter Liddiard;
Landkarten: Rosie Collins; Illustrationen: Ian McIntosh; Autor:innenfotos:
Garance Doré (Graham McTavish), Matt Sayles (Sam Heughan),
Matthew Davison (Charlotte Reather)
Satz und Layout: Adobe InDesign im Verlag
Druck und Bindung: GGP Media GmbH, Pößneck
ISBN 978-3-426-22806-7

2 4 5 3 1

Für dich, lieber Leser, der du im Begriff bist, dich mit uns durch ein
herzerfülltes schottisches Jahr auf diese große Reise zu begeben.
Ich vermute, wir werden uns unterwegs verirren,
viel zu viel feiern, lachen, aneinandergeraten und das
»größte kleine Land der Welt« über den grünen Klee loben –
allerdings sind wir voreingenommen.
Haltet eure Mützen fest, schürzt eure Lenden
und hütet euch vor extra-großem Haggis.
– Sam

Für unsere Familien. Die ungebrochene Reihe all derer,
die viele Strapazen und große Opfer auf sich genommen haben,
um denen zu helfen, die ihnen folgten.
Dieses Buch ist für ihre Geschichte und für ihr
kostbarstes Geschenk – unsere Zukunft.
– Graham

PROLOG

GRAHAM

Ich liebe Jahrbücher. Ich liebe die bunte Mischung, die faszinierenden Fakten, über die man stolpert, und die Gelegenheit, auf verschlungenen Abwegen in unerforschte Gebiete vorzudringen. Dieses Buch erkundet Schottland, Schottlands Geschichte und seine Menschen. Dazu gesellen sich unsere persönlichen Erinnerungen; in einem Moment erzählen wir euch davon, wie Sam vor einem McDonald's von seiner Verabredung versetzt wurde (er ist zum falschen Burgerladen gegangen), im nächsten lassen wir euch miterleben, wie mich Sam an einem Seil von der Kante des Kilt Rock auf Skye baumeln ließ, während ich mich verzweifelt festklammerte und kaum noch Luft bekam.

Dann wieder kommt Sam unvermittelt mit dem Drink des Monats um die Ecke, als wollte er mir eine Stärkung verabreichen, ehe ich mich daranmache, euch von der blutrünstigen Schlacht des Monats zu berichten, weil mich die Jahreszeit darauf bringt. Hin und wieder gibt es auch ein Rezept. Wir können ja schlecht ein Buch ohne Essen schreiben, oder? Außerdem geht es um unseren ewigen Konkurrenzkampf; dieses Buch dokumentiert nicht nur unsere Rivalitäten während der Dreharbeiten zu unserer Dokuserie *Men in Kilts – Die Schotten kommen*, sondern auch, wie weit wir dabei gehen können, uns auf dem Papier zu beleidigen und trotzdem Freunde zu bleiben.

Wie viele andere Schotten betrachte ich die Fähigkeit, Beleidigungen auszuteilen und einzustecken, als wahren Maßstab für Freundschaft und Selbstironie. So gesehen ist dieses Buch ein Meisterwerk der kaum verhohlenen Anspielung, der stabilen Retourkutsche und der fiesen Rückhand, garniert mit einer Prise Übertreibung. Ihr solltet also beim Lesen drei Dinge nicht vergessen: Alle historischen Fakten sind wahr, alle Personen und Orte gibt es tatsächlich, alles andere sollte mit Vorsicht genossen werden. Vor allem aber hoffe ich, dass ihr Spaß daran haben werdet.

SAM

Was da oben steht, sollte nicht beachtet werden.

Hereinspaziert, hier ist MEIN GROSSES SCHOTTLANDBUCH!

JANUAR

Auld Lang Syne
Wir liefen über Stock und Stein,
kein Ziel war uns zu weit.
Oft war'n die Wege dornenreich
seit jener Jugendzeit.
Robert Burns, 1788

Clan Galloway
Motto: *Höher*
Region: Galloway
Clanhäuptling: Dieser Familienname ist kein eingetragener Clan;
daher gibt es kein offizielles Oberhaupt.
[Sam: Vielleicht bin ich es ja – ich habe gerade herausgefunden, dass mein Familienname mit dem GALLOWAY*-Clan zusammenhängt!* ZU MIR, ZU MIR*!]*

WICHTIGE KALENDERDATEN

1. – Neujahrskater
»Loony Dook« – Neujahrsschwimmen in Edinburgh
5. – Die zwölfte Raunacht
11. – Nationaler Tag des Grogs
25. – Burns-Fest
Ende Jan bis Anfang Feb – »Celtic Connections« – keltisches Musikfestival in der Glasgow Royal Concert Hall
Jan–März – »Up Helly Aa« – Britanniens größtes Feuerfestival auf Shetland

GRAHAM

JANUAR. In vielerlei Hinsicht der grausamste Monat (vielleicht abgesehen vom Februar, auf den wir zu gegebener Zeit noch kommen werden), es sei denn, man lebt in Neuseeland, wo die Sonne leuchtet und die Tage lang sind. Aber wenn man ein Kind der nördlichen Hemisphäre ist, ist man mit dem erdrückenden seelischen Kater vertraut, der sich Januar nennt. Der Dezember hat Rhythmus und Energie. Die wachsende Spannung vor Weihnachten – die Lichter, die Einkaufstouren, die Weihnachtsfeiern, die Wintersonnenwende. Das alles zusammen verleiht dem Dezember ordentlich Schwung. Im Kontrast dazu ist der Januar wie der Morgen danach. Du hast den letzten Bus/Zug nach Hause verpasst, du hast kein Geld mehr, dein Flirt von der Party ist mit jemand anderem nach Hause gegangen … (Ihr wisst schon).

Januar ist einfach Mist.

SAM

Was für ein heiterer Start unseres Schlängelpfads durch das *Clanlands*-Jahr, Graham. Ja, der Januar ist ernüchternd, ein bisschen so, als müsste man der Tante aus Aberdeen ein Küsschen geben – kalt und elend (nicht die Tante oder Aberdeen, räusper). Okay, es ist einfach nur kalt – und ich will nie wieder die Worte »die Bestie aus dem Osten« hören (diese Kältewelle hat nämlich den Dreharbeiten der sechsten *Outlander*-Staffel diverse Steine in den Weg geweht, zusammen mit Corona und Grahams Hotelrechnung) –, aber deshalb haben wir Schotten schließlich so viele whiskygetränkte Feste erfunden: um durch diesen Monat zu kommen. Angefangen mit dem Silvesterabend – Hogmanay.

Es gehört zu unserer Tradition, dass wir den Januar jedes Jahr mit einem allmächtigen Kater beginnen – einer ausgewachsenen Bestie direkt hinter den Augen.

Auf Gälisch nennen wir es *ceann-daoraich* – das ist, was passiert, wenn man sich die Kante gibt, sich volllaufen lässt, sich einen hinter die Binde gießt, einen heben geht – Augen zu und durch beim Hogmanay, unserer schottischen Silvesterparty.

[Graham: Darf ich etwas sagen?]
[Sam: Warum habe ich damit gerechnet?]

WETTKAMPF DES MONATS

SAUFEN, BIS DER ARZT KOMMT

GRAHAM

Wie viele Leser unserer Abenteuer in *Clanlands* wissen werden, macht Sam aus allem, und damit meine ich aus ALLEM, einen Wettstreit. Ich gebe zwar zu, dass Sam ein schier unmenschliches Fassungsvermögen für Whisky besitzt (ich hänge ihm da hoffnungslos hinterher), aber eigentlich sind wir da beide nur Anfänger. Duncan Lacroix dagegen, der in *Outlander* den Murtagh spielt, ist ein wahrer Meister der Schwarzen Künste. Der Usain Bolt der Schluckspechte. Der Yo-Yo Ma der Cocktailkarten.

Clanlands-Leser sind mit dem Abend vertraut, an dem er in meiner Wohnung durch den gläsernen Beistelltisch gefallen ist und ich ihn ins Bett tragen musste. Ein andermal war er mit Stephen Walters, der in *Outlander* Angus MacKenzie spielt, in seiner Lieblingskneipe, wo er sich an der Theke bestens mit einer jungen Dame amüsiert hat. Am Ende des Abends hat Duncan die Gelegenheit ergriffen, sie noch zu einem Absacker zu sich einzuladen. Sie hat angenommen, allerdings ohne zu erwähnen, dass sie den Rest ihrer zwielichtigen Familie mitbringen würde (die in der Ecke ein Bier nach dem anderen verkimmelt und in aller Ruhe zugesehen hatte, wie Lacroix mit ihrer Cousine anbandelte). Soweit ich weiß, haben sie seine Wohnung nie wieder verlassen und sind vermutlich heute noch da.

Duncan hat mir ein paar gruselige Saufgeschichten erzählt. Einmal wurde er von einem Auto überfahren, einmal wurde er morgens wach, und seine ganze Wohnung war voller Blut. Außerdem erinnere ich mich vage an irgendetwas, was auf Kuba passiert ist und bestimmt mit Fidel Castro zu tun hatte.

Und dann war da Stephen Walters' Abschiedsparty.

Oje.

Stephen war der Erste aus unserer lustigen Highland-Truppe, der mit dem Dreh fertig war, und wir haben ihn in einem Restaurant in Glasgow zünftig verabschiedet. Der Abend neigte sich dem Ende zu. Ich verkündete, dass ich nach Hause ins Bett wollte. Stephen, Sam und sogar Cait (Caitriona Balfe, Claire Fraser in *Outlander*), die durchaus ordentlich was verträgt, sind auch gegangen – blieben noch Duncan und Grant O'Rourke (Rupert MacKenzie in *Outlander*), die beide fröhlich verkündeten, dass sie noch »auf ein Glas« in Duncans Wohnung gehen würden. (Ich hoffe, er hatte das Blut weggewischt.)

Schnitt. Es ist fünf Uhr nachmittags am nächsten Tag. Ich bekomme einen Anruf von Grant.

Sie sind in der Kneipe. Sie waren nicht im Bett. Ich kann hören, wie Duncan etwas zu trinken bestellt. Sein Gelalle kann ich nicht verstehen, aber die Antwort der Kellnerin höre ich deutlich. »Nein! Das mache ich nicht!«

Dann hat sich Duncan das Telefon geschnappt und mir erzählt, er dächte darüber nach, morgen bei der Leseprobe jemanden vom Produktionsteam zu ermorden. Ich sollte das mit meinem Handy aufnehmen.

Der nächste Tag kam, die Leseprobe begann. Duncan und Grant erschienen.

Zu sagen, dass sie aussahen wie von den Toten auferstanden, ist eine Beleidigung für jeden anständigen Toten. Sie sahen aus, als hätte man sie über Nacht begraben, dann aus der Erde geholt und zum Studio gebracht. Ihre Gesichtsfarbe erinnerte an vergammeltes Gebäck. Wenn sie eine Dialogzeile lesen mussten, klang es, als läsen sie ihr eigenes Todesurteil in einer Fremdsprache vor. Duncan hatte den Kopf in die Hände gestützt und konzentrierte sich darauf, nicht auf das Drehbuch zu kotzen. Grant hat, glaube ich, heimlich geweint.

Ich muss wohl nicht sagen, dass Sam und ich unsere helle Freude an dieser Leseprobe hatten.

SAM

Graham hat recht, zu den vielen Talenten, die ihm im Gegensatz zu mir fehlen, gehört, dass ich tatsächlich einiges vertrage, aber Duncan ist in seiner eigenen Liga unterwegs – der Mann hat einen Ehrendoktor in Dipsomanie. Im Vergleich dazu sind Graham und ich totale Amateure, aber was den Graubart bei diesem nationalen Wettkampfsport von mir unterscheidet, ist die Tatsache, dass ich besser funktionieren kann. Oder vielleicht besser verstecken kann, dass ich nicht mehr Herr meiner Sinne bin. Graham dagegen trinkt drei Gläser Sauvignon, und es zieht ihm den Boden unter den Füßen weg. Manchmal buchstäblich. Wie zum Beispiel damals, als wir auf einer Fähre zu Dreharbeiten auf der Hebrideninsel Lewis unterwegs waren.

Graham war mit allen an der Bar und trank einen »kostenlosen« Prosecco nach dem anderen. Ich dagegen bleibe lieber an Deck, wenn ich mit der Fähre reise – sehe zu, wie die Landschaft vorüberzieht, schaue ins Blaue hinaus und suche nach Lebenszeichen im Meer. Ich genieße das sehr, weil es sich wie ein Abenteuer anfühlt. Man kann in die Fjorde blicken und aus einer anderen Perspektive auf das Land zurückschauen. Man fühlt sich wie ein Entdecker, der sich einen Weg in die Wildnis bahnt, bis dann die Inseln finster und mysteriös aus dem Nebel auftauchen. Pure Magie.

Aber dafür hat sich Graham gar nicht interessiert. Seine erste Anlegestelle war die Kantine, wo er einen Latte macchiato (und natürlich etwas zu beißen) bestellt hat, danach die Bar. Etwas später ist er wieder in die Kantine, um noch einmal zu essen.

Als er schließlich mit rotem Gesicht und über-erfrischt oben an Deck erschienen ist, hat ihn der Wind überrascht. Ich habe auf Video, wie er sich in den Sturm wirft, das graue Hemd passend zum grauen Bart, dazu MEIN gestohlener Sassenach-Tartan-Schal (den er nie zurückgegeben hat), eine »I Love Scotland«-Baseballkappe und Palladium-Schuhe (seine Lieblings-»Jugend«-Modemarke, die er in den Vierzigern als Teenager getragen hat). Die Arme hatte er theatralisch ausgestreckt, als wollte er abheben, das obligatorische Glas italienische Brause fest mit den langen Fingern umklammert. Weniger Kate Winslet als vielmehr Rockertyp / älterer Weinsnob. Ein paar Minuten ist er geblieben, dann ist er wieder unter Deck gegangen. »Ein kleines Gläschen Prosecco noch.« Und einen Snack.

4. Januar 1961 – Graham James McTavishs Geburtstag

SAM

Lassen wir Grahams Albereien auf der Fähre und wenden wir uns der eigentlichen Feierlichkeit zu, denn am vierten Januar jährt sich jener bedeutsame Anlass, der … Grahams Geburtstag ist! Ich glaube, dieses Jahr ist es sein hundertster, vermutlich wird er einen Brief aus dem Königshaus bekommen. Trinken Hundertjährige Champagner? Vielleicht mit einem Strohhalm?

[Graham: Es ist ja nicht so, dass ich hundert Jahre alt bin; nach zwei Stunden Dienst mit dem rothaarigen Trunkenbold fühle ich mich nur so.]

GRAHAM

Januarbabys sind eine besondere Sorte, denn der Januar ist nicht nur das Sparta unter den Monaten, Anfang Januar ist auch das »Gehen Sie nicht über Los, ziehen Sie keine 200 Euro ein« unter den

Geburtstagen. Ich kann die Geburtstage, die ich tatsächlich gefeiert habe, vermutlich an zwei Händen abzählen. Versteht mich nicht falsch, als ich klein war, gab es keine großartigen Kindergeburtstage. Heute scheint es eine Party zu brauchen, wenn ein Kind sich ohne Hilfe eine Schüssel Cornflakes machen kann.

Der vierte Januar ist einfach ein Datum, an dem die Leute keine Lust zum Feiern haben. Eigentlich war meine Mutter für den ersten Januar ausgezählt, aber weil ich noch drei Tage zusätzlich in ihrem Bauch abgehangen habe, bin ich zu lebenslanger Geburtstagsindifferenz verurteilt, statt jedes Mal überschwänglich gefeiert zu werden, wenn die Uhr Silvester Mitternacht schlägt! Nicht, dass die Leute nicht feiern wollen. Sie vergessen es einfach. Oder sie sind pleite. Oder immer noch verkatert.

Ich brauchte an meinem Geburtstag nie in die Schule. Deshalb halte ich es mit Geburtstagen wie Oliver Twist: »Bitte, Sir, ich will noch einige mehr.« Dem Panto-Theater (siehe DEZEMBER) verdanke ich den einzigen Geburtstag, an dem ich gearbeitet habe. Die Besetzung hat mir tatsächlich einen Flachmann gekauft und ihn mir in einer Pause geschenkt. Es war so aufmerksam und liebenswert von ihnen, dass ich vor Glück und Dankbarkeit praktisch geweint habe.

Ich habe ein Foto von mir an meinem ersten Geburtstag. Ich war im Bett meiner Eltern, umringt von meinen Geschenken – einem blauen Teddy (seinen Verlust betrauere ich heute noch), einem Doppeldeckerbus aus Plastik und ein paar Holzbauklötzen. Sagen wir es so, auf dem Bett war noch VIEL Platz für andere Geschenke, die NIE gekommen sind.

Zu meinem zweiten Geburtstag habe ich vermutlich einen Kohleklumpen und einen gebrauchten Stift bekommen. Apropos, meine Mutter kann sich erinnern, dass mein Vater einmal von seiner Tante wirklich einen Kohleklumpen zu Weihnachten bekommen hat. Das ist kein Scherz.

[Sam: Sie hätten ihm einen Latte macchiato schenken sollen. Das hätte ihm bestimmt sogar als Kind gefallen. Ein Babyccino?]

Im Alter von einem Jahr war ich mir der bevorstehenden Jahrzehnte der Enttäuschung dermaßen unbewusst, dass ich tatsächlich selig gelächelt und sehr zufrieden ausgesehen habe.

[Sam: Jetzt behauptet er schon, dass er sich daran erinnern kann, was er als Baby gedacht hat.]

[Graham: Manche Erinnerungen sitzen tief.]

Spulen wir vor zu meinem achtzehnten Geburtstag, den ich tatsächlich im Juli gefeiert habe, weil ich wusste, dass im Januar keiner kommen würde. Das war eine richtige Party. Viele Leute aus der Schule. Meine Eltern haben mir erlaubt zu feiern, während sie nicht da waren. Rückblickend war das großartig von ihnen, obwohl es damals eher bedeutete, dass meine Angst, irgendetwas könnte kaputtgehen, mich davon abhielt, die Party zu genießen. Alle anderen haben es getan, einschließlich des Pärchens, das sich im Bad meiner Eltern eingeschlossen hat, bis ich es geschafft habe, die Tür mit Gewalt zu öffnen. Allen Berichten nach war Grahams achtzehnter Geburtstag ein voller Erfolg. Hätte ich mich doch nur entspannen können, hätte ich dem vielleicht zugestimmt.

Seitdem habe ich die großen Geburtstage gefeiert – meinen einundzwanzigsten, den dreißigsten, vierzigsten und fünfzigsten. *[Sam: Grahams Geburtstagskalender: Einundzwanzig – Weltwirtschaftskrise, dreißig – Deutschland marschiert in Polen ein, vierzig – Explosion der ersten Atombombe, fünfzig – Fidel Castro ergreift die Macht in Kuba … erkennt ihr das Muster?]*

Die Partys habe ich selbst organisiert, wobei ich ehrenhalber erwähnen muss, dass meine Frau eine große Party zu meinem Achtundvierzigsten arrangiert hat. Ich bin sogar so weit gegangen, meinen Fünfzigsten DREIMAL zu feiern, einmal in London, einmal in Los Angeles und einmal in Neuseeland. Zu diesem Zeitpunkt war eindeutig mein gigantisches Ego an die Stelle meines partyfreien Lebens getreten.

Mein Dreißigster war schön. Ich hatte für etwa fünfundzwanzig Freunde Tische in einem Thai-Restaurant in Camberwell reserviert. Nach etwa einer halben Stunde kam einer der Kellner mit einer großen Videokamera hinter dem Blattwerk einer riesigen Topfpflanze hervor. Er filmte schon seit einiger Zeit, ohne dass einer von uns davon wusste. Er hat unsere ganze Mahlzeit aufgenommen. Den Film habe ich heute noch (von VHS auf DVD konvertiert). Er erinnert mich an meine katastrophale Garderobe an diesem Abend – eine goldene Veloursweste, eine Cordhose mit Rüschenhemd, gepaart mit den Anfängen eines Schnurrbarts, den ich mir für *Was ihr wollt* habe wachsen lassen – und an die Tatsache, dass ich von mindestens fünf der fünfundzwanzig Gäste KEINE Ahnung habe, wer sie waren.

[Sam: Aber haben sie die Rechnung bezahlt?]

Insgesamt waren es acht Geburtstage, die der Erwähnung wert sind, weil sie mehr waren als ein ruhiges Bier in der Kneipe mit einer Handvoll Freunde. Ich freue mich darauf, die Liste zu erweitern. Bei meinem Tempo schaffe ich vielleicht noch vier solcher Abende, falls ich tatsächlich hundert werde.

5. Januar – Die zwölfte Raunacht

SAM

Ich kriege die Veloursweste, die Cordhose, das weiße Rüschenhemd und den Schnurrbart nicht aus dem Kopf (ich wette, den Lesern geht es genauso), aber sie erinnern mich auf gespenstische Weise auch an den fünften Januar, die zwölfte Raunacht – *Twelfth Night,* die zwölfte Nacht, ist der Originaltitel von Shakespeares *Was ihr wollt*. Der zwölfte Tag nach Weihnachten, die Nacht vor dem Dreikönigsfest und dem Beginn der Karnevalssaison (also dem Mardi Gras) feiert die Welten, die auf dem Kopf stehen.

Gestattet mir, euch ins Jahr 1997 mitzunehmen. Ich war der Herzog Orsino in einer Schulaufführung von *Was ihr wollt*. Mein Kostüm bestand aus einem Samtumhang, einem grünen Turban und einem geliehenen falschen Schnurrbart, ein paar Jahre, bevor mir selbst einer gewachsen ist (McTavish der Graue wird vermutlich sagen, dass mir heute noch keiner wächst). *[Graham: Als ob ich das sagen würde. Es gibt so viele Zwölfjährige, die dich um deinen Schnurrbart beneiden.]*

Orsino wendet sich an das Publikum. Der Herzog ist unsterblich in die Gräfin Olivia verliebt (zumindest glaubt er das). Zufälligerweise war ich auch in eine junge Dame dieses Namens verliebt, die allerdings keine Gräfin war, und deren Herz ich leider nie gewinnen konnte. Orsinos Liebe hält, bis er Viola begegnet, die vorgibt, ein Mann zu sein. Nach vielen Missverständnissen und Verkleidungen finden der Herzog und Viola schließlich zusammen. Puh, danke, Shakey. Es war mein erstes Shakespeare-Stück. Ich war furchtbar. Ich habe mich unwohl gefühlt, hölzern gespielt und kam weder mit der dichten Sprache noch mit dem Versmaß klar.

Zu dieser Zeit bin ich dann aber zum *Lyceum Youth Theatre* gestoßen und habe Bekanntschaft mit den Schauspiel-Profis dieser Kompanie geschlossen. Sie haben mich ermuntert, mir eine andere Figur aus diesem Stück genauer anzusehen und diese für mein Vorsprechen an der Schauspielschule zu benutzen. Ich habe mich (unter anderem) beim *Royal Conservatoire of Scotland* beworben und konnte dort schließlich drei Jahre lang klassisches Schauspiel studieren. Vor Kurzem habe ich ein Stipendium eingerichtet, das es jedes Jahr zwei Studenten ermöglicht, ihrer künstlerischen Ausbildung nachzugehen. Es macht mich so stolz, dass ich etwas zurückgeben kann. Ich weiß noch, was für ein Kampf es die meiste

Zeit war, als Student mein Essen und die Lebenskosten zu finanzieren. Ich hoffe, dass das einigen Nachwuchsmimen helfen wird. *[Graham: Ich wiederum habe eine Petition an den Papst gerichtet, dich noch zu Lebzeiten heiligsprechen zu lassen.]*

In *Was ihr wollt* hat es Olivia auf Sebastian abgesehen, Violas Bruder (weil Viola als Mann verkleidet ist und Olivia sie für Sebastian gehalten hat). Na, schon verwirrt? Ihr braucht nur zu wissen, dass ich in der Rolle des Sebastian das Kollegium der Schauspielschule erfolgreich davon überzeugen konnte, dass ich tatsächlich schauspielern (oder mich als Frau verkleiden) kann. Der Rest ist, wie man sagt, Geschichte.

Sebastian
Ich hätte Lust, den Augen zu misstrauen
Und die Vernunft zu schelten, die ein andres
Mich glauben machen will, als ich sei toll,
Wo nicht, das Fräulein toll
Was ihr wollt: Vierter Akt, dritte Szene

25. Januar – Burnsfest

SAM

Ah, Rabbie. Ein *Clanlands*-Almanach ohne Burnsfest wäre ein Ding der Unmöglichkeit gewesen – es ist ein lebenswichtiges Datum im schottischen Kalender.

Als Erstes müssen wir den Scheinwerfer auf den Barden von Ayrshire selbst richten, den Pflugscharpoeten, Schottlands Nationaldichter und Lieblingssohn, Robert »Rabbie« Burns. Er wurde am 25. Januar 1759 in Alloway, Ayrshire, geboren und war Bauer, ehe er später Steuereintreiber wurde, um sein Dasein zu finanzieren. Man betrachtet ihn als einen der Gründerväter der Romantik.

Seine Gedichte im schottischen Dialekt sind geistreich, satirisch und voller Leidenschaft für seine Themen und für Schottland.

An eine Maus
Du schüchtern, kleines, schlankes Thier,
Mit welcher Angst fliehst Du von hier,
Du brauchst vor meiner Pflugschar Dich
Ja nicht zu scheun.
Thät' ich Dir weh, es würde mich
Gar sehr gereun!
Robert Burns, November 1785

Als Kind musste ich jedes Jahr im Januar Texte auswendig lernen und aufsagen, von denen ich kein Wort verstand. In der Schule gab es einen Rezitierwettbewerb, bei dem es nur eine Urkunde zu gewinnen gab. Ich wollte so gern Erster werden, aber am Ende wurde es jedes Mal nur eine Teilnehmerurkunde. Bäh. Ich habe immer das kürzeste Gedicht aus seiner großen Sammlung von Lyrik und Liedtexten ausgesucht. Das Einzige, das ich auch nur im Ansatz verstehen konnte, war »An eine Maus«, ein Gedicht, in dem es um eine arme kleine Feldmaus ging, deren Heim vom Pflug eines Bauern zerstört wird. Die erste Zeile war meine Lieblingszeile. »Du schüchtern, kleines, schlankes Tier«. Viel weiter bin ich dann auch nicht gekommen. Der Rest war viel zu lang. Auch nach tagelanger Plackerei mit diesen Zungenbrechern habe ich die Handlung nicht verstanden.

Fünfundzwanzig Jahre später hatte Bruce Wayne ein großes Messer in der Hand, um auf eine schottische Wurst einzustechen. Wir waren mit der Liveshow *Batman Live* unterwegs, in der ich über ein Jahr international die Hauptrolle gespielt habe. Zum Burnsfest hatte unser Tourkoch, der aus Edinburgh stammte, Haggis für die ganze Besetzung und die Techniker aufgetischt. Ich hatte genug Whisky beigesteuert, um sie alle zu ertränken. Wir waren irgendwo in Deutschland oder Frankreich, ich weiß es nicht mehr, aber draußen war es kalt und schneite. Wir haben vor der letzten Vorstellung des Tages zu Abend gegessen. Der Joker war im Begriff, Prügel von Batman (also mir), von Catwoman und dem frisch zu »Robin« umgetauften Dick Grayson zu beziehen (der arme alte Dick).

Ich bin aufgestanden und habe »An einen Haggis« rezitiert (glücklicherweise habe ich dabei nicht die Batman-Maske getragen), um auf das schottische Nationalgericht anzustoßen. Alle Anwesenden waren verwirrt über das breite Schottisch, nervös, weil sie einen gefüllten Schafmagen essen sollten, aber begeistert vom Feuerwasser. In diesem Moment habe ich endlich verstanden, was die Worte bedeuteten!

Wie bei Shakespeare ist die Sprache dicht und komplex, doch wenn man sich mit dem Versmaß und den Reimen beschäftigt, eröffnet sich der Sinn. Der Text ist wunderschön – viele schottische Wörter sind lautmalerisch und unglaublich anschaulich. Es macht Spaß, sich an ihrer Aussprache zu versuchen. Ich habe einmal gelesen, dass die schottische Sprache einer der wenigen Dialekte ist, der jeden Klang benutzt, den der Mund erzeugen kann.

Das »ch« in Loch kann sich so anhören, als würde man seinen Hals vom Schleim befreien. Das ist tatsächlich die korrekte Aussprache von Heughan – »Hiuuchhan« –, obwohl ich schon viele Versionen gehört habe. *[Graham: Die korrekte Aussprache deines Namens ähnelt also dem Geräusch, das ein Betrunkener nach einem besonders scharfen Kebab über der Kloschüssel macht …]* Die besten Versuche höre ich allerdings immer, wenn ich unsere amerikanischen Freunde besuche. Ich habe darüber nachgedacht, mir einen internationaler klingenden Namen zuzulegen, aber alles, was mir eingefallen ist, war »Sam Galloway«. Das klingt nach einem Pornodarsteller aus den Fünfzigern.

Aber ich schweife ab. Robert Burns’ »Lallans« (Lowland-Schottisch) ist einfach herrlich – ich meine, *Auld Reekie,* also »alte Riecherei«, für Edinburgh?

SAMS KLEINE BURNSFEST-KUNDE

Der Legende nach war das erste Burnsfest im Juli 1801, als sich neun Freunde in der Kate des Dichters in Alloway zusammengesetzt haben, um bei Haggis und Schafkopf den Todestag des Dichters zu begehen. Sie haben Reden zu seinen Ehren gehalten, sein Werk rezitiert, reichlich Whisky getrunken und sich alles in allem so gut amüsiert, dass sie beschlossen, das Ganze an seinem Geburtstag zu wiederholen.

Wie bei anderen schottischen Festen ist es auch am Burnsfest wichtig, dass man ein gutes Bild abgibt.

Bei einem offiziellen Burns-Dinner sollten die Herren die Gala-Version der traditionellen Highland-Kleidung tragen. Dazu braucht man crst cinmal Kilt und Sporran – vorzugswcisc im Tartan-Muster des eigenen Clans.

[Graham: Die McTavishs haben ein ganzes Tartan-Sortiment: Gala, Jagd, modernes Rot.]

[Sam: Die Galloways (mein Clan) auch. Ganz genau so.]

[Graham: Das ist doch hier kein Wettstreit.]

[Sam: Alles ist ein Wettstreit.]

[Graham: Du brauchst ’ne Therapie. Dazu komme ich später noch. Wenn ihr keinen Tartan habt, könnt ihr bei Sassenach wunderschöne moderne Muster kaufen.]

Highland-Abendgarderobe für den Herrn

- Mit Plaid oder Kilt oder Hose im Gala-Tartan oder im regulären Clan-Tartan (wenn ihr kein Sortiment habt wie die McTavishs). Wer keinem Clan angehört oder nicht aus Schottland ist, kann gern den Sassenach-Tartan tragen
- Eine Kiltnadel
- Ein Frackhemd mit Umlegekragen, Kragenknöpfen und Doppel- oder Sportmanschetten
- Eine Fliege, einfach oder passend zum Tartan. Ich bevorzuge einen weißen Rüschenkragen (wie ein Richter aus dem neunzehnten Jahrhundert. Kommt bei den Damen super an!)
- Ein Prinz-Charlie-Jackett – ein kurz geschnittenes Jackett mit kurzen Schößen und Silberknöpfen
- Ein Abend-Sporran mit Silberkette
- Schwarze Halbschuhe
- Kniestrümpfe mit Strumpfbändern aus Seide oder Tartan
- Schwarzer *sgian dubh* mit Silberbeschlägen

Highland-Abendgarderobe für die Dame (leider nicht ganz so aufregend):

- Langer Rock aus Clan-Tartan, neutralem Tartan oder passend zum Kilt des Partners
- Neutrale Bluse
- Passende Tartan-Schärpe
- Clanbrosche für die Schärpe

Der Ablauf des Abends

Der Gastgeber spricht ein paar Worte, alle nehmen Platz, und jemand spricht das *Selkirk Grace*-Tischgebet:

Einer hat Fleisch und kann nicht beißen,
der andere hätt es gern,
Wir haben Fleisch und können's beißen,
Und Dank sei Gott dem Herrn!

Dudelsackspieler begleiten den Einmarsch des Haggis', und während diese große kaledonische Delikatesse auf den Tisch gestellt wird, rezitiert der Hausherr Burns' »An einen Haggis«, worauf die versammelten Gäste auf das würzige Gericht prosten. Der Haggis wird mit Rübchen und Kartoffeln serviert und mit Whisky hinuntergespült. Wer nach dem Dessert noch geradeaus schauen kann, rezitiert weitere Lieblingsgedichte.

Dann hält jemand eine Dankesrede, alle stehen auf, um *Auld Lang Syne* zu singen, bevor die Musik laut gedreht wird und alle richtig anfangen zu saufen.

TROPFEN DES MONATS

MAN O'SWORD 2015, ANNANDALE DISTILLERY COMPANY

SAM

Die Steuergesetze am Ende des achtzehnten Jahrhunderts wollten es so, dass Destillerien nicht nach der Menge des hergestellten Alkohols besteuert wurden, sondern nach der Größe ihrer Destillen. Um dieses Schlupfloch zu nutzen, bauten die schlauen Lowland-Brennereien flachere Destillen, die sie dafür vierzig Mal in der Woche laufen ließen. So brachten sie zwar keinen großartigen Alkohol hervor, aber großartige Profite. Ein Großteil des Alkohols wurde aromatisiert und in Londoner Gin-Kneipen verkauft, wo man das brennende Produkt passenderweise »Bauchfäule« nannte – es kann nicht besonders genießbar gewesen sein. Doch sie lieferten damals über ein Viertel dessen, was in England an Hochprozentigem konsumiert wurde. Daher kämpfen die Lowland-Whiskys seit eh und je darum, sich gegen ihre etablierten Brüder aus den Highlands oder der Spey-Region einen Ruf zu erarbeiten – eigentlich eine Schande, weil sie das Zeug zu Größerem haben.

Dank der räumlichen Nähe zu Irland (es sind vielleicht zwanzig Kilometer bis dorthin) gab es im Südwesten Schottlands Brennereien, die ähnliche Methoden anwandten wie bei der Herstellung des milden irischen Whiskeys. Zudem konnten sie auf das weiche schottische Wasser zurückgreifen.

Bladnoch wurde 1817 gegründet, zwischendurch mehrfach geschlossen und wieder in Betrieb genommen. Ich wünsche der Destillerie wirklich alles Gute, weil sie meinem Geburtsort am nächsten liegt, aber ich muss zugeben, dass die letzte Probe, die ich getrunken habe, eher an das bereits erwähnte Feuerwasser erinnert hat als an milden irischen Whiskey. Also empfehle ich Annandale, eine der ältesten Destillerien in der Grenzregion zu England. Geografisch ist es die erste und letzte Destillerie in Schottland. Der 2015er *Man O'Sword* wird in Jim Murrays *Whisky Bible* erwähnt und hoch bewertet.

SCHLACHT DES MONATS

DIE SCHLACHT VON BENBIGRIE, JANUAR 1598

GRAHAM

Selbst für schottische Verhältnisse war der Januar ein blutiger Monat. Richten wir unser Augenmerk auf drei Schlachten: Benbigrie, Spoiling Dyke und die Schlacht von Glendale. All diese Schlachten haben einige bemerkenswerte Gemeinsamkeiten: Erstens fanden sie alle auf den Inneren Hebriden statt, zwei auf Skye und eine auf Islay. Nun sind diese Inseln alles andere als riesig. Ich bin sogar schon an einem Tag quer durch Skye geradelt. Islay ist noch kleiner. Daher ist die Vorstellung, dass ein paar Hundert blutrünstige Highlander auf der Suche nach Streit durch diese Landschaft pflügen, ziemlich beängstigend.

Zweitens ist es Januar. Für die, die noch nicht das Vergnügen hatten, im Januar in den Highlands oder auf den Inseln gewesen zu sein – es ist eisig. Und dunkel. So dunkel, dass ein Highlander kaum »da, Jessie, die Sonne geht auf, Zeit zum Aufstehen« sagen kann, ehe die Insel wieder in Finsternis versinkt. »Schlafenszeit, Jessie!«

Drittens ist es JANUAR! Mit anderen Worten: Es war einfach nicht viel Zeit für Massenprügeleien. Das schien aber weder die MacDonalds abzuschrecken (die an allen drei Januar-Scharmützeln beteiligt waren) noch die MacLeods, die sich (wie wir sehen werden) selbst dann nicht fernhalten ließen, wenn die Schlacht sie gar nicht direkt betraf.

»Alasdair? Hab gehört, morgen gibt's vielleicht ein Blutbad auf der anderen Seite der Insel. Hast du Lust?«

»Aye, ich hol nur kurz meine Axt.«

Ehe wir aber zu den Einzelheiten kommen, hier erst einmal die Situation. Es ist kalt. Es ist dunkel. Mit großer Wahrscheinlichkeit waren Wind, Hagel, Regen und Schnee am Start (vielleicht alle vier). Trotzdem konnten sie nicht *einmal* einen Tag am Feuer genießen? Nein. Es gab Menschen zu metzeln.

Herzlich willkommen auf den Inneren Hebriden.

Sprechen wir über die Schlacht von Benbigrie. Hier haben wir es mit dem MacLean-Clan zu tun, dazu den MacDonalds aus Islay, den Camerons of Lochiel, den Mackinnons, den MacNeils und natürlich den MacLeods (ohne sie wäre es nur ein halber Kampf).

Dem Clanhäuptling mit dem herrlichen Namen Hector Og MacLean gelang es, eine »Kommission für Feuer und Schwert« gegen die MacDonalds aus Islay zu kaufen. Wie die Leser unseres ersten Buchs vielleicht noch wissen, war diese Kommission im Prinzip ein Freibrief für Mord und Totschlag. Gegenstand eines solchen Schreibens zu sein war, als würde man mit einer Zahnbürste und ein paar unfreundlichen Worten bewaffnet den Horden des Dschingis Khan gegenübertreten.

Unser Kumpel Hector hat also die Häuptlinge des Mackinnon-Clans, der MacLeods aus Dunvegan und der MacNeils aus

Barra um Beistand gebeten. Da wollte das Oberhaupt der Lochiel-Camerons auch nicht außen vor bleiben und hat sich dieser Truppe angeschlossen. Dann haben sich die vereinten Clans bis an die sprichwörtlichen Zähne bewaffnet auf den Weg nach Islay gemacht. Als Sir James MacDonald, der Neunte Graf von Dunnyveg, sie kommen sah, hat er seine Clansmänner aus Islay und Kintyre um sich geschart, weil er davon ausging, dass die Lage unschön werden würde. An einem Ort namens Benbigrie sind sie aufeinandergetroffen.

Es ist unklar, ob es auch nur den Versuch einer Verhandlung gab. Vielleicht hat ja einer der MacDonalds gesagt: »Beruhigen wir uns erst einmal alle und plaudern ein bisschen.« Oder Hector MacLean hat gesagt: »Ich will keinen Ärger.« Oder vielleicht hat sich sogar der Häuptling der MacLeods zu Wort gemeldet und gesagt: »Ihr kennt mich doch, ich steh mehr auf Liebe als auf Krieg …« Aber das ist alles unwahrscheinlich.

Wahrscheinlicher ist es, dass MacDonald eine Flut von Beschimpfungen ausstieß, worauf MacLean, MacNeil, MacLeod, Mackinnon und Cameron wie ein Mann brüllten: »Ich reiß dir den Kopf ab und piss dir in den Hals!«

Auch ohne es laut zu sagen, machte MacDonald seinen Männern klar, dass sie es riskierten, ALLES zu verlieren, wenn sie nicht siegten. Also kämpften die MacDonalds mit »unkontrollierbarer Rage«. Da man schon den normalen Kampfmodus der meisten Highlander nicht als kontrolliert beschreiben würde, muss das unglaublich brutal gewesen sein.

Die Schlacht tobte, bis die Hänge des Benbigrie mit toten MacDonalds bedeckt waren. Ihr Häuptling wurde schwer verletzt vom Feld getragen. Die vereinten Clans haben sie über die ganze Insel gejagt und alle getötet, denen sie begegneten. Es war vermutlich das gefährlichste und blutigste Versteckspiel aller Zeiten. Nach drei Tagen (ja, drei) dieses mörderischen Raubzugs war jede menschliche Behausung niedergebrannt. Die armen überlebenden MacDonalds versteckten sich ohne Nahrung oder Wärmequelle in Höhlen oder Felsspalten. Ein anderer Hector MacLean (aus Lochbuie) hatte sich verräterischerweise auf die Seite der MacDonalds geschlagen. Als Lohn für diesen Verrat wurden er und seine Gefolgsleute sechs Monate in Ketten gelegt.

Die Zerstörung wütete so gründlich, dass es nach Benbigrie hieß, zwischen den MacLeans und den MacDonalds herrschten »innige Freundschaft und gegenseitiges Wohlwollen«.

Es ist bedrückend, sich Islay zu jener Zeit vorzustellen. Das Land mit dem Blut der MacDonalds getränkt, der Himmel schwarz vom Rauch der Ruinen ihrer Häuser, die hungernden, frierenden Überlebenden (nicht vergessen, ES IST JANUAR). Wie etwas, das der Fantasie eines Hieronymus Bosch entsprungen ist.

Wenn ihr nächstes Mal ein Glas Islay-Whisky trinkt, denkt daran, dass der Torf für die Räucherfeuer, die dem Whisky seinen besonderen Geschmack verleihen, buchstäblich aus einer Landschaft geschnitten wird, die mit dem Blut dieser MacDonalds getränkt ist …

Slàinte!!!

REGION DES MONATS

DUMFRIES & GALLOWAY UND DAS SÜDLICHE SCHOTTLAND

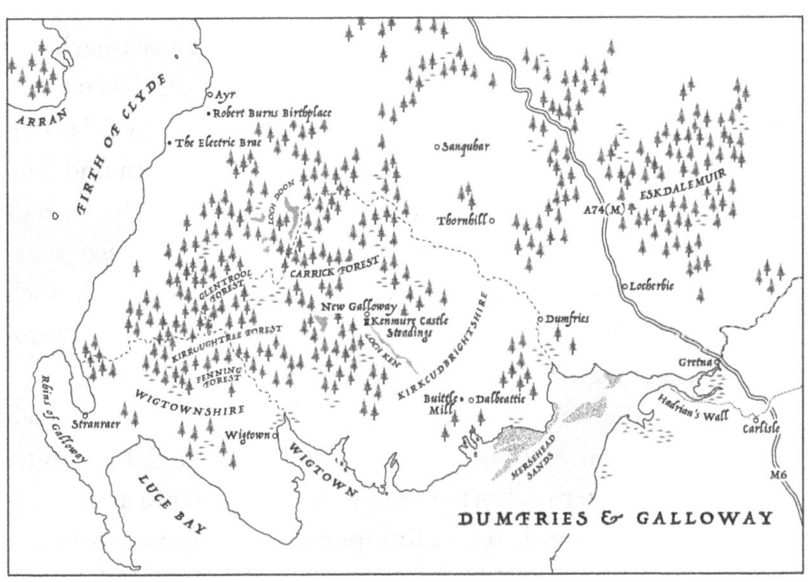

SAM

Ich habe meine Kindheit in New Galloway verbracht, der kleinsten Gemeinde in Schottland. Wir haben in Kenmure Castle, einer Burgruine aus dem dreizehnten Jahrhundert am Ufer des Loch Ken, in einem Stallgebäude namens Steadings gelebt. Der ummauerte Garten, die Wiesen und die dichten Wälder waren mein Spielplatz. Mir ist klar, war für ein Glück mein Bruder Cirdan und ich als Kinder hatten; es war wirklich idyllisch.

Im Schatten der ominösen, aber auch magischen Burg waren wir immer von Geschichte umgeben. Ich bin oft in die Ruine geschlichen, um sie zu erkunden. Dort habe ich mir die Geister vergangener Soldaten vorgestellt, während ich die Wendeltreppe hinaufstieg. Dort konnte meine Fantasie wachsen; ich habe über die römische Invasion gelesen – wir haben oft Ausflüge zum Hadrianswall gemacht, der ganz in der Nähe war – und jedes Detail der Mythen und Legenden dieser Gegend verschlungen: Merlin, Excalibur und König Arthur.

Als Kinder waren Cirdan und ich oft in Dumfries, der nächsten »Metropole«, die eigentlich ein ruhiges Städtchen ist. Was uns angezogen hat, waren das Kino, der große Supermarkt und das einzige indische Restaurant weit und breit: das Shazan. Hin und wieder hat uns meine Mutter dorthin ausgeführt. Das hat uns immer sehr gefreut. Es gab dort die besten Fish and Chips, die ich je gegessen habe. Meine Geschmacksknospen waren vermutlich noch nicht reif für Paneer-Käse vom Holzkohlengrill oder Kichererbsen-Daal, aber Pappadams mochte ich!

Das war sicher nicht die Sorte Essen, die Robert Burns zu sich genommen hat, als er 1791 als Zollbeamter in Dumfries arbeitete. Ich habe vor Kurzem gehört, dass er gern nach Jamaica ausgewandert wäre (hat vermutlich von Rumpunsch am Strand geträumt), aber er hat nie genug Geld zusammenbekommen, um sich seinen Traum zu verwirklichen. Obwohl er einer der produktivsten Dichter war, ist er 1796 mit siebenunddreißig mittellos gestorben, in einer Parterrewohnung, die er »Sanghoose o'Scotland nannte«, das Geschichtenhaus Schottlands.

Meine Mutter ist manchmal mit uns zu der riedgedeckten Kate in Alloway gefahren, wo Burns geboren wurde. Wir sind immer über den *Electric Brae* gefahren (»brae« ist ein schottisches Wort für einen Berghang), einen Hügel, an dem die Wege der Schwerkraft unergründlich sind. Wenn man dort mit dem Auto anhält und den

Gang rausnimmt, fängt es an, BERGAUF zu rollen! Es ist, als wäre eine rätselhafte Kraft oder eine elektrische Kraftlinie am Werk. Anscheinend ist es aber nur eine optische Täuschung, keine schwarze Magie, auch wenn das schwer zu glauben ist.

Nein, hier wirkt eindeutig ein Druidenzauber aus alten Zeiten …

Wo wir gerade von magischen Männern mit weißen Bärten sprechen – ich frage mich, ob Graham uns wohl mit dem Wohnmobil da hinfahren lässt … Wir müssen immer noch zusammen durch die Lowlands reisen. Ich würde ihm gern Kenmure Castle und das stille Wasser von Loch Ken zeigen – vielleicht picknicken und Kajak fahren. *[Graham: Bis »Picknick« war ich dabei, aber bei »Kajak« war ich raus.]* Eigentlich würde ich Graham gern ganz Galloway zeigen, weil es so eine schöne Gegend ist. Die Region ist bekannt für ihre Rinder und ihre Käsereien, aber sie ist auch voller historischer Bezirke mit tolkienesken Namen wie Kirkcudbrightshire und Wigtownshire. Graham hat eine Vorliebe für so etwas.

Der Name Galloway kommt vom Gälischen *i nGall Gaidhealaib* und bedeutet »unter den Gall Gaidheil« oder »Ort der fremden Gaidheil«, eine Anspielung auf die Mischung aus skandinavischer und gälischer Bevölkerung, die im Mittelalter dort lebte. Die Menschen der südlichen Westküste wurden von den Städtern mit demselben Argwohn betrachtet wie die Hochlandschotten. Galwegier sprachen einen anderen Dialekt (galwegisches Gälisch, heute ausgestorben) und hatten Verbündete in Irland, Nordengland, auf der Insel Man und sogar in Wales und Cornwall. Es gibt viele uralte Verbindungen zwischen diesen keltischen Seefahrern.

Die Menschen in Galloway bezeichnen die Highlander als »Teuchters«, ein abfälliger Begriff, der »Landeier« oder Menschen aus dem Norden bedeutet, aber auch bei den Schotten im Süden gab es kulturelle Unterschiede. Ich bin zwar in Schottland geboren, aber weil meine Mutter Engländerin mit französischen Vorfahren ist, hatte ich eher einen englischen Akzent. Ich weiß noch, dass die Einheimischen in Galloway meine Familie als Außenseiter oder Sassenachs (Angelsachsen) betrachteten. Deshalb bedeutet mir die Bezeichnung Sassenach so viel, weil ich mich als Kind genau so gefühlt habe. Mich noch immer so fühle. Auf die eine oder andere Weise sind wir alle Sassenachs; auch wenn wir noch so wenig ins Bild passen (oder es nicht wollen), wir sind nie allein, umringt von Fremden, die vielleicht bald gute Freunde werden.

Die Arbeit an *Clanlands* hat mich dazu inspiriert, meine eigene Familiengeschichte zu erforschen – ich wollte wirklich gern wissen, woher meine Vorfahren stammten. Wie schon gesagt, ist die Familie meiner Mutter größtenteils englisch und westeuropäisch, aber über die Familie meines Vaters wusste ich viel weniger. Mithilfe einer Stammbaumdetektivin, Elizabeth Cunningham, konnte ich zu meiner Faszination die Linie der Heughans bis ins siebzehnte Jahrhundert und möglicherweise sogar weiter zurückverfolgen, nach Kirkcudbrightshire in der Nähe meines Geburtsortes. Elizabeth hat mich unter anderem auf eine alte Mühle in Buittle aufmerksam gemacht, wo jahrhundertelang eine Heughan-Sippe gelebt hat. Diese Mühle ist keine dreißig Kilometer von meinem Heimatort entfernt.

Zu Beginn der Geschichte ist anscheinend einer meiner direkten Verwandten nach Yorkshire gezogen und dort ein wohlhabender Textilkaufmann geworden. Dort in Nordengland hat er eine junge Frau aus der Gegend geheiratet. Es gab damals lebhafte Handelsströme an der Küste, daher konnten sie ihr neues Zuhause auf dem Seeweg über den Solway Firth erreichen. Interessanterweise gibt es in Northumberland einen mittelalterlichen Ort namens Heugh, womit ich definitiv ein Sassenach wäre! Auf Gälisch ist ein »heugh« oder »heuch« eine steile Schlucht oder Klippe oder eine steile Uferböschung. Damit wäre Heughan ein »Mann vom steilen Flussufer«.

Zwar nicht so ein sexy Name, wie ihn die amerikanischen Ureinwohner haben, DOCH könnte es sein, dass sich Heughan von den Menschen ableitet, die in der alten Mühle am Ufer des Flusses lebten?

DER GALLOWAY-CLAN

SAM

Elizabeths weitere Nachforschungen brachten kurz darauf eine weitere unglaubliche Verbindung meiner Familie mit Galloway zutage. Es war der Name selbst. Denn die Heughans sind Teil des Galloway-Clans – eines sehr alten piktischen Clans, der um sechs- oder siebenhundert in der Gegend Erwähnung findet. Ich entdeckte nicht nur, dass ich einen Clan hatte – meinen eigenen Clan –, sondern auch, dass mein Clan den Namen einer ganzen Region trägt, in der ich noch dazu geboren bin.

Das Gefühl, ein Außenseiter oder Sassenach zu sein, wurde noch komplexer, als ich herausfand, dass wahrscheinlich viele Menschen in Galloway von Engländern abstammten, die mit den nordischen Invasoren verbündet waren. Sie hatten ihr eigenes Clansystem, das sich von den Clans der Border-Region und der Highlands unterscheidet. Zudem waren sie von jeher durch Handel, das gälische Gesetz und die gälische Sprache mit Ulster und der Insel Man eng verbunden.

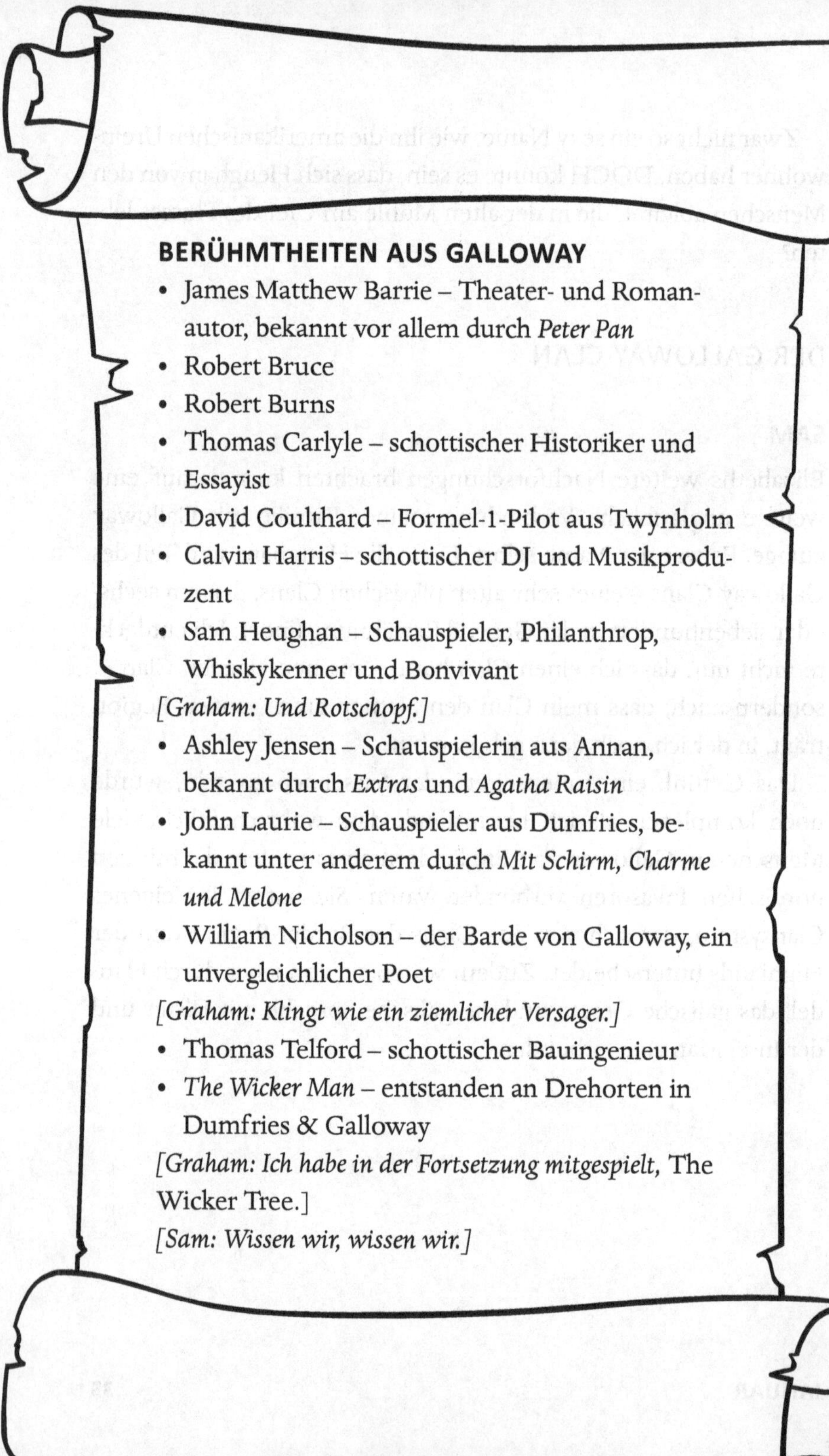

BERÜHMTHEITEN AUS GALLOWAY

- James Matthew Barrie – Theater- und Romanautor, bekannt vor allem durch *Peter Pan*
- Robert Bruce
- Robert Burns
- Thomas Carlyle – schottischer Historiker und Essayist
- David Coulthard – Formel-1-Pilot aus Twynholm
- Calvin Harris – schottischer DJ und Musikproduzent
- Sam Heughan – Schauspieler, Philanthrop, Whiskykenner und Bonvivant

[*Graham: Und Rotschopf.*]

- Ashley Jensen – Schauspielerin aus Annan, bekannt durch *Extras* und *Agatha Raisin*
- John Laurie – Schauspieler aus Dumfries, bekannt unter anderem durch *Mit Schirm, Charme und Melone*
- William Nicholson – der Barde von Galloway, ein unvergleichlicher Poet

[*Graham: Klingt wie ein ziemlicher Versager.*]

- Thomas Telford – schottischer Bauingenieur
- *The Wicker Man* – entstanden an Drehorten in Dumfries & Galloway

[*Graham: Ich habe in der Fortsetzung mitgespielt,* The Wicker Tree.]

[*Sam: Wissen wir, wissen wir.*]

GRAHAM

Ich war noch nie in Galloway. Ich habe nichts gegen Galloway, aber mir sind die westlichen Highlands und die Inseln immer lieber gewesen. Vielleicht angeboren.

[Sam: Graham lebt in Neuseeland in Hobbingsen, aber einige Gegenden sind Kopien von Schottland.]

[Graham: Jemand, der den Namen Samwise trägt, sollte wissen, dass seine Verwandtschaft aus Hobbingen kommt, nicht Hobbingsen!!!]

Wenn ich gewusst hätte, dass Heughan in der ländlichen Idylle aufgewachsen ist, die er beschreibt, wäre mir kein Weg zu weit gewesen, ihn zu besuchen.

Oder auch nicht.

Ich bin neulich gefragt worden, wann ich Sam das erste Mal begegnet bin. Offiziell war es im August 2013 in einem schwülwarmen Studio in Soho beim Vorsprechen für *Outlander*, aber es ist sehr wahrscheinlich, dass er mich als Teenager auf den Brettern des schottischen Theaters gesehen hat. Vielleicht war es ja Heughan, der meine Pantomimenperformance im Citizens Theatre als »Mist« rezensiert hat …

GEMÄUER DES MONATS

DRUMLANRIG CASTLE

SAM

Wir waren zu Dreharbeiten für *Outlander* (Staffel 2, Folge 11) im rosa Palast der Burg Drumlanrig mit ihren hundertzwanzig Zimmern, siebzehn Erkertürmchen und vier Türmen. Die Burg wurde im siebzehnten Jahrhundert aus auffälligem rosa Sandstein erbaut. Eine Vielzahl historischer Figuren hat dort haltgemacht, darunter Bonnie Prince Charlie 1745 auf seinem Rückzug nach Norden. Die Burg hat ein riesiges Außengelände und prächtige Ziergärten, in denen wir am Abend zuvor gedreht hatten. Unsere Helden sind an diesem Abend im Verborgenen in die Burg eingedrungen (immer auf der Hut, die herrlichen Blumenbeete nicht zu beschädigen), denn sie wollten den Herzog von Sandringham überraschen und festnehmen.

Ich war als Kind schon oft in dieser Burg gewesen, aber normalerweise ging es dann durch den Haupteingang die prachtvolle Treppe hinauf, nicht heimlich über die Mauer und durch den Hintereingang.

Der Herzog von Sandringham zog sich zitternd in die hintere Ecke des Raums zurück, um dem finsteren Blick und der gefurchten Stirn des formidablen Highlanders Murtagh zu entrinnen. »Haltet ihn fern von mir. Er ist ein Psychopath«, flüsterte mir der Herzog (oder vielleicht auch der Schauspieler Simon Callow selbst) im Vorbeiquetschen nervös zu.

Simon, einer der höchstdekorierten Bühnen- und Filmschauspieler Britanniens, hat in fünf *Outlander*-Folgen mitgespielt, bis seine Figur buchstäblich den Kopf verlor, weil er Jamie Fraser und seine Verbündeten verraten hatte. Seine hohe Stimme und seine Verschlagenheit verführten viele; er war ein hinterhältiger Politiker, dem es immer wieder gelang, seine Umgebung zu manipulieren. Eins unserer Lieblings-Schlagworte beim Dreh war eine seiner herrlich intonierten Dialogzeilen: »Oh, geh doch einfach INS BETT!« Wir sind jedes Mal vor Lachen zusammengebrochen.

Diesmal aber sollten weder List noch Tücke dem Herzog aus der Bredouille helfen. Zumindest nicht, wenn es nach Murtagh ging. Duncan Lacroix sollte ihn mit einer scharfen Axt enthaupten. Er nahm seine Aufgabe SEHR ernst. Wir waren oben im Green Room und mussten kichern, weil wir mitbekommen hatten, dass Simon unverhohlenes Misstrauen gegenüber Duncan und dessen wildem Bart hegte.

Duncan beschloss, Simon an diesem Tag nach Kräften zu quälen. Er starrte ihn in den Drehpausen wortlos an oder warf ihm bedrohliche Blicke zu, während er seine Axt streichelte. Ich muss zugeben, dass selbst ich nervös wurde, weil Duncan sein Rollenverständnis vielleicht ein wenig übertrieb. Die Axt sah sehr scharf aus und Duncan extrem unheimlich. Simon hatte Todesangst. Er war überzeugt, dass Duncan tatsächlich auf ihn losgehen könnte.

WACK. Der Kopf des Herzogs kullerte davon. Eine lebensechte Kopie von Simons Kopf lag blutig und mit überraschter Miene reglos auf dem Steinboden. Damit nicht genug: Murtagh hackte auf die Leiche ein. Es war ein grauenhafter Anblick. Der Regieassistent musste schließlich »Schnitt« rufen, um den durchgedrehten Axtmörder aufzuhalten.

»SCHNITT, SCHNITT, SCHNITT!«, brüllte er. »Du kannst jetzt wirklich aufhören«, flehte er in das Gemetzel hinein.

Schließlich hörte Duncan auf, streckte die Hand aus, hob den abgetrennten Kopf auf und drehte sich langsam zu Simon Callow um, der in seiner Ecke jetzt vor Angst zitterte. Simon stieß einen Schrei aus, verschwand nach oben und ward nie wieder gesehen. Duncan zwinkerte mir zufrieden zu und zog eine seiner buschigen Augenbrauen hoch.

»Noch mal?«, fragte er lächelnd, in der Hoffnung auf eine Wiederholung der Szene.

ABENTEUER DES MONATS

DER MERRICK IN DEN GALLOWAY HILLS

Jedes Jahr sind meine Familie und ein paar andere Leute aus Balmaclellan am Neujahrstag auf den Merrick gewandert, den höchsten Berg im Süden Schottlands im Herzen der Galloway-Kette, um danach bei jemandem zu Hause oder im Gemeindesaal zu feiern. Es gibt einen beliebten Weg, der am Loch Trool beginnt (etwa vierzehn Kilometer) und in vier oder fünf Stunden auf den Gipfel führt. Die schönen Blicke auf den Galloway Forest sind (an einem guten Tag!) die Mühe wert. Wobei mir einfällt, dass mein Onkel, der früher auf der Insel Eigg gelebt hat und Skulpturen aus Weidenzweigen herstellt, am Solway Firth wohnt. Von dort kann man bei schönem Wetter bis nach Nordirland und zur Insel Man sehen. Na ja, fast.

GRAHAM

Die schottische Geschichte ist randvoll mit interessanten Ereignissen und faszinierenden Charakteren. Über manche könnten wir ganze Bücher schreiben. (Bringt mich nicht in Versuchung!) Also haben wir jeden Monat unsere Favoriten ausgesucht – ein Hochgenuss für Schottlandkenner und *Clanlands*-Freunde.

1. Januar 1600 – Die erste Neujahrsfeier der schottischen Annalen
1. Januar 1766 – James Stuart, der »Alte Prätendent« und Bonnie Prince Charlies Vater, stirbt.
4. Januar 1961 – Graham James McTavishs Geburtstag (Steinbock)
8. Januar 1940 – Zucker, Butter und Speck werden rationiert. *[Sam: Das müssen schwere Zeiten für unseren Graubart gewesen sein. Wie hast du das nur geschafft, bei deinem Appetit?]*
11. Januar 1952 – Diana Gabaldons Geburtstag
17. Januar 1746 – Die Schlacht von Falkirk Muir

GRAHAM

Es ist an der Zeit, noch einmal einen Blick auf den Quell endloser Faszination für jeden Schottland-Liebhaber zu werfen: den zweiten Jakobitenaufstand von 1745. Es wurde zwar schon viel darüber geschrieben (nicht zuletzt von Samwise und mir), aber ein bisschen geht immer noch.

Die Schlacht von Falkirk Muir war auch so ein Januar-Ding – am 17. Januar 1746, um genau zu sein. Die Highlander hatten sich vermutlich gerade erst von ihrem legendären Silvesterkater erholt, als sie beschlossen, auf 7000 Hannoveraner Soldaten loszugehen, die von einem besonderen Widerling befehligt wurden, General Henry Hawley. Henry war ein bemerkenswerter Mensch, ebenfalls ein Januarbaby, geboren am 12. Januar 1685. Mit fünfundzwanzig tötete er einen Offizierskollegen bei einem Duell, wurde aber von Königin Anne begnadigt.

Das ist zwar das erste Mal, dass wir von seiner Kampflust hören, doch da er nach Culloden den Spitznamen »Henker Hawley« bekam, können wir wohl davon ausgehen, dass er sich schon als Teenager gern geprügelt hat und schon in der Grundschule für seine Schlagkraft berüchtigt war, wenn er nicht gerade den anderen Kindern das Kleingeld klaute oder ihre Haustiere quälte.

Durch ausgiebige Plündereien nach der Schlacht von Vigo in Spanien brachte er es außerdem zu obszönem Reichtum.

Man bot ihm das Kommando über die Regierungstruppen an, die zu den Westindischen Inseln entsandt wurden. Er war so klug abzulehnen und entging so dem Schicksal der 9000 Männer, die auf dieser Expedition an Gelbfieber starben.

Er war also ein Totschläger und Dieb, aber er war auch verdammt gerissen. Machen wir uns nichts vor.

Das war der Mann, der an jenem Januartag im Jahr 1746 vor Falkirk auf die Highland-Truppen traf.

James Wolfe, der dafür berühmt ist, dass er sich in Culloden Hawleys Befehl widersetzte, verwundete Highlander zu erschießen, sagte über ihn, dass »die Männer Hawleys Strenge fürchten, den Mann hassen und für sein militärisches Können nur Verachtung übrighaben«.

Komm schon, James, sag uns, was du wirklich denkst!

Die Januarschlacht von 1746 war der letzte bedeutende Sieg der Jakobiten.

Am 4. Dezember 1745 hatten sie Derby vor den Toren Londons

erreicht. Der in einem überfüllten Wirtshaus in Derby gefällte Entschluss zur Umkehr ist eins der großen »Was wäre, wenns« der britischen Geschichte.

Was wäre geschehen, wenn sie ihren Vorstoß fortgesetzt hätten? Ich meine, mit aller Kraft?

Ihnen war zum Beispiel nicht bewusst, dass sich die Jakobiten in Wales erhoben hatten, um sie zu unterstützen, und dass ihre Kollegen in Oxfordshire im Begriff waren, dasselbe zu tun. Dass George II und seine deutschsprachige Sippschaft ihre Koffer schon gepackt hatten, bereit, ein Schiff auf der Themse zu besteigen, das sie nach Deutschland bringen sollte.

London war in Panik.

Doch stattdessen sind sie am 6. Dezember umgekehrt.

Wären sie die letzten 129 Meilen gegangen, so sagen manche, wären die Engländer und die Franzosen dem Konflikt entgangen, der siebzig Jahre angedauert hat. Die Engländer hätten keine Steuern in den Kolonien erheben müssen, um ihre Kriege mit den Franzosen zu finanzieren, und demzufolge hätten die Amerikaner keinen Grund gehabt, den Krieg um ihre Unabhängigkeit zu beginnen.

Die Welt wäre eine andere gewesen, wenn dieser erbitterte Streit am Abend des 4. Dezember 1745 anders ausgegangen wäre.

Doch stattdessen traf an einem trüben Januartag bei heftigem Schneefall Henker Hawley auf Lord George Murray, und es kam zu einer Schlacht.

Hawley unterschätzte die Highlander total.

Als ihn ein Bote vor den nahenden Jakobiten warnte, weigerte er sich schlicht, diesem zu glauben.

»Äh … Sir … es sind 8000 mörderische Highlander auf dem Weg, um Eure Armee zu Brei zu schlagen!«

»Nein«, kam die Erwiderung. »Ich denke, Ihr werdet feststellen, dass das nicht wahr ist.«

Als er die Wahrheit begriff, war es zu spät.

Seine hastig zusammengetrommelte Armee wurde brutal geschlagen; 350 Männer waren tot oder schwer verwundet und weitere 300 gefangen genommen.

Es ist ernüchternd, sich den Ansturm der Highlander vorzustellen, das Kreischen der Dudelsäcke und die brüllenden Kriegsrufe der Clans, die aus dem wirbelnden Schneesturm über die zu Tode verängstigten Reihen der rot berockten Regierungstruppen herfielen.

In bester Highland-Tradition gelang es ihnen jedoch nicht, den Sieg zu ihrem Vorteil zu nutzen. Sie ließen zu, dass sich der Feind nach Edinburgh zurückzog und sich neu sammelte, während sich unsere Kilt-umhüllten Freunde über alles hermachten, was nicht niet- und nagelfest war.

Dieser Rückzug nach Edinburgh war zumindest zum Teil für Culloden verantwortlich.

Hawley verdiente sich seinen Spitznamen nach der Schlacht von Culloden mit den ethnischen Säuberungen in den Highlands. Er lebte noch dreizehn Jahre. Er bekam ein christliches Begräbnis, obwohl in seinem Testament ausdrücklich stand, dass »ich Priester aller Bekenntnisse hasse«.

Selbst im Tod gelang es Hawley noch, ein durch und durch unangenehmer Zeitgenosse zu sein. Er liegt in der St. Mary's Church im englischen Hartley Wintley begraben, falls ihr ihn gern besuchen würdet.

17. Januar 1795 – Gründung des Curlingvereins von Duddingston

SAM

Wir haben das *Clanlands*-Cover am Arthur's Seat fotografiert, oberhalb von Loch Duddingston. Als Teenager habe ich dort in der Nähe gewohnt, daher kenne ich die Nachbarschaft gut. Probiert den Sheep Heid Inn. Er wurde 1360 eröffnet und ist der älteste Pub in Edinburgh, vielleicht sogar in Schottland. Er hat sogar eine altmodische Kegelbahn! Herz, was begehrst du mehr?

Curling finde ich seltsam faszinierend. Während der letzten Olympischen Winterspiele habe ich es mir wie besessen angeschaut. Wir Schotten sind sehr gut darin, und das britische Frauenteam hat 2002 in Salt Lake City Olympia-Gold gewonnen.

TEAM GROSSBRITANNIEN 2002
Rhona Martin
Deborah Knox
Fiona MacDonald
Janice Rankin
Margaret Morton

Im Prinzip besteht der Sport darin, Steine auf einer Eisfläche auf eine Zielfläche zugleiten zu lassen, die aus vier konzentrischen Kreisen besteht, ein bisschen wie Boule. Der Granit, der für olympische Curlingsteine verwendet wird, kommt ausschließlich von der Insel Ailsa Craig im Äußeren Firth of Clyde an der Westküste.

17. Januar 1883 – Compton MacKenzie, der Autor von *Das Whiskyschiff*, wird geboren.
26. Januar 1861 – Am Edinburgh Castle wird zum ersten Mal die Ein-Uhr-Kanone abgefeuert.
31. Januar 1788 – Charles Edward Stuart alias Bonnie Prince Charlie stirbt in Rom. Er liegt im Petersdom in der Vatikanstadt begraben. *[Graham: Eigentlich ist er am 30. Januar gestorben, aber sie haben das Datum geändert, weil am gleichen Tag im Jahr 1649 sein Urgroßvater Charles I hingerichtet worden war.]*

FEBRUAR

»Ich spreche mit dir wie mit meiner eigenen Seele«,
sagte er und drehte mich zu sich um.
Er streckte die Hand aus und umfasste meine Wange,
sodass seine Finger meine Schläfe sacht berührten.
»Sassenach«, flüsterte er, »dein Gesicht ist mein Herz.«
Diana Gabaldon, *Die geliehene Zeit*

Clan Campbell
Motto: *Ne obliviscaris* (Du sollst nicht vergessen)
Region: Argyll

WICHTIGE KALENDERDATEN

1. und 2. – Keltisches Imbolc-Fest

14. – Valentinstag

Internationaler Tag des Buchgeschenks (verschenkt doch *Clanlands*)

16. – Pfannkuchentag

Feb bis März – Six Nations Championship. Jährlicher Wettbewerb der Männer-Rugby-Teams von England, Frankreich, Irland, Italien, Schottland und Wales. *[Sam: Eins meiner liebsten Sportereignisse.] [Graham: Hmmmm …]*

SAM

Wir beginnen den Februar mit dem Imbolc, was wie ein Verdauungsproblem klingt, in Wirklichkeit aber ein heidnisches Fest zur Feier des Frühlingsanfangs ist. Uns ist jede Ausrede für eine Party recht! Außerdem werden überall Kerzen und Feuer angezündet, die für die Rückkehr der Wärme und die zunehmende Kraft der Sonne in den kommenden Monaten stehen. In Glencoe allerdings war am 13. Februar 1692 von Frühling nicht viel zu sehen. Es hat sogar geschneit. Heftig. (Typisch schottisches Wetter.) Die hohen Berge über dem Tal, die vor 380 Millionen Jahren von Vulkanausbrüchen, tektonischen Plattenbewegungen und schließlich von Gletschern geformt wurden, waren zum Teil durch die Wolken eines Schneesturms verdeckt.

Die MacDonalds hatten keine Ahnung, dass die Campbells in dieser Nacht über sie kommen würden. Dass sie schon da waren, als Gäste in ihren Häusern, während sie auf den Befehl warteten, ihre Gastgeber zu erstechen, zu erschießen, zu verbrennen …

SCHLACHT DES MONATS

DAS MASSAKER VON GLENCOE 13. FEBRUAR 1692

GRAHAM

Eher versuchter Völkermord als eine Schlacht. Das Massaker von Glencoe ist eine der weltberühmtesten schottischen Geschichten – dieses mitternächtliche brutale Abschlachten unschuldiger MacDonalds durch die bösen Campbells. In *Clanlands* haben wir schon gezeigt, dass nur sehr wenige Campbells am eigentlichen Massaker beteiligt waren, doch wie weit reichte der Einfluss der Campbells an den Ereignissen, die zu dieser berüchtigten Februarnacht geführt haben?

Um die Vorgeschichte zu verstehen, müssen wir unseren Blick auf die fragliche Zeit ein wenig weiten.

Das aufstrebende Königreich England, Irland und Schottland wollte keinen katholischen König. Unglücklicherweise legte der regierende Monarch James II eine wachsende Vorliebe für Weihrauch und Latein an den Tag. Er brachte das Fass zum Überlaufen, indem er darauf bestand, dass sein Sohn und Erbe Papist wurde. Da das Land buchstäblich seit Generationen gegen den Mann mit dem Spitzhut in Rom gekämpft hatte, kam das nicht gut an.

Die Lösung? Nun, natürlich eine Invasion.

Wilhelm von Oranien (der Enkel Charles des Ersten – ich hoffe, ihr kommt noch mit) ist über die Nordsee gehüpft und hat die Krone an sich genommen. (Das ist ein bisschen so, als hätten Harry und Meghan von Hollywood aus eine Invasion gestartet, um Queen Liz die Krone aus den betagten Händen zu reißen.)

James ist auf den Kontinent geflohen, doch der schlaue alte William war mit James' protestantischer Tochter Mary verheiratet und machte sie zur Mitregentin. (Ich weiß, ich weiß, es ist mörderisch kompliziert.) Einfach ausgedrückt, hat William die Gelegenheit beim Schopf gepackt, James ist ins Exil gegangen, und Britannien ist durch und durch protestantisch geblieben.

Unterdessen waren viele Menschen James gegenüber loyal, weil der eine schottische Abstammung hatte. Er mag zwar nie einen Tag in Schottland verbracht haben, hasste vermutlich Whisky und konnte kein Gälisch sprechen, doch das spielte für die Clans keine Rolle. »Er ist einer von uns!«, brüllten sie.

Nur, dass einige der Clans sehen konnten, wer auf der Gewinnerseite sein würde.

Auftritt John Campbell aus Breadalbane. Er begriff, dass William wohl das Pferd war, auf das man setzen sollte, aber er ist beim Wetten auf Nummer sicher gegangen und hat James ebenfalls unterstützt. Daher Campbells Spitzname »der schlüpfrige John«.

Breadalbane hatte vor zu beweisen, dass er eher loyal als schlüpfrig war, indem er die Clanoberhäupter überredete, William die Treue zu schwören. Doch dazu brauchte er Geld. Viel Geld. Er brachte die Regierung dazu, ihm 12.000 Pfund für JEDEN Clanhäuptling zu geben. Ein Vermögen! Also organisierte der Schlüpfrige John (von jetzt an SJ) am 30. Juni 1691 ein Treffen der Häuptlinge in der Burg Achallader. »Kommt nach Achallader! Ich habe einen Vorschlag für Euch, und ich habe haufenweise Geld!«

Zu diesem Treffen kam auch Alistair MacIain, der Häuptling der MacDonalds von Glencoe. Um es unverblümt zu sagen, er war blank. Der Mann war so pleite, dass er sich auf die alte schottische Freizeitbeschäftigung verlegt hatte, seinen Nachbarn Vieh zu stehlen.

Zu diesen Nachbarn zählte John Campbell, der darüber nicht begeistert war. Nicht im Mindesten. Also erinnerte er MacIain bei dem Treffen daran, dass der ihm Geld für die gestohlenen Rinder schuldete, und zwar weit mehr als 12.000 Pfund. Schlüpfrig eben …

MacIain war wütend. Nicht nur wegen des Geldes, sondern auch wegen des Risikos – falls James II doch zurückkehrte und feststellte, dass sich die Clans seinem Erzfeind an den Hals geworfen hatten, was dann? Also schlug SJ einen zweiten Eid vor. *Falls* König James zurückkehrte, würden sie den Eid gegenüber William zerreißen.

Klingt logisch.

Aber die Clanhäuptlinge waren nicht komplett naiv. Sie baten James … um seine schriftliche Erlaubnis.

James, der seinerseits auf französische Hilfe für die Ausrüstung einer Invasion wartete, sandte seine Erlaubnis am 12. Dezember. Da der Eid am 31. Dezember geleistet sein sollte, war also noch reichlich Zeit, oder?

Falsch.

Jeder, der mit der Post vertraut ist, weiß, was für eine riskante Strategie das war.

Auftritt von rechts: John Dalrymple, Schottlands Innenminister. Er war Lowlander und hasste Highlander, ganz besonders die aus der Region Lochaber. Der Brief aus Frankreich wurde von Dalrymples Spionen abgefangen, sein Inhalt versetzte diesen in rasende Wut. Er versiegelte den Brief wieder, schickte ihn weiter, und am 21. Dezember traf er in Edinburgh ein. Von dort musste er mitten im Winter abgelegene Winkel der Highlands erreichen und von Häuptling zu Häuptling, von Tal zu Tal transportiert werden.

Unterdessen schickte Mr Dalrymple 400 Soldaten nach Fort William, weil er damit rechnete, dass es den Clans nicht gelingen würde, ihren Termin einzuhalten. Es ist nicht schwer, sich vorzustellen, wie er sich schadenfroh die Hände rieb.

Am 30. Dezember erhielt Cameron aus Lochiel den Brief. Dann

blieben vierundzwanzig Stunden, um den Brief via Rannoch Moor nach Glencoe zu transportieren, wo MacIains Schuhe vom Auf-und-ab-Gehen vermutlich schon Löcher hatten.

Inzwischen war die Zeit so knapp, dass er keine Chance mehr hatte, rechtzeitig nach Inveraray zu gelangen, also entschied er sich für Fort William. Dort jedoch teilte ihm John Hill, der Garnisonskommandeur, mit, dass er MacIains Schwur nicht entgegennehmen konnte. »Sieh besser zu, dass du nach Inveraray zu Sir Colin Campbell kommst, Kumpel!«

Also stapfte MacIain durch den Schnee davon. Er brauchte drei Tage bis Inveraray, wurde unterwegs von Soldaten festgehalten, bis er schließlich die Zentrale der Campbells erreichte, zweifellos keuchend wie ein Rennpferd, durchgefroren bis auf die Knochen, den Brief zur Unterzeichnung fest umklammert.

»Och, Ihr sucht Sir Colin? Er ist für drei Tage verreist. Am besten quartiert Ihr Euch in diesem Campbell-Wirtshaus ein, wo Ihr Menschen um Euch habt, die Euch von Herzen hassen. Ihr könnt ihn dann sehen, wenn er heimkommt.«

Es müssen angespannte Tage gewesen sein. Ich denke nicht, dass er besonders gut geschlafen hat – eher mit der Hand fest an seinem Dolch.

Colin kehrte zurück. »Aber sicher doch, MacIain! Klar verstehe ich die Verspätung. Hätte jedem passieren können. Unterzeichne einfach hier, und alles ist gut.«

Puh, höre ich euch sagen.

Die Eideserklärungen wurden alle nach Edinburgh geschickt.

Oberst Hill schickte MacIain sogar einen Brief, in dem er bestätigte, dass dieser nun unter dem Schutz der Garnison von Fort William stand. Alles gut!

Das Päckchen erreichte den Staatsrat in Edinburgh. Doch es enthielt eine Notiz des örtlichen Sheriffs, in dem dieser fragte, ob MacIains Unterschrift zählen sollte … Nur so als Frage …

Zu den Mitgliedern des Rates zählten auch einige einflussreiche Anwälte mit Namen Campbell. Sie betrachteten das Päckchen mit den Eideserklärungen, betrachteten MacIains Erklärung, betrachteten die Notiz des Sheriffs und sagten: »Neeee. Ich glaube, den können wir nicht mitzählen.«

So erhielt Dalrymple fünf Tage nach MacIains Unterzeichnung einen Brief, in dem stand, dass MacIains Name »wegen eines technischen Fehlers« von der Liste gestrichen worden war.

Es folgte weiteres schadenfrohes Händereiben, und der Rest ist, wie man sagt, Geschichte … Dreißig ermordete MacDonalds im Schnee von Glencoe.

Waren es also die Campbells? Ja und nein. Sir Colin ließ die Unterschrift gelten, die Anwälte taten es nicht. Wer weiß, was unterwegs sonst noch passierte? Es gab noch andere Clans – Cameron, Glengarry –, die nicht traurig gewesen wären, auf MacIain von Glencoe zu verzichten. Wir werden es wohl nicht erfahren.

Aber wenn man Dalrymple heißt … Mein ja nur …

Und die Moral: Gebt eure Briefe früh im Winter in die Post, und wenn der Brief eintrifft … lauft um euer Leben!

DER CAMPBELL-CLAN

GRAHAM

Der Titel des gefürchtetsten Clans in Schottland ist heiß umkämpft. Er war wie eine Art Wanderpokal, manchmal waren es die MacNeils (mehr über diesen Clan im JULI), dann wieder die MacGregors, die MacDonalds, die MacLeods natürlich, die Keiths. (Die Liste geht noch weiter. Nein, ehrlich!)

Es war ein bisschen wie bei der Meisterschaft in der Premier League, mal ist es Liverpool, dann wieder Manchester City, Chelsea oder Arsenal, aber wenn wir bei den Clans nach dem Äquivalent von Manchester United in den 1990ern suchen, dann können es nur die Campbells sein.

Sie haben wirklich eine Menge anderer Clans gegen sich aufgebracht.

Wenn sich die Campbells ankündigten, war es selten willkommener Besuch. Eher wie diese schlimme Sorte Schwiegereltern, die zwar zu Weihnachten kommen, aber zufälligerweise mit Äxten bewaffnet sind.

Ein Zweig der Campbells war besonders gefürchtet: die Campbells von Breadalbane (die ihr gerade kennengelernt habt) und ihr Chef-Übeltäter, Sir Colin Campbell, auch liebevoll der »Graue Colin« genannt. Man muss sofort an einen treuen alten Wolfshund denken, der zusammengerollt am Kamin liegt. Nur dass dieses Exemplar dabei an einem Menschenknochen genagt und jeden blutig gebissen hätte, der versuchte, es zu streicheln.

Sir Colin besaß die »Macht über Grube und Galgen«. Ein Titel, der sich auf jeder Visitenkarte prima macht. So, wie ich Heughan kenne, steht das vermutlich in seiner Twitter-Bio.

Die »Macht über Grube und Galgen« ist haargenau das.

Sir Colin konnte einen anschauen und sagen: »Ich fürchte, für dich geht's in die Grube, Kumpel.«

Oder: »Zeit für den Galgen, Schätzchen!«

Hilfreich war dabei, dass der König immer ein Ohr für die Campbells hatte. Sie waren seine rechte Hand in Schottland. Eine ziemlich blutige Hand.

Natürlich war Religion der Grund, warum sie dann in Schwierigkeiten gerieten.

Während sich die meisten Clans nach dem Niedergang des Heidentums dem Katholizismus zuwandten, wählten die Campbells lieber die Sittenpolizei unter den Religionen, den protestantischen Presbyterianismus. Also, nichts gegen Presbyterianer, aber für ihre Partys und ihre Sauftouren sind sie nicht bekannt.

Damit standen die Campbells während der Covenanter-Kriege auf der falschen Seite. Es ist ihnen nicht gut bekommen.

Doch das ist kein Grund für die Highlander zu vergessen, was später geschah: Die Rolle der Campbells beim Massaker von Glencoe, die Tatsache, dass sie die MacGregors, die MacEwens, die MacNabs und andere Clans beinahe ausgerottet hätten, ihre besondere Vorliebe für Enthauptungen. Es war fast so, als könnten sie, wenn sie einen Kopf sahen, erst wieder glücklich sein, wenn dieser von seinem Körper abgetrennt war.

»Wie viele hast du heute geköpft, Grauer Colin?«

»Ich hab bei fünfzig aufgehört zu zählen, Tam!«

Außerdem waren sie Meister der juristischen Manipulation.

Andere Highland-Clans zögern bis heute, den Campbells zu vergeben, obwohl sie selbst oft kaum besser waren – aber Heuchelei ist nun einmal fest im Plaid der Highlands verwoben.

Denkt nur an das Schild, das in vielen Pubs und Restaurants in Glencoe hängt: »Campbells – nicht bei uns.« Damit ist nicht die Suppe gemeint.

Oder an den wundervollen Autor Compton MacKenzie, in dessen Büchern es eine Figur gibt, die ihre Hunde darauf abgerichtet hat, auf das Kommando »Campbells!« anzugreifen.

Wenn ihr das Gefühl habt, von einem Clan abzustammen, dem von den Campbells Leid zugefügt wurde, und es euch nach Inveraray verschlägt (Ground Zero der Campbell-Gang), probiert gern die folgende schräge Sitte aus:

Hebt beim Überqueren der alten Steinbrücke die Hand Richtung Burg, lasst den Zeige- und den kleinen Finger ausgestreckt und krümmt die mittleren Finger in eure Handfläche. Das ist das »Teufelshorn«. Sprecht dreimal das gälische Wort *buitseach* und spuckt jedes Mal durch eure Finger.

Ein Macmillan hat das vor ein paar Jahren probiert, und drei Wochen später ist das Burgdach abgebrannt.

Wenn ihr aber den historischen Namen Campbell tragt, seid vielleicht einfach stolz darauf, wie viel Macht eure Leute in einem Land ausübten, das für seine Intrigen bekannt war. Allerdings solltet ihr beim nächsten Burnsfest euren Nachnamen lieber nicht erwähnen, weil man euch sonst mitteilen wird, dass es üblich ist, die Messer wegzuräumen, wenn man mit einem Campbell speist.

WETTKAMPF DES MONATS

LIEBLING, HÄLTST DU MAL DIE AXT?

SAM

Wo wir von Messern sprechen …

… und Äxten …

Unsere TV-Serie *Men in Kilts* hatte in den USA am 14. Februar 2021 Premiere, am Valentinstag. Wer sie gesehen hat, weiß, dass sie ein Loblied auf die Landschaft, die Kultur, das Essen und die Menschen in Schottland ist, garniert mit einer anständigen Portion sportlichen Wettstreits. Was ich nie erwartet hätte, war, dass Graham einige dieser Wettkämpfe tatsächlich gewinnen könnte. Oder auch nur einen. Ich meine, er ist zwanzig Jahre älter als ich! Aber Dabeisein ist alles, stimmt's?

Als Erstes stand eine Rückkehr zur Burg Leoch auf dem Plan, in *Outlander* Sitz des MacKenzie-Clans, im richtigen Leben als Burg Doune in der Nähe von Stirling bekannt. Wir waren zum Axtwerfen mit Charlie Allan und seinen Jungs verabredet, einer Truppe gefährlich aussehender schottischer Geschichts-Freaks, die auf Motorrädern ankamen wie Hells Angels aus dem achtzehnten Jahrhundert. Wenn ihr *Clanlands* gelesen habt, habt ihr schon von dem berüchtigten Charlie »Chic« Allan gehört (nach der Veröffentlichung des Buchs hat er mir eine Mail geschickt und behauptet, wir hätten seinen Namen falsch geschrieben. Ich habe es sofort auf den Verlag geschoben und hoffe, er tut niemandem etwas an, bevor dieses Buch in den Läden steht. Nun ja ...)

Charlie ist aus Stein gemeißelt. Seine Stimme ist das reinste Grollen. Sein Händedruck wie eine Schraubzwinge. Okay, wenn ihr ihn angsteinflößend fandet, wartet, bis ihr seinen SOHN gesehen habt!!! Mit seinen zwei Metern fünfzehn blickt er locker auf mich, Graham und Charlie hinunter. Er passte kaum auf sein Motorrad, ein Riesending, auf dem mein Freund, der Proteindieb, oder ich wie Zwerge gewirkt hätten. Ich habe freiwillig vorgeschlagen, dass McHungrig es zuerst mit ihm aufnimmt. »Vielleicht respektiert er dich nach einem ordentlichen Schlag ins Gesicht (wenn du drankommst)?«

Sie haben uns eine Reihe von Techniken gezeigt, die man mit dem Schwert oder der Lochaber-Axt anwenden konnte. Charlie sagte: »Zustoßen. Schlitzen. Den Körper entlang und über den Kopf.«

Graham McGrusel griff nach der Axt. Sobald die Kameras liefen, zeigte er, was in ihm steckt. Zustoßen, Schlitzen, den Körper entlang und über den Kopf. »Man ist sich so nah, dass man den Atem des Mannes riechen kann, mit dem man kämpft«, erklärte Charlie. Je mehr sich der rote Nebel über Graham legte, desto grauenvoller wurden seine Soundeffekte.

»Arghh!«, brüllte der kahlköpfige Kämpfer.

»Es ist die Angst, die einen am Leben hielt, weil man heftiger kämpfte«, sagte Charlie. Graham war jetzt voll im Schwung, ein erschreckendes Schauspiel ungebremster Gewalt, ein axtschwingender Mähdrescher, der sich mit allem, was er hatte, in das Training warf.

Zumindest für einige Aufnahmen.

Graham strengt sich immer nur bei den ersten paar Durchgängen an – er könnte sich ja verletzen oder gar in Schweiß ausbrechen. Sportlich ausgedrückt ist er ein Kurzstreckenläufer (beim Sportfest im Kindergarten) und ich bin ein Marathonmann. Überflüssig zu sagen, dass ich die Runde gewonnen habe, aber ärgerlicherweise hatte seine Aggression die gigantischen Krieger beeindruckt. Dies war allerdings nicht von Dauer. Graham verwandelte sich recht schnell wieder in Lady McTavish zurück. Nach einem damenhaften Ellbogenstupser mit den haarigen Alphamännchen warf er sich theatralisch den Schal über die Schulter, machte kehrt und entschwand.

Zumindest fast.

GRAHAM

Da uns die Begegnung mit dem bärtigen Hünen bei unserer ersten Tour mit dem Wohnmobil nicht gereicht hatte, verabredeten wir uns für eine zweite Runde. Diesmal in der Burg Leoch, normalerweise als Burg Doune bekannt. Ich glaube, wir dachten beide, es würde eine Art Heimspiel für uns werden und wir würden uns selbstsicherer fühlen.

Derlei naive Gedanken verflogen schnell, als wir Charlie und seine Gang auf ihren gigantischen Motorrädern heranrollen sahen. Charlies Maschine schien seit unserer letzten Begegnung noch gewachsen zu sein. Sie sah aus (und hörte sich an) wie ein Motorrad auf Steroiden. Es war, als ritte Charlie ein Lebewesen. Ein Wesen, das verhätschelte Schauspieler in Wohnmobilen hasste.

[Sam: Charlie will, dass ich ein Motorrad von ihm kaufe. Ich habe zu viel Angst, um Nein zu sagen …]

Sein Nebenmann sah aus, als würde er auf einem Kinderrad fahren. Erst als dieses Individuum abstieg, wurde mir klar, dass das Motorrad normal groß, er aber ein Gigant war. Ich meine keinen Giganten im Sinne von einem kräftigen Typen. Ich meine einen verdammten GIGANTEN.

Zwei Meter fünfzehn. Das war Charlies Sohn Finn. Ich bin zwar Finns Mutter noch nie begegnet, aber ich stelle mir vor, wie sie mit bloßen Händen Walnüsse knackt und zum Spaß gegen Baumstämme boxt.

Er war riesig.

Das Motorrad sah erleichtert aus, als er abstieg.

Fast habe ich damit gerechnet, dass er *Fee! Fie! Foe! Fum!* rufen würde, während er über den Burghof ging.

Wir waren in einem Raum in der ersten Etage. Sie kamen herein, zuerst Charlie, dann Finn, gefolgt von einer Sonnenfinsternis. Wir tauschten die unvermeidlichen entmannenden Händedrücke aus. Finns Händedruck war wie der eines Kodiakbären.

Möglich, dass er gemurmelt hat, dass er Kahlköpfe hasst, aber vielleicht habe ich mir das eingebildet. Sie haben mit uns den Kampf mit Breitschwertern und Lochaber-Äxten trainiert.

Ich habe Heughan aus dem Augenwinkel beobachtet und war froh zu sehen, dass ihn die durchdringenden Blicke von Charlie und MacShrek genauso nervös machten wie mich.

Dann waren wir mit unserem Waffentraining fertig.

Ich war geradezu lächerlich dankbar dafür, dass sich unsere Instruktoren nicht vor Lachen gekrümmt oder (Gott bewahre) einen Schaukampf vorgeschlagen haben. Vor meinem inneren Auge drängte mich Finn mit seinem gewaltigen Schwert in eine Ecke und warf mich dann zum Scherz aus dem offenen Fenster.

Stattdessen haben sie unsere Bemühungen mit einem ernsten Nicken kommentiert.

Ich glaube, Charlie hat gelächelt, aber vielleicht hatte er auch Bauchkrämpfe.

Finn hat gebrüllt wie ein Löwe und uns beide zu Boden gerungen … (okay, das habe ich erfunden, aber ich dachte wirklich, er würde genau das tun).

Sam murmelte, es wäre jetzt Zeit zu gehen, und wir beide schlichen aus dem Raum. Unsere zerbrechliche Männlichkeit hatte wieder einmal einen Dämpfer bekommen.

Jetzt ist es Zeit für etwas LIEBE.

14. Februar – Valentinstag

Meiner Lebenserfahrung nach denke ich, mein persönliches Motto sollte lauten: »Hüte dich vor Männern, die Blumen mitbringen.«
Muriel Spark, Autorin von *Die Lehrerin*
(1. Februar 1918–13. April 2006)

SAM

Ich würde mich als Romantiker bezeichnen; ich verschicke gern Blumen und Geschenke und ich gehe gern mit meiner Freundin essen. Ich bestehe natürlich immer darauf zu bezahlen. Es sei denn, ich gehe mit Graham essen, dann verlange ich, dass er zahlt. Mein ja nur.

Mit sechzehn war ich total verknallt in ein Mädchen aus meiner Schulklasse. Ich war besessen von ihr: Sie war Schottin, hatte aber einige Zeit in Australien gelebt. Nach all der australischen Sonne hatte sie die hübschesten Sommersprossen. Vermutlich eher aus Mitleid als aus Interesse ließ sie sich auf ein Date mit mir ein. Ich war begeistert und extrem nervös. Sie war auf jeden Fall eins der cooleren Kids in der Schule, und ich hatte das Gefühl, dass diese Verabredung eine Nummer zu groß für mich war. Mein Schwarm schlug vor, uns in der Stadt zu treffen, vielleicht um etwas zu essen oder shoppen zu gehen. Wir sollten uns draußen bei McDonald's treffen – keinem schottischen Clan-Laden (obwohl ich die Warnung vielleicht besser beachtet hätte?), sondern dem mit den goldenen Bögen.

Das entpuppte sich prompt als Herausforderung für mich, da ich noch nie einen Fuß in ein »Mickey D's« gesetzt hatte (so nennen die Schotten McDonald's) und als Vegetarier groß geworden war. Ich hoffte aber, dass sie nicht vorhatte, dort zu essen, sondern dass es nur der Treffpunkt für den Anfang unseres gemeinsamen Lebens sein würde. Ich stand also vor dem Burgerladen und zitterte im schneidenden Wind. Ich hatte keine Jacke angezogen, weil ich dachte, sie würde mich für einen Schwächling halten, wenn ich eine brauchte. So stand ich also in Jeans und T-Shirt in der Kälte. Ich glaube, die Kunden im Restaurant müssen mich für einen Obdachlosen gehalten haben, weil ich so verloren ausgesehen habe. Es kam mir wie Stunden vor.

Nun, es *waren* ja auch Stunden. Erst dachte ich, sie würde sich verspäten, weil das Mode war. Viereinhalb Stunden später waren meine Lippen blau, und ich roch nach Frittenfett. Mir wurde klar, dass sie mich vielleicht versetzt hatte … Damals hatte noch nicht jeder ein Handy (obwohl ich einer der Ersten in meiner Klasse war, damit meine potenziellen Dates nicht mit meiner Mutter sprechen mussten, wenn sie anriefen).

Ich schlich wieder nach Hause und versuchte, mein taubes Gesicht ebenso wie meine finstere Stimmung aufzuwärmen. Am nächsten Tag in der Schule hatte meine jetzt Verflossene ein Gesicht wie ein Gewitter. Sogar ihre Sommersprossen sahen wütend aus.

»Wo warst du? Ich habe eine Stunde gewartet«, sagte sie ohne die geringste Spur ihres bezaubernden australischen Akzents.

»Ich auch«, murmelte ich und konnte spüren, wie mein Gesicht rot wurde. »Bei McDonald's am West-End, wie verabredet.«

Ihre Miene war versteinert. »Wir wollten uns vor dem am East-

End treffen«, sagte sie seufzend. Dann machte sie kehrt und ging davon.

Ich hatte vor dem falschen verdammten Mickey D's gewartet, nur einen kurzen Fußweg entfernt. Wir hatten uns verpasst wie in einem schlechten Teenie-Remake von »Sie liebt ihn – sie liebt ihn nicht« – obwohl wir beide auf derselben dämlichen Straße waren.

Schnitt zum Jahr 2020, gute vierundzwanzig Jahre später – ich tanze oben ohne im Kreis, schütte mir Wasser über die blanke Brust und trage einen Kopfschmuck aus Gras und Blumen, gekrönt von einem Schafschädel. Graham und ich filmen *Men in Kilts.* Wir spielen das Beltanefest nach, die Feier der Ankunft des Sommers, der Fruchtbarkeit und der blühenden Beziehungen. Wir haben alles, Feuertänzer, Druiden, Hexen, ein Freudenfeuer und, wartet, wartet, eine Trommlertruppe.

Eine TrommlerIN nimmt meinen Blick gefangen. O mein Gott, das kann doch nicht … Der Schwarm meiner Jugend, meine McDonald's-Liebe, komplett mit afrikanischer Trommel, bezauberndem Lächeln und diesen hübschen Sommersprossen. Obwohl ich aussah wie ein entlaufenes Schaf auf Steroiden, bin ich zu ihr gelaufen und habe sie angesprochen. Dabei habe ich meinen Kopfputz abgesetzt, damit sie nicht glaubte, mein Modebewusstsein sei immer noch so schlimm wie damals. Wir haben uns unterhalten, sie hat gelächelt (diesmal war es eindeutig Mitleid), und ich war überglücklich, als sie einverstanden war, zusammen essen zu gehen … einen Burger.

Diesmal achtete ich darauf, dass wir beide zum selben Restaurant gingen!

GRAHAM

Ich halte mich für einen Romantiker (wer tut das nicht, außer kompletten Rohlingen? Ich vermute, nach seinen Erfahrungen mit Jack Randalls romantischen Avancen würde Sam *ihn* nicht für die Art Kerl halten, die mit roten Rosen und Champagner ankommt).

[Sam: Das kann ich bestätigen. Nie übernimmt Black Jack die Rechnung.]

Als Junge war ich dauernd verknallt, zum Beispiel in Laura Williamson, die Schwester meines besten Freundes, die fast nebenan wohnte. Ich war etwa sieben, sie vermutlich zehn. Ihr Bruder Andrew und ich waren besessen von Batman – die Version mit Adam West, nicht den verstörenden *Dark Knight*.

Am Ende jeder Folge rannten Andrew und ich als Batman und Robin verkleidet aus dem Haus. Ich war Batman. Mein Kostüm bestand aus einem Tischtuch als Umhang und dem Teewärmer meiner Mutter als Maske. Andrew war ähnlich verkleidet. Dann haben wir zusammen Batman gespielt. Ich vermute, dass keine anderen Kinder in unserer Straße gewohnt haben und wir deshalb in unserer merkwürdigen Verkleidung nicht verprügelt wurden.

Doch Andrew hatte eine Schwester: die schöne Laura, die »ältere Frau«. Ich weiß noch, wie ich einmal so getan habe, als hätte ich mich verletzt, weil ich wusste, dass sie kommen und sich vergewissern würde, dass es mir gut ging (es würde mich nicht überraschen, wenn sie Krankenschwester geworden wäre. Ich kann mich so gut daran erinnern. Ich lag auf dem Rücken und täuschte eine Verletzung vor, Laura war sorgenvoll über mich gebeugt. Ich kann sie jetzt noch sehen, im Gegenlicht der Sonne; ihr blondes Haar schimmerte, und ihr kleines Kruzifix baumelte mir entgegen. Ich kann heute noch hören, wie sie fragte, ob es mir gut ging, wie sie sich erkundigte, ob ich klarkommen würde. Es ist eine meiner lebhaftesten Kindheitserinnerungen. Das war Liebe, wie sie leibt und lebt.)

Dann habe ich mich heftig in meine Grundschullehrerin in Kanada verliebt (als ich acht war, haben wir zwei Jahre in Vancouver gelebt). Ihr Name war Miss MacKay. Sie hatte lange rote Haare und fuhr einen MG-Sportwagen. Ich habe sie angebetet. So sehr, dass ich beschloss, ihr meine Liebe erklären zu müssen. Ich komponierte einen langen Brief, in dem ich ihr meine brennende Leidenschaft gestand. Ich hatte vor, ihn ihr am nächsten Tag in der Schule zukommen zu lassen. Doch als es an die Anschrift ging, stieß ich auf ein Problem. Ich kannte sie nur als Miss MacKay. Peinlicherweise kannte ich ihren Vornamen nicht. Man hatte mir immer gesagt, dass man einen Brief nur an jemanden schicken kann, wenn man mindestens seine Initialen kennt, wenn schon nicht den vollständigen Namen. Also blieb der Brief unversandt, und die präpubertären Schwärmereien des jungen McTav blieben Miss MacKay zum Glück erspart.

Parallel zu meiner tiefen Liebe zu Miss MacKay war mein Herz für Diana Rigg entbrannt. Was für eine Frau! Als Emma Peel erweckte sie in *Mit Schirm, Charme und Melone* machtvolle Gefühle in meinem jungen Selbst. Bis heute ist sie die einzige Schauspielerin, der ich für mein Leben gern begegnet wäre.

[Sam: Oh ja, ich mochte sie auch!]

Bei meinem ersten Kuss war ich neun Jahre alt. In meiner Straße (die ironischerweise Cloisters hieß, das Kloster) wohnten zwei Schwestern, Jennifer und Sarah Tobbitt. Jennifer muss neun oder zehn gewesen sein. Sarah war zwölf. Eines Tages ist Sarah zu mir gekommen und hat gesagt, sie wolle mit mir spazieren gehen. Sie ist mit mir in eine Baugrube in der Nähe unserer Häuser gegangen. Wir haben uns außer Sichtweite auf den Boden gehockt, und sie erklärte mir, sie würde mich jetzt küssen. Im ersten Moment war ich total entgeistert! Küssen? Was? Warum? Wie? Ich bin mir nicht sicher, warum sie so fest entschlossen war, mich zu küssen (es muss doch zwölfjährige Jungen in ihrem Leben gegeben haben, oder?), aber sie hat ihren Willen bekommen.

Falls ihr *Cider mit Rosie* von Laurie Lee noch nicht gelesen habt, lest es jetzt. Er beschreibt das Gefühl dieses ersten Kusses in Perfektion. Ich kann Sarahs Sommersprossen noch vor mir sehen und den Seifenduft ihrer Haut riechen. Spüre die sanfte Berührung ihrer Lippen auf den meinen, das Aroma ihres blonden Haars. Es war ein Moment, der mich verwandelt hat. Wir haben uns nie wieder geküsst, obwohl wir Freunde geblieben sind. Es war beinahe so, als hätte sie gewusst, dass ich das erleben musste (ich bin mir ziemlich sicher, dass dies nicht Sarah Tobbitts erster Kuss war). Von diesem Moment an drehte sich mein Leben nur noch darum, Mädchen zu küssen.

Ich habe bei jeder Gelegenheit Kuss-Spiele organisiert. Ich habe die ganze Straße mit den Freuden des Küssens vertraut gemacht. Bald waren wir alle mit Feuereifer dabei. Im Wald, in den Gassen, in Parks, wo immer wir konnten. Es war herrlich unschuldig und spielerisch. Allerdings weiß ich noch, wie der Bruder eines der Mädchen, die ich gern geküsst habe, mich gejagt hat. Er hat einen böse aussehenden Stock geschwungen. Ich glaube, er war nicht begeistert.

Ein frühreifer Casanova war ich nur in unserer Straße. In der Schule war ich der schüchterne Musterschüler. Ich habe fleißig gearbeitet, und meine erste Freundin dort hatte ich erst mit siebzehn. Aber zu Hause war ich ein anderer. Dort konnte ich mich völlig entspannt fühlen und mich dem Liebesleben öffnen. Zwei oder drei Mädchen in meiner Nachbarschaft und ich haben immer gesagt: »Sollen wir Monopoly spielen?« Das war unser Code für: »Sollen wir zu jemandem ins Zimmer gehen und rumknutschen?« Ich werde ihre Namen nicht erwähnen, aber falls ihr zufällig dieses Buch lest – ihr wisst, wer ihr seid!

In der Schule hatte ich noch eine große Liebe. Diesmal hatte es mich sogar noch schlimmer erwischt als damals bei Miss MacKay. Sie war meine Englischlehrerin. Ihr Name war Mrs Grew. Diesmal kannte ich ihren Vornamen, Pamela. Ich habe gern geschrieben, und Mrs Grew hat mich ermuntert, so viel wie möglich zu schreiben. (Sie hat meine Geschichten oft der Klasse vorgelesen. Wieder war es erstaunlich, dass meine Klassenkameraden mich nicht regelmäßig verprügelt haben.)

Mrs Grew war ungefähr vierundzwanzig Jahre alt. Sie erschien mir so weltgewandt und reif. Ich habe unablässig in meinem Tagebuch über sie geschrieben. Obwohl ich wusste, dass sie verheiratet war, war ich absolut überzeugt, ABSOLUT, dass sie irgendwann begreifen würde, dass sie mich liebte. Sie würde ihren Mann verlassen, damit wir für immer zusammen sein konnten. Ja, ich war wirklich verrückt!

Ich weiß nicht mehr, wann meine Schwärmerei für Mrs Grew nachgelassen hat. Ich frage mich, ob ihr je ein Verdacht gekommen ist. Vermutlich ja, und sie war so gütig, mich nicht zu blamieren. Aber Pamela, wenn Sie es damals nicht wussten … jetzt wissen Sie es!

SAM

Seit Jahren geben mir die Fans das Gefühl, geliebt zu werden. Viele von ihnen haben mir sehr großzügige und entzückende Geschenke geschickt. Ein paar besondere Beispiele:

- Eine Decke aus vielen Fotos von mir
- Kaffee mit Bourbon-Aroma
- Unterwäsche (teils getragen)
- Eine Kiste überreife Avocados
- Selbst gemachte Erdnussbutter (lecker)
- Ein gehäkelter Schamschutz – ein bisschen klein

Dougal MacKenzies »Liebesratgeber für Jakobiten«

1. Jedes Mal, wenn sie den Valentinstag erwähnt, täusche komplette Gleichgültigkeit vor. Lass sie glauben, dass es dir egal ist.
2. Fang einen Monat vor dem Valentinstag damit an, phallusförmiges Obst und Gemüse als kleine Anspielungen im Haus zu platzieren. Meiner Erfahrung nach funktionieren Auberginen, Gurken und natürlich Bananen besonders gut. Wenn du es wie Lacroix machen willst, nimm eine seltsam geformte Zucchini. Wähle strategische Stellen dafür: zum Beispiel über der Schlafzimmertür oder unter ihrem Kopfkissen. Vielleicht bastelst du sogar eine Halskette daraus?
3. Iss eine Woche vor dem Valentinstag nur noch Austern.
4. Sag den folgenden Satz mit melancholischem Blick: »Hört es jemals auf? Dass ich dich will? Selbst wenn ich dich gerade verlassen habe, will ich dich so sehr, dass mir der Atem vergeht und meine Finger schmerzen vor Sehnsucht, dich wieder zu berühren.«
5. Kauf eine neue Matratze für das Bett, aber mach kein großes Theater darum!
6. Verkünde beiläufig, dass du vorhast, das Haus mit einer Schalldämmung zu versehen. Sie wird dich dafür lieben!
7. Wenn du Haustiere hast, sieh zu, dass du sie loswirst. Wenn

du dich nicht überwinden kannst, sie ganz zu beseitigen (weil du ein Weichei bist!), leih sie einem Freund, der keine Chance hat, etwas vom Valentinsvergnügen abzukriegen.

8. Lerne den Text von »Let me put my love into you« von AC/DC auswendig und singe den Song bei jeder Gelegenheit. Irgendwann wird sie den Wink verstehen.
9. Am Tag der Tage musst du sie überraschen! Lass sie deine sorglose, spontane Seite sehen. Sei umwerfend, buchstäblich. Wenn du nach Hause kommst, beglücke sie mit einem lauten »fertig machen, Schatz!«. Nichts ist so wichtig wie die richtige Stimmung.

VALENTINSREZEPT

TONY SINGHS SHORTBREAD-HERZEN

(Bekannt aus *Men in Kilts*)

Zutaten

125 Gramm Butter

55 Gramm Zucker

200 Gramm Mehl

Zubereitung

Butter und Zucker im Mixer gut miteinander vermischen. Mehl hinzufügen und mit kurzen Stößen mischen, bis die Mischung Ähnlichkeit mit Brotkrumen hat.

Die Mischung auf eine Arbeitsfläche kippen und zu einem Teig kneten. Diesen in Frischhaltefolie wickeln und 30 Minuten kühlen.

Den Ofen auf 160 Grad vorheizen (Umluft).

Die Arbeitsfläche mit Mehl bestäuben. Den gekühlten Teig etwa drei Millimeter dick ausrollen. Mit einer Herzform 16 Plätzchen

ausstechen, die Reste wieder ausrollen und mehr Herzen ausstechen.
Die Plätzchen auf ein gefettetes Backblech legen, dann mit einer Gabel einige Löcher in die Mitte stechen. Weitere zehn Minuten kühlen. Die Plätzchen mit etwas Zucker bestreuen und zehn bis zwölf Minuten backen, bis sie leicht golden sind.
Die Plätzchen aus dem Ofen holen und zehn Minuten auf dem Backblech abkühlen lassen.

REGION DES MONATS

CAIRNGORMS NATIONALPARK

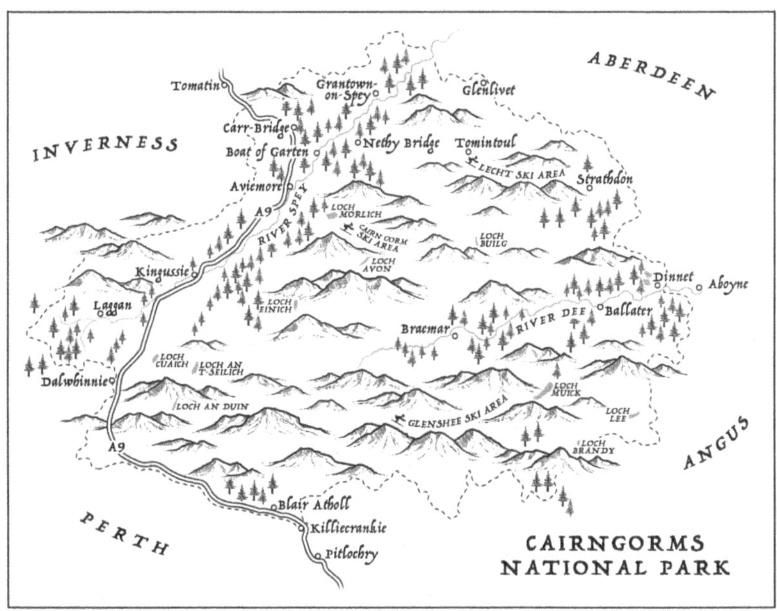

SAM

Die Cairngorms sind der größte Nationalpark im Vereinigten Königreich. Der Park wurde 2003 gegründet und ist 4528 Quadratkilometer groß. Er beherbergt ein Viertel des schottischen Naturwaldes, fünfundfünfzig Munros (siehe auch »Sams kleine Gipfelkunde« im gleichen Kapitel) und vier der fünf höchsten Berge Großbritanniens. Doch es gibt hier nicht nur Berge – drei Flüsse fließen durch den Park, es gibt sechzig Seen, die zu den saubersten in Europa zählen, hier wachsen mehr als die Hälfte der noch existierenden kaledonischen Kiefern, und das Cairngorm-Plateau ist die größte arktische Berglandschaft der Britischen Inseln. Der Park beherbergt ein Viertel der bedrohten Arten Britanniens – Wirbeltiere, Insekten, Pilze und Pflanzen, von denen manche nur hier vorkommen, darunter Auerhähne, Schneeammern und Schneehasen.

TROPFEN DES MONATS

DALWHINNIE

SAM

Da wir über die Cairngorms reden, müssen wir einen Blick auf den Speyside-Whisky werfen. Der Whisky aus der Spey-Region ist im Allgemeinen nicht mit Torf versetzt und nicht schwer, sondern eher leichter und blumiger, perfekt für eine Verabredung am Valentinstag. Wenn deine Verabredung keinen Scotch mag … mit wem gehst du da aus?! Andererseits bedeutet es doppelt so viel für dich! Wenn man ihn sich vorsichtig auf den Hals tupft, kann er auch die Rolle eines schottischen Duftwassers übernehmen. Eau de Whisky. Komm her, mein Schatz, du riechst wie eine Destillerie!

Etwa die Hälfte der schottischen Destillerien stehen in der Region Speyside, benannt nach dem Fluss Spey, der die ursprüngliche Wasserquelle für ihren Whisky war. Die Gegend ist ideal für den Gerstenanbau und bekommt in den Sommermonaten mehr Sonne ab – mir ist aufgefallen, dass es an der Westküste IMMER zu regnen scheint. Obwohl es dort ein riesiges Sortiment berühmter Whisky-Namen in unterschiedlichen Variationen gibt, würde ich sagen, dass alle Speysider eine gewisse Süße gemeinsam haben – fruchtig und aromatisch mit vielen »Holz«-Noten.

Dalwhinnie wäre der Speysider meiner Wahl. Wenn man am Rand der Cairngorms Richtung Inverness fährt, kann man die Destillerie, die wie ein Postkartenmotiv an der alten Militärstraße liegt, kaum übersehen. Im Winter kann es vorkommen, dass der Zugang zu den Cairngorms bei Schnee gesperrt wird. Dalwhinnie ist ein abgelegener, windiger Ort, die am höchsten gelegene Destillerie. Doch dieser leicht trinkbare, wärmende Whisky reflektiert auch die Sommermonate. Wie alle Whiskys ruft er eine emotionale Reaktion hervor, die es bei anderen Destillaten nicht gibt. Dalwhinnie war der erste echte Single Malt, den ich probiert habe und mochte. Ich weiß noch, wie ich ihn in meiner Londoner Zeit das erste Mal getrunken habe und Heimweh bekam, weil mich der Whisky an das wilde Land, das klare Wasser und die herrlichen Täler meiner Heimat erinnerte.

Außerdem weiß ich noch, wie ich mit meinem Freund Cameron McNeish den Großteil einer Flasche getrunken habe, ehe wir am nächsten Tag eine Sendung über Bergwandern im Winter gedreht haben. Der Mann war nicht geizig. Erst die Eiseskälte und das verschneite Terrain konnten am nächsten Tag meinen Kater kurieren. Wenn deine Verabredung noch nie Whisky getrunken hat, schenke ihr ein wenig von diesem leichten Whisky mit seinem Heidearoma ein. Ich versichere dir, sie wird sich verlieben. Hoffentlich in dich und nicht in die Flasche.

ABENTEUER DES MONATS

SCHIEHALLION, PERTHSHIRE UND KINROSS

SAM

Mein Munro des Monats muss der perfekt kegelförmige Schiehallion sein, der über Loch Rannoch Wache hält. Er liegt in Perthshire und Kinross. Dort haben wir den magischen Steinkreis gedreht, im Schatten des Berges, und in den Drehpausen habe ich sehnsüchtig zu seinem steilen Gipfel hinaufgeblickt und mir gewünscht, ihn zu besteigen, sogar im Schnee. Seine lang gezogenen Hänge sind schon seit dem ersten Jahrtausend vor Christus besiedelt. Der gälische Name bedeutet etwa »Berg der Kaledonier«; manche meinen auch, dass er »Berg der Feen« bedeuten könnte. Genau so fühlt sich der Ort auch an, auch wenn uns zum Glück bis jetzt in *Outlander* noch keine Feen begegnet sind. Während Jamie und Claire 1774 in der Neuen Welt lebten, wurde der Berg zum Gegenstand naturphilosophischer Experimente – der englische Wissenschaftler Nevil Maskelyne versuchte hier, mit Pendelmessungen die Erddichte zu bestimmen.

Am Tag nach meinem vierunddreißigsten Geburtstag gelang es mir, mich total verkatert aus dem Hotel zu schleichen, um auf den Berg zu steigen, ehe das Produktionsteam bemerkte, dass ich fort war. Ich bin in ein Taxi gesprungen und habe mich zum Fuß des Berges fahren lassen. Der Weg nach oben ist relativ einfach und gut befestigt, aber der Gipfel war noch dick mit Schnee und Eis bedeckt. Vielleicht hundert Meter unterhalb stieß ich auf ein Eisfeld und konnte ohne Steigeisen nicht weiter. Zu groß war die Gefahr, über die Kante zu rutschen.

Ich habe Unterschlupf im dichten Schnee am Fuß eines Felsens gesucht und durch die Wolken nach unten geschaut. Ich konnte gerade eben den künstlichen Steinkreis und die ameisengroße Crew ausmachen. Ich bin mir sicher, dass sie nicht sonderlich begeistert gewesen wären zu sehen, wie ich tausend Meter den Berg hinunterrutsche und vor ihren Füßen lande.

Während ich also dort oben über meinen inzwischen nachlassenden Kater meditierte und wünschte, ich hätte einen Schluck Whisky mitgenommen, tauchte ein Pärchen aus dem Nebel auf. Auch sie waren von den schlechten Bedingungen zur Umkehr gezwungen worden. Sie öffneten ihre Rucksäcke und holten eine große Tupperdose mit einem dick glasierten Früchtekuchen hervor, ihrem Hochzeitskuchen (sehe ich aus, als würde ich dauernd Kuchen essen?). Sie waren frisch verheiratet und waren auf den Berg gestiegen, um zu feiern. Herzhaft kauend wünschte ich ihnen alles Gute, ehe sie wieder im Nebel verschwanden und eine Krümelspur hinterließen. Schiehallion ist ein wahrhaft magischer, romantischer Berg, ideal für Hochzeitsreisen. Überzeuge dich nur, dass er oder sie keine Höhenangst hat, ehe du dich ewig bindest.

Sams kleine Gipfelkunde

- Ein sogenannter Munro muss mindestens 3000 Fuß oder 914 Meter hoch sein.
- »Corbetts« haben eine Höhe zwischen 2500 und 3000 Fuß
- Ein »Graham« hat eine Höhe zwischen 2000 und 2500 Fuß (dazu eine Pause, einen Snack und einen Latte macchiato).
- »Donald Tops« sind Hügel in den Lowlands, die mindestens 2000 Fuß oder 609 Meter hoch sind.
- Ein »Sam« erfordert einen ordentlichen Schluck Sassenach-Whisky (und einen lauwarmen Latte macchiato für Graham) auf dem Gipfel.

BEDEUTENDE GEBURTSTAGE, TODESTAGE UND EREIGNISSE

1. Februar 1918 – Muriel Spark wird geboren, die Autorin von *Die Lehrerin*.

2. Februar 1987 – Alistair MacLean stirbt. *[Graham: Zu seinen Büchern zählen* Die Kanonen von Navarone, Eisstation Zebra *und* Agenten sterben einsam. *Es waren seine Bücher, die den jungen McTavish inspirierten, vom Schreiben zu träumen.]*

7. Februar 1603 – Die Schlacht von Glen Fruin

GRAHAM

Am 7. Februar (ironischerweise etwa zur selben Zeit, als Shakespeare mit der Fertigstellung von *Ende gut, alles gut* befasst war) haben sich die MacGregors damit befasst, 200 Mitglieder des Colquhoun-Clans abzuschlachten. Das war dann doch eher *Romeo und Julia* als *Ende gut, alles gut*.

Eine Gruppe MacGregors war müde und hungrig im Gebiet der Colquhouns gestrandet. Sie baten um Unterschlupf, den ihnen die Colquhouns verweigerten.

Nun muss man wissen, dass es zwischen den beiden Clans eine Vorgeschichte gab. Nachdem Robert Bruce dem Gregor-Clan seine Ländereien genommen und diese den Colquhouns überlassen hatte, rächten sich die Gregor-Söhne mit regelmäßigen Diebstählen. Das mag der Grund für die Weigerung gewesen sein, den MacGregors ein Dach für die Nacht anzubieten.

MacGregor: »Ähhh, wir suchen nach einer Übernachtungsmöglichkeit!«

Colquhoun: »Du bist nicht zufällig ein MacGregor, oder?«

MacGregor: »Ähhh …«

Colquhoun: »Denn wenn du einer wärst, würde ich dir sagen, du kannst mich mal!!!«

MacGregor: »Ähm …«

Colquhoun: »Ist das ein verdammter MacGregor-Tartan, den du da trägst?«

MacGregor: »Weiß nicht … vielleicht …?«

Die Tür knallt zu.

Ihr wisst, was ich meine. Weil sie frieren und Hunger haben, tun unsere MacGregor-Jungs, was jeder Highlander unter solchen Umständen tun würde. Sie suchen sich ein Schaf, zerren es in eine Höhle, schneiden ihm die Kehle durch, essen es und legen sich zur verdienten Nachtruhe nieder.

Dummerweise hat sie am nächsten Morgen der Chef der Colquhouns gefunden, inmitten der blutigen Gedärme des getöteten Schafs, dessen abgenagte Knochen sie vermutlich noch in den Händen hielten. Mr Colquhoun hat zwei und zwei zusammengezählt und beschlossen, dass es für alle das Beste wäre, die MacGregors auf der Stelle zu liquidieren.

Überflüssig zu sagen, dass das beim Gregor-Clan nicht gut ankam.

Die Colquhouns holten sich die Erlaubnis König James des Sechsten, ihren Erzfeinden nachzustellen. Am 7. Februar 1603 erreichten sie mit 500 Mann zu Fuß und 300 zu Pferd (verstärkt durch Männer aus Dumbarton und Cardross) Glen Fruin.

Dort warteten die MacGregors mit 350 Mann auf dem Hang.

In Momenten wie diesen ist es hilfreich, sich die Szene vorzustellen. Es ist ein eiskalter Februartag in den schottischen Highlands. Der Boden war mit Sicherheit verschneit. Die Sonne (falls sie zu sehen war) war gegen acht Uhr aufgegangen. Die MacGregors waren mit Sicherheit schon vorher da gewesen, hatten sich heimlich in der Dunkelheit gesammelt und den Hang erklommen, die Schwerter in ihre Plaids gewickelt, um die Geräusche zu dämpfen.

Dort standen sie dann, ein jeder allein mit seinen Gedanken, ihr Atem in der schneidenden Winterluft das einzige Lebenszeichen.

Diese Gedanken waren auf eines konzentriert: Rache und Blutvergießen.

Unterdessen wanderten die Colquho uns durch den Schnee, zuversichtlich, weil sie so viele waren und sie die Order des Königs hatten, bereit, über die MacGregors herzufallen.

Colquhoun: »Na, freust du dich schon darauf, komplett ungestraft ein paar MacGregors zu meucheln, Tam?«

Tam: »Aye, schön, der Schnee, oder?«

Plötzlich ertönte der Kriegsruf der Gregorach auf dem Hang, *Àrd-Choille!,* was »Hoher Wald« bedeutet. Der Ruf bezieht sich auf den Ort auf dem Land der MacGregors, an dem sich der Clan sammelte, wenn er bedroht wurde. Dann stürzten sie sich unter dem üblichen grauenerregenden Kriegsgeheul der Clans (der Rebellenschrei der Konföderierten auf Steroiden) auf die ahnungslosen Colquhouns.

Aufseiten der Colquhouns war das einzige Geräusch vermutlich die gälische Version von: »Oh, Mist …«

Der Angriff zwang die Colquhouns zurückzuweichen – geradewegs einer zweiten Truppe der MacGregors entgegen.

Es gab keine Gnade. 200 Colquhouns starben durch Schwert und Axt, der Schnee rot von ihrem Blut.

König James VI reagierte mit einem Verbot des MacGregor-Clans. Sein Dekret befahl, »jeden Träger dieses Namens an der Wurzel auszureißen und zu exterminieren« (Fehlinterpretation unmöglich). Clanhäuptling Alastair MacGregor aus Glenstrae konnte ein Jahr lang der Festnahme entgehen. Dann machte er den Anfängerfehler, die Campbells um sicheres Geleit zur Grenze für sich und seine Männer zu bitten. Die Campbells eskortierten sie geradewegs in die Arme wartender Soldaten. Schon wieder diese Campbells …

Alastair wurde mit elf seiner Männer nach Edinburgh gebracht und am Mercat Cross gehängt. Wegen seines Rangs hängte man ihn höher als die anderen, die warten und zusehen mussten, wie man ihren Häuptling aus dem Tolbooth-Gefängnis holte, um ihn vor ihren Augen zu hängen und zu vierteilen.

Der frühere Eingang zum Tolbooth ist heute durch ein Mosaik im Straßenpflaster gekennzeichnet, das berühmte Herz von Midlothian. Falls ihr schon einmal in unserer Hauptstadt gewesen seid, fragt ihr euch vielleicht, warum die Menschen im Vorübergehen auf das Herz spucken. Heute bringt es angeblich Glück, aber ursprünglich war es ein Zeichen der Verachtung. Man könnte sich durchaus vorstellen, dass es Alastair MacGregor war, der diese Sitte an jenem Tag im Jahr 1604 auf seinem Weg zum Galgen ins Leben gerufen hat.

Der Name MacGregor wurde 1661 durch Charles II wieder eingesetzt, jedoch 1693 durch Wilhelm von Oranien erneut mit einem Bann belegt. Danach wurde seine Verwendung erst im Jahr 1784 wieder gestattet, und seine Träger erhielten die Bürgerrechte zurück. Im siebzehnten und achtzehnten Jahrhundert hatte man es als MacGregor definitiv schwer.

4. Februar 1716 – Prinz James Francis Stuart, der Alte Prätendent, verließ Schottland nach einem nur dreiwöchigen Aufenthalt. Damit beendete er im Prinzip den ersten Jakobitenaufstand.

4. Februar 1941 – Die SS *Politician* lief vor der Hebrideninsel Eriskay auf Grund. Das brachte den Schriftsteller Sir Compton MacKenzie auf die Idee zu seinem Buch *Das Whiskyschiff*.

16. Februar 1746 – Regierungstruppen versuchten, Prinz Charles Edward Stuart in Moy südlich von Inverness gefangen zu nehmen, wurden aber durch eine Handvoll Jakobiten daran gehindert.

23. Februar 1976 – Die Schauspielerin Kelly Macdonald *(Trainspotting)* wird in Glasgow geboren.

24. Februar 1303 – Die Schlacht von Roslin.

GRAHAM

Es scheint, dass der Winter in Schottland noch nie ein Hindernis war, wenn es darum ging, Leichen aufeinanderzutürmen. 300 Jahre vor Glen Fruin fand am 24. Februar 1303 während des ersten schottischen Unabhängigkeitskrieges die Schlacht von Roslin statt. 720 Jahre später ist diese Schlacht fast vergessen, obwohl man sagen kann, dass sie für die schottische Geschichte ähnlich bedeutend war wie Bannockburn und Stirling. Außerdem trägt sie den zweifelhaften Titel der blutigsten Schlacht, die je auf britischem Boden ausgetragen wurde.

Ein schottisches Heer von 8000 Mann fiel vernichtend über eine englische Armee her, die viermal so groß war. Schätzungen nach haben an diesem Tag 35.000 Menschen ihr Leben verloren. Hier sind zum Vergleich einige der blutigsten Schlachten der Geschichte:

Gettysburg, 1863: 46.000 Tote in drei Tagen

Cannae, 216 vor Christus: 60.000 Tote an einem Tag

Schlacht an der Somme, 1916: 68.000 Tote am 1. Juli, dem ersten Tag der Schlacht

Völkerschlacht von Leipzig, 1813: unglaubliche 84.000 Tote

Doch abgesehen von der Schlacht der Römer gegen Karthago in Cannae wurden die anderen Schlachten mit Gewehren, Artillerie und sogar Maschinengewehren ausgefochten.

In Roslin wurde mit Eisenklingen Mann gegen Mann gekämpft, außerdem mit Pfeil und Bogen. Man kann es sich kaum vorstellen.

Die Schlacht fiel in eine Zeit fortdauernder Instabilität in Schottland. Edward I wurde liebevoll der »Schottenhammer« genannt (sein anderer Beiname war »Longshanks« – Langbein. Ihr kennt ihn bestimmt aus *Braveheart*). Nun, in Roslin hatten die Schotten den Hammer in der Hand.

Edwards Armee wurde von Sir John Seagrave angeführt, der

knapp mit dem Leben davonkam – und mit ihm 2000 der ursprünglich 32.000 englischen Soldaten.

Am Ende sollte jedoch Seagrave zuletzt lachen, denn er sorgte dafür, dass er zwei Jahre später am 23. August 1305 in London die grausame Hinrichtung von William Wallace beaufsichtigte.

28. Februar 1638 – Auf dem Kirchhof der Greyfriars-Kirche in Edinburgh wurde der Bundesschluss unterzeichnet, der die Nationalreligion vor liturgischen Reformen und englischem Einfluss bewahren sollte. Es war ein derart emotionaler Anlass, dass einige der Unterzeichner mit ihrem eigenen Blut unterschrieben.

MÄRZ

Frühlingslied
Sonne und Vögel in der Luft,
Ein Glitzern frisch und klar.
Erinnerung erwacht' in mir,
Die Liebe zu ihr, immerdar.
Robert Louis Stevenson

Clan Murray
Motto: *Tout Prest* (ganz bereit)
Region: Morayshire

WICHTIGE KALENDERDATEN

1. März bis 31. Mai – Meteorologischer Frühling
Anfang März – Braemar-Berg-Festival
20. – Welttag des Erzählens
20. oder 21. – Tagundnachtgleiche, Ostara
27. – Welttag des Theaters
Welttag des Whisk(e)ys
Während des ganzen Monats: Internationales Comedyfestival in Glasgow

REGION DES MONATS

PERTHSHIRE, KINROSS, ANGUS, FIFE

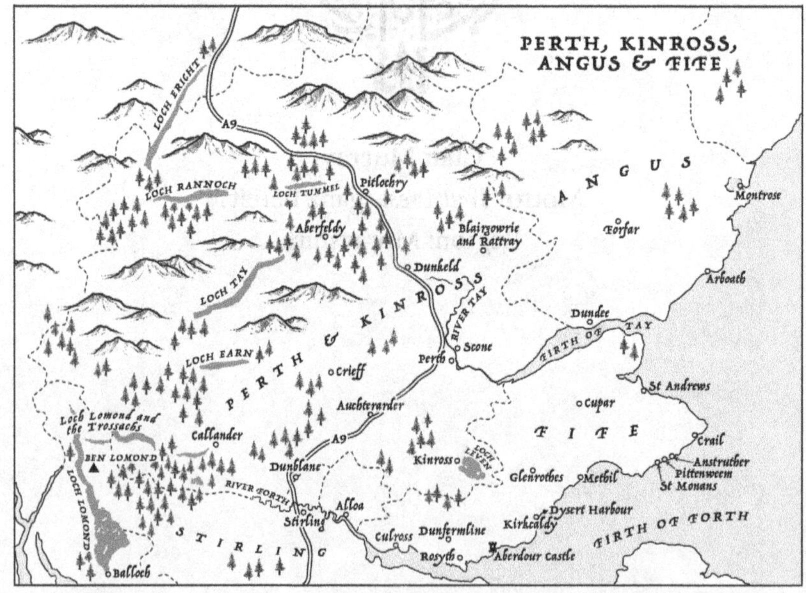

SAM

Es ist Frühling, eine herrliche Zeit für einen Besuch im Königreich Fife. Diese Gegend fasziniert mich schon deshalb, weil sie grundsätzlich mehr Sonnenschein abzubekommen scheint als jeder andere Teil Schottlands.

Auch die Ortsnamen sind hier anders, dank des großen Wikinger-Einflusses. Ich wette, dieser Teil der Welt war unseren bärtigen skandinavischen Nachbarn nach ihrer ungemütlichen Überfahrt über die eiskalte Nordsee sehr sympathisch. Ideale Siedlungsbedingungen, perfektes Weideland, Ozean und Strände voller Meerestiere – es muss sich angefühlt haben wie ein schottischer Ferienort.

Wir haben diese vielseitige Gegend oft als *Outlander*-Drehort benutzt. Das historische Städtchen Culross ist ein beinahe unberührtes Beispiel einer Gemeinde aus dem siebzehnten/achtzehnten Jahrhundert. Wir haben im Schloss gedreht, das noch die ursprünglichen Holzverkleidungen hat und eine originalgetreue Einrichtung wie im siebzehnten Jahrhundert. In der dritten Folge der ersten Staffel haben wir im Freien am Marktkreuz gedreht, wo Jamie einem Jungen hilft, der am Ohr dort angenagelt wurde, weil er gestohlen hat. Es sah aus, als wäre das ganze Filmteam in der Zeit zurückgereist oder wäre durch die magischen Steine gekommen, denn der ganze Ortskern hatte sich in das Schottland des achtzehnten Jahrhunderts verwandelt.

Allerdings mit EINER Ausnahme. In der Mitte der Straße hatte sich ein Hausbesitzer geweigert, seine Fenster auf Kosten der Produktion gegen »historischere« Fensterscheiben austauschen zu lassen. Obwohl man ihm anbot, die Fenster zu ersetzen und dann den alten Zustand wiederherzustellen, blieb er hart. Wahrscheinlich fand er die ganze Dreherei ziemlich lästig. Und wer kann es ihm verdenken? Hunderte von Crew-Mitgliedern, Statisten, Pferde, Dreck und Lärm, und das Ganze jeden Morgen ab fünf vor deiner Haustür? Würde mich auch nicht begeistern. Also haben wir um das mittlere Haus herum gefilmt und uns bemüht, nicht allzu viel Lärm zu machen.

Ich glaube beinah, Graham war der Besitzer und saß fluchend in seinem Wohnzimmer, während ich den Jungen von seinem rustikalen Ohrring befreite.

Ein anderer Drehort war Burg Aberdour in der gleichnamigen Ortschaft. Es ist ein atemberaubender Ort, der in der ersten Staffel unser Kloster war. Jamie erholt sich dort von den Verletzungen, die er durch Black Jack Randall erlitten hat. Claire und ihre Highland-Bande haben ihn auf der Ladefläche eines Wagens gerettet und ihn in Sicherheit gebracht. Aberdour gehört zu den ältesten noch intakten Burgen in Schottland. Es wurde zum Teil im zwölften Jahrhundert erbaut und hat schon Menschen wie Maria Stuart oder Robert Bruce erlebt.

An diesem Drehtag hatte ich meine Familie mitgebracht. Meine Figur wurde das Opfer extremer Folter und Gewalt, also hoffte ich, meine Mutter mit »ernsthafter« Schauspielerei beeindrucken zu können. Doch nachdem ich sie den anderen Darstellern und den Produzenten vorgestellt und mich dann auf meine Szene vorbereitet hatte, habe ich sie nicht mehr gesehen. Nachdem Jamie Stunden später endlich gerettet war, ich alles gegeben hatte und die Maske mir die Narben vom Rücken genommen hatte, machte ich mich auf die Suche nach meinen Gästen.

Anscheinend waren sie weder bei den anderen Schauspielern, noch hatten sie mich spielen gesehen, da meine Mutter in der Requisite hängen geblieben war und fasziniert die Töpfe, Pfannen und Alltagsgegenstände studierte, die die *Outlander*-Kulissen schmücken. Von der Burg war sie immerhin beeindruckt – und von den Statisten in Mönchsgewändern. »Sehr authentisch.«

Wie schon erwähnt, ist Fife eine Küstenregion mit vielen malerischen Häfen und Fischereidörfern. Der unglaubliche Hafen von

Dysart, ein gälischer Name, der »Einsiedelei« bedeutet, war ein bedeutender Umschlagplatz für Salz, was ihm den Spitznamen »Salt Burgh« einbrachte. Der Handel mit den Niederlanden schlug sich auch in Häusern nieder, die genauso in Amsterdam stehen könnten, inklusive importierter holländischer Dachziegel.

An der einen Seite bildet der natürliche Fels hohe Hafenmauern, die ein wirksamer Verteidigungswall gegen die Elemente sind.

Wir haben den Anfang der zweiten Staffel dort gedreht. Jamie und Claire sind auf der *Cristabel* in einem französischen Hafen gelandet. In Wirklichkeit hieß das Schiff *The Reaper* und war ein restaurierter Heringsfischer. Im neunzehnten und zwanzigsten Jahrhundert waren das die am meisten verbreiteten Fischerboote an der Ostküste. Ich weiß noch, wie uns an diesem Tag wieder einmal unsere treuen Fans, die Outlandish Bakers, gefunden und uns meine Lieblings-Erdnussbutterkekse zum Dreh gebracht haben (ebenso wie glutenfreie Muffins für Caitriona). Es schien mir ein passender Auftakt für die Staffel zu sein: Süßkram, Salz und Sasscnachs.

Beim Dreh zu *Men in Kilts* haben wir Pittenweem besucht, einen Hafen nördlich von Dysart, der noch in Betrieb ist. Fünfundneunzig Prozent des Fangs, der dort an Land kommt, wird exportiert, was eine Schande ist, denn bei uns gibt es mit die besten Meeresfrüchte auf dem Planeten. Wir müssen hier in Schottland mehr von unserem Fang selbst essen. Also beschlossen Graham und ich, unseren Beitrag zu leisten, indem wir auf einem Fischerboot namens *Karisma* mitgefahren sind, um frischen Schellfisch für das Abendessen zu ernten.

»Käpt'n Kirk« Doig, der die komplette Hochseefischer-Uniform mit wasserdichtem Overall und Handschuhen trug, wusste nicht so recht, was er von uns beiden halten sollte. Ich habe einen *Star Trek*-Witz nach dem anderen gemacht, während Graham verlegen den Kopf schüttelte und ganz in der Rolle des Kapitän McTavish aufging. Der echte Kapitän erzählte uns, dass er seinen Beruf liebt, weil er Freiheit bedeutet und kein Tag dem anderen gleicht. Graham sagte ihm, für einen Schauspieler sei es ganz genauso. Wer hätte das gedacht. Nur, dass Kapitän Kirk dem Nordatlantik trotzen muss und Kapitän McTavish … dem nächsten Fünfsternehotel.

Die Mannschaft hievte ein riesiges Netz an Bord, das vor Langusten aus den Nähten platzte. Der Inhalt wurde in eine Kammer geschüttet – und es war zu sehen, dass es für McTavishs Abendessen wohl reichen würde. Der Fang wurde dann auf kleinere Hummer und Fische abgesucht, die ins Meer zurückgeworfen wurden (für eine nachhaltigere Fischerei). Graham und mir taten die gefangenen Krustentiere leid, daher haben wir unauffällig versucht, so viele wie möglich zu befreien und über Bord zu werfen, während Kapitän Kirk gerade nicht hinsah … nicht, dass er uns eine mit seinem Phaser verpasste.

Erst später wurde uns klar, dass die meisten unserer flüchtigen Krebstiere direkt zwischen die Kiefer eines ebenso trägen wie wohlgenährten Seehundes gefallen waren, der unter uns wartete.

Während ich verstohlen einen kleinen Hummer in Sicherheit brachte, erspähte ich plötzlich etwas, das so kahl und rosa war wie Grahams Kopf. Es hatte eine seltsame Körperöffnung und eine eklige Konsistenz. Graham und ich haben es erschrocken angeschaut – was *war* das? Ich habe es vor Grahams Gesicht geschwenkt, ehe ich es ins eisige Blau schleuderte. Es war WIRKLICH ekelhaft.

Aber vielleicht kann ich das Rätsel ja hier jetzt lösen, weil ich weiß, dass viele Zuschauer ebenfalls neugierig und auch ein bisschen verstört davon waren. Nach stundenlangen Recherchen (auf Google) bin ich zu dem Schluss gekommen, dass das, was wir an dem Tag gesehen haben, ein Manteltier war. Manteltiere gehören zu den sogenannten Tunicaten, die oft an Quallen erinnern (und ähnlich invasiv sein können) und sich von Plankton ernähren. Meistens harmlos also – Fall gelöst!

GRAHAM

Unser Tag auf See mit Käpt'n Kirk war einer der Höhepunkte unseres Abenteuers. Ich fand es wundervoll, unsere Nahrung auf ihrer Reise aus dem Ozean über das Schiff in die Hände unseres kochenden Freundes Tony Singh und dann geradewegs in meine Kehle zu verfolgen. Ich fand es aber auch großartig, Sam in winzigen Handschuhen zu sehen.

Ich sehe aufrichtig gern Menschen zu, die ihre Arbeit richtig, richtig gut machen. Ob es ein Fischer ist, ein Koch, ein Schafhirte oder ein Historiker. Als Schauspieler kann man sich selbst für noch so gut HALTEN, man kämpft immer mit der Tatsache, dass man ein Leben lang so tut, als wäre man jemand anders. Wir sprechen beim Dreh oft darüber. Wir tun zum Beispiel so, als könnten wir besser reiten, als es in Wirklichkeit der Fall ist. Ich bin schon Polizist, Arzt, Söldner, Kriegshäuptling eines Highland-Clans, Zwerg, Cowboy aus der Hölle, Seemann auf einem Öltanker, Priester (zweimal!), Psychiater, Vampir, russischer Gangster und römischer General gewesen (und das alles nur in den letzten paar Jahren). Aber ich habe nur so getan, als wäre ich das alles. Was natürlich mein Beruf ist, aber es bedeutet, dass ich voller Bewunderung für die bin, die es wirklich sind (sogar für die Vampire).

Der schlimmste Moment der Seereise war nicht Sams Manteltier oder die *Star Trek*-Anspielung, mit der er den Kapitän verwirrt hat, nein, es war der Weg über die Leiter an der Hafenmauer.

Ich habe Leitern schon immer gehasst. Manche Menschen klettern sie rauf und runter wie Affen (Sam), aber ich steige eine Leiter eher hinauf und hinunter wie ein Nilpferd. Als ich die Leiter vom Raumschiff *Enterprise* (Gott, jetzt mache ich es auch schon!) über die Mauer endlich erklommen hatte, hatte Sam längst einen ganzen Kohlenofen gebaut und lebte in Saus und Braus mit Tony Singh.

Ich bekam die Aufgabe, Zutaten für die Herstellung von Seetangbutter (klingt fragwürdig, schmeckt KÖSTLICH) zu zerkleinern, während Tony damit beschäftigt war, Kochen leicht aussehen zu lassen.

Wenn ich koche, brauche ich völlige Ruhe und Konzentration. Ich entferne mich nie weiter als zwanzig Zentimeter von meinem Rezept, dem ich strikt folge. Sam musste mir das kulinarische Vergnügen natürlich ruinieren (wie er die heiligen Momente im Leben oft ruiniert), indem er den gemahlenen Koriander aus seinem Mörser in meine Schüssel warf, sodass der in mein Gesicht und auf meinen Pullover geweht wurde, deshalb weinte ich während Tonys lyrischer Ergüsse mit koriander-brennenden Augen.

Tony brachte es fertig, unterhaltsam, informativ und geschickt daherzukommen. Gleichzeitig war er absolut gnadenlos in dem, was er den mitgebrachten Krustentieren antat.

Unsere Hummer und Langusten waren quicklebendig am Ufer angekommen. Sie lagen entspannt auf den Felsen, erzählten sich vermutlich Geschichten von ihrem gemeinsamen Leben im Ozean, erkundigten sich nach ihren Familien und waren ganz gesellig.

Bis zu dem Moment, als Tony beschloss, die Langusten lebendig zu grillen und die Hummer vor unseren Augen zu zerteilen.

Wie alle Profi-Henker verlor Tony keine Zeit mit Warnungen. Ein Witzchen über Walhalla, und im nächsten Moment unterzog er Bill den Hummer und seine Langustenfreunde der Krustentier-Version einer Hinrichtung durch Hängen und Vierteilen.

Ich sage zwar »vor unseren Augen«, aber Sam und ich haben uns abgewendet, weil wir diese beiläufige Brutalität nicht mit ansehen konnten, die Tony unseren Kumpeln aus dem Ozean zuteilwerden ließ (wir hatten schließlich auf dem Schiff einiges zusammen durchgemacht, und ich HABE König Atlan in *Aquaman* gespielt).

Sam und ich haben uns redlich bemüht, durch Gespräche zu übertönen, wie die Schalen aufgebrochen wurden und es zischte, als die lebenden Langusten nach ihren Krebseltern riefen und einen letzten Blick aufs Meer warfen.

Aber kurz danach haben Sam und ich sie dann gegessen.

Sie waren köstlich.

Wirklich.

Fabelhaft.

Mir läuft das Wasser im Mund zusammen, während ich das schreibe.

Was Tony an diesem Tag auf den Hafenfelsen von Pittenweem getan hat, kam für mich einer religiösen Erfahrung gleich. Die köstlichen indischen Gewürze, die sich mit dem salzigen Aroma des Meeres vermischten.

Durch die Magie des Tony Singh verwandelten sich die letzten irdischen Momente von Bill und seinen Langustenkumpeln für mich und Sam in einen heiligen kulinarischen Moment.

Habe ich ein schlechtes Gewissen?

Nein! Ich habe Hunger.

SAM

Ich bin besessen von Kochsendungen. Ich nenne sie Fresspornos. Früher habe ich samstags von morgens bis abends nichts anderes gemacht, als Kochfernsehen zu schauen, von *Saturday Kitchen,* Nigella Lawson, *Chef's Table,* Rick Stein, Anthony Bourdain bis hin zu dem Mann, der das Vorbild der ganzen »Böse Jungs«-Köche war, Keith Floyd. Einer meiner Lieblingsgäste bei diesen Sendungen war ein brillanter schottischer Koch namens Tony Singh, OBE. Er stammt zwar aus Edinburgh, aber seine Vorfahren waren Sikhs, und mit Gewürzen kennt er sich aus. Als wir überlegten, wen wir als Gäste bei *Men in Kilts* dabeihaben wollten, wusste ich, dass Tony unser Mann war. Er hat uns nicht enttäuscht.

Um unseren täglichen Kater zu neutralisieren, hat er den Hummer mit Chili, Knoblauch und Seetangbutter zubereitet. Die Langusten wurden auf einem improvisierten Strandgrill geröstet, dazu gab es neue Kartoffeln, die er mit Seetang in Meerwasser gekocht hat. Es war ungelogen das Beste, was ich je gegessen habe, dank der Umgebung, der subtilen Würze, der Frische, des Sonnenscheins und vielleicht sogar der Gesellschaft. Mir läuft heute noch das Wasser im Mund zusammen, wenn ich daran denke.

Tony war ein hervorragender Gastgeber. Er hat nicht nur die gesamte Crew zu Hühnchencurry, Paté, Käse und Crackern eingeladen, als wir neulich bei ihm zu Hause Promo-Aufnahmen gemacht haben, sondern er hat auch abends noch selbst gemachte Burger für uns gegrillt, um den Sassenach-Whisky zu neutralisieren, den wir beim Dreh getrunken haben.

Leider konnte Graham nicht dabei sein … also habe ich seinen Anteil mitgegessen (und getrunken).

TONY SINGHS SEETANGBUTTER
(bekannt aus *Men in Kilts*)

Zutaten

250 Gramm weiche Butter
30 Gramm fein gehackter Seetang, halb Meersalat, halb Dulse-Algen, wenn möglich, frisch, ansonsten wässern
2 Teelöffel geröstete, zerstampfte Koriandersamen
5 Gramm fein gehackter frischer Koriander
1 entkernte, fein gehackte Chili
Saft einer Limette

Zubereitung

Den Seetang in einer ungefetteten Pfanne rösten, bis er aromatisch duftet.

Die gerösteten Koriandersamen im Mörser zu Pulver zerstampfen und mit den anderen Zutaten unter die Butter rühren.

Prüfen, ob die Würze stimmt.

Die Arbeitsfläche mit einem feuchten Tuch abwischen und ein Stück Frischhaltefolie glatt darauflegen. Die Folie mit dem Tuch abwischen, damit sie keine Falten hat, dann ein zweites Stück Folie darüberlegen und ebenfalls glatt wischen.
Die Butter in die Mitte der Folie löffeln und eine Rolle formen.
Fest einwickeln und an den Enden verknoten.
Kühlen und nach Bedarf schneiden/auf gegrillte Langusten geben.

TONY SINGHS GEGRILLTE LANGUSTEN
(bekannt aus *Men in Kilts*)

Im Allgemeinen sechs Stück pro Person

Als Erstes den Grill gut erhitzen.
Wenn die Kohle heiß ist, die Langusten auf den Grill legen und auf jeder Seite drei Minuten grillen. (Sie dürfen gern etwas schwarz werden.)
Die fertigen Langusten vom Grill nehmen und mit Limettensaft beträufeln.
Dann reichlich Seetangbutter drauf!
Die Schwänze entfernen, das saftige Fleisch genießen und nicht vergessen, sie in die geschmolzene Butter zu tauchen.

TROPFEN DES MONATS

AQUA VITAE, KLOSTERDESTILLERIE LINDORES

Whiskytechnisch ist Fife eine schwierige Gegend, weil es zu den Lowlands zählt und es hier nur wenige etablierte Destillerien zu feiern gibt. Das heißt aber nicht, dass Fife nicht seine eigene Geschichte und seine eigenen hochprozentigen Vorlieben hat. Im Gegenteil. Außerdem ist es Heiliges Land mit einem eigenen Pilgerweg von Edinburgh nach St Andrews.

Ein Freund hat mir vor ein paar Jahren erzählt, dass er sich an einer Destillerie im Kloster Lindores beteiligt hatte. Dort wird unter anderem ein Aquavit gebrannt, der nicht so lange reifen muss.

Die Schotten lieben Mönche – zumindest lieben sie Klosterliköre. »Buckfast«, das ursprünglich von Mönchen im Kloster Buckfast in Devon hergestellt wurde, ist zum Beispiel ein solches beliebtes Getränk. Dank seiner Prozente und seines Koffeingehalts hat es in etwa die Wirkung von Kerosin und wird in Glasgow gern genommen.

Das Kloster Lindores brennt einen viel weicheren, raffinierteren Schnaps, eine Art Obstwasser, das schon im fünfzehnten Jahrhundert hier Erwähnung findet. Es wurde unter anderem von der Krone gekauft, die die Armee damit versorgte, um ihren Kampf gegen die brutalen Angreifer vom Meer zu befeuern.

Apropos Angreifer vom Meer: Ich habe einmal in Kopenhagen mit einem wilden Haufen dänischer Wikinger beim Würfeln um Geld Aquavit getrunken. Viele *Skøls* später konnte ich am Ende des Abends fließend Altnordisch singen und war bereit, das ein oder andere Kloster zu plündern.

Inzwischen brennen sie im Kloster Lindores auch einen großartigen Whisky. Ich kann es kaum erwarten, ihn mit meinen Wikinger-Kumpeln zu probieren.

Ansonsten ist auch Eden Mill in St Andrews eine Erwähnung wert, Schottlands erste kombinierte Destillerie und Brauerei, die sich neben Gin und Whisky auch mit ihrem Craftbeer einen Namen gemacht hat. Vielleicht sollte man beides aber lieber nicht mischen, sonst singt man am Ende auch wie ein Wikinger!

SKØL!

ABENTEUER DES MONATS

FIFE COASTAL PATH

SAM

Nach dem ganzen Essen und dem Whisky brauchen wir einen Spaziergang. Diesmal kein Munro, sondern ein fantastischer 190-Kilometer-Wanderweg entlang der Küste von Fife, den man sich nicht entgehen lassen sollte, obwohl man ihn vielleicht auch nicht in einem Rutsch gehen sollte. Wenn man in Kincardine am Nordufer des Firth of Forth beginnt, führt der Weg zunächst nach Culross, dem historischen Dörfchen, das wir bei den Dreharbeiten zur ersten *Outlander*-Staffel komplett gekapert haben (Caitriona und ich sind einmal nach der Arbeit noch im Kostüm ein Bier trinken gegangen; man könnte also sagen, Jamie und Claire sind im Red Lion Inn eingekehrt). Dann geht es vorbei an der neuen und der alten Road Bridge und der spektakulären Eisenbahnbrücke nach North Queensferry. Von da könnt ihr über die alte Autobrücke einen Abstecher nach South Queensferry machen; dort hat man eine wunderbare Sicht auf die Eisenbahnbrücke. Der Blick aus der Höhe auf das Wasser ist schwindelerregend. South Queensferry ist ein kopfsteingepflastertes Fischerdörfchen, in dem man unbedingt eine Kleinigkeit essen oder trinken sollte.

Ganz in der Nähe ist das Hopetoun House, das in *Outlander* (neben anderen Orten) das Haus des Herzogs von Sandringham war. Im Lauf der Dreh-Jahre konnten wir zusehen, wie sie die neue Autobrücke gebaut haben. Ich erinnere mich noch an den Tag, an dem sich die beiden Seiten der Brücke getroffen haben und verbunden wurden. Jamie war damals Stallknecht in Helwater; dem Herzog hatte Murtagh längst den Garaus gemacht.

Wenn ihr inzwischen nicht zu viel getrunken habt, könnt ihr (wieder am Nordufer) dem Wanderweg über die Dalgety Bay nach Burntisland folgen. Die dortige Burg diente uns als Kloster, in dem sich Jamie am Ende der ersten Staffel erholt. Weiter an der Küste entlang geht es nach Dysart, unserem Le Havre. Dann Pittenweem, wo Graham und ich unser Hochseeabenteuer erlebt haben. (Dort gibt es eine tolle Pommesbude, wo wir der ganzen *Men in Kilts*-Crew herrlich panierten Fisch & Chips spendiert haben. Dort habe ich meinen Freund und Geschäftspartner Alex Norouzi mit eingelegten Zwiebeln bekannt gemacht. Er war entsetzt!)

Der Weg umrundet die Landspitze Fife Ness mit ihrem Leuchtturm, der die Schiffe vor der Felsenküste warnt, und steuert dann auf St Andrews und die Heimat des Golfsports zu (mehr dazu gleich …). Nach einem Abschlag auf dem Old Course führt euch der Weg schließlich nach Dundee am Ufer des silbernen Tay. Sowohl Graham als auch ich haben vor vielen, vielen Jahren am Dundee Rep Theater gespielt. Die Einheimischen haben es bis heute nicht vergessen.

SAM

Golf. Ein Sport, für den ich mich noch nie interessiert habe. Sobald ich aber irgendetwas nicht kann, muss ich gut darin werden. Ich war fest entschlossen, gut im Golfen zu sein, als wir den geweihten Boden des Golfplatzes von St Andrews besuchten, um dort für *Men in Kilts* zu drehen. Ich war mir so sicher, dass ich eine gute Figur abgeben würde, dass ich mit McTavish gewettet habe – der Verlierer unseres Golfwettstreits würde NACKT im Nordatlantik schwimmen. Er stimmte zwar nur griesgrämig zu, aber sein Kampfgeist war geweckt. Ich gebe zwar zu, dass ich extrem ehrgeizig bin, aber McTavish ist auch nicht weniger erfolgsversessen.

Als wir also zum ersten Abschlag auf den Old Course von St Andrews hinausspazierten, war ich gestylt wie Tiger Woods, während Graham die »traditionellere« Herangehensweise gewählt hatte und mit seinem Pullover aussah wie der Nikolaus. Es war das erste Mal, dass ich einen Golfschläger in der Hand hatte, aber ich wusste immerhin, dass ich den Ball treffen musste. Und zwar fest. Graham hatte schon öfter Golf gespielt und konnte einen Birdie von einem Eagle und anderen Vögeln unterscheiden. Ich war als Erster dran, und meine Hände zitterten. Ich musste gewinnen, aber ich wusste, dass ich nur diesen einen Abschlag hatte.

Was, wenn ich danebenschlug? Was, wenn der alte McTee mich besiegte und ich die Schuld des eisigen Nacktbads im Nordatlantik einlösen musste? Ich holte Luft und versuchte auszusehen wie einer dieser Typen bei den Masters im Fernsehen. Ich hob meinen Schläger und betete zum großen Golfball im Himmel, dass der Ball weit über diese Miniaturbrücke fliegen und irgendwo in der Nähe dieses attraktiven Pubs am Ende der Golfbahn landen würde. *Ka-Ping*. Mein Bällchen gewann zwar kaum an Höhe, aber es hüpfte bestimmt 300 Meter weit in den Sonnenuntergang. Nun ja, damit komme ich immerhin in die K.-o.-Runde, dachte ich.

Danach war der alte Jedimeister persönlich an der Reihe. Der begeisterte und ziemlich voreingenommene Caddie neben mir kommentierte pausenlos das Geschehen. Ich fragte mich, ob er nebenbei als Sportreporter arbeitete. *Ping.* McTavish schwang seinen festlich gekleideten, majestätischen Körper. Sein goldener Ball erhob sich, dann fiel er der Sonne entgegen. Mir wurde auf der Stelle schlecht. Die Kälte des Nordatlantiks schien plötzlich näher gerückt zu sein. Ohne die geringste Atempause in seiner Litanei der Superlative bewunderte unser geschwätziger Caddie Grahams Werk. Mir kam der Verdacht, dass der alte Hund mich gelinkt und schon im Morgengrauen seinen Slam Dunk geübt hatte.

Graham hatte mich um vier oder fünf Meter geschlagen, unterrichtete mich der Caddie fröhlich grinsend. Danach schlug mich Graham beim »Putten«, etwas, was an Snooker erinnert, aber aufrecht gespielt wird und wo man den Ball nicht fest schlägt (was soll das Ganze dann?), sondern versucht, ihn in einem kleinen Mauseloch zu versenken.

Ein paar Tage später haben die Crew und ich einen Übungsplatz besucht, bewaffnet mit einer großen Flasche Whisky. Am Ende der Flasche konnte ich den Ball wie ein Profi abschlagen. Wenn ich doch in St Andrews vorher etwas getrunken hätte. Oder vielleicht ein bisschen geübt hätte.

Schlechter Verlierer, der ich bin, schlug ich Graham vor, dass das nur der Anfang einer Reihe sportlicher Aktivitäten sein sollte. Er hat mich angesehen, ohne zu blinzeln. »Hmmm. Okay«, sagte er. In diesem Moment wusste ich, dass nur eine Person im eisigen Wasser Schottlands schwimmen würde, und ob ich gewann oder verlor, es würde nicht Graham sein.

GRAHAM

Zu den großen Freuden beim Schreiben dieses Buches gehört es wie schon bei unserem ersten Werk, dass wir dasselbe Ereignis aus verschiedenen Perspektiven erzählen können. Ich nenne es den

Unterschied zwischen Fakt und Fiktion. Samwise hat uns mit Fiktion beglückt (die ja sehr unterhaltsam ist), jetzt sind die berüchtigten Spielverderber dran – Fakten.

Sams ewiges Konkurrenzdenken eilt ihm überall voraus. Als ich Caitriona Balfe gegenüber erwähnt habe, dass Sam und ich vielleicht in einigen Sportarten gegeneinander antreten würden, hat sie mich gewarnt: »Pass auf, er ist ein schlechter Verlierer.«

Das bin ich offen gestanden auch. Ich gewinne gern. Was das betrifft, ist Sams Beschreibung der Ereignisse korrekt. Darüber hinaus jedoch ist Sam definitiv im »Rough« (um einen Golf-Terminus auszuborgen), wo er zwar vergeblich nach der Wahrheit sucht, aber nur die verschlungenen Pfade seiner fiebrigen Fantasie findet. Irgendwann hat Sam vorgeschlagen, dass wir eine Golfwette abschließen. Ich war nervös. Er konnte nur EINEN Grund haben, mir eine solche Wette anzubieten, und zwar seine eiserne Gewissheit, dass er mich auf dem Old Course von St Andrews in die Pfanne hauen würde.

Ich zögerte.

»Was passiert, wenn ich verliere?«

»Du gehst nackt im Nordatlantik schwimmen«, erwiderte er fröhlich.

Ich glaube, ich habe nur deshalb eingewilligt, weil sich mein Verstand einfach nicht vorstellen konnte, wie kalt das sein würde; außerdem waren es noch drei Wochen bis dahin (er würde es vergessen, vergeben, Mitleid bekommen oder alles zusammen, und ich würde meinem schockgefrierenden Bad entkommen). Außerdem wusste ich, dass ich nicht Nein sagen konnte. Mein Nein wäre eine Einladung an ihn gewesen, mich in alle Ewigkeit der Feigheit zu bezichtigen und ihm für den Rest der Drehzeit – oder vermutlich für immer – das Recht einzuräumen, damit zu prahlen.

»Okay«, murmelte ich.

»Mach dich bereit, nass zu werden, McTavish!«, bellte er.

Das war der Punkt, an dem ich gefragt habe, ob er schon einmal Golf gespielt hätte.

»Du denn?«, erkundigte er sich.

»Zweimal«, war meine Antwort. »1992. Ich fand es beide Male furchtbar. Was ist mit dir?«

»Paarmal«, sagte er ausweichend.

»Wann?«, wollte ich wissen.

»Weiß nicht. Paar Jahre her vielleicht.«

Aber dann konnte er der Versuchung nicht widerstehen, mir die Wahrheit zu sagen.

»In Wahrheit habe ich einen semiprofessionellen Golfer geschlagen. Er konnte es nicht glauben!«, krähte er, während mir übel wurde.

Er hat EINEN SEMIPROFESSIONELLEN GOLFER GESCHLAGEN!!!

Ich wusste, dass ich dem Untergang geweiht war. Mir war jetzt schon spürbar kalt.

Der Tag kam.

Ich versuchte, gute Miene zum bösen Spiel zu machen, aber ich wusste, dass es sinnlos war.

Der Caddie, Dave, war gnadenlos fröhlich (so, wie es im Mittelalter vermutlich ein Henker auf dem Galgen gewesen wäre).

Er hat uns ein paar Grundlagen gezeigt, dann wollte Sam anfangen.

Ich sah ihm mit diesem Gefühl zu, das ich in der Schule immer hatte. Ihr wisst schon, wenn man zusieht, wie der Mannschaftskapitän schon wieder ein Tor macht und sich seine Kameraden auf ihn stürzen, während man selbst frierend in einer entlegenen Ecke des Spielfelds steht und einem die Beine langsam blau werden vor Kälte.

Er schwang den Golfschläger in einem glitzernden Bogen. Der unverwechselbare Klang eines getroffenen Golfballs hallte über den Fairway. Unter beifälligem Gemurmel des Caddies Dave (alias Fraser Riddler) schwebte der Ball in die Ferne. Ich meine, einige Zuschauer hätten sogar applaudiert. Die Sonne glitzerte auf dem weißen Fleck, als er außer Sichtweite flog.

Klasse!

Es war ein gerader, gezielter, sehr, sehr weiter Schlag.

Ich versuchte ein Lächeln, welches vermutlich wirkte, als hätte ich Verdauungsstörungen. Gut, dass ich mich für braunen Tweed entschieden hatte.

Ich nahm mein Tee und warf mich in Positur. Ich gab mich zwar gleichgültig, doch ich wusste, dass ich in ein paar Sekunden Heughan sagen hören würde: »Oh, so ein Pech, Kumpel! Wir werden deinen Golfball suchen, wenn ihn die Flut wieder anspült.«

In diesem Moment wurde mir klar, dass es keinen Zweck hatte, mir Gedanken zu machen.

Ich würde verlieren.

Ich würde schwimmen gehen.

Nackt.

Das war alles.

Als ich das begriff, fiel plötzlich alle Last von mir ab.

Ich entspannte mich.

Ich sah den Golfball an.

Der Ball erwiderte meinen Blick (ein bisschen wie der Abgrund bei Nietzsche).

Ich blickte den Fairway hinunter und nahm den Schläger in die Hände, bereit zum Schlag.

In diesem Moment wurde mir bewusst, dass Sam unablässig redete: »Nicht danebentreffen, Kumpel! Nicht vergessen, in welche Richtung du ihn schlagen sollst …« Und ähnliche Ermunterungen.

Ich traf.

Ich sehe so schlecht, dass es für mich keine Hoffnung gab, die Flugbahn zu verfolgen. Es war erst das »Ohhh« des Caddies, das mich auf die Möglichkeit aufmerksam machte, dass der Schlag vielleicht doch keine komplette Katastrophe gewesen war.

Dann wandte ich mich zu Heughan um.

Kein Zweifel. Seine Brust war sichtlich eingefallen. Sein Mund hing ein bisschen offen, sein Blick war glasig und verhieß nichts Gutes.

Wir gingen zu den Landeplätzen unserer Bälle.

Selbst aus einigem Abstand konnte ich sehen, was geschehen war.

Hier entfernt sich Sams Version weiter von der Wahrheit. Wie Dave (vor laufender Kamera) sagte, war mein Ball fünfzehn Meter weiter geflogen als Sams, schön mittig. Er lag auch dann noch weiter vorn, als Sam seinem Ball einen Tritt versetzte, um näher an meinen zu kommen. Fünfzehn Meter weiter, was selbst meinen unzureichenden Rechenkünsten zufolge das Dreifache von fünf Metern ist.

Natürlich bin ich nicht stolz auf diese Tatsache, aber ja, ich habe AUSFÜHRLICH darüber gesprochen, wie weit mein Ball vor Sams Ball lag. Außerdem gebe ich zu, dass ich, als er darauf bestand zu putten, um das Ergebnis auszugleichen, möglicherweise einen überschwänglichen Freudentanz aufgeführt habe, als ich ihn dabei ebenfalls schlug. Und ja, möglich, dass ich den Rest des Tages MEHRFACH darüber geredet habe. Vielleicht sogar den Rest der Woche.

Wie gesagt, nicht stolz. Kindisch, ja. Übertrieben, ja. Aber in diesem Moment war es so, als hätten all die Jahre als Mauerblümchen beim Fußball endlich ihren Ausgleich gefunden.

Ich hatte gewonnen.

Ich glaube, ich habe beide Golfbälle behalten.

Möglich, dass ich die Zahl 1 auf meinen und die Zahl 2 auf Sams Ball geschrieben habe. Ich weiß es nicht mehr.

Aber ich weiß noch, dass ich an diesem Abend die Definition von Schadenfreude nachgeschlagen habe.

Ich entlehne die Erklärung bei Wikipedia:

»Schadenfreude ist die Empfindung von Vergnügen, Glück oder Genugtuung anstelle von Mitgefühl, wenn man von den Sorgen, vom Versagen oder von der Erniedrigung anderer hört oder sie miterlebt.«

Möglich, dass ich mich sogar dafür starkgemacht habe, dass *Schadenfreude* der Titel dieser Folge von *Men in Kilts* wurde. Aber damit wäre ich zu weit gegangen – fünfzehn Meter zu weit.

[Sam: Das wird mir ewig nachhängen.]

TROPFEN DES MONATS

ATHOLL BROSE WHISKY LIKÖR

SAM

Eine der Geschichten, die sich um die Entstehung dieses Likörs ranken, ist die Legende von Dougal (MacKenzie?) und Graham, dem Riesen von Atholl. Vor langer Zeit terrorisierte dieser Riese, der einen Meter dreiundneunzig maß (drei Zentimeter mehr als ich), die Gegend von Atholl (im Norden von Perthshire) und raubte überall Lebensmittel, um seinen unersättlichen Appetit zu stillen. Er hat Weizen gestohlen, Latte macchiatos, Proteinriegel (klingelt es?) und Rinder, aber sein Magen knurrte immer noch. Sogar eine Familienpackung Kekse reichte ihm nicht. Bald begannen die Menschen von Atholl, Hunger zu leiden.

Dougal, ein Jäger aus der Gegend, kochte vor Wut über die unablässigen Raubzüge des Riesen Graham. Er schmiedete einen Plan, um Atholl von dem hungrigen Hünen zu befreien. Eines Nachts begab er sich also in das Tal des Riesen und versteckte sich zwischen seinen Vorräten – Whisky und Knabbereien wie Nüsse, Hafer, Honig, Proteinriegel und Kekse. Er nahm eine Handvoll Hafer und schüttete sie in das Trinkgefäß des Riesen, dann fügte er Honig und einen halben Liter Whisky hinzu und verrührte alles. Anschließend stellte er ein paar Nüsse und Salzstangen neben dem Lieblingssessel des Riesen zurecht und wartete.

Als Graham den Trank und die Knabbereien sah, erhellte sich seine Miene. Sein Magen schnurrte – ja, er bevorzugte zwar einen schönen Sauvignon Blanc, aber der war damals schwer zu bekommen, also hatte er Whisky lieben gelernt (viel mehr als unser Graham heute). Er aß die Nüsse und Salzstangen und trank Dougals Whiskylikör, bis er schließlich einschlief und mit offenem Mund schnarchte wie ein Wildschwein.

Lachend schnitt Dougal Graham die Kehle durch (du hast es wirklich mit den brutalen Szenen, Graubart). Da er selbst auch kein Kostverächter war, stahl er den Whisky und die Knabbereien für sich selbst. Dougal kehrte als Held heim, und sein Rezept für Atholl Brose Whisky Likör wurde von Generation zu Generation weitergereicht.

Hier ist ein traditionelles Rezept, wie ihn der aktuelle Herzog von Atholl zubereitet: *[Graham: Ein Freund von dir?] [Sam: Natürlich.]*

Zutaten

Schottischer Whisky (nicht zu torfig)

3 Esslöffel frisch gemahlenes Hafermehl

2 Esslöffel Honig

Zubereitung

Den Hafer ein paar Stunden in Wasser (oder gleich im Whisky!) quellen lassen. Die Masse in ein Stück Musselin oder einen sauberen Nylonstrumpf geben (Graham hat immer einige zu Hause herumliegen) und die Flüssigkeit herausdrücken. Hafer und Strumpf entsorgen (Letzteren könnte man auch wieder benutzen, um seine Palladium-Schuhe zu putzen oder Zwiebeln zu lagern, aber das ist eine andere Sorte Haushaltstipp).
Die Hafercreme in einen Cocktailshaker gießen, zwei Esslöffel Honig und vier doppelte Whiskys hinzufügen und gut schütteln.
In Champagnerkelchen servieren.

DER MURRAY-CLAN

GRAHAM

Großartig! Ein nahtloser alkoholischer Übergang zu den Murrays aus Atholl … Fast, als hätten unsere umherschweifenden Gedanken eine Struktur. Die Murrays – ein wirklich alter Clan. Wobei natürlich kein Clan in jüngerer Zeit entstanden ist.

Das Clanmotto der Murrays aus Atholl ist *Furth, Fortune, and fill the fetters,* was übersetzt im Prinzip bedeutet: »Zieht gegen eure Feinde, stehlt alles, was nicht niet- und nagelfest ist, und bringt reichlich Gefangene mit.« Es ist die Art Motto, mit dem vermutlich die Satteldecke von Dschingis Khans mongolischem Pony bestickt war, auf dem er lustig durch ganz Asien ritt.

Die Murrays stammen von einem flämischen Adeligen ab, der Freskin hieß (ein Glück, dass da kein zusätzliches »o« war und er daher in der Schule nicht gnadenlos gehänselt wurde). Auf Bitten des schottischen Königs kam er im zwölften Jahrhundert mit einem Haufen anderer Typen (die vermutlich ähnlich peinliche Namen hatten) aus Flandern herübergerudert. Freskins Nachname war de Moravia, was im Schottischen zu »Murray« zurechtgeklopft wurde, vermutlich, weil die Schotten sich nicht bewegen ließen, es korrekt auszusprechen. Seinen Vornamen hat er wahrscheinlich auch sofort abgelegt.

Von da an jedoch wurde der Brut des Freskin massenweise Ruhm und historische Bedeutung zuteil. Im ersten Unabhängigkeitskrieg taten sie sich durch große Tapferkeit hervor. Ihr Häuptling Andrew Murray kam 1297 in der Schlacht von Stirling ums Leben. Sein Sohn heiratete die Schwester des Robert Bruce.

1490 war der Clan in eine dieser Highland-Schlachten verwickelt, wie wir sie kennen und lieben. Es war die Schlacht von Knockmary zwischen den Murrays und den Drummonds. Für die Murrays schien alles gut zu laufen, bis es plötzlich nicht mehr gut lief. Die Drummonds bekamen Verstärkung (wahrscheinlich aus dem nächsten Pub) und vertrieben die Murrays vom Feld. Diese beschlossen, in einer kleinen Kirche in der Nähe von Crieff Zuflucht zu suchen.

Weise Entscheidung, höre ich euch sagen.

Die Drummonds konnten sie nicht finden, doch dann beschloss einer der Murrays (vermutlich nicht der Klügste), einen Pfeil auf einen der Drummonds abzuschießen. Damit lockte er den ganzen Clan zur Tür der Kirche.

Da die Murrays keine Anstalten machten, auf ein unzivilisiertes Schwätzchen ins Freie zu kommen, häuften die Drummonds Brennholz rings um die Kirche auf und setzten sie in Brand.

160 Murrays verloren ihr Leben. Nur einer blieb verschont, weil ein sentimentaler Drummond einen Verwandten in ihm erkannte. »Ach, du bist es, Tam, na komm schon!«

Hoffen wir, dass es nicht der Bogenschütze war.

Im fünfzehnten Jahrhundert hatte der Clan einen Häuptling, Sir William Murray of Tullibardine, der die beeindruckende Zahl von siebzehn Söhnen hatte. Kann sein, dass er damit der fruchtbarste

Mann in Schottland war. Ich frage mich, warum er eigentlich bei siebzehn aufgehört hat. Ob ihm seine Frau die Rote Karte gezeigt hat, ehe er auf die Idee kam, die zwanzig vollzumachen?

Er hätte natürlich auch bei zwölf Söhnen aufhören können, aber nein, er wollte die komplette Rugbymannschaft plus Auswechselspieler. Oder er hat einfach den Überblick verloren. Konnte er überhaupt weiter als bis zehn zählen? Wer weiß. Alles, was wir wissen, ist, dass seine Frau Margaret siebzehn Jahre lang schwanger war.

Ob er sich all ihre Namen merken konnte? Oder hat er sie einfach durchnummeriert? Bestimmt mussten sie jedes Jahr einen neuen Esstisch schreinern, um bei Familienfesten Platz für alle zu haben. Ich stelle mir vor, wie Tullibardine seinen Sohn am anderen Ende des Tisches anschreien muss, damit dieser ihm das Salz reicht.

»Gib mir das Salz, Sohn!«

»Was hast du gesagt, Pa?«

»Das Salz!!!«

»Das was???«

»Das verdammte Salz, wie auch immer du heißt!!!«

Es war einer seiner zahlreichen Nachkommen, der dem Grafen von Argyll das Gesicht mit dem Griff seines Breitschwerts zertrümmert hat. Wer schon einmal ein Breitschwert mit einem Korbgriff in der Hand hatte, weiß, dass man den lieber nicht ins Gesicht bekommt. Das ist nicht gut für das Hautbild. Unglücklicherweise tat Sohn Nummer vierzehn dies vor den Augen des Königs. Daraufhin wurde er prompt aus dem Königreich verbannt.

Doch damit war für den verbannten Will Murray noch lange nicht alles vorbei. In seiner Abwesenheit hörten die Menschen auf, dem König zu zahlen, was des Königs war. Der Überlieferung nach rief der König aus: »Wenn doch nur Will Murray hier wäre!« Worauf jemand (vielleicht Sohn Nummer zwölf) antwortete: »Will würde sofort zurückkommen, wenn Ihr versprecht, ihn nicht umzubringen.«

Der König versprach's, Will Murray kehrte zurück und machte sich prompt ans Werk, die Steuern und Naturalien einzutreiben. Vermutlich spielte auch sein Breitschwert dabei eine Rolle. Als Belohnung ernannte der König Will auf der Stelle zu seinem Obersten Steuereintreiber, dem »Lord Comptroller«.

Die Moral von der Geschicht: »Wenn du vor den Augen des Königs jemandem die Visage zertrümmerst, solltest du wenigstens als Steuereintreiber tauglich sein.«

1594 kämpften die Murrays Seite an Seite mit den Campbells aus Argyll (ja, von den Argylls mit dem zertrümmerten Gesicht). Das kommt in der Geschichte der Clans häufig vor. Wer heute dein Feind ist, wird morgen dein Freund. Wer heute dein Verwandter ist, den verbrennst du morgen in einer Kirche. Diesmal war es ein Promitreffen bei der Schlacht von Glenlivet, bei der es übrigens keinen Glenlivet zu trinken gab. Heughan hätte wahrscheinlich Werbung für seinen »Sassenach« gemacht, wenn er nur durch diese Steine reisen könnte.

Die eine Mannschaft bestand aus 1000 Murrays, Campbells, Forbes und Mackintoshes, die andere aus 200 Comyns, Gordons und Camerons. Der Gewinner bekam keinen Preis.

1644 empfing Clanhäuptling James Murray den Royalistenführer James Graham of Montrose in der Burg Blair. Nicht lange danach führte Murray 1800 seiner Männer GEGEN Montrose in die Schlacht von Tippermuir. So launisch sind Allianzen in den Highlands.

Das berühmteste Clanmitglied (neben dem Schauspieler Bill Murray natürlich) war Lord George Murray, Bonnie Prince Charlies Vizekommandant in Culloden.

Nach dieser schicksalhaften Niederlage flüchtete Murray auf den Kontinent, wo er auch starb. Er versuchte dort, den Prinzen im Exil zu besuchen, doch man verweigerte ihm eine Audienz beim Jungen Prätendenten.

Bis heute reklamiert der Murray-Clan die Ehre für sich, die einzige Privatarmee Europas zu unterhalten, die Atholl Highlanders (versucht gern, das nach reichlich Whisky laut zu sagen). Königin Victoria genehmigte ihnen 1845 dieses Privileg, das sie seitdem genießen – vermutlich zur Freude von Mons Bolin in Finlarig (mehr über Mons in *Clanlands*).

Jedenfalls werde ich Bill Murrays Filme in Zukunft mit anderen Augen sehen …

SAM

Wenn wir Jenny und Ian Murray, Jamie Frasers fiktionale Schwester beziehungsweise Schwager, kurz außer Acht lassen, ist Andy Murray der berühmteste Murray, der mir in den Sinn kommt – Schottlands größter Tennisspieler.

Andy Murray ist eine echte schottische Legende. Er ist nicht nur für sein exzellentes Tennisspiel bekannt, sondern auch für seinen trockenen schottischen Humor. Interviews mit Andy sind eine Lehrstunde in »weniger ist mehr«. Er und sein Bruder Jamie spielen manchmal Doppel, und ich weiß, dass ich keine Chance hätte, auch nur einen Aufschlag zu erwidern. Vielleicht könnten McTavish und ich eine Runde mit den beiden spielen?

Sir Andrew Barron Murray OBE war mehrfach die Nummer eins der Weltrangliste, hat drei Grand-Slam-Titel (darunter zwei in Wimbledon) und Olympiagold gewonnen, außerdem hat er elfmal in bedeutenden Finals gestanden. Für seine sportlichen Verdienste wurde er von der Queen zum Ritter geschlagen.

Ich habe am Polarkreis in Norwegen zugesehen, wie er Wimbledon gewonnen hat. Das W-LAN war so schlecht, dass auf jeden Schlag eine Verzögerung von fünf oder sechs Sekunden folgte. Als ich endlich wusste, dass er das Turnier gewonnen hatte, feierten die Menschen in Schottland (und dem Vereinigten Königreich) schon längst. Wir sind am nächsten Morgen zur Feier seines Sieges im Eiswasser des Arktischen Meeres getaucht.

NATURNOTIZEN

BUCKELWALWANDERUNG

SAM

Die Monate Januar bis März sind die Zeit der jährlichen Wanderung der nordatlantischen Buckelwale, die dann ihre tropischen Winterquartiere verlassen und sich in die sommerlichen Fressgründe der arktischen Gewässer begeben. Ihre alljährliche Hin- und Rückreise kann über 15.000 Kilometer lang sein und zählt zu den längsten Säugetierwanderungen der Erde.

Wenn ihr also vorhabt, es in der kalten Jahreszeit mit der Küste von Fife aufzunehmen, dürften diese drei Monate die beste Chance bieten, Buckelwale zu sichten, manchmal auch von den Inseln der Westküste aus.

EIN PAAR FAKTEN ZU BUCKELWALEN

- Nordatlantische Buckelwale zählen zu den Bartenwalen.
- Sie können 70 Jahre alt werden.
- Sie können 12 bis 16 Meter lang und 25 bis 30 Tonnen schwer werden.
- Speiseplan: kleine Fische und Krill.
- Nordatlantische Buckelwale singen andere Melodien als nordpazifische Wale.
- Vorkommen: 12.000 im Nordatlantik, 80.000 weltweit – konzertierte Schutzanstrengungen haben den Buckelwal vor dem Aussterben bewahrt, aber die Arbeit geht weiter.
- *Megaptera Novaeangliae* bedeutet »Großflügeliger Neuengländer« (weil so viele dieser Tiere vor der Küste Neuenglands in Amerika gesichtet wurden).

Buckelwale waren früher ein alltäglicher Anblick an der schottischen Küste; ich weiß noch, wie ich als Junge einen gesehen habe, der zur Insel Eigg unterwegs war. Heute sind Delfinsichtungen häufiger, weil diese den Fähren folgen, auf deren Wellen reiten und sich meistens wie die Rüpel der Nordsee benehmen. Ihre Lebensfreude und Verspieltheit begeistern mich; ich glaube, in einem anderen Leben wäre ich ein Delfin. Ihr könnt raten, wer ein träger, mürrischer Wal wäre …

Durch jahrhundertelangen Walfang, in jüngerer Zeit gefolgt von tödlichen Verstrickungen in Fischernetzen, sind die Zahlen der Buckelwale vor der schottischen Küste drastisch gesunken. Die gute Nachricht ist: Seit 2017 werden wieder vermehrt Buckelwale im Firth of Forth vor Edinburgh gesichtet. Offenbar benutzen sie ihn als eine Art Raststätte, schnappen sich einen Latte macchiato und ein Sandwich (oder zwölf und klauen meinen Proteinriegel), ehe sie sich wieder auf die Tiefseeautobahn begeben.

Das letzte Mal, dass ich in die Nähe eines Wals gekommen bin, war in der Arktis vor der Küste Norwegens.

Es war beim Dreh eines Films namens *Heart of Lightness,* basierend auf Ibsens *Die Frau vom Meer,* inszeniert von einem charismatischen norwegischen Starkoch. Nach unserer Ankunft in Oslo sind wir mit acht Schauspielern in einen Zug gestiegen, haben eine Fähre oder zwei genommen und schließlich den Polarkreis erreicht. Aber ehe ihr jetzt an Schnee, Eis und Shackleton denkt *[Graham: falscher Kontinent]* – es war Sommer. Statt des ewigen Eises begrüßten uns also ewiger Sonnenschein (vierundzwanzig Stunden am Tag), Fjorde, die Tiere und Pflanzen der Tundra, Hochprozentiges und hin und wieder ein Wal.

Jan Vardoen, der Regisseur, besaß mehrere Restaurants in Norwegen und hatte einen ganzen Container mit gutem Wein, Fleisch, Käse, Gewürzen, Schokolade und Zigarren (oh, und seinen Chefkoch!) zu unserem Basislager transportieren lassen, einer alten Schule in der Nähe von, nun ja … irgendwo in der norwegischen Wildnis. Doch trotz der Vielfalt gastronomischer Köstlichkeiten war eins der ersten Gerichte, die man uns auftischte … ein Wal. Ein Walsteak.

Ich war entsetzt und traurig, dass das immer noch eine regionale Delikatesse war. Also habe ich mich erst einmal entschlossen, Veganer zu werden. Wir haben tagelang wie (pflanzenbasierte) Wikinger gegessen, norwegisches Bier getrunken (Quelle großer Belustigung) und auf unseren Einsatz gewartet. Jeden Morgen sind wir zum Schrecken der örtlichen Fauna nackt aus unserem Quartier ins Arktische Meer gerannt. Es galt, am längsten im Wasser zu bleiben. Ich glaube, der Rekord war zwei Minuten, der stolze Sieger war schlimmer durchgefroren als Graham ohne Thermowäsche in einer Gefriertruhe.

Eines Tages mussten wir auf einem Schiff drehen, also haben wir eins gekapert und sind aufs Meer hinausgefahren. Kaum hatten wir den Hafen verlassen, als ein großer Buckelwal neben uns aufstieg, um Luft zu holen. Gunnar, der Kapitän, ließ uns das Sonar hören. Die Wale sangen beim Abstieg, dann verstummten sie etwa zwanzig Minuten lang. Sie tauchten und kamen dann wieder an die Oberfläche, die sie durchbrachen wie organische U-Boote. Wir haben neben unserem majestätischen neuen Freund, dem Sechzehn-Meter-Buckelwal, beigelegt, während er Atem holte. Ich streckte die Hand aus, um ihn zu berühren. Mit einer gewaltigen Bewegung seiner Schwanzflosse schoss er davon und glitt unter das eisige Wasser. Als wir an diesem Abend zu unserem Basislager zurückkehrten, schwor der Regisseur/Gastronom, dass er nie wieder Walfleisch essen würde.

Wie schon gesagt, hatte ich vor der Begegnung mit meinem skandinavischen Walfreund auf der Fähre nach Eigg schon ein paar Wale gesehen. Als Kind habe ich im Sommer meinen Onkel besucht, der auf dieser magischen Insel lebte und arbeitete. Sie ist winzig mit einer einzigen Straße und einer Handvoll Einheimischer; ein entlegener, mystischer Ort mit Gezeitentümpeln voller Krebse und mit goldenen Stränden, wo man von Seeadlern und Delfinen empfangen wird.

Einmal geschah es, dass ich auf dem Weg über den »singenden Sand«, einen Strand, der unter den Füßen quietscht und zu der berüchtigten »Massakerhöhle« der MacDonalds führt (und in der sich möglicherweise Bonnie Prince Charlie einmal versteckt hat), von fürchterlichem Gestank und einer Kakofonie der Vögel begrüßt wurde. Ein langer Kadaver lag auf dem Strand wie ein Dinosaurierskelett im Museum oder eine verlassene Struktur einer untergegangenen Zivilisation. Vögel landeten auf dem Kadaver und schrien den Vorübergehenden an. Der verwesende Blubber faszinierte mich als Kind. Dieser Gigant der Meere hatte seinen letzten

Ruheplatz gefunden, und ich war traurig, dass er nicht mehr draußen in der tiefen grauen See schwamm oder seine Lungen mit frischer schottischer Luft füllte, ehe er wieder in das endlose Wasser der Hebriden tauchte, auf dem Weg zum wärmeren Golfstrom jenseits der Inseln.

3. März 1847 – Alexander Graham Bell, der Erfinder des Telefons, wird in Edinburgh geboren.

4. März 1890 – Eröffnung der Forth Bridge, einer freitragenden Eisenbahnbrücke über den Firth of Forth, 14 Kilometer westlich vom Zentrum Edinburghs

5. März 1790 – Flora MacDonald stirbt. Wie im *Skye Boat Song* beschrieben, half sie dem Bonnie Prince bei der Flucht vor den Regierungstruppen und brachte ihn über Skye in Sicherheit. Später unterstützte sie die Union, hielt als Berühmtheit Reden für die Regierung und widerrief ihre Unterstützung der Jakobiten. Sie starb in Kingsburgh auf Skye in dem Bett, das der Bonnie Prince während seiner Flucht benutzte.

6. März 1708 – Prinz James Stuart, »Der Prätendent«, segelt mit 5000 französischen Soldaten von Dünkirchen nach Schottland, um einen Jakobitenaufstand gegen Königin Anne anzuführen. Die Armee kann ihre Schiffe nicht verlassen und kehrt unverrichteter Dinge heim.

7. März 1744 – Gründung der Ehrenwerten Gesellschaft der Golfer von Edinburgh

SAM

Die Ehrenwerte Gesellschaft der Golfer Edinburghs (The Honourable Company of Edinburgh Golfers) ist der älteste Golfclub der Welt. Hier wurden die ersten bekannten Regeln für ein Golfturnier verfasst. Der Sieger dieses Turniers bekam einen silbernen Golfschläger. Einer der ersten Gewinner dieser Golftrophäe war ein Mann namens John Rattay. John war nicht nur ein exzellenter Golfer; er war auch der Stabsarzt der Jakobitenarmee und Prinz Charles Edward Stuarts Leibarzt. Nach der Niederlage von Culloden wurde John mit anderen jakobitischen Soldaten in Inverness eingekerkert und zum Tode verurteilt. Bis … ihm seine Golf-Connections buchstäblich das Leben gerettet haben.

Duncan Forbes, Ratspräsident, einer von Schottlands ranghöchsten Richtern, spielte regelmäßig in Leith mit John Rattay Golf. Er schaltete sich ein und rettete Rattay den Hals. Ihm hatte es John zu verdanken, dass er weiterhin fünf Löcher spielen konnte (das war damals der ganze Golfplatz) und er 1751 den begehrten Silberschläger gewann. Außerdem praktizierte er weiter als Arzt in Edinburgh. Ihr seht, was zählt, ist nicht, was ihr wisst, sondern wen ihr kennt.

[Graham: In diesem Fall bin ich verloren.]

8. März 1859 – Kenneth Grahame wird in Edinburgh geboren.

GRAHAM

Kenneth Grahame war der Autor des wunderbaren Kinderbuchklassikers *Der Wind in den Weiden*. Es gibt kein Buch, das ich öfter gelesen habe. Ich muss es bestimmt zehn Mal gelesen haben, und ich habe es meinen beiden Kindern vorgelesen. Ich selbst habe es mit fünf Jahren kennengelernt, als meine Mutter es mir als Gutenachtgeschichte vorgelesen hat. Vom Frühjahrsputz des Maulwurfs bis zum Kampf mit den Wieseln am Wohnsitz des Kröterichs ist es die reine Lesefreude.

Die Figuren des Maulwurfs, der Ratte, des Dachses und des Kröterichs waren für mich als Kind so real, aber auch als ich größer wurde, habe ich oft an ihre Abenteuer, vor allem aber ihre Freundschaft gedacht. Während ich diese Zeilen schreibe, muss ich an das Kapitel »Der Flötenspieler im Morgengrauen« denken. Perfekter kann man die Natur nicht heraufbeschwören.

Ich hätte so gern in ihrer Welt gelebt, am beruhigenden Fluss, im magischen Wilden Wald. Das Haus des Dachses im Wilden Wald ist der Inbegriff der Sicherheit in einer ansonsten gefährlichen Welt.

Ich hatte das Glück, 1995 in Terry Jones' Verfilmung ein betrunkenes Wiesel spielen zu können. Damals spielte ich in London *Richard* III. Terry wollte mich in seinem Film haben, aber ich hatte nur eine Lücke von ein paar Tagen, in denen ich es machen konnte.

Ich bekam meine Wieselzähne und einen mechanischen Schwanz. Dann hatte ich das Vergnügen, von Shakespeare-Legende Nicol Williamson, der den Dachs spielte, eins über den Schädel gebrummt zu bekommen.

Am Abend nach dem Dreh lud mich Nicol auf ein Glas in seinen Wohnwagen ein. Ich rechnete mit einer Dose Bier, aber als ich eintrat, hatte er tatsächlich ein ganzes Fass Bier da aufgebaut, aus dem er uns schäumende Gläser zapfte.

Er war von der alten Schule!

Typisch Dachs! Klar, er war schließlich Schotte!!!

BEDEUTENDE GEBURTSTAGE, TODESTAGE UND EREIGNISSE

10. März 1916 – Geburt von James Herriott (alias James Alfred Wight), dem Autor von *Der Doktor und das liebe Vieh. [Sam: Ich habe diese Bücher als Kind geliebt und hätte immer gern James Herriott gespielt. Graham erzählt immer, wie er einmal mit dem Arm im Hintern einer Kuh steckte (wahr!), vielleicht würde er auch gern einen Tierarzt spielen?]*

13. März 1873 – Gründung des Schottischen Fußballverbandes

16. März 1995 – Todestag von Simon »Shimi« Fraser, dem 15. Lord Lovat. Er spielte eine unverzichtbare Rolle bei der Gründung eines Kampfkommandos in der britischen Armee. Nach dem Überfall auf Dieppe wurde er 1942 mit dem DSO (»Distinguished Service«-Orden) ausgezeichnet und führte 1944 beim D-Day in der Normandie die 1st Special Service Brigade an (gemeinsam mit dem Dudelsackspieler Bill Millin, siehe JUNI). Die Franzosen zeichneten ihn mit dem Croix de Guerre und dem Orden der Ehrenlegion aus.

17. März 1984 – Zum ersten Mal in 59 Jahren gewinnt Schottland im Murrayfield-Stadion den Rugby Grand Slam.

20. März 1814 – Geburt von Dr. John Goodsir in Anstruther, Fife. Er bewies 1842, dass krankheitserregende Bakterien durch bestimmte Gifte vernichtet werden können – 18 Jahre früher als Louis Pasteur, dem man diese Entdeckung zuschreibt.

21. März 1925 – Das Murrayfield in Edinburgh wird eröffnet. Schottland schlug England im ersten Spiel mit 14 zu 11 und gewann zum ersten Mal einen Grand Slam. Das konnte die Mannschaft 1984 und 1990 wiederholen. YES!!!

23. März 1848 – Die ersten schottischen Siedler erreichen Dunedin, Neuseeland. *[Sam: Darunter auch Sir Graham McTavish.]*

27. März 1871 – Die erste internationale Rugby-Begegnung zwischen Schottland und England wird in Raeburn Place ausgetragen. Schottland hat natürlich gewonnen. Wieder YES!!!

28. März 1642 – Archibald Campbell, der Erste Marquess von Argyll, Oberhaupt des Campbell-Clans, gründet das schottische Garderegiment, ursprünglich das Königliche Regiment des Grafen Argyll genannt. Das Motto der Garde ist: »Niemand greift mich ungestraft an.« Ihren öffentlichen Dienst versehen sie mit ihren unverwechselbaren roten Röcken und den Bärenfellmützen bis heute als Wachtposten vor dem Buckingham-Palast.

31. März 1950 – Der Schauspieler Robbie Coltrane (Anthony Robert McMillan) wird in Rutherglen geboren. *[Sam: Er absolvierte die Glasgow School of Art und war ein toller Hagrid in den »Harry Potter«-Filmen. Seine Tochter Alice McMillan hatte in der zweiten* Outlander-*Staffel einen Auftritt als Molly Cockburn.]*

31. März 1971 – Der Schauspieler Ewan McGregor wird in Perth geboren.

SAM

Trainspotting ist einer meiner liebsten schottischen Filme. Ich bin ein Riesenfan von Ewan McGregor und war begeistert von seiner Doku-Serie *Long Way Round* zusammen mit Charley Boorman. Die beiden sind auf Motorrädern kreuz und quer durch die ganze Welt gefahren, was mich auf eine Idee für unser nächstes Abenteuer mit dem Motorrad und dem Seitenwagen bringt … Graham?

Graham: Traurigerweise, Sam, werde ich damit beschäftigt sein, mir stattdessen Nadeln in die Augen zu stechen.

APRIL

Clan Fraser of Lovat
Motto: *Je suis prest* (Ich bin bereit)
Region: East Lothian, Aberdeenshire

WICHTIGE KALENDERDATEN

1. – Beginn der Jagdsaison auf den Haggis
Hunt the Gowk, etwa: Jagt den Kuckuck. Die schottische Version des Aprilscherzes

OSTERN

22. – Earth Day

Ende April – »Spirit of Speyside« Whisky Festival

APRIL, APRIL

GRAHAM

Wir haben schon in *Men in Kilts* über Haggis gesprochen. Der erste April ist der offizielle Beginn der Haggis-Jagdsaison. Das war nicht immer so. Früher war der Haggis so verbreitet, dass er fast zu jeder Jahreszeit geschossen werden durfte, außer in der Paarungszeit von Dezember bis März. Dann respektieren die Jäger das langwierige Paarungsritual. In dieser Zeit leuchtet das Gefieder auch am schönsten. Grün-, Gelb- und Rottöne bringen einen Farbenrausch in die verschneiten Täler.

[Sam: Es sei denn, wir reden vom Haggis Minor. Die Männchen sind wild behaart.]

Heutzutage jedoch führt das mittlerweile seltene Vorkommen dazu, dass die Jagdsaison auf den Haggis kurz ist. Einundzwanzig Tage, um genau zu sein, außer in Schaltjahren. Der April ist definitiv kein guter Monat für den Haggis.

Den Haggis aufzuspüren, ist eine Aufgabe für Spezialisten, die eine jahrhundertealte Geschichte hat. Sie wird vom Vater an den Sohn weitergegeben. Der Clan MacHaggis war – kaum überraschend – berühmt für seine Fähigkeiten auf der Pirsch. Heutzutage steigen Jagdhelfer nur mit zusammengenähten Haggis-Pelzen bekleidet auf die Hügel und ahmen den Ruf der Haggi (Plural von Haggis) nach, der wie Gebell klingt. Jüngere Helfer bevorzugen inzwischen die Haggis»trompete«, die das Geräusch imitiert, aber der ältere, traditionellere Jäger bringt es nach wie vor mit der eigenen Kehle hervor (für die, die es noch nicht gehört haben, der Ruf ähnelt dem Husten eines Kettenrauchers vermischt mit der Fehlzündung eines Motors).

[Sam: Ich kann einen ganz guten Lowland-Haggis, weniger kehlig und vielleicht musikalischer.]

Wenn ihr noch nie einen aus der Nähe gesehen habt (ich leider noch nicht) – der Haggis ähnelt einer Mischung aus Murmeltier und Dachs mit der Wendigkeit eines kleinen Rehs.

[Sam: Eher wie ein Igel mit drei Beinen, zumindest die, die ich gesehen habe.]

Seine kräftigen Hinterbeine (länger als die Vorderbeine) verleihen dem Haggis die Fähigkeit, unerwartet aus der Deckung zu springen. Das ist besonders gefährlich, wenn man sie in die Enge treibt. So mancher unerfahrene Jäger hat es schon bedauert, einen wilden Haggis aufzuschrecken, und voll Grauen zugesehen, wie er ihm in den Schritt sprang.

Ich sage »wilder« Haggis, weil man sie früher auch gezähmt hat. Im siebzehnten Jahrhundert war es der Gipfel der Mode, seine Burg mit einem dressierten Haggis zu schmücken.

[Sam: Oder ihn an der Vorderseite des Kilts zu tragen – so entstand der Sporran. Man muss nur darauf achten, dass sie schon gefüttert sind und schlafen, ehe man sie am Gürtel festmacht, sonst ergeht es einem wie den vielen unglücklichen Schotten, die ihren Kilt und Haggis angelegt haben, um dann erst zu begreifen, dass Fütterungszeit ist. Das Ergebnis waren sehr unglückselige Verletzungen. Fürs Leben gezeichnet.]

Manchmal wurden Haggi sogar als Wachhunde eingesetzt. Donald MacDonald of Sleat war berühmt dafür, dass er mehrere Haggi hatte, die er auf seinem Gelände spazieren führte.

Aber es war nicht alles nur lustig. Zu den grausameren Strafen, die ein Gefangener erleiden konnte, war der Tod durch den Haggis. Hier gewährte man dem Gefangenen einen Vorsprung von dreißig Sekunden, ehe man eine Blase Haggi (der Sammelbegriff) losließ. Da sie die hundert Meter in etwas mehr als acht Sekunden laufen, hatte der Gefangene keine Chance.

Ihre Zähne sind besonders gefährlich. Für einen Pflanzenfresser besitzt der Haggis üble Frontzähne. Wie ein sehr kleiner, pelziger Säbelzahntiger.

[Sam: Früher wurde bei Highland-Games mit Haggis geworfen, ehe man dem Kugelstoßen den Vorrang gab, weil der Wurfgegenstand zu oft entwischte und die Zuschauer terrorisierte. Manchmal verbuddelte er sich in der Weitsprunggrube und baute sich eine Sandburg, wo er Souvenirs und Snack-Reste sammelte, ein Nest aus gestohlenem Kiltmaterial baute und arglose Weitspringer biss.]

Zum Glück ist der Riesenhaggis lange ausgestorben. Er durchstreifte die Highlands im Pleistozän und war bis zu drei Meter groß, wenn er sich auf die Hinterbeine stellte. Ein Skelett, das man in einem Torfmoor auf Skye gefunden hat, ist im Nationalmuseum ausgestellt.

[Sam: Soweit ich weiß, haben sie ihn perfekt konserviert gefunden, mit einem breiten Lächeln und gekreuzten Beinen, als wäre er beim Sonnenbaden begraben worden.]

Heutzutage essen wir zwar alle gerne Haggis, aber sein Lebensraum wird jedes Jahr kleiner. Er ist begrenzt auf die Gegend nördlich von Ullapool zwischen Lochinver und Scourie, außerdem sind ein paar Blasen auf den entlegeneren Hebrideninseln verstreut. Das ist mein Lieblingshaggis – kleiner und nicht so wild darauf, einen anzuspringen. Es heißt, hin und wieder lassen sie sich sogar streicheln. Aufgrund ihrer Friedfertigkeit war diese Art als lebendiger Sporran besonders beliebt. Allerdings spricht man heute noch über den besonders unglückseligen Kampf zwischen den Haggis-

Sporrans von Iain MacDubh und Ruaridh MacLeod, die bei einem Gathering aneinandergerieten.

[Sam: Oh ja. Das war schlimm. Die Leute reden heute noch hinter vorgehaltener Hand darüber.]

Abschließend, haltet Ausschau nach dem Haggis, aber wenn ihr einen seht, behandelt ihn mit Respekt und seid dankbar, dieses seltene schottische Geschöpf zu Gesicht bekommen zu haben – scheu, schön und schwer zu fassen, ein bisschen wie eine pelzige Version von Duncan Lacroix.

Wer mehr erfahren möchte, dem empfehle ich diese Bücher:

Der Haggis und der Wolf: Die wilden Tage der Highlands, Alasdair Meallta, 1982.

Mein Leben mit den wilden Haggi von Rhum, Peter Amadan, 1936. (Peter hatte das Glück, achtzehn Monate lang bei einer Blase von Haggi zu leben, bis sie ihn eines Heiligen Abends gefressen haben, vermutlich, weil sie merkten, dass er doch kein zu groß geratener Haggis war.)

Die Rolle des wilden Haggis bei der Jakobitenrebellion, Michael Ku'sfesack. (Überraschend gutes Buch. Man benutzte dressierte Haggi, um die Regierungstruppen anzugreifen, und es wurde sogar eine Angriffstaktik danach benannt, der »Haggissturm«.)

SCHLACHT DES MONATS

DIE SCHLACHT VON CULLODEN, 16. APRIL 1746

GRAHAM

Das Faszinierende an Geschichte ist, dass es immer etwas Neues zu entdecken gibt. Geschichte offenbart sich allmählich, fast, als wollte sie uns an der Nase herumführen, und immer wieder fügt sie dem Puzzle neue Teile hinzu. Manchmal wird das Bild dadurch klarer, manchmal wird es dadurch frustrierend schwierig, überhaupt ein Bild zu sehen.

Nichts ist dafür ein besseres Beispiel als die Schlacht von Culloden. Sie ist wie dieses Tausend-Teile-Puzzle, das man fast fertig hat, um dann festzustellen, dass am Boden des Kartons noch einmal tausend Teile lauern.

Culloden ist immer wieder für politische Zwecke missbraucht worden. Eine beliebte Variante lautet, dass die Jakobiten eine Bande Primitiver in Kilts waren, die gegen die geordnete Maschine der Regierungstruppen anstürmten. In Wirklichkeit stellten die Jakobiten mit ihrem Versuch, die Stuart-Monarchie wieder einzusetzen, eine gewaltige Bedrohung für das Haus Hannover und ein geeintes, zentral regiertes Britannien dar.

Die Schlacht von Culloden stand auch am Beginn eines nationalen Narrativs, man müsse England mit seinen »weniger entwickelten« Peripherien versöhnen. Dies diente als Rechtfertigung der Erweiterung des Empires und der Vereinnahmung indigener Kulturen, die an Mutter Englands warmen Busen geholt wurden.

Ein berühmtes Gemälde zeigt General James Wolfes Tod in

Quebec. Wir sehen den kränklich wirkenden Mann (der als Leutnant in Culloden gewesen war), dessen Miene an meine erinnert, wenn ich mir eine Nacht mit Lacroix um die Ohren geschlagen habe oder einen Tag von Sam durch die Gegend kutschiert worden bin.

In dem Bild sehen wir einen besorgten Ureinwohner vor ihm hocken (eigentlich sieht er eher vage gelangweilt aus), daneben Simon Fraser, Oberhaupt des Fraser-Clans, mit niedergeschlagener, deprimierter Miene. Simon Fraser war gar nicht in Quebec, doch er hatte in Culloden gegen Wolfe gekämpft. Ansonsten ist nur noch bemerkenswert, dass Sam alias Jamie nicht auf dem Bild ist.

Aber die Botschaft ist klar: Fraser und der Ureinwohner sind beide vom Empire vereinnahmt worden. Sie sind froh, dazuzugehören, und sehr, sehr traurig, Wolfe sterben zu sehen. Es ist ein bisschen wie ein Gemälde von Lord Vader auf dem Sterbebett, umringt von einem bestürzten Ewok und Han Solo, der im Hintergrund eine Träne vergießt.

Die geläufige politische Botschaft von Culloden ist, dass ein Haufen schlecht bewaffneter Wilder sich für einen aufgeblasenen italienischen Dandy geopfert haben, während sie nobel eine traditionelle Kultur verteidigten.

Tatsächlich jedoch steht Culloden für den Versuch, die Stuarts zurück auf den Thron einer Mehrfach-Monarchie zu bringen, die dann mehr nach guten Beziehungen mit Europa als nach kolonialer Ausdehnung gestrebt hätte.

Das Bild des Highlanders in Culloden zeigt eine altmodische Armee, die gegen eine moderne Tötungsmaschine antritt. In Wirklichkeit hatten die Highlander nach französischen Methoden trainiert. Sie hatten schon Seite an Seite mit den Franzosen und den Iren gekämpft. Sie bekamen ihre Befehle nicht auf Gälisch, sondern auf Englisch. Sie verfügten nicht nur über Artillerie, sie feuerten auch pro Mann mehr Kanonenkugeln ab als die Regierungstruppen.

Was ihnen allerdings fehlte, war Kavallerie. Sie hatten allerdings höchstens 200 Pferde. Die Regierungsseite hatte viermal so viele. Nach dem Scheitern des Highland-Ansturms war die Kavallerie der entscheidende Faktor. Sie stürmte von den Flanken herein und brachte die Front der Highlander zum Zusammenbruch.

Der andere bedeutende Faktor waren schlichte Zahlen. Die Jakobiten waren etwa 5000 Mann, einige Tausend weniger als die Regierungstruppen (vielleicht noch ein Drittel ihrer früheren Stärke). Man darf nicht vergessen, dass etwa tausend von ihnen die Schlacht vor lauter Erschöpfung einfach verschlafen haben.

Es war die Kombination dieser Faktoren, die an diesem Tag tatsächlich entscheidend war. Hätten sie mehr Kavallerie und mehr Männer gehabt, wäre es ein Kopf-an-Kopf-Rennen geworden.

Ein anderer hartnäckiger Mythos ist, dass der jakobitische Generaladjutant John O'Sullivan das falsche Schlachtfeld gewählt hat. Es stimmt zwar, dass er mehrere andere Vorschläge abgelehnt hat, aber die Stelle, die er vorgezogen hätte, lag nur einen Kilometer östlich des eigentlichen Schlachtfeldes. Das Problem dabei war nur, dass das Areal für die im Moray Firth vor Anker liegende königliche Marine gut zu sehen war. Dies verzögerte den jakobitischen Nachtangriff am 15. April, und in der folgenden Verwirrung kamen sie zu weit nach Westen ab.

Das Bild der »primitiven« Jakobiten und die Überlieferung der Schlacht unterscheiden sich also sehr von den tatsächlichen Ereignissen. Es war die letzte Schlacht in einem Bürgerkrieg. Die Niederlage der Jakobiten beendete die Möglichkeit einer schottischen Alternative zu einem britischen Staat.

Die Ironie dabei ist, dass ein föderales Britannien unter einer einzelnen Krone, wie es zwischen 1603 und 1707 existierte – im Grunde der Wunsch der Jakobiten –, heutzutage realer ist, als sie es sich je vorgestellt hätten.

Ich frage mich, was diese Clansmänner wohl von Schottlands

heutigem Parlament mit all der ihm übertragenen Macht halten würden? Ich vermute, sie würden lächeln, und viele würden verstehen. »Tja, am Ende haben wir es geschafft …«

SAM

Graham war ganz aufgeregt, als wir Alistair Moffat begegnet sind – dem Historiker und Autor von The Highland Clans. Er hatte Alistairs gesammelte Werke dabei, vielleicht in der Hoffnung auf ein Autogramm, und er saß da wie ein Schuljunge in der ersten Reihe, der seinen Lehrer beeindrucken will. Es ist aber auch schwer, von Alistairs Erzählkunst und Charisma nicht gefangen zu sein. Ich ertappte mich selbst dabei, dass ich unseren gelehrten Freund beeindrucken wollte.

Was Graham geärgert hat, war die akademische Verbindung zwischen Alistair und mir. Die Universität von Stirling hat mir für meine Verdienste um die Schauspielerei und für mein wohltätiges Engagement die Ehrendoktorwürde verliehen; Alistair war dort von 2009 bis 2011 Assessor des Kanzlers.

Graham: Das ist, als würde ich sagen, dass Usain Bolt und ich sportlich viel gemeinsam haben, weil ich genau wie er hundert Meter laufen kann, ohne anzuhalten.

Sam: Ich habe den Videobeweis, dass du das nicht kannst.

Graham: Mr Bolt und ich haben sogar mehr gemeinsam als Alistair und Samwise, wenn man bedenkt, dass die akademische Leistung des Letzteren allein darin bestand, einen Parkplatz zu finden, ehe er seine Urkunde entgegennahm.

WETTKAMPF DES MONATS

STURM AUF CULLODEN

[Sam: Oder eher Stürmchen …]

GRAHAM

Wir wussten, dass wir in *Men in Kilts* der Schlacht von Culloden viel Zeit widmen mussten, weil sie so ein entscheidender Moment der schottischen Geschichte war. Aber manchmal kann es auch ein bisschen trocken sein, den Verlauf nachzuerzählen, die Clans aufzulisten, die Toten und so weiter.

Ich weiß noch, wie ich meinen beiden nörgelnden Kindern auf einer Wanderung erzählt habe, wie sich der Ansturm der Highlander angefühlt haben muss.

Typisch Vater halt. »Wenn ihr das hier anstrengend findet, stellt euch vor, ihr müsstet zwischen explodierenden Kanonenkugeln hindurchlaufen, während euch gut ausgebildete Regierungstruppen mit Gewehrsalven attackieren. Ihr seht mit an, wie eure Freunde zerfetzt werden, während ihr mit ihrem Hirn und ihren Gedärmen bespritzt werdet!« (Gut für den Charakter! Möglich, dass meine Kinder sogar geweint haben.)

Also habe ich Sam und dem Team vorgeschlagen, dass wir den Sturm über das Feld nachspielen sollten. Zuerst dachten wir daran, es auf dem Schlachtfeld selbst zu tun, haben die Idee aber aus Respekt vor dem Ort verworfen.

Stattdessen haben wir ein schönes Feld in der Nähe der Burg Fraser gefunden und den Sturm dorthin verlegt.

Wir haben es ausgemessen – 300 Meter.

Das Team war bereit. John Duncan, unser Drohnenguru, sollte von oben filmen, und die anderen Kameras sollten in einiger Entfernung stehen, während wir zu Ehren der tapferen Highlander losliefen, die an jenem eiskalten Apriltag im Jahr 1746 auf die Regierungstruppen losstürmten.

Klingt eigentlich unkompliziert, oder?

Das Einzige, was wir nicht bedacht hatten, war, dass Heughan unausweichlich einen Wettkampf aus der ganzen Sache machen würde.

Wir waren angemessen mit unseren Kilts und wehenden weißen Hemden bekleidet. Möglich, dass wir bei den Schuhen ein bisschen gepfuscht haben. Ich glaube nicht, dass Adidas in Culloden prominent vertreten war, aber wir sahen hinreichend »higlanderisch« aus, als wir uns auf den Start vorbereiteten.

Wir haben uns aufgewärmt. Ich jedenfalls. Das Letzte, was ich in meinem zarten Alter wollte, war eine gerissene Achillessehne oder ein Wadenkrampf. Ich habe gute zehn Minuten mit Stretching verbracht. Ich vermute, Sam hat einfach nur verächtlich zugeschaut. Sein Warm-up hatte vermutlich darin bestanden, sich von seinem deutschen »Geschäftspartner« die Beine einölen und massieren zu lassen, während er mehrere große Whiskys versenkte.

Wir waren bereit.

Wir packten die Griffe unserer Breitschwerter und nahmen Schilde und Tartschen fest in die Hände.

3–2–1 und …

Los!!!

Wir liefen in gemäßigtem Tempo los. Verwöhnte Schauspieler, die wir sind, hatten wir den Boden sorgfältig nach Löchern absuchen lassen. (Das heißt nicht, dass Heughan nicht in der Nacht auf meiner Strecke neue gebuddelt haben könnte.)

Wir fanden unseren Rhythmus und beschleunigten.

Wir liefen nebeneinanderher. Ich war seltsam dankbar, dass Sam sich zurückhielt, sodass wir den Lauf gemeinsam beenden konnten.

Dann passierte es.

Er verlängerte seine Schritte.

Versucht er etwa, mich zu schlagen?, dachte ich und sah zu, wie er die Arme bewegte wie eine Pluderärmelhemd-Version des bereits erwähnten Usain Bolt.

Er versuchte tatsächlich, mich zu schlagen.

Etwa hundert Meter vor dem Ende ließ Sam jeden Anschein von Gemeinschaftlichkeit sausen.

Er sprintete los.

Ich sah zu, wie sich die Lücke zwischen uns weitete. Wieder einmal blieb mir nur der Blick auf Sams Hintern, während er davonzog.

Ich werde nicht sagen, dass ich überrascht war. Ein bisschen war es schließlich wie die Fabel vom Skorpion und dem Frosch; Sam kann einfach nicht anders, als andere bei allem und jedem zu schlagen.

Vermutlich sah es von außen betrachtet aus, als verfolge ein besonders aggressiver Hund jemanden, der einen Lipizzaner während eines Dressurritts spielt.

Ich gab jeden Versuch auf, ihn einzuholen.

Ich hatte keine Chance.

Stattdessen sah ich zu, wie sein Kilt in die Ferne schwang und dann die 300-Meter-Marke passierte, wo er wartete, bis ich zu ihm gejoggt kam.

Mistkerl!

Ich war sauer. Was dann folgte, war ziemlich kleinlich von mir, das gebe ich zu. Ich habe dem Regisseur gesagt, wir müssten es noch einmal machen und diesmal beide zusammen ins Ziel kommen. Ich brachte es fertig, mir einzureden, dass es darum ging, eine schönere Szene zu bekommen, die der Männer von Culloden würdiger war. (Obwohl ich mir sicher bin, dass am Tag der Schlacht eine Menge Sechzigjähriger Mühe hatten, mit ihren jüngeren, schnelleren Kameraden mitzuhalten, aber DAS würde ich Sam gegenüber nicht einräumen.)

Nein, ich wollte, dass wir den Lauf wiederholten, weil ich es nicht ertrug, dass er mich schlug.

So!

Ich habe es gesagt. Mein verletztes Ego konnte das nicht zulassen.

Ich bin nicht stolz darauf. Es war buchstäblich eine Rückkehr auf den Schulhof, zugegebenermaßen einen Ort, an dem Sam ohnehin jeden wachen Moment verbringt, aber trotzdem!

Also machten wir es noch einmal.

Diesmal Seite an Seite, bis unsere Egos die Linie wie ein Mann überquerten.

SAM

Ich akzeptiere zwar dein Eingeständnis kindischer Kleinlichkeit, aber du hast viel zu viele Einzelheiten dieses Sturms auf Culloden ausgelassen. Gestattet mir, die Lücken zu füllen … Zunächst einmal hat sich Graham (auch wenn ihm das gar nicht ähnlich sieht) über den Boden beschwert. Hatte ich den Boden geprüft? War er eben genug? Hatte er Löcher? War er ungefährlich? Waren wir versichert? Im Prinzip wollte er eine komplette Risikobeurteilung.

Ich: Graham, wir laufen doch nur über das Gras. Komm, wir tun es einfach.

Graham: Das ist Irrsinn – weiß irgendjemand, ob es gefährlich ist?

Er ersann eine Vielzahl von Problemen, ehe wir überhaupt losgelaufen waren. Also habe ich gesagt, entweder wir machen es, oder wir lassen es. ENDLICH stimmte er zu, es zu tun, aber nur, wenn er meine Waffen haben könnte (die einzigen, die wir hatten), um furchteinflößender auszusehen. Er wollte meine Tartsche und meinen Dolch, mein Breitschwert könnte ich behalten. Ich reichte dem Graubart meine Waffen, und wir verabredeten, dass wir etwa die Hälfte zusammen in gemessenem Tempo laufen und dann losspurten würden, denn so dürften es die Clans auch gemacht haben, oder? Sie wären gerannt, so schnell sie konnten.

So habe ich es also gemacht.

Ich rannte zum Ziel, so schnell ich konnte. Dort blieb ich stehen, um nach Graham zu schauen, der sehr weit weg war und noch fünf Minuten in gleichmäßigem Pflegeheimtempo vor sich hin schnaufte, bis er schließlich ankam.

Dann gingen wir wortlos zurück zum Team. Graham war extrem schlecht gelaunt und murmelte unter seinem grauen Bart vor sich hin. Als wir fast da waren, schrie er plötzlich den Regisseur an.

Graham: KEVIN! KEVIN! Nein, nein! Ich finde, wir müssen es noch einmal machen. Nein!

Ich sagte nichts, aber ich konnte sehen, wie Kevin und die Crew sagten … das war gut, wir brauchen es nicht zu wiederholen. Es war super.

»Nein, nein. Wir müssen es noch einmal machen«, beharrte Graham. Es war das erste und einzige Mal, dass ich je erlebt habe, dass Graham verlangte, eine Einstellung zu wiederholen.

Also musste ich ein zweites Mal mit ihm laufen. Diesmal verabredeten wir, dass wir warten würden bis zu den letzten hundert Metern und dann loslegen würden. Er ist nun mal kein Läufer. Das sagt er selbst. Er hat es lieber langsam und gemessen – er geht lieber spazieren, bewundert unterwegs die Aussicht, konsultiert seinen Wanderführer und legt auf halbem Weg eine Tee- und Kekspause ein. Jetzt beschwerte er sich sogar über ein paar Nesseln auf halber Strecke.

Graham: Wir können unmöglich da entlanglaufen, weil da überall Nesseln sind.

Sam: Lauf einfach!

Wir liefen also noch mal, und einmal mehr habe ich ihn im Staub zurückgelassen. Einmal mehr hat er sich darüber aufgeregt. Aber wir können eine Einstellung nur zweimal drehen, weil das Grahams Limit ist. Nach zwei Durchläufen brauchte Graham einen Keks, eine Decke und ein Nickerchen. George, sein Fahrer, fächerte ihm Luft zu und bot an, McTavish zurück in sein Neunsternehotel zu fahren. Aber der Graubart musste sich zusammenreißen, denn wir waren in der Burg Beaufort verabredet, dem Sitz der Frasers.

GEMÄUER DES MONATS

BURG BEAUFORT

Burg Beaufort (gedoubelt von Burg Dounie), der Sitz des Fraser-Clans, ist ein schlossähnliches Herrenhaus, das, umgeben von 320 Hektar Land, etwa achtzehn Kilometer westlich von Inverness am Beauly Firth steht. An dieser Stelle gab es seit dem zwölften Jahrhundert Burgen; eine davon wurde 1746 von William Cumberland nach der Schlacht von Culloden dem Erdboden gleichgemacht, und das Anwesen wurde von der englischen Krone konfisziert, jedoch 1774 zurückgegeben.

Anfang des neunzehnten Jahrhunderts bauten die Frasers eine modernere Burg, die bis heute Prinz Charlies Pistolen und seine

Feldflasche beherbergt. Allerdings gehört sie nicht mehr den Frasers, denn sie mussten Beaufort und das Anwesen 1994 verkaufen, um Erbschaftssteuer zu bezahlen.

CLAN FRASER

SAM

Da es angefangen hatte zu regnen, wartete Lady Sarah Fraser unter den Bäumen vor der Burg auf uns. Graham hat eine große Vorliebe für Aristokratinnen und für Frauen mit historischer Bildung – erinnert ihr euch an Lady Cawdor? Also schoss er auf sie zu, bot ihr einen Schirm an und gab sich alle Mühe, sie zu beeindrucken. »Graham McTavish«, sagte er und verbeugte sich. Sie lächelte ihn an, er war hin und weg und blies sich auf. »Ich bin gerade der Länge nach über Culloden gerannt!«

Ich stellte mir gerade die Gedanken vor, die in diesem Moment durch seinen Kopf hasteten: »Also, Lady Sarah, möchten Sie meine Burg auch besuchen? Oh ja, ich habe eine Burg. Möglicherweise die älteste in Schottland. Ja. Burg Sween. Sie müssen vorbeikommen … Ich werde Tony Singh bitten, für uns zu kochen. Guter Freund von mir. Oh, Sam, nein, er wird nicht kommen können. Voller Terminkalender.«

(Graham hat tatsächlich eine Burg … aber dazu kommen wir nächsten Monat!)

Sarah Fraser ist dieser Verehrung natürlich würdig, denn sie ist charismatisch, charmant, historisch versiert, und sie hat großartige Bücher geschrieben, darunter *The Last Highlander* über ihren jakobitischen Vorfahren (und Jamies Großvater), den Alten Fuchs, Simon Fraser, Lord Lovat. Während sie uns von ihrem Clan erzählt, rechne ich damit, dass sich Graham mit einigen gelehrten Kommentaren zu Wort meldet, doch er steht nur einfältig lächelnd da, gebannt von ihrem Wissen und ihrer Schönheit. Tatsächlich waren wir beide bezaubert von ihr – oder vielleicht brauchten wir nach unserem Lauf auch einfach ein Schläfchen.

Ich meldete mich selbst mit ein paar Bröckchen zu Wort. »Ich glaube, der Name Fraser kommt vom französischen Wort für Erdbeere, *fraise*.« Sarah war beeindruckt. »Ja, möglicherweise.« Man nimmt an, dass der Name Fraser seinen Ursprung in Anjou und der Normandie hat; wie gesagt, ist das französische Wort für Erdbeere *fraise*, und Erdbeerstauden heißen, ta-daa … *fraisiers*. Das Wappen der Frasers sind silberne Erdbeerblüten auf blauem Grund, die wilde Erdbeere ist das Symbol des Clan-Abzeichens. Man sagt, der erste Clansitz sei neben einem wilden Erdbeerfeld erbaut worden.

Sarah erzählte uns, dass die Frasers mit William dem Eroberer nach Britannien gekommen, also seit über 900 Jahren hier seien. »Sie sind nach Schottland gegangen, haben Allianzen geschlossen und am üblichen Wettstreit der Clans um Land und Einfluss teilgenommen. Der wichtigste Vorteil, den ein Clan bot, war Schutz und Unterstützung bei der Verteidigung gegen räuberische Nachbarn; durch diese Ausgrenzung entstand die Identität des Fraser-Clans.«

Ich spiele Jamie Fraser jetzt seit einem Jahrzehnt. Im Lauf der Jahre hat sich mein Verständnis von dieser Figur und der Welt von *Outlander* sehr gewandelt. Wir haben mitten im Jakobitenaufstand angefangen, und später habe ich mich im amerikanischen Unabhängigkeitskrieg wiedergefunden. Das ist an dieser Serie so schön: Jede Folge ist anders und bringt neue historische Herausforderungen mit sich.

Ich hoffe, dass ich eines Tages ein Ehren-Fraser werde. Sarah sagte, es wäre möglich, dass ich ein Bollo-Mio-Fraser werde, wenn ich »ewige Treue schwöre und eine Gebühr bezahle«. *[Graham: Ein Brötchen-Fraser? Das kann ja heiter werden.]* Ich warte bis heute auf die Einladung zur Ernennungszeremonie. Und die Rechnung.

Vielleicht posthum, für die Dienste, die ich dem Clan geleistet habe, indem ich ihn durch die Serie bekannt gemacht habe? Mütterlicherseits war Jamie ein MacKenzie – daher hat er das rote Haar und die Körpergröße, die mir als blondem Einsneunziger beide abgehen.

GRAHAM

Ich muss mich hier kurz einmischen. Wie man es eben macht, wenn man sieht, wie ein guter Freund immer wieder etwas offensichtlich Falsches tut – irgendwann muss man etwas sagen.

Und zwar:

DU BIST NICHT JAMIE FRASER!!!

[Sam: Moment. Was?]

Er ist Fiktion.

Erfunden.

Vorgegaukelt.

Imaginär.

Vorgetäuscht.

Das Gegenteil von real.

Wie ein unsichtbarer Freund, den du vielleicht in der Schule hattest, der dir wenigstens das Gefühl gab, einen Kumpel zu haben.

Du hast einen Kumpel, Sam … mich! Zumindest manchmal.

Sam Heughan reicht. Du brauchst nicht wie der verflixte Jamie Fraser zu sein, der alles perfekt kann außer pfeifen und ein Auge zukneifen. Du kannst SUPERGUT ein Auge zukneifen, Sam!

Sei stolz auf Sam.

Vergiss das mit dem »König unter den Männern«. Sei froh, jemand zu sein, der möglicherweise jemanden kennt, der einmal aus der Ferne einen König der Männer gesehen hat.

Das fällt mir schon seit einer Weile schleichend auf. Das erste Mal habe ich es bemerkt, als sich Sam in Culloden ganz besonders für das Schicksal des Fraser-Clans interessiert hat. Weise genickt hat er, als unser Führer die Tapferkeit der Frasers beschrieben hat.

Wahrscheinlich hat er einen Kranz am Gedenkstein der Frasers auf dem Schlachtfeld niedergelegt und im Stillen eine Träne weggewischt für Menschen, mit denen ihn exakt NICHTS verbindet.

Bei unserem Gespräch mit Sarah Fraser ist es wieder passiert. Er hat die Burg angeschaut, als wäre sie sein Zuhause. Na ja, das Zuhause meiner Familie hat sich als heruntergekommene Ruine neben einem Trailerpark entpuppt (siehe MAI), aber darum geht es nicht.

Sei stolz auf das Heughan-Blut in deinen Adern. Zugegeben, deine Vorfahren waren Hunderte von Meilen von Culloden entfernt, aber ich wette, dass sie am 16. April 1746 etwas total Spannendes gemacht haben.

Ich meine, sie wären bestimmt gern in Culloden gewesen. Es ist nur etwas dazwischengekommen. Vielleicht ein örtlicher Wettkampf im Steineheben?

[Sam: Den sie wahrscheinlich gewonnen haben.]

Wenn dein Clan dabei gewesen wäre, wäre er mit Sicherheit … dabei gewesen.

Ich für meinen Teil bin stolz, einen Heughan zu meinen Freunden zu zählen, und wenn du einen Kumpel wie den gänzlich fiktionalen Jamie Fraser hättest, wärst du auf jeden Fall ein megaguter Freund des Königs unter den Männern.

REGION DES MONATS

Inverness und Inverness-Shire

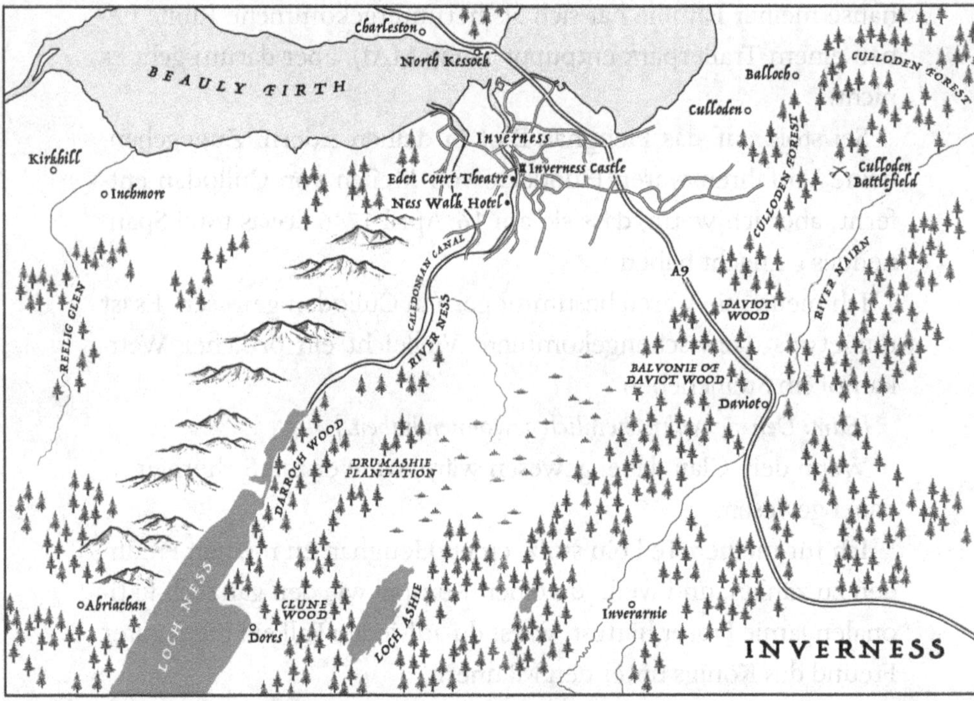

SAM

Das Territorium der Frasers von Lovat erstreckte sich im Westen und Süden von Inverness bis hin zum Loch Ness. Ich liebe Inverness, das auch als Hauptstadt des Nordens gilt. Selbst zu Jamie Frasers Zeit brannte hier vermutlich inmitten der dunklen Highlands das Licht. Während der Dreharbeiten zu *Men in Kilts* haben Graham und ich im Ness Walk Hotel direkt am Fluss übernachtet. Kann ich wärmstens empfehlen. Eines Abends bin ich am Fluss spazieren gegangen, während Graham sich zu einem weiteren Fünf-Gänge-Menü niedergelassen hat. Der »Ness Walk« umfasst mehrere hübsche Brücken, bald war ich auf der anderen Seite des Flusses fast am Eden Court Theatre, wo ich in *Outlying Islands* gespielt habe und wo die Heughligans mein erstes Fantreffen organisiert haben, kurz nachdem ich die Rolle in *Outlander* bekommen hatte.

ABENTEUER DES MONATS

BEN WYVIS (GLAS LEATHAD MHOR)

SAM

2013, in dem Jahr, als ich die Rolle des Jamie in *Outlander* bekommen habe, wollte ich auf den Ben Wyvis steigen, einen Munro in der Nähe von Dingwall in Easter Ross, ehe ich das Schlachtfeld von Culloden besuchte, um für meine Rolle zu recherchieren. Nur mit Wanderschuhen, einer wasserabweisenden Jacke und einem Rucksack mit Wasser und einer größeren Whiskyflasche gewappnet, brach ich auf. Auf halber Höhe kam mir ein Kletterer in voller Montur entgegen, der mir sagte, oben wäre es etwas windig – ich sollte es mir vielleicht noch einmal überlegen. Wäre mein vorsichtiger *Clanlands*-Freund dabei gewesen, hätte diese Warnung sofort Gehör gefunden, aber er war es nicht, also ging ich in dem vagen Bewusstsein weiter, dass selbst der Bergsteiger Baron Hugh Thomas Munro (16. Oktober 1856–19. März 1919) es nicht zum Gipfel des Wyvis geschafft hatte.

Inzwischen konnte ich auf meinem Weg durch die Landschaft, die jetzt mit Schnee und Eis bedeckt war, einen dunklen Sturm heraufziehen sehen. Kurz vor dem 1046-Meter-Gipfel nahm der Wind zu und wurde so heftig, dass ich umkehren musste. Ich wusste, dass es Zeit für den Abstieg war. Einen Moment lang bewunderte ich die Aussicht auf das ferne Schlachtfeld, über dem sich die finsteren Wolken sammelten, und den River Ness. Ich schwor mir, eines Tages wiederzukommen und den Munro zu erobern, mit besserer Ausrüstung und bei wärmerem Wetter.

GEBURTSTAGE IM APRIL

Sam: Zunächst einmal finde ich es eine interessante Feststellung, dass William Shakespeare und ich im selben Monat und unter demselben Sternzeichen Geburtstag haben.

[Graham: Einer war ein unermüdlicher Genius, der andere ist ein unermüdliches ███]

Graham: Googeln wir doch schnell, um zu sehen, wer sonst noch im April geboren ist. Ah, ja, wie ich vermutet habe. Hier steht, dass »die Mehrzahl der Psychopathen das Sternzeichen Stier haben«. Ja. Achtunddreißig Psychopathen sind im April geboren, Adolf Hitler nicht mitgezählt. Ich denke, lieber Leser, du ahnst, mit wem wir es hier zu tun haben.

Sam: Und wie viele Verrückte im Januar?

Graham: Ach du lieber Gott. Sechsundfünfzig.

Sam: Ha! Ha! Ja, diese hyperempfindlichen, unterzuckerten Steinböcke drehen schneller durch als die sanften, unerschütterlichen Stiere!

Graham: Außerdem behauptet das ach so verlässliche Internetz, dass die meisten Alkoholiker im April geboren werden – was ich ein bisschen besorgniserregend finde, wenn ich an den Whisky denke, den Sam auf unseren Touren im Handschuhfach versteckt.

Sam: Interessanterweise hat mein Onkel am 26. April Geburtstag und mein Bruder Cirdan am 28.; der April ist also ein Monat mit vielen Geburtstagen in meiner Familie. Mein Fahrer Davie hat am 24. Geburtstag.

Graham: Ich frage mich, was der Sammelbegriff für so viele Stiere in einer Familie ist. Eine Hyperaktivität von Stieren, ein irrer Wettstreit, ein Ansturm, vielleicht ein Getrampel von Stieren. Sind dein Bruder und dein Onkel dir ähnlich? Naturgewalten, muskelbepackte Springer Spaniels, die niemals Ruhe geben. Das scheint mir ein guter Vergleich zu sein, weil dein Onkel doch Wildhüter war.

Sam: Kein Wildhüter. Musiker und Korbflechter. Du musst geschlafen haben, als ich es erklärt habe. Schon wieder.

SAM

Ich glaube, du hast noch nie mit mir Geburtstag gefeiert, oder, Graham? Ich freue mich schon auf die nachträgliche Party zu deinem Sechzigsten in der Burg Borthwick. Müssen wir unsere Getränke und unser Essen selbst mitbringen? Geld für die Cocktailbar? ODER BEZAHLST DU ETWA?!?

[Graham: Ich vermute, ich werde in vielerlei Hinsicht bezahlen …]

Meinen vierunddreißigsten Geburtstag, den Tag vor Jamies 293. Geburtstag, habe ich bei Dreharbeiten zur ersten *Outlander*-Staffel verbracht. Jamie Fraser war von seinem ebenso schütter behaarten wie hinterlistigen Onkel Dougal (gespielt von meinem gegenwärtigen Reisebegleiter Mr McTavish) zur Heirat mit einer ziemlich seltsamen Engländerin, einer Sassenach, gezwungen worden. In Folge acht führt Jamie seine frischgebackene Ehefrau zu einem Picknick aus, was für einen schottischen Highlander aus dem achtzehnten Jahrhundert recht fortschrittlich ist.

Man hatte uns morgens einen Korb mit Käse, Brot, Fleisch und

Beeren gepackt (leider kein Whisky). Die Produzenten hatten einen herrlichen Gipfel ausgesucht, von dem aus man über Loch Rannoch und Rannoch Moor zu den Bergen von Glencoe hinüberblickte. Jamie war bestens vorbereitet, bis auf einen wichtigen Gegenstand – einen Schirm. Bei unserer Ankunft auf dem Gipfel stellten wir fest, dass wir kaum mehr als drei Meter weit sehen konnten, denn der Aussichtspunkt war in dichten Nebel gehüllt, der die fantastische Landschaft unter uns verbarg. Aber ein bisschen schlechtes Wetter konnte uns nicht abschrecken; wir breiteten das Picknick aus und fingen an, die Szene zu drehen.

Als Anna Foerster, unser Regietalent aus Deutschland, »Action« rief, betrachtete der Himmel das als Stichwort, seine Regenwolken zu öffnen und ihren Inhalt über die beiden ohnehin schon feuchten Schauspieler auszuschütten. Der Käse schwamm auf dem Rücken in einer Wasserpfütze, das Brot gab auf und zerfiel bei der kleinsten Berührung, aber wir drehten trotzdem weiter. Mein Kilt, der normalerweise den Regen bestens abhält, war durchnässt und doppelt so schwer wie vorher. Ich weiß noch genau, dass ich zum Teil meine Dialoge nicht sprechen konnte, weil mir das Wasser in den Mund lief, wenn ich versuchte, etwas zu sagen.

Auf den Fotos kann man sehen, dass die Crew komplett regenfest angezogen war mit wasserdichten Hosen, Gummistiefeln, Hüten, Jacken und Handschuhen. Sie konnten sich kaum aufrecht halten, weil Wind und Regen sie von allen Seiten attackierten.

Während der Szene bekommen Jamie und Claire Besuch von Hugh Munro, einem alten Freund von Jamie. Er ist ein Bettler in Lumpen, dem die Türken auf See die Zunge herausgeschnitten haben. Wir hatten eine Art Zeichensprache entwickelt, mit deren Hilfe Jamie und Hugh kommunizierten und die uns jetzt im strömenden Regen eine Hilfe war. Als ich mit einer Nahaufnahme dran war, lächelte mich Hughs Darsteller Simon Meacock spitzbübisch an. Er hielt etwas hinter seinem Rücken. Die Regisseurin rief

»Action«, und als wir mit der Szene begannen, sang der eigentlich stumme Hugh plötzlich. »Happy birthday to yoooou, happy birthday TO YOU!!!«

Im ersten Moment war ich verwirrt. Wie konnte er ohne Zunge singen? Dann bescherte mir Simon einen ziemlich durchnässten, aber lecker aussehenden Geburtstagskuchen (die Kerzen waren im endlosen Regen längst erloschen). Vielleicht nicht so romantisch, wie Jamie Fraser es erhofft hatte, aber auf jeden Fall unvergesslich. Wenn euch euer »Jamie Fraser« je zu einem Picknick einlädt, rate ich euch, den ein oder anderen Knirps mitzunehmen.

Und wie wär's statt eines Kuchens für »danach« mit meinem Lieblingspudding, Tony Singhs Honig-&-Whisky-Fool? Er wird nicht matschig und ist voller Alk – was könnte besser sein?

SAMS GEBURTSTAGSREZEPT
TONY SINGHS HONIG-&-WHISKY-FOOL

Zutaten

5 Eigelb
2 Esslöffel schottischer Heidehonig
140 ml Sassenach Whisky
400 ml Creme double
Geriebene Schale und Saft einer großen Zitrone
4 Erdbeeren als Garnitur
4 große Minzblätter als Garnitur

Zubereitung

Eigelb, Honig, 100 ml Whisky und Zitronenschale im Wasserbad erwärmen und mit einem Mixer schlagen, bis die Mischung schön hell ist und so dickflüssig, dass sie Fäden zieht.
Auf Körpertemperatur abkühlen lassen.

Die Sahne zusammen mit dem restlichen Whisky schlagen, dann unter die Eiermischung heben.

Die Mischung auf Martinigläser verteilen und mindestens zwei Stunden in den Kühlschrank stellen.

Mit den zerkleinerten Erdbeeren garnieren und mit Shortbread servieren.

TROPFEN DES MONATS

DER WHISKY, DEN ES NOCH NICHT GIBT

SAM

In der Gegend um Inverness und der Speyside-Region gibt es eine große Anzahl Destillerien und eine große Whisky-Tradition. Diese Whiskys werden mit dem Wasser des Flusses Spey hergestellt. Typischerweise sind sie leicht und süß, oft mit fruchtigen Aromen. Wer die Wahl hat, hat die Qual: Loch Ness Spirits stellt Absinth her, keinen Whisky; der zwölfjährige, in Sherryfässern gereifte Macallan ist berühmt-berüchtigt; Tomatin direkt an der A9 ist die Brennerei, die Inverness am nächsten liegt (Alex Norouzi liebt diesen Single Malt und hat ihn uns mitgebracht, als wir während unserer Whiskyreise auf der Suche nach dem perfekten Tropfen waren) – die Auswahl ist so groß, dass es mich überrascht, dass die Menschen in dieser Gegend nicht ständig beschwipst sind.

Aber wenn ich einen besonderen Whisky für meinen Geburtstagsmonat aussuchen sollte (und nicht meinen eigenen The Sassenach »Spirit of Home« nehmen sollte – fast unmöglich!), würde ich einen Whisky wählen, den es noch nicht gibt.

Die Glen Wyvis Distillery hat uns herzlich eingeladen und uns ihre großartige, neue, nachhaltige Anlage gezeigt. Glen Wyvis ist Schottlands erste Whisky-Genossenschaft; die Firmengründung wurde zum Teil durch Crowdfunding finanziert. Durch Wind- und Solarenergie sowie Biomasse ist die Destillerie energieautark, und sie hat sich der Gegend verschrieben, in der sie beheimatet ist. Noch ruht ihr Whisky in Fässern, die Flaschenabfüllung muss noch ein wenig warten. Er ist aber fantastisch (erinnert mich an Oban), und ich hoffe, dass sie mir zu meinem nächsten Geburtstag ein Fässchen schicken werden … oder zwölf. SLÀINTE.

NATURNOTIZEN

HASENGLÖCKCHEN

SAM

Ihr habt mich vielleicht nicht für einen Blumenfreund gehalten, aber ich bin begeisterter Hobbygärtner. Ich habe mir sogar ein Buch gekauft! Mehrere Bücher sogar. Hab sie aber noch nicht gelesen. *[Graham: Das ist ja ganz was Neues!]*

Wie meine aufmerksamen Leser wissen werden, zeigen sich in Schottland diesen Monat Löwenzahn *(Taraxacum officinale),* weiße Taubnessel *(Lamium album)* und Brennnessel *(Urtica dioica)* ebenso wie meine persönliche Lieblingsblume: das Hasenglöckchen *(Hya-*

cinthoides non-scripta). Ich LIEBE Hasenglöckchen. Ernsthaft. Sie bringen immer Hoffnung, eine der ersten Blüten nach dem Winter, die uns verrät, dass der Frühling auf dem Weg ist. In meiner Kindheit war das Gelände der Burg Kenmure mit Hasenglöckchen übersät. Sie sind so hübsch. In *Outlander* sieht Claire sie am Rand der Straße zum Cocknammon Rock wachsen (*Feuer und Stein,* Kapitel 3).

Der April ist außerdem der Monat für Platterbsen. Jamie hat einmal einen verletzten Pferdehuf mit einem Umschlag aus Platterbsen und Honig verarztet (*Die geliehene Zeit,* Kapitel 36). Wanderer benutzen die Pflanze gern, weil ihre Wurzeln nach Anis schmecken und den Appetit hemmen. Außerdem wurde sie als Whisky-Aroma und als Katermittel benutzt.

[Graham: Sam arbeitet gegenwärtig intensiv an medizinischen Selbstversuchen. So selbstlos!]

In *Men in Kilts* hat uns die Outlander-Heilkundeexpertin Claire Marcello erzählt, dass Zwiebelsaft gegen Haarausfall wirken kann. Seit Grahams Heimkehr haben die Verkäufe von Zwiebeln in Neuseeland unerklärlich zugenommen.

[Graham: Der Gagelstrauch wehrt anscheinend lästige Gnitzen ab – außer bei Heughan. Er ist dermaßen süß, dass ihn Frauen und Mücken gleichermaßen plagen. Er muss die Haarfarbe sein, die er benutzt. Oder der Aufheller, mit dem er das Rot dann wieder überdecken will.]

6. April 1320 – Deklaration von Arbroath. Die schottische Unabhängigkeitserklärung. »Denn wir kämpfen nicht für Ruhm, nicht für Reichtümer oder Ehren, sondern wir kämpfen einzig für die Freiheit, die kein ehrenhafter Mann aufgibt, wenn nicht zugleich mit seinem Leben.«
6. April 1998 – Der erste »Tartan Day« zur Feier des gesellschaftlichen Beitrags, den die schottischen Amerikaner in ihrer neuen Heimat geleistet haben und leisten.

SAM

Sowohl Graham als auch ich sind schon Großmarschall der Tartan Day Parade gewesen.

GRAHAM

Ich war allerdings Erster.

9. April 1747 – Lord Lovat wird auf dem Tower Hill wegen Hochverrats enthauptet. Er war der letzte Mensch, der in Britannien geköpft wurde.
14. April 1961 – Der Schauspieler Robert Carlyle OBE wird in Glasgow geboren.

SAM

Als Jugendlicher habe ich Robert Carlyle in *Hamish McBeth* gesehen, gedreht im schönen Plockton. Dann war er Begbie in *Trainspotting!* Beängstigend. Er war so nett, uns in meinem ersten Jahr an der Schauspielschule Ratschläge zu geben, was man als Profi beachten muss. Er hat die Lehrer aus dem Zimmer geschickt und dann ALL unsere Fragen beantwortet, ganz gleich, wie finster oder vertraulich. Das konnte ich vor Kurzem für einige derzeitige

Schüler am Conservatoire ebenfalls tun, obwohl ich vielleicht nicht ganz so viele Verschlusssachen preisgegeben habe wie Mr Carlyle.

18. April 1971 – Der Schauspieler David John Tennant wird in Bathgate geboren.
21. April 1838 – John Muir, Naturschutzpionier und Begründer der US-amerikanischen Nationalparks, wird geboren.
21. April 1979 – Der Schauspieler James McAvoy wird in Glasgow geboren.

SAM

James McAvoy war mein Mentor in der Schauspielschule. Er war mit vielen anderen schottischen Schauspielern befreundet. Wir haben dieselben Agentinnen – Ruth Young in Großbritannien und Theresa Peters in den USA. Es wäre toll, eines Tages mit ihm zu arbeiten, obwohl … würde das bedeuten, dass unsere Agentinnen nur einmal Geld bekommen, eine Art »Zwei zum Preis von einem«-Deal?

30. April 1891 – An Comunn Gaidhealach wird gegründet, die Gesellschaft zur Bewahrung und Entwicklung der gälischen Sprache.
30. April 1980 – Sam Roland Heughans offizieller Geburtstag (Stier)

MAI

Liebe bewegt die Welt? Aber nicht doch.
Whisky bewegt sie doppelt so schnell.
Compton MacKenzie

Clan MacTavish
Motto: *Non oblitus* (nicht vergesslich)
[Sam: Ein Gedächtnis wie ein verdammter Elefant!]
Region: Dunardry, Argyll

WICHTIGE KALENDERDATEN

1. bis 31. – Monat des Whiskys
1 – BELTANE (Maifeiertag)
9. bis 17. – Orkney Nature Festival
Letzter Maisamstag – Edinburgh Marathon

DER EDINBURGH MARATHON

SAM

Im Rahmen meines Fitnessprogramms *My Peak Challenge* habe ich mir 2018 selbst die Aufgabe gestellt, in einem Monat zwei Marathons zu laufen – und meine persönliche Bestzeit zu erreichen. Zuerst stand der Stirling Marathon rund um die Burg und das Wallace Monument auf dem Plan. Nachdem ich zwölf Wochen trainiert und mich mit Kohlehydraten vollgestopft hatte (also reichlich Pasta und Bruschetta gegessen und vielleicht ein bisschen Rotwein getrunken hatte), fühlte ich mich kräftig und »gesund«.

Am Abend vor dem Marathon habe ich in der Hotelbar (ich habe noch einmal vollgetankt – Club Sandwich, Pommes und ein großes Glas des erwähnten Rotweins, mein Körper ist ein Tempel, räusper) einen lustigen Typen kennengelernt, der aus London angereist war. Er war genauso nervös wie ich, aber seine Offenherzigkeit wirkte beruhigend auf mich. Vor einem Lauf spielt der Kopf uns Streiche. Werde ich es schaffen, so weit zu laufen? Was, wenn ich krank werde oder mich verletze? An diesem Abend habe ich angefangen, den *Vin Rouge* zu bereuen, und stattdessen ein großes Glas Wasser genommen. Der nächste Morgen war kühl, aber sonnig. Obwohl wir uns nicht gut kannten, beschlossen wir, nach einer anständigen Schüssel Porridge, lauwarmem Kaffee und einer fleckigen Banane zusammen zum Start zu gehen.

Beim Knall der Startpistole fuhren Energie und Erregung durch meinen Körper. Mein Training zeigte Wirkung. Ich verabschiedete mich mit einem Winken von meinem redseligen Freund und startete durch. Ich konnte die ganze Zeit ein Tempo von 4:30 Minuten/Kilometer halten und kam nach drei Stunden zwölf Minuten ins Ziel. Schmerzhaft, aber die Kohlehydrate hatten sich bezahlt gemacht. Und der Rotwein …

Von meinem Kumpel war an der Ziellinie nichts zu sehen, aber er hat mir Stunden später eine Mail geschickt. Er war glücklich, es in unter vier Stunden geschafft zu haben und rechtzeitig wieder zum Flughafen gekommen zu sein. Noch ein schnelles Sandwich, und dann heim nach London. An diesem Abend habe ich meine Kollegin Caitriona besucht. Meine Beine waren zwar wie Gummi, aber meine Arme konnten noch das eine oder andere Bier zur Feier des Tages heben. Caitriona hatte Tacos gemacht, und die wunderbare Sophie Skelton (die meine Tochter Brianna spielt) hatte einen Kuchen mitgebracht, um meinen Geburtstag (einen Tag zuvor) zu feiern. Ich hatte nicht den Hauch eines schlechten Gewissens, mir einen Nachschlag bei den leckeren Tortillas und beim Schokoladenkuchen zu holen (nicht gleichzeitig), weil ich ausgerechnet hatte, dass ich an diesem Tag weit über 2000 Kalorien verbrannt hatte … Zumindest war das meine Ausrede.

Vier Wochen vergingen wie im Flug, ich war von meiner Arbeit sehr beansprucht, und plötzlich stand der Edinburgh Marathon vor der Tür. Meine Beine ziepten noch immer ein bisschen, und bei der Arbeit war es hektisch zugegangen, sodass ich zwischendurch nicht viel Zeit zum Laufen gehabt hatte. Der Tag in Edinburgh war ganz anders, kein redseliger Freund aus London an der Startlinie, nur Regen und der berüchtigte Ostküstenwind, der mir durch die ultradünnen Shorts biss.

Der Lauf, der in der Altstadt beginnt, den Mound hinunter, vorbei an der Burg zu unserer Linken und dem Scott Monument zur

Rechten, führte an vielen Landmarken vorbei, die ich aus meiner Teenie-Zeit kannte. Die Erinnerung und die Sehenswürdigkeiten von Edinburgh sorgten dafür, dass ich die Kälte nicht wahrnahm. Dieser Marathon gehört zu den schnellen Routen. Er beginnt mit einer langen Bergab-Strecke und wird dann Richtung Küste ebenerdig, bis der Strand und der goldene Sand von Portobello die willkommene Ziellinie verheißen. Ich habe immer wieder auf meine Garmin-Laufuhr geschaut.

[Graham: Was zahlen sie dir dafür?]

Meine Beine waren wie Blei, und ich war nicht so begeistert und energiegeladen, wie ich mich vor vier Wochen in Stirling gefühlt hatte. Ich musste meine Reserven anzapfen, die Rufe der Zuschauer gaben mir Auftrieb (und meine Wahnvorstellung von einem großen Sandwich, womöglich mit verschiedenen Brotsorten belegt und mit einem großen Glas flüssiger Kohlehydrate hinuntergespült). Ich habe das Ziel erreicht und meine bisherige Bestzeit um eine Minute geschlagen. Ich war erleichtert. Der örtliche Radiosender hat sich auf mich gestürzt, nachdem ich die Ziellinie überquert hatte. Das war vielleicht der schwierigste Moment des Tages, weil nach drei Stunden Marathonlauf von mir erwartet wurde, dass ich zusammenhängend spreche, während ich einfach etwas Leckeres, schwer Verdauliches zu essen haben wollte. Vielleicht wäre ich schneller gelaufen, wenn mich am Ende eine Margarita und ein großes Stück Kuchen erwartet hätten.

[Graham: Ich habe schon vom Lesen Beinkrämpfe bekommen, und vielleicht war mir auch ein bisschen flau.]

DOUGAL MACKENZIES GEBURTSTAG

GRAHAM

Ein geschichtsträchtiger Tag (der so in der Erzählung nicht vorkommt, sondern von eifrigen Fans errechnet wurde: 29. Mai 1694). In meiner Vorstellung hatte Dougal bei seiner Geburt schon einen Vollbart. Vermutlich hat er seine Altersgenossen schon als Kind zu Trinkspielen und Prügeleien herausgefordert, angefangen im Alter von zwölf Monaten mit offenen Rüpeleien gegen die Nachbarskinder, während er schamlos jedes Mädchen anflirtete, das in Krabbelweite kam.

Ich stelle mir gern vor, dass er im Morgengrauen zum Chor der Vogelstimmen geboren wurde. Die Sonne schien durch das Fenster des Geburtszimmers. Seine arme Mutter blickte entgeistert drein, als Dougal zur Welt kam und zweifellos aus voller Babykehle »Tulach Ard« brüllte, während sein Vater über den neuen kahlköpfigen, bärtigen Kriegshäuptling lächelte.

Zufälligerweise ist meine jüngste Tochter auch am 29. Mai geboren.

An diesem Tag war ein doppelter Regenbogen zu sehen …

Mein ja nur.

1. Mai 1721 – James Alexander Malcolm MacKenzie Frasers Geburtstag (JAMMF)

SAM

Moment, WAS? Warum reden wir über dieses Jammerbaby Dougal, während am 1. Mai der Retter der Welt geboren wurde? JAMMF ist am Beltanefest zur Welt gekommen, als die Erde vor potenter Fruchtbarkeit und sexueller Energie fast platzte. Das Wort »Beltane« kommt von der keltischen Gottheit Bel, was »der Leuchtende« bedeutet, und dem gälischen Wort *teine,* welches

»Feuer« bedeutet. Zusammen ergeben sie das »leuchtende Feuer« oder das »göttliche Feuer«. An diesem Tag wurden traditionell Freudenfeuer zu Ehren der Sonne angezündet. Vielleicht spiegelt sich das in Jamie Frasers flammend rotem Haar oder in seiner »brennenden Energie« und seiner feurigen Natur wider.

Ich muss (erneut) erwähnen, dass ich auch am Vorabend des Beltane Geburtstag habe, am 30. April, daher dürfte es eine große Zahl von Regenbögen, Feuern, leuchtenden Sternen, Erdbeben, Drachen, Hobbits und heidnischer Feiern zur Ankunft des Königs unter den Männern gegeben haben! Ich meine nicht Jamie. Ich meine mich. Ich bin zweieinhalb Zentimeter kleiner und einen Tag von Jamies Geburtstag entfernt – das passt doch ziemlich gut, oder?

[Graham: Bitte besuchen Sie mich für eine höhere Dosierung Ihrer Medikation.]

Eine fabelhafte Tradition war, dass alte und junge Paare (nur vielleicht McTavish nicht, er geht lieber früh ins Bett) die Nacht in den Wäldern und auf den Feldern verbrachten, sich liebten und die ersten Maiblumen oder Weißdornblüten mitbrachten, um ihre Häuser und Scheunen zu schmücken. Weißdorn brachte man allerdings nur am Beltane ins Haus, ansonsten galt er als Unglücksbringer. Junge Frauen sammelten den Morgentau, um sich die Gesichter zu waschen, flochten Blumenkronen und Maikörbe als Geschenke, und in der Nacht erschien ihnen ihr zukünftiger Ehemann im Traum oder als Vorahnung.

Ich frage mich, ob McTavish wohl in einer verschrobenen Vorahnung davon träumen würde, wie wir zwei im Wohnmobil durch die Gegend heizen?

Beltane – das Ende des Winters und der Beginn des Sommers, und wenn ich gut gefeiert habe, ist immer noch mein Geburtstag! Ich weiß noch, wie ich als Kind bei den Festivitäten der weißen Hexen zugesehen habe, die mit bemalten Gesichtern und Geweih tragenden Druiden im Kreis um das große Freudenfeuer auf dem Carlton Hill in Edinburgh herumwirbelten. Es fühlte sich urzeitlich an. Die Trommeln schlugen schneller und schneller, und mir standen die Nackenhaare zu Berge.

Als wir die Beltane-Szene in *Men in Kilts* gefilmt haben (und ich zufällig meiner Trommlerin begegnet bin), hatten wir alle insgeheim Tequila getrunken, der praktischerweise wie Whisky aussah. Ich wollte Graham betrunken machen, weil er dann viel lustiger ist. Ich war 2019 in Mexiko und habe diesen großartigen Reposado gefunden, einen gereiften Tequila, gebrannt von einem Mann, der in der dritten Generation Destilliermeister war. Tequila ist eher ein Stimmungsaufheller, man bekommt nur einen Schwips, und ich wollte, dass alle gute Laune haben. Die kleinen Brennereien und der Mythos des El Jimador – des Landarbeiters, der die besten blauen Agaven erntet – faszinieren mich. Die Kultur des mexikanischen Hochlands hat viele Ähnlichkeiten mit meinen schottischen Wurzeln. Ihre Erzählungen, ihre Göttergeschichten, ihre Liebe zu Familie und Gemeinschaft. Ich habe dort viele Freundschaften geschlossen und würde gern dorthin zurückkehren.

Eigentlich sollten wir komplett durchdrehen, aber Graham versuchte weiter, cool auszusehen, was genau das Gegenteil bewirkte. Er tanzte genauso, wie er es auf Conventions macht, wenn er unbedingt mit den Fans tanzen will, und seine Hüften kreisen lässt wie so ein gruseliger Onkel. Ich bin mir nicht sicher, ob der Tequila seine Tanzkünste verbessert hat, aber der Abend wurde auf jeden Fall immer seltsamer – wozu auch unsere Kopfputze mit Blumen und Tierschädeln beigetragen haben dürften, die unsere Stylistin Laura Strong entworfen hatte.

Die Party ging dann im Wormiston House weiter, und inmitten des ganzen Aufruhrs nutzte Graham – der alte Opportunist – die Gelegenheit, sich an den Hausherrn heranzuwanzen und eine Übernachtung in der großen Suite zu schnorren. Dort brachte ihm der Koch des Hauses ein Fünf-Gänge-Menü auf dem Silbertablett, dazu eine Flasche Montrachet.

Graham: War das, bevor oder nachdem du mit deinem Geschäftspartner versucht hast, ihm eine Verkaufsstelle für Sassenach-Whisky in der Burg aufzuschwatzen? (Wenn sie nicht gerade versuchten, eine Flasche ihres Verschnitts gut sichtbar ins Bild zu stellen, trugen sie »Sassenach«-Baseballcaps. Ich wäre nicht überrascht, wenn Sam seine auch im Bett angelassen hätte.)

Sam: Woher weißt du das? Und dazu meine extragroße Sassenach-Unterhose.

GRAHAM

Kommen wir zum wichtigen Teil … DER MAI IST MACTAVISH-MONAT. In welchem wir die Inneren Hebriden erkunden und alles, was mit dem MacTavish-Clan zu tun hat, einschließlich meiner eigenen Burg …

Sam: Ja, aber im Mai ist etwas Wichtiges los …

Graham: Wichtiger als MEINE Burg?

Sam: Ja. Es ist WHISKY-MONAT!

Graham: Bitte sag mir, dass dieser Monat kein endloser Werbespot für deinen Grog in seiner übergroßen Aftershave-Flasche wird … denn dann findest du mich postwendend im Juni.

Sam: Neeeein. Als würde ich schamlos mitten in einem Buch Werbung für meinen persönlichen, mehrfach preisgekrönten Whisky namens Sassenach machen …

TROPFEN DES MONATS

SASSENACH

Ich will hier nicht in mein eigenes Horn blasen *[Graham: hust]*, aber mein preisgekrönter Sassenach-Whisky hat 2020 UND 2021 Gold bei der San Francisco World Spirits Competition gewonnen. Das hat mich sehr stolz gemacht, weil ich so lange davon geträumt hatte. DAZU Gold bei den Spirit Awards, Doppelgold für das Design, und ich weiß, dass ihr euch alle freut zu hören, dass wir gerade Gold beim Spirits Business Masters gewonnen haben. Ich hoffe, ihr könnt das ganze GOLD noch zählen!

Die Komponenten des Whiskys werden in Zentralschottland destilliert. Er ist inspiriert von der Landschaft der Highlands: die uralten Gipfel, verborgenen Täler, der aufsteigende Morgennebel, frisches Wasser und harte Eiche fließen in seinen Adern. Doch mein Sassenach ist ein Nonkonformist, ein Außenseiter und eine Hommage an Jamie Frasers Spitznamen für Claire in *Outlander*.

Wir lassen ihn in Madeirafässern reifen, sodass der fruchtige Charakter den Blend dominiert. Die Nase ist vollgepackt mit Zitrusfrüchten, Butterscotch und Zimt, und flüssiger Honig, Mandeln, Rosinen und Vanillefudge liebkosen die Zunge, ehe sie sich im Abgang den Noten von Muskat, Karamell und Orangenblüte ergeben.

Das Logo ist das Einhorn – Schottlands Nationaltier, das stärkste aller Tiere. Das Einhorn ist das einzige Tier, das den Löwen besiegen kann. Es kann nur von einer Jungfrau gezähmt werden *[Graham: Wir brauchen eine Jungfrau, um dich zu zähmen, Samwise]*, und es symbolisiert meinen Stolz und meine Leidenschaft für Schottland.

Die Flasche hat ein geriffeltes Glasdesign *[Graham: Kein Kommentar.]* mit passendem Stöpsel und einem glänzenden schwarzen Schildchen. Verpackt ist sie in einem goldgeprägten schwarzen Karton.

[Graham: Ich würde gern das folgende kurze Statement abgeben: Sassenach-Whisky ist wirklich nett. Wirklich. Die Menschen in San Francisco mögen ihn sehr, und das tue ich auch. Ja! Er ist großartig! Das einzige Mal, als ich ihn probiert habe, fühlte sich meine Zunge an wie von einer Engelsschar entführt, um dann von einem Schwarm besonders agiler Delfine als Geisel gehalten zu werden. In diesem kurzen Moment dachte ich, meine tränengefüllten Augen hätten den Himmel erspäht. Obwohl mich die Flasche manchmal an etwas erinnert, was Jack Randall während einer seiner besonders langen »Party«nächte mit der Faust umklammern würde, ist es immer ein Vergnügen, das Wort »Sassenach« zu sagen, während ich bewusstlos zu Boden gehe.]

SAM

Ein paar von Grahams Lieblingscocktails … räusper:

Der McTavish-Nörgler – alles, worüber er sich ärgert, in einem Glas zerstampft; vielleicht das Glas gleich mit zerstampfen und schlucken.

Der Graue Gentleman – normalerweise Earl-Grey-Tee, hier aber als Latte macchiato mit einem Spritzer Proteinriegel, garniert mit Landkartenspänen und einem einzelnen grauen Barthaar.

Porno McTini – nur Kilt, keine Hose, in kleinen Stößen spät am Abend zu genießen.

Bellendini – Bellini mit einer großen Glocke.

Aus der Mode – Cardigan Gin, gierig verschlungen und auf keinen Fall mit irgendwelchen jungen Schnöseln geteilt.

Leichenerwecker – nachdem McT die Nacht mit Lacroix durchgemacht hat, ist ihm das oral einzuflößen, während man ihm gälische Kriegsrufe ins Ohr brüllt. Zuvor durch das Herz eines toten Schauspielers filtern.

GRAHAM

Cooles Spiel:

McTavs Aufbrauser – Whisky, scharfe Soße, Maissirup, Salz auf dem Glasrand.

Der schäumende Latte – doppelter Espresso mit Absinth und einem Alka Seltzer.

Tulach Ard – Gin, Wodka, Drambuie, Crème de Menthe mit zerstoßenem Viagra bestreut – zwei Tabletten für extralange Nächte.

JAMMF – zwei Teile Whisky, ein Teil braunes Ale, vermischt mit einem Abführmittel der Wahl.

Murtaghs Heuler – Absinth vermischt mit Feuerzeugbenzin, Parkettversiegelung und einem Hauch Wasabi.

Black Jacks Attacke – Kahlúa, Sahne, geschmolzene Schokolade, etwas zerstampfter Lavendel, zwei schwimmende Ingwerkugeln und Sekundenkleber auf dem Glasrand.

Bigamistenfavorit – Gin, Whisky, geriebener Ingwer, ein halber Teelöffel Schießpulver, ein Esslöffel salzige Tränen, darauf ein kleiner Zweig Heidekraut.

SAMS WHISKYFAKTEN

- Jede Sekunde werden 42 Flaschen schottischer Whisky aus Schottland in die Welt verschifft.
- Gegenwärtig befinden sich 22 Millionen Fässer Whisky im Prozess der Reifung und warten darauf, gekostet zu werden.
- Im Oktober 2020 wurde eine Flasche sechzigjähriger Macallan Fine and Rare aus dem Jahr 1923 für 1,9 Millionen Dollar versteigert – zu diesem Zeitpunkt die teuerste Spirituose, die je verkauft wurde.

- Heißt es WHISKY oder WHISKEY? Whisky ist aus Schottland (oder Japan oder Kanada), Whiskey aus Irland (oder Amerika). In der zweiten Hälfte des neunzehnten Jahrhunderts fügten irische Brennereien das »e« ein, um sich von ihrem schottischen Pendant zu unterscheiden.
- Schottischer Whisky ist der BESTE, war es immer und wird es immer sein, und The Sassenach ist der Beweis! (www.thesassenachwhisky.com)

REGION DES MONATS

DIE INNEREN HEBRIDEN

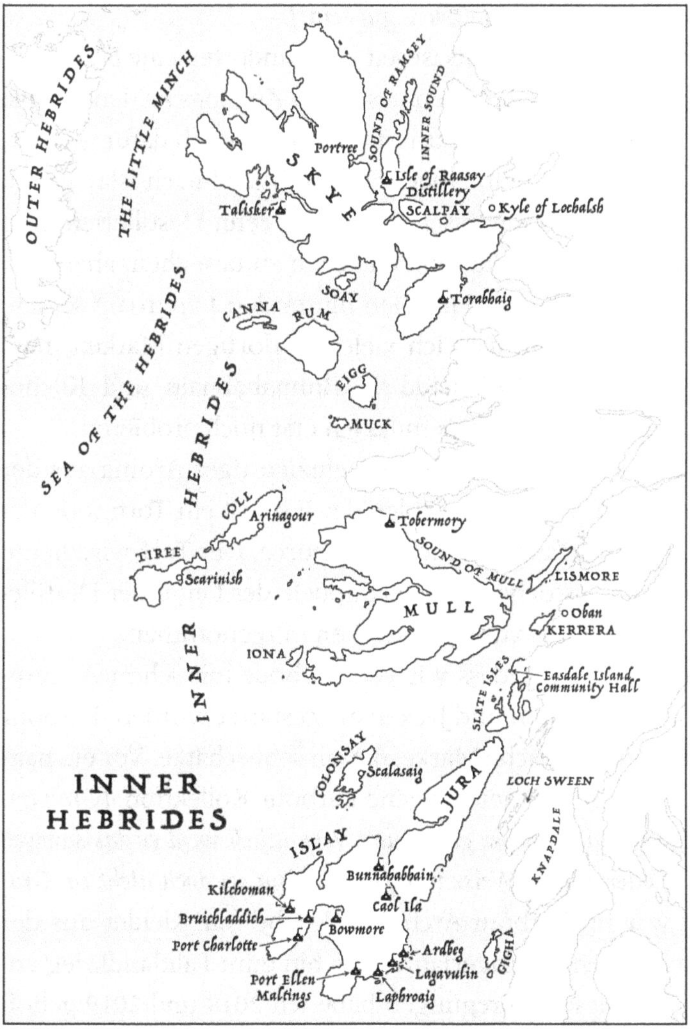

SAM

Wie ihr inzwischen vermutlich gemerkt habt, habe ich eine Whisky-Obsession. Ich liebe Whisky, und er begeistert mich wie keine andere Spirituose. Erst kostet man das Aroma oder die Nase des Whiskys und schwingt ihn ein wenig im Glas, um die goldene Flüssigkeit zu erwärmen. Dann nippt man daran und lässt ihn im Mund auf sich wirken. Ich habe sogar meine eigene Whiskymarke. *[Graham: Ja, wir wissen es, lass gut sein!]*

Die Westküste Schottlands ist seit Jahrhunderten eine bedeutende Whisky-Region, auch wegen des guten Zugangs zu den Schiffsrouten nach Irland und Nordamerika. Also habe ich dafür gesorgt, dass *Men in Kilts* dort haltgemacht hat. Wir sind nach Islay gefahren, eine Innere Hebrideninsel, auf der es zehn Destillerien gibt. Leider hatten wir nicht die Zeit, alle zehn zu besuchen, aber Graham und ich konnten ein Häkchen hinter den Laphroaig setzen. Ich möchte anmerken, dass ich viele der dortigen Marken mag, darunter Lagavulin, Bruichladdich, Bunnahabhain und Kilchoman. Viele der »Torfmonster« muss ich erst noch probieren.

Denn der Islay-Whisky zieht sein einzigartiges Aroma aus der Umgebung: Torf. Der ganze Süden der Insel ist ein Torfmoor, daher nutzten sie Torf als natürliche Ressource. Der Torf wird heute noch von Hand gestochen. John Campbell, der Leiter der Destillerie Laphroaig, hat uns zum Torfstechen mitgenommen.

Ich hatte arrangiert, dass wir von Barbour mit schönen Gummistiefeln, Steppwesten und Jacken ausgestattet wurden. Barbour ist eine bekannte britische Marke, die ich sehr schätze. Vor ein paar Jahren hatte ich sogar meine eigene Barbour-Kollektion. *[Graham: Gott. Bring mich doch lieber gleich um. Vermutlich wird er das sowieso auf die eine oder andere Weise tun.] [Sam: Nun sei doch nicht so, Graham.]* Ich war im Barbour-Archiv und habe mir Kleider aus der Zeit zwischen den Vierzigerjahren bis hin zum Falklandkrieg angeschaut. Mit diesen Anregungen habe ich 2018 und 2019 geholfen, meine eigene Linie zu entwerfen. Es war eine wundervolle Zusammenarbeit, aber leider hatte ich beruflich so viel zu tun, dass ich sie nicht fortsetzen konnte.

[Graham: Du hast Arbeit abgelehnt? Du? Herr im Himmel. Vielleicht hast du ja doch zugehört … Die Balance muss stimmen, mein rothaariger Freund. Es ist okay, manchmal im dritten Gang unterwegs zu sein, wobei du wohl eher wie ein Kinderauto gebaut bist, das nur einen Schalter für EIN *und* VORWÄRTS *hat.]*

[Sam: Graham war begeistert von seinen neuen Barbour-Gummistiefeln. Sei nicht undankbar, alter Schnorrer. Und sie waren auf jeden Fall eine willkommene Abwechslung zu deinen kleinen blauen Turnschuhen. Mehr dazu später.]

Wir wurden dabei gefilmt, wie wir mit Johns Spezialspaten, dessen Horngriff für seine Hand gemacht ist, Torf gestochen haben. Graham fand es ein bisschen unangenehm, den Horngriff eines anderen zu berühren, aber er hat sich überwunden und ein Stück des alten Torfs gestochen, damit es Teil eines künftigen Whiskys werden konnte. Dann haben wir die Mälzerei besichtigt. Die Gerste wird auf dem Malzboden getrocknet, unter dem Torf verbrannt wird, sodass der Rauch dem Getreide sein Torfaroma verleiht. Die Belüftung mit frischer Seeluft komplettiert dann den Islay-Geschmack.

Die anderen größeren Inseln der Inneren Hebriden sind Skye, Mull und Jura, aber der Archipel besteht aus sechsunddreißig bewohnten Inseln, auf denen viele Menschen Gälisch sprechen und von der Fischerei, der Landwirtschaft, vom Tourismus und natürlich von der Whisky-Herstellung leben – der eigentliche Grund für Grahams und meinen Besuch.

[Graham: Und natürlich, um meine Familienburg aus dem zwölften Jahrhundert zu besichtigen …]

SAM

Oh ja. Das. Für Graham war es wie eine Pilgerfahrt, die Burg seiner Familie in Knapdale zu besuchen, die südlich von Achnamara an der Westküste von Argyll steht. Graham lächelte mich beinahe herablassend an, während er vor seinem inneren Auge eine prächtige Burg heraufbeschwor, die mit ihren Märchentürmen an Inveraray erinnerte. *»Caistéal Suibhne«*, hauchte er wieder und wieder den gälischen Namen für seine Festung, als unser Wasserflugzeug langsam niederging, um auf dem stillen Wasser von Loch Sween zu landen. Der alte Graubart platzte fast vor Aufregung und Stolz, SEINE Burg zu sehen, SEINEN Familiensitz … der Ehrfurcht gebietend … als Ruine am Ufer des Sees stand.

Das war der erste Schlag, doch Graham nahm ihn erhobenen Hauptes hin, weil ihm eine Ruine lieber war als eine bewohnte Burg, weil sie »nicht so viele Menschen anzieht«. Als das Flugzeug an der Burg vorüberflog, kam plötzlich eine Ansammlung schäbiger Wohnwagen in Sicht. Burg Sween war ein riesiger Campingplatz! Im strömenden Regen sah die Fläche sehr trostlos aus.

Ich konnte mich kaum halten, während ich zusah, wie Graham nach diesem Todesstoß auf dem Sitz neben mir langsam in sich zusammensank. Perfekt, dachte ich, sein ewiges glamouröses Gehabe mit den Luxushotels, und jetzt hat Häuptling McTavish seine Wurzeln in Wirklichkeit auf einem Campingplatz. Versteht mich nicht falsch, ich finde Camping super, aber es hat mir große Freude bereitet, den Than der Wohnmobile so enttäuscht und ernüchtert zu sehen. (Ist *das* etwa Schadenfreude, Graham?) Und das, wo du Camping doch so hasst! Du hast deinen eigenen Campingplatz. Ich meine, Inveraray, Cawdor, sie haben so etwas nicht – dein kleines Schlösschen aber schon!

[Es ist eine der ältesten, wenn nicht die *älteste Burg in Schottland. Immerhin haben die MacTavishes eine Burg! Ich bin mir nicht sicher, ob*

die Hütten oder wahrscheinlich Höhlen der Heughans und Galloways überhaupt noch existieren.]

[Sam: Hmmm.]

An diesem Punkt bemerkte ich eine einsame Gestalt, die sich zum Schutz vor dem Regen unter einen Haufen Ziegel gestellt hatte, der vielleicht einmal der Wellnessbereich oder der Fünf-Sterne-Gästebereich der Burg gewesen war.

»Heißen Sie MacTavish?«, rief ich ihr zu. Grahams hängende Ohren stellten sich auf – vielleicht eine verschollene Verwandte?

»Nein«, rief die erbärmliche Gestalt. »Ich heiße Campbell.«

[Graham: Sie hat nie gesagt, dass sie Campbell heißt.]

Doch. Wir haben es nur herausgeschnitten.

DER MACTAVISH-CLAN

GRAHAM

Der MacTavish-Clan stammt ursprünglich aus Donegal in Irland. Der Name kommt vom Gälischen *Taviss,* der Clan geht auf den Piktenstamm der *Cenél nDuach* zurück. Diese zähe Truppe hat sich ihren Weg über den schmalen Meeresstreifen gesucht, der Nordirland von Argyll trennt, und sich mit den Menschen Dalriadas verheiratet (den sogenannten Schotten).

Irgendwann hat einer von ihnen Subine Rudah aus Sween geheiratet, und schon finden wir uns in der Burg Sween wieder.

Sie und ihr Mann bekamen zwei Söhne, Taviss und Ivor, und diese wurden die Stammväter der beiden Clans MacTavish und MacIver (was wörtlich die Söhne von Thomas und Ivor bedeutet).

(Interessanterweise habe ich kürzlich herausgefunden, dass »Heughan« einer Ehe zwischen einem bekannten kleinwüchsigen Mann aus Kerry und einer Teilzeit-Bingospielerin aus Dumfries entstammt. Aus dem Alt-Gallowesischen übersetzt bedeutet der

Name »der kindische Wettkämpfer«. Es ist erstaunlich, was man so alles findet.)

Aber zurück zu unserem Campingplatz, ICH MEINE BURG!

Taviss und Ivor waren anscheinend herausragende Krieger ihrer Zeit. Ihre besondere Spezialität war es, dem Lamont-Clan Land zu klauen.

Taviss und Ivor sind auf dem Friedhof von Kilmartin begraben (den ich 1988 entdeckt habe). Man kann sie heute noch sehen, die steinernen Figuren zweier Krieger mit ihren Breitschwertern. Der Besuch lohnt sich! (Klar, dass ich das sage.)

Zuerst haben sie sich an einem Ort namens Scannish angesiedelt. Wir haben keine Ahnung, wo Scannish war, denn es ist im Nebel der Zeit verschwunden.

Aber wir wissen, dass Dunardry seit 893 ihr Clansitz ist. Sie gehören zu den Clans, die man Kinder des Nebels nennt.

Die MacTavishs haben in Flodden gegen die Engländer gekämpft. Aus der Zeit vor Culloden gibt es Briefe von Dugald MacTavish an Sir James Campbell of Achnabreck, in denen er die Sache der Jakobiten unterstützte. Doch der Herzog von Argyll (der berüchtigte alte Intrigant) hatte einen Spion in Sir James' Haushalt eingeschleust. Die Briefe wurden an den König geschickt, und Dugald wurde prompt in Dumbarton eingekerkert. Das bedeutete, dass die einzigen MacTavishs in Culloden »inoffiziell« dort waren – und da die Standarte der MacTavishs nicht auf dem Schlachtfeld wehte, blieb es dem Clan erspart, dass man seine Ländereien konfiszierte.

Das hinderte den Herzog von Argyll nicht daran, von seinem Vetter Sir James Campbell Entschädigung für das Aufstellen einer Armee zur Unterstützung der Hannoveraner zu fordern.

Argyll wusste, dass Campbell diese Rechnung nicht bezahlen konnte. Sir James' Ländereien gingen geradewegs an den Herzog von Argyll über, und die Campbells of Achnabreck waren Geschichte.

Typisch Campbell. Besiege deinen Feind, indem du ihn in den Bankrott treibst.

Nach Culloden wurden viele MacTs (oder McTs) zu Thompsons, um der Stigmatisierung gälischer Namen zu entgehen, meine Vorfahren aber nicht. Alexander McTavish kam circa 1830 aus Dunardry nach Edinburgh und ließ sich als Korbflechter nieder. Er heiratete eine Frau aus den Lowlands und bekam George, der Alexander bekam, der George bekam, der meinen Vater bekam (den sie pflichtschuldig und mit verblüffendem Mangel an Originalität … Alexander nannten).

Ich bin also Graham, Sohn des Alexander, Sohn des George, Sohn des Alexander, Sohn des George, Sohn des Alexander. Zumindest kann man sich das leicht merken. Überflüssig zu sagen, dass mein ältester Sohn … ihr erratet es schon … Alexander heißt.

Viele aus dem Clan sind in die Neue Welt gezogen, und einer von ihnen hat bei der Hudson Bay Company in Kanada Karriere gemacht. Er war an der Gründung der Provinz Manitoba und des Bundesstaates Kanada beteiligt.

Wenn ihr also Kanadier seid, denkt daran, euch bei einem McTavish zu bedanken, wenn ihr am ersten Juli den Canada Day feiert.

GEMÄUER DES MONATS

DUNVEGAN

GRAHAM

Burg Dunvegan – Sitz der MacLeods. Denken wir also einen Augenblick über die MacLeods nach. Wir haben in *Clanlands* schon über sie gesprochen, aber man könnte diesem Clan ein ganzes Buch widmen. Vielleicht liegt es an mir, aber ich liebe die MacLeods. Sie sind spektakulär brutal, selbst für Highland-Verhältnisse. Die Tatsache, dass sich der Großteil des Blutvergießens auf der relativ kleinen Insel Skye abspielte, verstärkt ihr Hooligan-Image noch.

Nehmen wir zum Beispiel einige ihrer Clanoberhäupter.

Iain Ciar MacLeod, der vierte Häuptling. Er und seine Frau schienen JEDEN Tag ihres Lebens auf dem falschen Fuß aufzustehen. Sie wurden zu ihrer Zeit als »tyrannisches, blutrünstiges Paar« beschrieben, das bei seinem eigenen Clan genauso verhasst war wie bei seinen Feinden.

George R. R. Martin hat sich sehr von den Geschichten der Highland-Clans inspirieren lassen. In diesem Fall begrub die Mutter zwei ihrer Töchter LEBENDIG, weil die Mädchen den Wunsch äußerten, den Clan zu verlassen …

»Mutter, ich habe einen netten Typen aus dem Nachbarclan kennengelernt. Wir wollen heiraten.«

»IAIN!!! HOL MIR DIE SCHAUFEL!!!«

Man sollte meinen, dass das der zweiten Tochter eine Lehre gewesen wäre, aber anscheinend nicht. Oder vielleicht hat Mama sie einfach beide gleichzeitig lebendig begraben.

»Maaa-maaaa? Was machst du da?«

Spaßige Zeiten.

Die nachfolgenden Clanoberhäupter hatten diese herrlichen, pythonesken Namen:

John der Turbulente (1392–1448).

William Langschwert (1415–1480), von seinen Kumpeln bestimmt Langschwert Willy genannt.

Roderick der Geistreiche (1633–1664). Vielleicht ironisch? Wir werden es nie erfahren.

John der Fleckige (1637–1693).

Norman der Durchtriebene, der ein Faible für tagelange Gewaltausbrüche hatte. Ich frage, welche tapfere Seele ihn das erste Mal so genannt hat.

»Och, da kommt Norman – der Durchtriebene!« Man hofft, dass er es leise gesagt hat.

Wusste Norman, dass man ihn so nannte? Vielleicht hat er sich den Namen selbst ausgedacht.

»Mein Name ist Norman, aber meine Freunde nennen mich ›durchtrieben‹.«

Aber mein Favorit dürfte Alasdair Crotach der Bucklige sein. Er bekam den Buckel, nachdem er bei der Schlacht in der Bloody Bay in Mull schrecklich verstümmelt worden war. Er war ein brutaler, blutdürstiger Psychopath, den man jedoch auch als Dichter, Tänzer und Musiker feierte. Er begründete die Dudelsackakademie in Skye und starb als Mönch. Der Mann war bestimmt eine gute Gesellschaft beim Abendessen.

Eine der schönsten Geschichten über diesen Clan rankt sich um die Feenflagge. Das ist die heiligste Reliquie der MacLeods, und sie wird bis heute in der Burg Dunvegan aufbewahrt. Der Legende nach hat sich eine Feenprinzessin in einen MacLeod verliebt. Ihr

Vater stimmte der Heirat zu, unter der Bedingung, dass sie den Mann nach einem Jahr und einem Tag verlassen und ins Feenreich zurückkehren würde. Das tat sie, doch zuvor brachte sie einen Sohn zur Welt.

Der Geschichte nach sah die Amme des Kindes, wie die wunderschöne junge Frau es in ein Seidentuch wickelte und leise zu dem Jungen sprach. Jahre später wiederholte der Junge ihre Worte zu seinem Vater und sagte, die Flagge könne dreimal entfaltet werden, aber nur, wenn dem Clan Gefahr drohe. Sie wurde während der Schlacht am Spoiling Dyke gegen die MacDonalds gehisst und während einer verheerenden Viehseuche.

Das dritte Mal steht noch aus …

SAM

Ich sehe, was Graham hier versucht. Er benutzt Historisches, um uns von seiner albernen Campingplatzfestung abzulenken, und versucht gleichzeitig, mich davon abzubringen, dass ich über den besten Teil unseres Inselausflugs oder sogar des ganzen Abenteuers namens *Men in Kilts* schreibe: Als Lady MacTavish beim Abseilen vom Kilt Rock auf Skye schon wieder fast gestorben wäre.

WETTBEWERB DES MONATS

ABSEILEN AM KILT ROCK AUF SKYE

SAM

Angesichts seiner Weigerung, während unserer *Clanlands*-Tour mit mir Kajak zu fahren, und seines Nahtoderlebnisses in einem rollenden Sarg (als er sich im Seitenwagen meines Motorrads fast mit seinem Schal erwürgt hätte), könnt ihr euch kaum vorstellen, wie überrascht (und erfreut) ich war, als er im Mai 2020 beim Vorgespräch für die Produktion von *Men in Kilts* einer Kletterpartie zustimmte. Vielleicht war es die Begeisterung, weil Starz unserer eigenen TV-Serie grünes Licht gegeben hatte, oder weil jede Menge Hollywood-Prominenz an dem Videocall teilnahm, aber Graham sagte mehr oder weniger zu allem Ja. Vielleicht hatte er aber auch zu viel Sauvignon getrunken.

Ich glaube ehrlich gesagt nicht, dass Graham einen weiteren Gedanken ans Abseilen verschwendete, bis der Tag dämmerte, an dem er es tun sollte.

Der Kilt Rock ist eine sechzig Meter hohe Meeresklippe auf der Halbinsel Trotternish auf Skye, die Ähnlichkeit mit einer Kiltfalte hat. Auf der Fahrt ließ Graham sich endlos darüber aus, wie schön der Frühling ist. Sein Appetit war noch »normal«, und er war von der üblichen Menge von Einpackpapierchen umringt, als wir an unserem Ziel ankamen. Selbst als wir auf dem nassen Grasland unterwegs zur Kante waren, hatte Graham, glaube ich, noch nicht realisiert, dass er im Begriff war, sich von einer Klippe abzuseilen.

Dann wollte er plötzlich etwas. Es war dringend. Er fuchtelte mit den Armen und joggte auf der Stelle. Ah, es war so weit. Die Angst hatte eingesetzt. Ich ging zu ihm, um ihn zu beruhigen (okay, um ihn noch mehr zu verängstigen), doch statt eines panischen Pensionärs sah ich mich einem Streithahn gegenüber, der mich anpflaumte, ich sollte ihm sofort seine Gummistiefel holen. Niemand hätte ihn gewarnt! Warum hätte ihn denn niemand gewarnt? Er konnte keinen Schritt weitergehen, nicht unter DIESEN BEDINGUNGEN! Seine kleinen blauen Turnschuhe wurden schmutzig!

Diese blauen Turnschuhe waren ein Verbrechen gegen die Turnschuhmode. Sie waren nicht nur eine Beleidigung für meine Augen, sondern auch für Grahams Füße und die Gefühle seiner französischen Freundin. Seine Familie, Freunde und Kollegen, jeder wünschte sich, dass diesen schrecklichen Schuhen ein Unglück zustieß. Ich fand alles daran furchtbar – die Form, die Farbe –, aber Graham war sehr stolz auf seine blauen Schühchen.

Ich ging zum Auto zurück, um seine Gummistiefel zu holen. Nach meiner Rückkehr mussten ein Crewmitglied und ich ihn festhalten, damit er vorsichtig aus seinen blauen Tretern in die Gummistiefel umsteigen konnte. Das alles für einen 100-Meter-Fußweg zur Kante einer Klippe.

Woraufhin er die Stiefel aus- und die blauen Schuhe wieder anziehen wollte!

Der besitzt die Dreistigkeit, MICH kindisch zu nennen?

Nachdem seine Füße wieder sicher in den Turnschuhen steckten, bemerkte Graham plötzlich die Kante, unseren Klettertrainer (Matt Barrat), UND er realisierte, was er zu tun im Begriff war. Wir schüttelten Matt die Hände, und kaum hatte Graham seinen Namen gesagt, als er auch schon stammelte: »Ich habe furchtbare Höhenangst. Wirklich.«

Ich war ganz Ohr. Oh, das wird ein Spaß!

Matt hatte zwar Verständnis, blieb aber dabei, dass er den alten Graubart über die Kante befördern wollte (ich auch). Graham stieg in seinen Klettergurt, und Matt setzte ihm den Helm auf. Ich lächelte meinen zitternden Freund an und ermahnte ihn, vorsichtig zu sein – er stand sehr dicht an der Kante. Er sagte, es wäre ihm lieber, wenn ich nicht in seine Nähe käme. Ich lachte, weil mir gar nicht klar war, wie groß seine Panik inzwischen war. Außerdem musste er in seinen Dorothy-Schühchen doch unbesiegbar sein.

Ich fragte ihn, ob er noch irgendwelche letzten Worte hätte.

Graham: Halt die Klappe. Das wird auf meinem Grabstein stehen: Halt die Klappe, Heughan.

Sam: Ich werde einen schönen Nachruf verlesen.

Graham: Ich werde mein Testament ändern, sodass du nichts damit zu tun haben wirst. Du darfst nicht einmal dabei sein.

Matt gab ihm die ersten Anweisungen: »Abseilen heißt einfach nur, von einem Felsen absteigen. Du musst nur zwei Dinge machen: Rückwärts absteigen und immer schön das Seil festhalten.«

Das Blut war Graham aus dem Gesicht gewichen. Er war irritiert und wollte mehr Informationen haben. *Detaillierte* Informationen.

Graham: Aber was muss ich *tun*?

Matt: Rückwärts absteigen und immer schön das Seil festhalten.

Graham: Was *noch*?

Matt: Das ist alles.

Graham wurde noch wütender, und je dichter er sich an die Kante heranbewegte, desto größer wurden seine Augen vor schierem Grauen – ein bisschen wie mein Gesichtsausdruck beim ersten Anblick seiner schrecklichen blauen Schuhe! Es war tatsächlich ein bisschen bestürzend, die Panik in ihm aufsteigen zu sehen wie einen Atompilz. Also … versuchte ich, ihn zu beruhigen.

»Alles okay bei dir?«

»Natürlich nicht!«, knurrte der Graubart.

Der Klettertrainer seilte ihn zentimeterweise rückwärts ab, und ich konnte mir eine letzte Stichelei nicht verkneifen.

»Wie ist der Ausblick?«

Doch inzwischen hatte die Angst ihn derart im Griff, dass er in Zungen sprach.

»O Gott. O Jesses. Fuck!«

Zeugen werden zwar sagen, dass ich mir an diesem Punkt immer noch vor Lachen in die Hosen machte, aber vielleicht war mein Gekicher auch der unwillkürliche Ausdruck des Gedankens, ich könne vielleicht zu weit gegangen sein. Dann begriff ich, DASS ICH ALS NÄCHSTER DRAN WAR. Man kann viel mit mir machen, aber sechzig Meter sind ganz schön hoch, und es war ein ziemlich kalter, windiger Tag. Kein Wetter für eine Klettertour.

Graham wurde inzwischen millimeterweise kleiner, bis Matt auffiel, dass er einfach nur immer mehr in die Hocke ging, dem Ziel aber nicht näher kam. Unser antiker Actionheld richtete sich auf und ging langsam den Felsen hinunter, bis er etwa dreizehn Meter unter uns einen Vorsprung erreichte. Was ich Graham nicht gesagt hatte, war, dass er sich beim Erreichen dieses Vorsprungs aus dem Hauptseil ausklinken und dann am Sicherheitsseil wieder hochklettern musste, indem er sich mit den Armen hochzog.

Der Vorsprung war vielleicht fünfzehn Zentimeter breit, man musste also auf den Zehenspitzen stehen, während es unter einem fast fünfzig Meter in die felsige Tiefe ging. Der Wind nahm zu, vielleicht um unseren Bergmann noch mehr zu verunsichern, und Graham löste seinen Karabiner. Das muss ihm wirklich Angst gemacht haben, denn im Prinzip zwingt man sich in diesem Moment, gegen jeden Instinkt zu handeln, der »tu's nicht!« schreit und einen anfleht, den Karabiner nicht anzufassen!

Ich hatte das Herz in der Kehle, als Graham es versuchte … und die Nerven verlor.

Ich dachte: »Oh, Mist, vielleicht schafft er es wirklich nicht. Vielleicht müssen wir ihn von der Kante aus retten. Was werde ich tun, wenn er zu Tode stürzt? Wer kann ihn so kurzfristig ersetzen? Hat er gestern Abend seinen Deckel bezahlt?«

Graham holte tief Luft – riech an den Blumen, puste die Kerze aus. Er atmete aus, klinkte sich um und kletterte die Felswand hinauf wie ein betagter Spiderman. *Er hatte es geschafft!* Die gesamte Crew und ich begrüßten ihn mit Applaus. Ich war sehr stolz auf ihn; es bedarf großer Tapferkeit, sich seinen Ängsten zu stellen und sie zu überwinden. Es wurde ein unvergesslicher Moment in der Sendung, und wir haben uns alle gefreut, dass er etwas so Herausforderndes geschafft hatte.

Toll war auch, dass Graham gesagt hat, bei unserem nächsten *Men in Kilts*-Abenteuer würde er seine Komfortzone gern öfter verlassen, und es ist mir eine Ehre, ihm dabei zu helfen, solche Meilensteine zu erreichen. Ich bringe ihn nur zu seinem eigenen Nutzen an seine Grenzen! Dem Tod ins Auge zu schauen, kann einem Menschen eine neue Lebensperspektive eröffnen. Vielleicht fängt er ganz neu an? Vielleicht verabschiedet er sich von den blauen Schuhen und sieht seinen Irrtum ein?

Dann war ich an der Reihe. Die Götter haben es an diesem Tag gut mit Graham gemeint – *mich* hat das Team gebeten, ZWEIMAL abzusteigen, und ich musste zehn Minuten auf dem Vorsprung hängen, während sie ihre Drohnenaufnahmen gemacht haben.

[Graham: Und das, mein Freund, nennt sich Karma.]

GRAHAM

Ah, ja, die Sache mit dem Abseilen. Oder wie ich es nenne, die »Zeit der braunen Hosen«.

Zu Beginn dieses wohlwollenden Rückblicks muss ich sagen, dass ich schon sehr lange Höhenangst habe. Ich bin mir nicht sicher, wann es angefangen hat, vielleicht hatte ich als Kind jemanden wie Sam in meiner Bekanntschaft (einen rothaarigen Teufelsbraten, der sich einen Spaß daraus machte, mich auf Bäume zu jagen?).

Ich schätze, wir können unsere Phobien niemals ganz erklären – meine Höhenangst, Sams Angst, beim Sport Zweiter zu werden. (Außerdem habe ich jetzt eine Phobie gegenüber Menschen, die Sam heißen.)

Tatsächlich hatte ich mich in Neuseeland schon einmal abgeseilt, im Schulcamp meiner ältesten Tochter. Es war ein Abstieg von etwas mehr als fünfundzwanzig Metern, und ich fand es großartig, also bin ich voller Vorfreude in unseren Abseiltag gestartet.

Das würde cool werden, dachte ich.

Der Gedanke einer Kuh, die eine Vorliebe für Schlachthäuser entwickelt.

Der Fußweg zum Kilt Rock war lang und sumpfig, also ja, ich habe meine Schuhe gewechselt. Sam hat vermutlich immer jemanden von Barbour oder Hunter (oder einer anderen Marke, für die er sich gerade prostituiert) parat stehen, der die passenden Schuhe für ihn bereithält. Ich habe den Verdacht, dass er im Hotel ein extra Zimmer nur für seine gesponserten Markenprodukte hatte.

Der Weg war relativ flach, was mich einlullte. Ich dachte, alles würde gut werden.

Dann näherten wir uns dem Felsen.

Zu sagen, dass er hoch war, wäre, als ob man sagte, dass Sam Heughan gelegentlich über seine eigene Whiskymarke spricht. Er war so hoch, dass sich die Luft merklich dünner anfühlte.

Einen Moment lang dachte ich, ich würde Schreie hören, dann wurde mir klar, dass es die Stimme in meinem Kopf war, die »NICHTS WIE WEG!!!« brüllte.

Ich weiß es natürlich nicht mit Sicherheit, aber ich vermute, Heughan hatte die Stelle vorher ausgekundschaftet, um sich von ihrem maximalen »Braune-Hosen«-Effekt zu überzeugen.

Oben wartete ein Mann auf uns, der einen Helm trug und von Seilen umringt war. Erinnerte an einen Henker.

Sam hat behauptet, dass er Matt irgendwas hieß. Ich habe keine Ahnung. Ich konnte seinen Namen nicht ausmachen, so laut verknotete sich mein Magen unter den Vorboten vulkanischer Flatulenz, die sich in meiner Unterhose zu entladen drohte, während ich mich vorsichtig dem Hinrichtungsort näherte.

Mir wurde das Geräusch des Windes bewusst, der durch Sams enormes Grinsen pfiff.

Matt war ein Mann, der nicht viele Worte machte. Ich befürchtete, der Grund dafür wäre, dass er das noch nie gemacht hatte. Dass er eine bezahlte Marionette war, die der boshaft grinsende Rotschopf angeheuert hatte, um einen qualifizierten Profi zu spielen.

Wir gaben uns die Hände.

Hat er tatsächlich »irgendwelche letzten Worte?« gesagt, oder habe ich mir das eingebildet?

Sofort gestand ich meine Höhenangst. Wahrscheinlich hoffte ich, dass er verständnisvoll nicken und sagen würde: »Vielleicht schaust du in diesem Fall besser nur zu.«

Stattdessen lächelte er seltsam und sagte leise: »Ah, ich verstehe, mach dir keine Sorgen.«

Für mich klang das wie: »Ich habe gehört, was du gerade gesagt hast, aber es ist mir scheißegal.«

Mir wurde bewusst, dass Sam etwas sagte. Ich habe keine Ahnung, was er gesagt hat, irgendetwas unerträglich Scherzhaftes. Oder vielleicht hat er es irgendwie fertiggebracht, unsere Abseil-Aktion mit seinem Sassenach-Whisky in Verbindung zu bringen.

Ich stand einfach da. Dem Aussehen nach mag ich zwar dort gewesen sein, doch mein Kopf war irgendwo anders.

Matt, der »Klettertrainer«, sagte, ich sollte an zwei Dinge denken: »Geh rückwärts, und lass das Seil nicht los.«

Auch das klang für mich wie: »Geh langsam rückwärts ins Verderben, und wenn du das Seil loslässt, verteilt sich dein Gesicht wie Marmelade auf dem Fels.«

Ich erklärte mich bereit, als Erster zu gehen. IRRE!!!

Ich hatte wohl einfach das Gefühl, ich könnte es nicht ertragen zu sehen, wie der rothaarige Überlebenskünstler rückwärts über die Kante sprang, während sich meine Gedärme in Wasser verwandelten.

Ich setzte mich rückwärts in Bewegung. Ich glaube, Sam ist sogar voll sadistischer Vorfreude auf und ab gehüpft.

Matts sonore Stimme sagte immer wieder »weiter, weiter«. Mein Gehirn antwortete immer wieder »warum???«.

Ich betrachtete die Heidebüsche an der Kante, und in diesem Moment überkam mich die volle Panik. Ich dachte, ich hätte bis jetzt schon Angst gehabt, aber das hob den Schrecken noch einmal auf eine ganz andere Stufe.

Durch das Heidekraut war es unmöglich, mit Sicherheit zu sagen, wo die Kante war, und während ich mich zentimeterweise rückwärts bewegte, drängte mich Matt, mich zurückzulehnen. Das fühlte sich an, als würde ich mich mit einer Hand auf den elektrischen Stuhl schnallen, während ich mit der anderen den Strom einschaltete.

Jetzt war der Moment, in dem ich ernsthaft daran dachte zu rufen: »Seid ihr verrückt? Ich mache das nicht!«

Ich glaube, mich haben nur zwei Dinge weitergedrängt: mein Ego und die Tatsache, dass ich lieber gestorben wäre, als Sams Mitleid zu ertragen, wenn ich aufgab.

Ich lehnte mich zurück. Dann war ich auf dem Weg nach unten.

Sam hat recht. Es waren wahrscheinlich keine fünfzehn Meter, aber wenn es darunter noch fünfzig Meter in die Tiefe geht … na ja, ihr versteht, was ich meine.

Ich habe den Felsen angeschaut und auf dem ganzen Weg nach unten fürchterlich geflucht.

[Sam: Ich habe noch nie jemanden gehört, der so kreativ mit der englischen Sprache umgegangen ist.]

Ich weiß nicht, wie lange es gedauert hat. Gut möglich, dass es keine Minute war, aber es fühlte sich eher so an, wie Folge 16 der ersten *Outlander*-Staffel in Endlosschleife anzuschauen.

Schließlich erreichte ich das, was Matt lachend als Felsvorsprung beschrieben hatte. (Eher eine Felsenbeule, die sich kaum vom Rest der Wand abhob.)

Ich war so erleichtert.

Es war vorbei.

Sie konnten mich hochziehen. Es ist vorbei.

Doch nein!!!

Stattdessen weist Matt mich an, ich soll das Seil ausklinken, darübersteigen, mich neu einklinken und selbst hochklettern.

Ich bin noch nie in meinem Leben an einem Felsen geklettert. Jetzt soll ich mich mit Händen und Füßen an einer nackten Felswand festhalten und mich in schwindelnder Höhe selbst hochziehen.

Ich war entsetzt.

Ich glaube, ich habe ihm und Sam einen Strom von Verwünschungen entgegengeschleudert.

Schließlich kletterte ich hoch, denn die Alternative bestand darin, auf einer Briefmarke gefangen zu sein, bis es dunkel wurde. Ich hatte so furchtbare Angst, dass mein Griff solche Kraft bekam, dass ich mich hochziehen und über die Kante hieven konnte.

Möglicherweise hat die Crew applaudiert. Möglicherweise hat mich Sam umarmt (während er so tat, als würde er mich über die Kante schubsen – was habe ich gelacht!), aber alles, woran ich mich erinnern kann, ist das Gefühl gigantischer Erleichterung, dass es vorbei war.

Ich bin noch nie glücklicher gewesen, festen Boden unter den Füßen zu haben.

Aber ich hätte definitiv die braune Hose anziehen sollen.

The Skye Boat Song

von Sir Harold Boulton und Annie MacLeod, 1884

Speed, bonnie boat, like a bird on the wing,
Onward the sailors cry;
Carry the lad that's born to be king
Over the sea to Skye.
Loud the winds howl,
Loud the waves roar,
Thunderclaps rend the air;
Baffled, our foes
stand by the shore,
Follow they will not dare.

SAM

Die meisten von uns kennen vermutlich den »Skye Boat Song«, der im *Outlander*-Vorspann benutzt wird. Das Original des Lieds stammt aus dem neunzehnten Jahrhundert und erzählt die Geschichte der Heldin Flora MacDonald, die Bonnie Prince Charlie half, nach der Niederlage der Jakobiten in Culloden nach Skye zu entkommen. Das Lied ist in Schottland sehr bekannt, und ich war zunächst skeptisch, als uns gesagt wurde, dass es der Titelsong der Serie sein sollte. Ich dachte, das Lied wäre zu kitschig und als Hintergrundmusik in schottischen Touristenzentren verbraucht. Doch die Fans liebten es, und so wurde es schnell die »Visitenkarte« der Serie.

Bei der Comic Con in San Diego bin ich morgens um fünf wach geworden, weil ich Jetlag und vor unserem ersten Live-Panel Lampenfieber hatte. Tausende von Fans hatten Eintrittskarten zu unserem ersten großen Promotions-Event gekauft. Ich habe aus dem achtzehnten Stock des Hotels geschaut und konnte eine Gruppe von Highlandern sehen, die unser PR-Team organisiert hatte. Sie trugen Kilts und Achtzigerjahre-Stirnbänder und riefen *»Out-lan-der, Out-lan-der!«*, angeführt von zwei Dudelsackspielerinnen (die wir seitdem regelmäßig für unsere Auftritte buchen), die den »Skye Boat Song« spielten. Ich konnte die bewegende Klage der Instrumente bis nach oben hören.

Ich fand es sehr lustig, später an diesem Tag zu sehen, wie unsere Highlander auf der Straße ein spontanes Ceilidh feierten, zusammen mit einer großen Gruppe weißer Haie, die für den Horrorfilm *Sharknado* werben sollten. Von Bonnie Prince Charlie war aber nichts zu sehen. Es sei denn, er trug einen Hai auf dem Kopf.

Zum Zeitpunkt seiner Flucht nach Skye waren 30.000 Pfund auf Prinz Charlies Kopf ausgesetzt, daher verkleidete ihn Flora als ihre Dienerin Betty Burke. Sie zog ihm ein Kalikokleid, einen gesteppten Unterrock und eine große Kapuze an (Graham, wie wär's?). Dann ruderte sie ihn am 27. Juni 1746 in einem kleinen Boot von der Äußeren Hebrideninsel Benbecula »über das Meer nach Skye«.

Ich habe es mir auf Google Earth angesehen. Es sind knapp fünfzig Kilometer von Benbecula nach Kilmuir! Je nach Wind und Gezeiten muss es sagenhaft gewesen sein. Seid ihr schon einmal in einem kleinen Boot auf See gerudert? Dazu braucht man schon in ruhigen Gewässern viel Kraft und Durchhaltevermögen. Ich musste Graham einmal über den Loch Ness rudern, und ich kann euch sagen, viel Hilfe hatte ich dabei nicht.

Natürlich war auch Charlie Boy kein Mensch, von dem Unterstützung zu erwarten war. (1) Er war ein Prinz und (2) er war zwar knapp eins achtzig groß, aber er war ein sehr schmaler Mensch. Ich habe seine Weste im Cameron-Museum in Achnacarry gesehen, und ich glaube, er hatte eine Sechsundsechzig-Zentimeter-Taille – ungefähr der Umfang von Dougal MacKenzies Oberschenkel. Flora war also nicht nur ausgesprochen mutig, sie war auch zäh wie Schuhleder. Was für eine Frau! Das wäre eine gute Reisebegleiterin, die vermutlich auch weniger jammern würde.

Nachdem sie sicher an einer Stelle in der Nähe von Kilmuir gelandet waren, die heute »Rudha Phrionnsa« (Prinzenspitze) heißt, hielt sich Charlie noch ein paar Wochen auf den Inseln versteckt, ehe er auf einem Schiff nach Frankreich entkam. Flora sah ihn nie wieder. Sie wurde entdeckt und wegen ihrer Rolle bei der Flucht des jungen Prätendenten im Tower von London eingekerkert. 1747 sprach man sie frei, und sie wurde zur Prominenten. Sie wurde von diversen großen Malern verewigt, darunter Allan Ramsay (1713–84). Im Jahr 2015 wurde eins seiner Porträts von Flora in Amerika für über 250.000 Dollar verkauft.

Auch Flora selbst fand sich nach ihrer Heirat mit Allan MacDonald aus Kingsburgh zeitweise in Amerika wieder. 1774 emigrierte das Paar nach North Carolina, wo Allan im Unabhängigkeitskrieg Brigadegeneral der Royalisten wurde. (Für einen Hannoveranerkönig kämpfen, nachdem man einen Stuartkönig gerettet hatte? Tja. Das Leben ist kompliziert, nicht wahr?)

Schließlich kehrte Flora auf Allans Familiensitz in Kingsburgh auf Skye zurück. Sie starb am 5. März 1790, und ihr Grab auf dem Friedhof von Kilmuir ist nicht weit von der Stelle entfernt, an der sie damals mit dem »Jungen, geboren, ein König zu sein« landete.

SCHLACHT DES MONATS

DIE SCHLACHT VON CARINISH, 1601

GRAHAM

Im Jahr 1601 segelte eine Bande der üblichen Verdächtigen von Harris nach Sidinish auf Uist. Vermutlich sehr malerisch, bestimmt heutzutage ein Traumziel des Hebridentourismus, aber diese Jungs waren nicht da, weil sie Lust auf ein Eis hatten.

Ihr Anführer Domhnall Glas war der Schlimmste der Verbrechertruppe, die an diesem Tag auf Uist landete. Es waren vierzig Mann, die sich auf den langen Fußmarsch nach Carinish machten. Als sie den Trinity Temple erreichten, ein ehemaliges Nonnenkloster, das jetzt eine Kirche war, ergriffen die Einheimischen die Flucht.

Besser war das wohl. Da genießt man in Ruhe das, was damals ein Cappuccino und ein Croissant gewesen wären, und dann kommen diese vierzig Schlägertypen, angeführt von einem Mann, der mit Nachnamen Glas hieß!!!

Diese armen Menschen – es sind immer die Armen in diesen Geschichten, nicht wahr? Nie der Elon Musk von Carinish oder der Jeff Bezos von Uist. Nein, immer die armen Schlucker und die Verängstigten – hatten all ihre Habseligkeiten in der Kirche untergebracht, weil sie glaubten, diese wären dort sicher.

Aber nein!

Als die Räuber näher kamen, gerieten die Frauen des Ortes in Panik und weinten. Was sie nicht wussten, war, dass schon Hilfe da war. Der örtliche John Rambo war den ganzen Weg von Eriskay herübergelaufen, über South Uist und Benbecula und die Gezeitenfurt bis nach Carinish, wo er sich just in diesem Moment im Trinity Tempel versteckte.

Das war kein Spaziergang. Sein Name war MacIain 'Ic Sheumais, was, wie der Zufall es will, tatsächlich Gälisch für John Rambo ist … Na ja, vielleicht auch nicht.

Der dämonische Domhnall hatte einem Bauernjungen befohlen, einen Krug Whisky zu holen und seine Trinkschale zu füllen. (Sam hat vermutlich mehrere dieser schottischen »Quaichs« mit einer Sassenach-Gravur an der Wand hängen.)

Als das Gefäß voll war und Domhnall der Durchtriebene den ersten Schluck trinken wollte, hörte man eine leise Stimme sagen: »Du hast ihn eingefüllt. Aber du wirst ihn niemals trinken.«

(Ich denke, ihr werdet mir zustimmen, das klingt sehr nach Rambo!!!)

Aus dem Nichts tauchte ein Pfeil auf. (Habe ich es nicht gesagt! Man kann Jerry Goldsmiths Filmmusik praktisch im Hintergrund hören!) Der Pfeil bohrte sich in Domhnalls Kehle.

Während er an seinem Blut erstickte, hörte er diese Abschiedsworte: »Von Carinish im Norden und Ludag im Süden gibt es nur einen, der für dies verantwortlich ist – MacIain 'Ic Sheumais!«

Wow!!!

'Ic Sheumais hatte vermutlich die größten Eier der ganzen Hebriden und eine Stimme wie fernes Donnergrollen. Die Frauen im Dorf wurden wahrscheinlich augenblicklich schwanger, nur weil sie in seiner Nähe waren.

Sofort kamen die MacDonalds aus ihren Verstecken und machten kurzen Prozess mit den restlichen neununddreißig Bootsfahrern. Selbst für MacDonald-Verhältnisse gab es VIELE Tote. Man darf vermuten, dass John Rambo bei diesem Gemetzel fleißig mitgemischt hat. Zweifellos mit einem gigantischen Messer, das er in seiner entlegenen Kate selbst geschmiedet hatte, während er sich aus den Hautfetzen seiner Feinde ein Stirnband strickte.

Bis heute gibt es in Carinish eine Stelle, die »Blutgraben« heißt. Wahrscheinlich sehr beliebt für romantische Stelldicheins.

»Morag, hast du Lust auf einen kleinen Spaziergang zum Blutgraben?«

»Ach, Iain, du alter Scherzbold!!!«

Wie es heißt, wurde MacIain von einer Dörflerin versorgt, denn er war verletzt. Wahrscheinlich hat er sich selbst das Bein wieder angenäht, während sie ein Lied darüber schrieb. Das, meine Freunde, ist die Geschichte der Schlacht von Carinish.

ABENTEUER DES MONATS

DIE ZWÖLF GIPFEL DES BLACK CUILLIN AUF SKYE

SAM

An Teallach – die Jungfrau – ist vermutlich der entlegenste aller Munros. Es ist einer von sieben Munros, die diese Gegend dominieren. Ich würde ja gern einen Referenzort angeben, aber es gibt keinen. Wenn ihr mit der Fähre in Ullapool an der schottischen Westküste einlauft, erhascht ihr vielleicht einen Blick auf die Familie der Jungfrau. Wer so verrückt (oder abenteuerlustig) ist, ihre Südseite zu erklettern, stößt dort auf einen großen verborgenen Wasserfall, dessen Wasser unten in einem gewaltigen schwarzen Spalt verschwindet.

Ein Gipfel für die tapfersten (verrücktesten) und wagemutigsten Abenteurer.

[Graham: Ich habe eine Frage. Gibt es dort eine Espressobar?]

BEDEUTENDE GEBURTSTAGE, TODESTAGE UND EREIGNISSE

1. Mai 1707 – Proklamation der Union der Parlamente von England und Schottland

1. Mai 1721 – James Alexander Malcolm MacKenzie Fraser kommt in Lallybroch zur Welt.

2. Mai 1933 – Das Ungeheuer von Loch Ness taucht zum ersten Mal in der Presse auf.

8. Mai 1945 – Ende des Zweiten Weltkriegs in Europa

12. Mai 1725 – General Wade erteilt dem Regiment der *Black Watch* eine Kommission zur Kontrolle der Highlands

14. Mai 1754 – Gründung der *St Andrews Society of Golfers*. 1834 wurde daraus der *Royal and Ancient Golf Club*.

22. Mai 1859 – Sir Arthur Conan Doyle, Autor der Sherlock-Holmes-Romane, wird in Edinburgh geboren.

29. Mai 1694 – Dougal MacKenzie kommt zur Welt.

JUNI

Es gibt zwei Jahreszeiten in Schottland:
Juni und Winter.
Billy Connolly

Familie Bruce
Motto: *Fuimus* (Wir sind gewesen)
Region: Annandale, Clackmannan und Elgin

WICHTIGE KALENDERDATEN

1. Juni bis 31. August – Meteorologischer Sommer

1. Juni – *World Outlander Day* zur Feier der Veröffentlichung des ersten Romans von Diana Gabaldon im Jahr 1991. Seitdem wurden weltweit über 25 Millionen Bücher der *Outlander*-Saga verkauft.

20., 21. oder 22. – Sommersonnenwende und Litha (Mittsommertag), astronomischer Sommeranfang

Mitte Juni – Royal Highland Show

Mitte Juni – Moray Walking Festival

WETTKAMPF DES MONATS

SCHOTTISCHER SCHWERTTANZ

SAM

Ein weiterer sportlicher Wettstreit in *Men in Kilts,* der Schwerttanz, war ursprünglich eine Trainingsmethode, mit der sich Soldaten auf die Schlacht vorbereiteten. Die Highland-Tänzerin Cerys Jones hatte die bedauernswerte Aufgabe, Lady McTavish und mir den Dolchtanz beizubringen, was ziemlich anspruchsvoll war!

Es gibt viele unterschiedliche Schwerttänze, aber die Grundregel ist immer, dass man zwei Klingen als X gekreuzt auf den Boden legt und in den Vierteln tanzt. Viele der Tänze sind im Nebel der Zeit verloren gegangen, aber anscheinend gab es eine Reihe von

Highland-Waffen-Jigs mit Dolchen, Tartschen, Breitschwertern, Lochaber-Äxten und sogar Morgensternen, stacheligen Kugeln am Ende einer Kette, die man gegen den Kopf des Gegners schwang. (Das müsste doch etwas für dich sein, Graubart! Hast du in Neuseeland eine Morgensternsammlung? Komm schon, erzähl uns davon! Der Mann ist besessen von spitzen Gegenständen.)

Graham und ich versuchten also, im formellen Highland-Dress die schnellen Schrittfolgen unserer kunstfertigen, zierlichen Trainerin nachzuahmen. Der alte Schnorrer legte einen guten Start hin. Die Art, wie er seine Füße platzierte, erinnerte an Ballett. Das war mir schon öfter aufgefallen, wenn er sich die Schuhe anzog (ja, seine kostbaren blauen Schühchen). Sogar, wenn er sich Gummistiefel anzieht – er macht spitze Füße, als hätte er im Bolschoi trainiert.

Ich fühlte mich meiner Sache einigermaßen sicher, weil ich das schon in *Outlander* gemacht hatte, aber Lady McTavishs perfekte Schritte machten mich nervös. Ich hätte mir keine Sorgen zu machen brauchen. Schon bald kam er nicht mehr mit (wie üblich) und brauchte unbedingt einen Keks (wie üblich), ein Stück Shortbread, das ich ihm verweigert hatte und das jetzt in meiner Tasche herumhüpfte. Ich kapierte langsam, wie es ging, und je schneller ich die Schritte meisterte, desto schneller ging es mit Grahams Darbietung bergab. Sie verwandelte sich von einem leichtfüßigen Jig in die zweifelhafte Anmutung eines Mannes, der beide Beine in einem Hosenbein stecken hat und versucht, seitwärts zu hüpfen, während ihn gleichzeitig eine Panikattacke erfasst.

Während wir (zunehmend müde) weitertanzten, erzählte uns Cerys, dass die Tradition besagte, dass die Soldaten die Schlacht gewinnen würden, wenn sie gut tanzten und nicht in Berührung mit den Schwertern kamen. Also ICH zum Beispiel. Wenn sie das Schwert berührten, konnten sie sich verletzen – definitiv Graham. Wenn sie gegen die Waffen traten, würden sie sterben. In diesem Moment trat Graham die Schwerter auseinander und lachte vor

Schreck, als hätte sich der Boden vor ihm aufgetan und ein gehörnter Beelzebub winkte ihn zu sich herein.

Ich sagte ihm, er sollte dankbar sein, dass er nur ein Schwert getreten hätte, keinen Eimer! Er hüpfte noch ein bisschen weiter herum, und SCHEPPER, er trat wieder und wieder auf das Schwert ein, während sein Blutzuckerspiegel auf ein gefährliches neues Tief sank.

Der Schwerttanz geht an mich.

GRAHAM

Was kann ich über den Schwerttanz sagen, was Sam noch nicht erwähnt hat? Nun, ich könnte es vielleicht … mit der Wahrheit versuchen.

Es stimmt, dass ich gegen die Schwerter getreten bin, wahrscheinlich aus Frustration oder übertriebenem Enthusiasmus. Ich nehme an, dass Sam seine Schwerter nur deshalb nicht berührt hat, weil er sich vorgestellt hat, es wären Flaschen mit Sassenach-Whisky. (Ich bin mir ziemlich sicher, dass ich gehört habe, wie er zum Schluss unserer Lehrerin Cerys eine Flasche zum halben Preis angeboten hat.)

Meine Art zu tanzen hat viele Kommentare meines muskulösen Freundes auf sich gezogen. Ich weiß noch, wie ich ihm bei einer Convention in Rom ganz ungehemmt meinen Tanzstil vorgeführt habe. Er war entsetzt.

Alles, was ich sage, ist, dass ich Sam noch nie tanzen gesehen habe, nur die stampfenden Tänze beim Cèilidh und seine Version des Schwertballetts. Vielleicht ist er ja umwerfend auf der Tanzfläche, der John Travolta von Galloway, der Nurejew von Cumbernauld, aber wir werden es nie erfahren. Er hält seine Moves lieber gut versteckt. Hoffentlich werde ich ihn eines Tages vollkommen selbstvergessen auf der Tanzfläche sehen. Wenn es so weit ist, werde ich auf jeden Fall auf »Aufnahme« drücken.

Cerys war großartig. Wie ich ja deutlich gezeigt habe, war das, was sie so mühelos vorführte, nicht einfach. Man braucht Oberschenkel wie ein Bodybuilder, um das durchzuhalten. Es beschämt mich definitiv sehr, dass der Tanz, mit dem ich so zu kämpfen hatte, eigentlich für Sechsjährige gedacht ist.

Highland-Tänze folgen Regeln und strengen Formen, während ich mehr zum Freestyle tendiere, spontan und ungehemmt. Im Prinzip wie ein betrunkener Orang-Utan, der ungefähr acht Tassen schwarzen Kaffee getrunken hat. Bei mir ist immer viel Hüftschwung dabei wie bei einem testosterongetriebenen Hulatänzer. Definitiv nicht jedermanns Sache.

Ich habe ein paarmal mit Lacroix getanzt. Sein Stil begeistert vermutlich vor allem verurteilte Gewalttäter, die auf Bewährung draußen sind. Er wirft sich herum wie eine Flipperkugel und schafft sich Freiraum mit Tanzschritten, die eher einer Kriegshandlung ähneln.

Aber es ist wahr, dass Heughan es nach dem Ende meiner fruchtlosen Experimente im Highland-Tanz vermeiden konnte, die Schwerter mit den Füßen anzurempeln, also gebe ich widerstrebend zu, dass diese Runde an ihn geht. (Wenn ihr mich jetzt hören könntet, würde euch nicht entgehen, dass ich vor Wut mit den Zähnen knirsche.)

SCHLACHT DES MONATS

DIE SCHLACHT VON BANNOCKBURN 23.–24. JUNI 1314

GRAHAM

Wenn es eines gibt, was jedem Schotten ein Begriff ist, ist es Bannockburn. Das unauffällige Städtchen südlich von Stirling ist nach einem Flüsschen benannt, das durch den Ort und dann in den River Forth fließt: Bannock Burn. Eine englische Verwandte wurde bei ihrer ersten Begegnung mit meiner Großmutter mit den herzlichen Worten begrüßt: »Wir haben euch in Bannockburn geschlagen.« Wie ich immer wieder sage, haben die Schotten ein LANGES Gedächtnis.

Einen Gast, dem man zum ersten Mal begegnet, mit der Erinnerung an eine Schlacht zu begrüßen, die über 700 Jahre her ist, DAS ist nachtragend.

Dabei war der Sieg damals gar nicht so ausgemacht.

Robert Bruce hatte Edward II erfolgreich auf die Palme gebracht, indem er Dinge wie »Kapitulation« und »Reue« von ihm forderte. Das sind Worte, die ein König niemals lernt.

Also tat Edward II das Naheliegende. Er marschierte in Schottland ein.

Edward sollte allerdings nicht wie sein Vater zuvor auf dem Schlachtfeld in Schottland sterben. Er geriet in Gefangenschaft, und sein Ende kam eines Nachts in der Burg Berkeley. Angeblich wurde er ermordet, indem man ihm ein heißes Schüreisen in den Hintern rammte (Versteckt in einem Kuhhorn, um keine Spuren zu hinterlassen – wie hinterlistig). Es heißt, dass man seine Schreie kilometerweit hören konnte. Wie ein besonders brutaler Abend mit Black Jack Randall.

Doch davon ahnte er noch nichts, als er seine 2000 Kavalleristen und 25.000 Infanteristen mobilisierte. Die größte Armee, die je in Schottland eingefallen ist.

Die Schotten zählten ungefähr 6000 Mann mit einer Handvoll Berittener – auf kleinen, leichtfüßigen Ponys, die wendiger waren als die englischen Kavalleriepferde. Robert Bruce teilte seine Armee in drei Divisionen oder »Schiltrons« auf, gewaltige Formationen von Speerträgern. Angeführt wurden sie von Bruce selbst, seinem Bruder Edward und von seinem Neffen Sir Thomas Randolph, dem Grafen von Moray.

Nach vielen Jahren der Guerilla-Raubzüge, bei denen sie alles mitgehen ließ, was nicht niet- und nagelfest war, war Robert Bruce' Tartan-Armee ein abgehärteter Haufen.

Als Edward II die Grenze überquerte, fand er seinen Weg von den Schotten blockiert, an einer sorgfältig gewählten Stelle südlich der Burg Stirling. Im Osten lagen die beiden Flüsse Bannockburn und Pelstream als natürliche Hindernisse, dazu reichlich weicher, sumpfiger Boden. Edward ließ Löcher in die Straße graben, um der vorrückenden Kavallerie die Beine zu brechen. Er hatte vor, bei dem Zusammenstoß in der Defensive zu bleiben. Doch ehe es so kommen konnte, erspähte Sir Henry de Bohun, einer von Edwards Heeresführern, Robert Bruce.

Bruce saß nur mit einer Streitaxt bewaffnet auf einem Pferd.

Sir Henry trug seine volle Rüstung, Schwert und Lanze, und sein Pferd erinnerte an einen Abrams-Panzer.

Sir Henry de Bohun stürmte los, die Lanze im Anschlag. Er muss euphorisch gewesen sein bei dem Gedanken, dass er allein die Schlacht mit links entscheiden würde. Er war ein berühmter Krieger. Er war gewaltig, saß auf einem gewaltigen Pferd und trug eine gewaltige Lanze.

Bruce saß einfach da, während Henry auf ihn zuraste.

Man konnte das kollektive Luftanhalten auf beiden Seiten beinahe spüren. Die Engländer, die sich sicher waren, dass Sir Henry diesem dreisten Schnösel eine Lektion erteilen würde, vorzugsweise eine, bei der er mit Höchstgeschwindigkeit auf einer Lanze aufgespießt wurde.

Doch in einem Moment, der an Indiana Jones' Begegnung mit dem säbelschwingenden Araber in *Jäger des verlorenen Schatzes* erinnert, ließ Bruce sein Pferd einfach in letzter Sekunde zur Seite treten und hieb de Bohun seine Axt mit voller Wucht auf den Schädel.

Was ihn auf der Stelle tötete.

Robert schwitzte nicht einmal.

Man kann den donnernden Siegesruf der Schotten beinahe hören, begleitet von lauten Beschimpfungen.

Die Schotten stürzten sich auf die Engländer. Einmal sah es so aus, als könnten die Engländer sie zurückschlagen, doch dann fiel Randolphs Schiltron aus dem Wald über sie her und überrumpelte die englische Kavallerie.

Es folgte ein furchtbar brutaler Tumult, doch die dicht gedrängten Speerträger verhinderten den Durchbruch der Engländer. Irgendwann bewarfen diese die Schotten mit ihren Waffen wie schmollende Schuljungen auf dem Spielplatz.

1:0 für Bruce.

Die Engländer waren niedergeschlagen, dachten aber, sie könnten die Schotten am nächsten Tag in eine choreografierte Schlacht verwickeln und die Wucht ihrer walisischen Bogenschützen nutzen.

Doch zum Glück für Robert (und dumm für Edward) entschied sich einer von Edwards Kommandanten zu desertieren und Edwards Pläne auszuplaudern, einschließlich der Tatsache, dass die englische Armee so deprimiert war wie ich, wenn ich ein Café finde, das vorzeitig Feierabend gemacht hat.

Also beschloss Bruce, Edward offen in der Schlacht entgegenzutreten. Die Schotten aßen ein herzhaftes Frühstück, das zweifellos mit dem Blut toter Engländer zubereitet wurde. Dann sammelten sie sich zu einem Massengebet um den örtlichen Religionsführer, was Edward II irrtümlich für ein Flehen um Gnade hielt.

Einer seiner Kommandeure soll erwidert haben: »Sie bitten um Gnade, jedoch nicht Euch. Sie bitten Gott um Gnade für ihre Sünden. Ich sage Euch, diese Männer werden gewinnen oder sterben. Keiner wird aus Angst vor dem Tod die Flucht ergreifen.«

Möglich, dass Edward mit einem Schlucken auf diese fröhliche Einschätzung reagierte.

Was dann folgte, war ein taktisch genialer Sieg. Bruce setzte seine beweglichen Schiltrons äußerst wirkungsvoll ein. Sie trieben die Engländer von hüben nach drüben, und manche blieben im Sumpf stecken, während andere vergeblich zu fliehen versuchten.

Als die Engländer flohen, hörte man überall auf dem Schlachtfeld: »Auf sie! Auf sie! Sie sollen fallen!« Von der Armee, die in Schottland einmarschiert war, kehrten nur 3000 Mann nach Hause zurück.

Oder wie es in »Flower of Scotland« heißt:

Der ihn bekämpfte,
den stolzen Edward,
ihn heimwärts sandte,
in sich zu geh'n.

Endstand: 2:0 für Schottland.

FAMILIE BRUCE

SAM

Das Haus Bruce – was wie ein privater Club in Soho klingt – war eine prominente Lowland-Familie, kein Highland-Clan. Anders als allgemein angenommen, gehören viele Schotten gar keinem Clan an. Bei den Clans ging es um Macht und Schutz, und ihre Mitglieder waren häufig nicht blutsverwandt. Lord Lovat, der Alte Fuchs, ist dafür berühmt, dass er jedem »einen Beutel Mehl« anbot, der seinen Namen in Fraser änderte.

[Graham: Heute müsstest du *dafür bezahlen, dass sie dich nehmen.]*

Die Bruce wiederum waren eine aristokratische Familie mit machtvollen Verbindungen. Wie die Frasers war auch Familie de Brus (oder de Bruis) französischer Adel aus der Normandie und kam 1066 mit William dem Eroberer über den Kanal, um die arglosen Briten mit Prügel zu überziehen. Lustig daran ist, dass die Normannen Nachkommen der Wikinger oder Nordmänner waren, die sich im Norden Frankreichs angesiedelt hatten. Im Prinzip war es also ein erneuter Raubzug der Wikinger – nur viel raffinierter.

Nachdem man den letzten angelsächsischen König, Harold II, in der Schlacht von Hastings ausgeschaltet (der Wandteppich von Bayeux zeigt einen Mann mit einem Pfeil im Auge, unter dem der Name Harold steht, doch unter Historikern ist umstritten, ob damit nicht die zu Tode gehackte und von einem Pferd zertrampelte Figur daneben gemeint ist) und dann ganz England erobert hatte, folgte die größte Landnahme der britischen Geschichte. William der Eroberer erklärte alles Land zum Eigentum der Krone und belohnte seine Ritter und Barone, indem er ihnen Ländereien überließ, deren Großteil noch heute den Nachkommen dieser normannischen Familien gehört. Juristisch ist Williams Ur…urenkel Charles III noch heute der Besitzer Englands und all seiner Gebäude, also sind die Engländer im Prinzip Charlie Windsors Mieter.

Zum Glück ist das in Schottland nicht der Fall. Puh!

Die meisten heutigen Mitglieder der Bruce-Linie in Schottland und England können ihre Abstammung auf Robert de Brus zurückverfolgen, den Ersten Lord of Annandale (William vergab auch Titel an seine normannischen Kumpel, so freigiebig, wie ich Graham Proteinriegel gebe), der im Jahr 1106 in England eintraf.

Spulen wir sechs Titelträger weiter vor, und wir sind bei Robert Bruce, dem Siebten Lord of Annandale und Grafen von Carrick. Letzteren Titel hatte er von seiner Mutter Marjorie geerbt, der Gräfin von Carrick (ich liebe den Namen Marjorie, und Bruce ging es offenbar genauso, denn er gab ihn seiner ältesten Tochter). Inzwischen hatte es die Familie de Bruce zu großem Wohlstand gebracht und riesige Ländereien in Aberdeenshire, Antrim, Durham, Essex, Middlesex und Yorkshire an sich gebracht. Die Familie hat ihren Sitz bis heute in Broomhall House in Fife, wo sich das 37. Oberhaupt der Familie Bruce die Ehre gibt, Andrew Bruce, der Graf von Elgin.

Ich bin dem Grafen von Elgin tatsächlich einmal begegnet, beim Jahrestreffen der Masters of Malt, der Top-Akteure im Whiskygeschäft. Andrew Bruce, ein schmaler, charmanter Mann mit einer einzigartig hohen Singstimme, lud uns ein, die Füße auf den Tisch zu legen, während er eine Ode auf den Whisky sang. Zum letzten mitreißenden Refrain sollten wir auf die Tische und Stühle steigen. Nach so viel erstklassigem Whisky kamen wir der Aufforderung gerne nach. Zum Glück fiel Lord Elgin nicht vom Tisch, um seine Darbietung auf spektakuläre Weise zu beenden. Broomhall House ist eins der großartigsten Herrenhäuser in Schottland. Man kann es besichtigen; der Kontakt steht auf der Website. Vielleicht etwas für *Men in Kilts 2,* Graham?

Für die Schotten ist Robert Bruce eine Legende wie William Wallace, Sean Connery und Billy Connolly. Er war ein Furcht einflößender Krieger, ein Freiheitskämpfer und schließlich König, der durch seine normannische Abstammung väterlicherseits Anspruch auf den schottischen Thron hatte. 1290 starb Königin Margaret im Alter von sieben Jahren auf der Reise zu ihrem Verlobten Edward Caernarvon, dem Sohn des englischen Königs Edward I (eine Heirat, der die regierenden Wächter über Schottland zugestimmt hatten, weil der Ehevertrag die Fortdauer der Unabhängigkeit Schottlands garantierte). Sofort entbrannte ein Streit um die Thronfolge zwischen Roberts Großvater Bob (sie heißen ALLE Robert) und John Balliol, Lord of Galloway.

Diese Runde ging zwar an John Balliol, doch dessen Regentschaft dauerte nur sechs Jahre, und Robert setzte den Kampf seiner Familie um den Königsthron fort. Seinen eigenen Rivalen, John Comyn of Badenoch, räumte er aus dem Weg, indem er ihn in der Kirche von Dumfries erstach. Dafür wurde er zwar von Papst Clemens V exkommuniziert, doch das kümmerte ihn nicht. Am 25. März 1306 bestieg König Robert I den schottischen Thron.

Zwar wurde er unmittelbar darauf in Methven von Edwards Armee besiegt und in den Untergrund getrieben, doch 1307 begann er einen Guerillakrieg gegen die Engländer und seine Feinde im eigenen Land. Mit dem Sieg in der Schlacht von Bannockburn etablierte er Schottland allen englischen Ansprüchen und Attacken zum Trotz einmal mehr als unabhängige Nation, ein Status, den auch England 1328 im Vertrag von Edinburgh-Northampton anerkannte.

Ein Jahr später starb König Robert I, sein Sohn David II folgte ihm auf den Thron.

Zu den wenig bekannten Tatsachen zählt es, dass Sir Alexander Fraser of Touchfraser & Cowie, ein Held von Bannockburn, 1316 Roberts verwitwete Schwester Mary heiratete, die von Edward I in einem Käfig gefangen gehalten worden war. Was für ein Fiesling. Ich bin also praktisch mit Robert Bruce verwandt.

[Graham: Du bist kein FRASER*!]*

7. Juni 1329 – Robert Bruce stirbt

Robert Bruce starb in seinem Herrenhaus in Cardross am Westufer des Flusses Leven in Dunbartonshire. Er wurde im Kloster Dunfermline beerdigt, doch sein Herz ruht im Kloster Melrose (nach einem vergeblichen Versuch, es über Spanien ins Heilige Land zu entführen).

In der Nähe der Burg Stirling gibt es ein steinernes Monument, das 1876–77 von George Cruikshank entworfen und von Andrew Currie geschaffen wurde. Es ist nach Süden gewandt, Richtung Bannockburn, und zeigt den König hoch aufgerichtet im Kettenhemd, die Hand an seinem Schwert, Axt und Schild zu seinen Füßen. Man sollte nie ohne Axt für ein Porträt oder eine Statue posieren. Es wirkt nicht eindrucksvoll genug.

[Graham: Wenn man dir eine Statue errichten würde – was ich stark bezweifle –, stünde im Hintergrund vermutlich ein Audi als Schleichwerbung, in den Händen hättest du Flaschen deiner Spritmarke, dein Bein wäre locker angewinkelt und deine Stirn fragend gerunzelt, weil du nicht weißt, ob du es rechtzeitig zum Lokus schaffst.]

[Sam: Deine hätte einen Latte macchiato in der Hand, einen Schal um den Hals, wäre von Keksverpackungen umringt, und du würdest rittlings im Kilt auf deiner Geldtruhe sitzen, weil du immer noch nicht weißt, wie man seine Kronjuwelen verbirgt!]

REGION DES MONATS

STIRLING UND DUNBARTONSHIRE

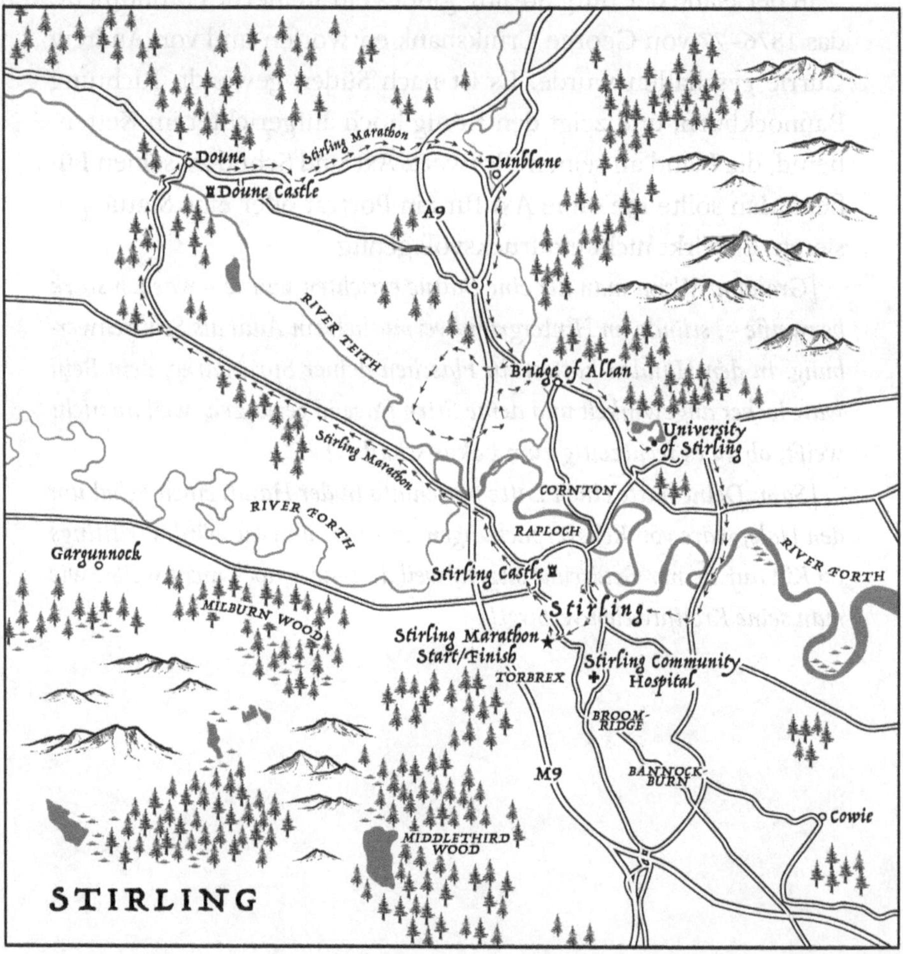

Doune
Stirling Marathon
Dunblane
Doune Castle
A9
River Teith
Bridge of Allan
University of Stirling
Stirling Marathon
Cornton
River Forth
Raploch
Gargunnock
Stirling Castle
River Forth
Milburn Wood
Stirling
Stirling Marathon Start/Finish
Torbrex
Stirling Community Hospital
Broomridge
M9
Bannockburn
Cowie
Middlethird Wood
STIRLING

SAM

Ich liebe Stirling, und wie ihr wisst, bin ich dort einen Marathon gelaufen *[Graham: Wo bist du eigentlich noch keinen Marathon gelaufen?]*. Außerdem hat mir die dortige Universität meine erste Ehrendoktorwürde verliehen. Einmal habe ich die Burg zusammen mit einem amerikanischen Fitnesstrainer besichtigt … oder eher, ich habe ihn mitgeschleift, denn er war weder von der Atmosphäre berührt noch an Geschichte interessiert. Dann hat er sich noch über die vielen Stufen beschwert – ich rede hier nicht von GRAHAM, sondern von einem Fitnessguru!

Die Burg befindet sich ganz in der Nähe unseres zentralen Drehorts – Fraser's Ridge liegt nur zehn Minuten entfernt an einem … geheimen Ort. Während des Drehs zur vierten Staffel wurde einer der amerikanischen Ureinwohner in unserem Ensemble von einem Pfeil ins Bein getroffen. Noch im Kostüm kam er in Stirling ins Krankenhaus. Ich weiß nicht, ob Freunde und Familie der Krankenschwester hinterher geglaubt haben, dass sie einen Native American mit einem Pfeil im Bein behandelt hatte – wahrscheinlich haben sie eher den Alkohol weggeschlossen.

Eines feuchtfröhlichen Abends haben unsere »Mohawk« versucht, die Mauern der Burg zu erklettern, und einer von ihnen ist hinten auf einem Polizeiauto mitgefahren wie ein Rodeoreiter, ohne dass die Polizei etwas merkte. Ein anderes Mal haben alle zwanzig eine riesige Kissenschlacht auf dem George Square in Glasgow veranstaltet. Sie sind WILD, leidenschaftlich, mit ihrem Land und ihrer Kultur verbunden, großzügig, weise, inzwischen meine guten Freunde UND absolut genial!

ABENTEUER DES MONATS

BEN LOMOND

SAM

Loch Lomond und der Trossachs Nationalpark liegen nur ein kleines bisschen westlich von Stirling. Wenn ihr noch nicht dort wart, nichts wie hin! Man kann sogar von Glasgow aus erst am Clyde und dann am Forth-und-Clyde-Kanal entlang mit dem Fahrrad hinfahren. Dann ist da die herrliche Landschaft der Arrochar Alps mit Ben Lomond, den Inseln von Loch Lomond und dem Wasserfall von Dochart. In diesem Nationalpark gibt es einundzwanzig Munros, neunzehn Corbetts, zweiundzwanzig größere Seen und diverse Wasserfälle – viel zu sehen und zu unternehmen. Die alten und wieder entstehenden Wälder des Nationalparks umfassen unter anderem einige der bedeutendsten Atlantikeichenbestände Europas – Schottlands gemäßigte Regenwälder sind eine Zuflucht für seltene Pflanzen, Flechten und Pilze und für eine Reihe geschützter Tierarten.

Eine solche Stelle ist die Insel Inchcailloch im Loch Lomond. Inchcailloch bedeutet »Insel der alten Frauen« und bezieht sich auf ein Nonnenkloster, das die Heilige Kentigerna auf der Insel gründete. Man kann mit dem Boot dorthin fahren, und im April blüht ein Meer von Hasenglöckchen unter den alten Eichen der magischen Insel. Ich habe mir selbst einmal eine Insel im Loch Lomond angeschaut, die zu verkaufen war. Sie gehörte der Gräfin von Arran, einer begeisterten Motorbootfahrerin. Sie hat sogar einen Geschwindigkeitsrekord aufgestellt (mit 165 km/h war sie die schnellste Frau auf dem Wasser). Stellt euch vor, wie sie morgens von der Insel angesaust kam, um sich ihre tägliche Flasche Milch und die Zeitung zu holen!

Früher gab es auf der Insel Wallabys – ja, Zwergkängurus, obwohl ich vermute, dass sie es hassen, wenn man sie so nennt. »Nenn mich nicht Känguru, Kumpel, ich bin nämlich ein schottisches Wallaby!« Irgendjemand hat sie vor hundert Jahren auf die Insel gebracht, doch inzwischen scheinen sie verschwunden zu sein. Vielleicht die ersten (schottischen) Wallabys, die nach Australien geschwommen sind? Oder wo auch immer sie normalerweise leben?

Die Insel war wunderschön; an ihrem Südufer standen die Überreste eines alten Jagdhauses. Es war mein Traum, sie zu besitzen, bis mir die alljährlichen Mückenattacken im Sommer eingefallen sind und ich es den Wallabys plötzlich nicht mehr verdenken konnte, dass sie in ein anderes Klima geflüchtet sind. Außerdem war der Preis weit außerhalb meiner Möglichkeiten, aber es war ein schöner Traum. Der Herr der Wallaby-Insel.

Es war das erste Jahr des *Outlander*-Drehs, und ich war noch ein ziemlicher Anfänger. Ich dachte, die Serie würde ein oder zwei Jahre nicht überdauern ... doch ein Jahrzehnt später bin ich immer noch da. Allerdings gab es in diesem ersten Jahr einen Punkt, an dem das Ganze fast ein unrühmliches Ende gefunden hätte.

Wie gesagt, war ich ziemlich unerfahren, aber während und nach den Dreharbeiten für alles zu haben. Als meine gute Freundin Marina also vorschlug, wir sollten unseren ersten Munro »einsacken«, stimmte ich begeistert zu. Ich war und bin mit Marina gut befreundet, und sie hat meine Begeisterung für das Munro-Sammeln geweckt. Gerade ist mir aber aufgefallen, dass ich jedes Mal mit *ihr* unterwegs war, wenn ich fast von einem Berg gefallen wäre (zweimal). Lektion eindeutig nicht gelernt.

Es war ein typischer schottischer Frühlingstag Anfang April –

Sonne, Regen, Schnee, Nebel, Hagel und jedes andere Wetterphänomen, das ihr euch vorstellen könnt. Der Himmel veränderte sich alle paar Minuten (vier Jahreszeiten an einem Tag), und doch murmelte Marina, »perfektes Wetter für ’ne kleine Wanderung«, während sie ihre betagte Karre volltankte und wir unseren zweiten Kaffee aus einem sichtlich gebrauchten Thermobecher tranken. Dann rammte sie den ersten Gang rein und hielt auf die Berge zu.

Es waren fünfundvierzig Minuten (bei ihrem Fahrstil eher dreißig) nordwärts bis Loch Lomond, vorbei am Dumbarton Rock und der Erskine Bridge, bis wir uns dem Fuß des Ben Lomond und seiner schrägen Schulter näherten, dem Ptarmigan-Grat. Der schneebedeckte Gipfel verschwand gute tausend Meter über uns in den Wolken.

»Meinst du, wir brauchen Schneeschuhe?«, fragte ich. Ich hatte zwar keine Ahnung, was das war, aber ich hatte alte Filme von Bergsteigern im Schnee gesehen, die etwas, was wie Tennisschläger aussah, an den Füßen trugen.

»Nein, das passt schon, Kumpel«, erwiderte Marina fröhlich.

An klaren Tagen kann man den Gipfel des Ben Lomond von höher gelegenen Stellen in Glasgow aus sehen. Der West Highland Way verläuft zwischen der westlichen Flanke des Berges und dem See entlang (flächenmäßig der größte See in Schottland). Bei schönem Wetter lädt das Wasser des Sees die Bewohner der Gegend genauso wie die Menschen aus Glasgow zu Tagesausflügen ein. Neben Wassersport und Sehenswürdigkeiten gibt es hundefreundliche Spazierwege, oder man kann einfach am Seeufer etwas essen. An diesem Tag jedoch hatten selbst die tapfersten Seelen beschlossen, zu Hause zu bleiben. Unheilvolle Schneewolken bedrohten uns wie Highland-Rabauken.

»Geht heim!«, grollten sie. »Geht zu dieser Bar am Ende der Straße zurück, die so einladend aussah … mit dem offenen Kamin. Kaltes Bier. Warmes Essen … und Whisky.«

Wir stapften über den Waldweg. Als wir schließlich die Deckung der Bäume verließen, wurden wir mit einer spektakulären Aussicht über den See belohnt. Wir tranken beide einen guten Schluck rauchigen Whisky aus Marinas Tweedflasche und fühlten uns auf der Stelle mutiger. Was wichtig war, denn der Weg war jetzt über uns im Schnee verschwunden.

»Ach, wir gehen einfach bergauf«, sagte sie gut gelaunt, während ich mir meine dünne Windjacke bis zum Kinn hochzog und einen letzten Blick auf Glasgow und mein Zuhause warf. Wir sind für das hier wirklich nicht richtig angezogen, dachte ich. Zwischendurch hatte zwar die Sonne geschienen, und die Aussicht war immer wieder grandios. Jetzt hatten sich die dichten Wolken zusammengezogen. Im Heulen des Windes war es schwer, Marinas Rufe vor mir zu hören.

Wir kämpften uns voran und suchten blind nach einer Spur des jetzt komplett verdeckten Weges. Dann krabbelten wir auf allen vieren über einen steilen Geröllhang. Lose Steine rollten davon, während wir uns an großen Heidepflanzen festhielten. Das fühlte sich nicht wie eine Wanderung an; das war Bergsteigerei. Als wir ein paar Minuten an einem großen Felsvorsprung stehen blieben, um uns einen Weg darum herum zu suchen, teilten sich die Wolken einen Moment und zeigten uns, dass wir am Rand einer Klippe standen. Unter uns ging es steil bergab.

»ICHGLAUBEWIRHABENUNSVERLAUFEN«, schrie ich, doch der Wind stopfte mir die Worte mit solcher Wucht in den Mund zurück, dass ich fast erstickt wäre. Ihren Handzeichen und ihrem Stirnrunzeln nach schien Marina denselben Gedanken zu haben. Wir machten im Halbkreis kehrt, und … man glaubt es kaum, da war der Weg! Oder zumindest ein paar Steine, die sich aus dem jetzt tieferen Schnee erhoben und eine Art Weg signalisierten.

Wir drängten weiter, weil wir dachten, wir müssten fast oben sein. Wir konnten den sich verjüngenden Bergkegel ausmachen, vielleicht hundert Meter über uns. Völlig durchnässt, aber begierig, unser Ziel zu erreichen, kletterten wir, bohrten Löcher für unsere Füße in den festen Schnee, den der beißende Nordwind zu Eis gefroren hatte. Es war sehr steil. Wir stiegen auf geradem Weg nach oben (es gibt eigentlich einen einfachen Wanderweg auf diesen Berg, das verspreche ich, aber wir hatten uns hoffnungslos verirrt). Nach ein paar Metern hörte ich hinter mir ein leises »Ups!«.

Ich drehte mich um und sah Marina immer schneller kopfunter bergab rutschen. Sie versuchte verzweifelt, ihre Finger in den gefrorenen Schnee zu bohren, aber sie fand keinen Halt. Mir hüpfte das Herz in die Kehle, weil die Kante der Klippe dicht neben uns war. Im selben Moment rutschte ich auf den Rücken und schoss hinter ihr her! Nach ein paar Metern kamen wir schließlich beide zum Halten. Schwer atmend lagen wir beide auf dem Rücken.

»Vielleicht können wir im Sommer wiederkommen? Mit der richtigen Ausrüstung«, sagte ich und blickte zum feindseligen Himmel hinauf. »Mit Schneeschuhen?«

»Und mehr Whisky«, erwiderte sie und lachte.

TROPFEN DES MONATS

DEANSTON 12 YEAR OLD

SAM

Doune im Distrikt Stirling in Zentralschottland ist ein ziemlich unauffälliges Dorf. Ein ruhiger Ort mit einer einzigen Hauptstraße, einem Lebensmittelgeschäft, ein paar Souvenirläden, ein oder zwei Cafés, mehreren Frühstückspensionen und einem Campingplatz ganz in der Nähe (ideal für McTavish und seine Freunde). Früher war der Ort für seine Büchsenmacher bekannt, aber auch für seine gut befestigte Burg, die mehrmals von einer gewissen schottischen Zeitreise-TV-Serie in Beschlag genommen wurde. Eigentlich drehen wir sogar ziemlich oft in der Gegend um Doune.

Ein Ort, den ich besonders mag, ist die Deanston Distillery. In der zweiten Staffel haben wir dort im Lagerhaus gedreht, dem zentralen Lagerraum für die herrlich reifenden Whiskyfässer. Es sollte einen Pariser Weinkeller darstellen, Jamies Schmuggelzentrale. Ein, räusper, »zufälliger« Todesfall zwang Claire und Jamie, die Leiche in besagtem Weinkeller in einem Fass Crème de Menthe zu verstecken. Ich vermute, um die Überreste minzfrisch zu halten?

An dem Abend, als sich das Filmteam in dem Lagerhaus breitmachte, fiel mir der kräftige Whiskygeruch auf, nein, diesmal kam er nicht von mir; es war der »Angel's Share« (der »Anteil der Engel«), der verdunstende Whisky aus den Fässern. Ich atmete stundenlang tief durch und versuchte, so viel wie möglich von dem süßen Duft nach Gerste und Eiche aufzunehmen. Ein paar Leuten vom Team wurde schwindelig. Ich fühlte mich großartig. Gerade wiederholten wir eine Einstellung, in der ich ein großes Fass zum zehnten Mal auf John Bell zurollen ließ (der Ian junior spielt).

»ARRrrgh!« Das Vierhundert-Liter-Bourbon-Fass war auf seinem Fuß gelandet. Armer John.

»Tief einatmen«, sagte ich. »Die Dämpfe werden den Schmerz betäuben.«

Stunden später schenkte uns die Destillerie großzügigerweise allen eine Flasche Whisky, und jedes Mal, wenn ich diesen Tropfen rieche, erinnert er mich an Doune und Johns bedauernswerten Fuß. (Der Whisky riecht nicht nach seinen Füßen, so viel soll gesagt sein.)

Der zwölf Jahre alte Deanston also, am Ufer des Flüsschens Teith in Bourbonfässern gereift (die ich persönlich von hier nach dort gerollt habe – also, eins aus der Requisite, aber sei's drum).

GEMÄUER DES MONATS

DOUNE

GRAHAM

Die Burg Doune in der Nähe der gleichnamigen Ortschaft war in *Outlander* der Sitz der MacKenzies (Leoch) und der Schauplatz vieler toller Drehtage. Beim Dreh zu *Men in Kilts* sind wir dorthin zurückgekehrt und haben Iain MacGillivray und Charlie Allan getroffen. Es war so schön, wieder dort zu sein.

Ich weiß noch, wie ich ein paar Wochen vor dem *Outlander*-Drehbeginn mit meiner ältesten Tochter Honor dort war, um ihr zu zeigen, wo ihr Pa drehen würde. Die Burg war menschenleer, wir waren ganz allein dort. Vielleicht war dies das letzte Mal, dass es in der Burg Doune so still gewesen ist.

Burg Doune war auch der Drehort einer der lustigsten Szenen in *Die Ritter der Kokosnuss,* in welcher die Helden vor einer französischen Burg eintreffen und Einlass begehren. Wenn ihr diesen Film noch nicht gesehen habt, macht es sofort. Es ist mein Lieblings-Monty-Python-Film.

Ich hatte das Glück, an der Uni mit Terry Jones befreundet zu sein, einem Mitglied von Monty Python, der bei der *Kokosnuss* Co-Regie geführt hat. Nicht nur einer der witzigsten Menschen, die ich je kennengelernt habe, sondern auch die intelligenteste und großzügigste Seele, der zu begegnen man sich wünschen kann.

Ich habe mit ihm *Erik der Wikinger* gedreht und *Der Wind in den Weiden* (nach dem Buch des Schotten Kenneth Grahame). Terry hat mir erklärt, dass sie das Geräusch der Pferdehufe mit Kokosnüssen nachgeahmt haben, weil sie sich keine Pferde leisten konnten. Er war ein wunderbarer Mensch.

SAM

Wie Graham schon gesagt hat, taucht Burg Doune in vielen Serien und Filmen auf. Monty Python, *Game of Thrones, Outlander* (natürlich) und legendär und unvergessen, *Men in Kilts.*

Auf dem Gelände der Burg täuschte Graham McTavish in der ersten *Outlander*-Staffel während einer besonders brutalen Shinty-Partie völlig überraschend eine Kniebandverletzung vor und behauptete, er müsste sich ein paar Stunden ausruhen, während sein armes, müdes Stunt-Double die ganze Drecksarbeit machen musste.

Außerdem war dies der Ort, an dem Graham McTavish in der

ersten Staffel das gesamte Snackpaket der Schauspieler aufgefuttert hat (Obst und Nussriegel, Kit Kats und ein paar aufgeweichte Kekse). Zudem hat er immer wieder völlig unbegründet nach Proteinshakes verlangt (nachdem er gesehen hatte, dass ich sie trinke!). Er wusste ja nicht, dass die Regieassistenz kein Pulver mehr hatte, sodass McTavish nur gläserweise trübes Wasser in sich hineinschüttete!

Nicht weit von Burg Doune entfernt liegt Old Newton of Doune – eine kleine Burg, die etwa genauso alt ist wie Doune, also auf das vierzehnte Jahrhundert zurückgeht. Dort haben Ron Moore, unser ursprünglicher leitender Produzent, und seine Frau Terry während der Arbeit an der Serie gewohnt. Das Haus hat dicke festungsähnliche Wände und Schießscharten als Fenster. Es hat schon Menschen wie Bonnie Prince Charlie, Sir Walter Scott und den Philosophen David Hume beherbergt. Ein Großteil der Möbel und der Dekoration sind über 200 Jahre alt, und es gibt sogar etwas, das man nur als »historische Toilette« beschreiben kann. Das Geräusch der Spülung könnte eine ganze Burg aufwecken.

Einmal hatte ich abends Rons berühmte Whiskysammlung geplündert und beschloss, auf dem Sofa im Turm zu übernachten, mit Blick auf ein antikes Gemälde eines Hofnarren. Mitten in der Nacht wurde ich plötzlich wach – vielleicht lag es an dem vielen teuren Whisky, vielleicht an Terrys wunderbaren Kochkünsten. Das einzige Licht kam von einer Nachttischlampe, die einen gespenstischen goldenen Schatten an die Wand warf und das Gesicht des Clowns traf, der mich höhnisch anzulachen schien. Ich fühlte mich von dem Bild beobachtet, als ich auf der Suche nach der Toilette die Treppe hinunterstolperte, und ich hoffte, dass ich nicht das ganze Haus mit der kreischenden Zisterne aufwecken würde.

Zum Glück gelang es mir, die dunkle Treppe nicht hinunterzufallen, und nach meiner Rückkehr in den Turm verbrachte ich eine quälend endlose Nacht unter den Augen des Clowns. Ich betete, dass er sich nicht bewegen oder mir zuzwinkern würde. Ich habe nicht viel geschlafen (wenn überhaupt) und bin super früh zur Arbeit aufgebrochen (eine Premiere!). Ich bin mir sicher, dass McTavish irgendwo heftig schnarchend in einem der vielen Zimmer gelegen hat, obwohl ich keine Ahnung habe, wie er es geschafft hat, an ein Bett zu kommen. Aber wahrscheinlich hatte er wieder auf seine typische Art das beste Zimmer in der Burg geschnorrt, komplett mit Butler.

6. Juni 1944 – Die Landung in der Normandie

SAM

In *Men in Kilts* haben wir nicht nur unsere Bekanntschaft mit Charlie Allan und seiner Sammlung von Breitschwertern und Lochaber-Äxten in der Burg Doune erneuert, sondern auch Iain MacGillivray kennengelernt, Landwirt, Dudelsackspieler und Schottlands jüngstes Clanoberhaupt. Iain hat uns von der Geschichte des Dudelsacks erzählt, einem der ältesten Musikinstrumente Europas – ein Instrument der Schönheit, aber auch eine Kriegswaffe. Dudelsäcke waren dazu gedacht, den Gegnern Angst zu machen. Sie kamen bei vielen bedeutenden Schlachten zum Einsatz, darunter auch Culloden. Iain hat uns erzählt, dass die Schotten bei der Erweiterung des britischen Empires immer an vorderster Front dabei waren. Orchestrale Schotten mit Dudelsäcken und Trommeln!

Aus dem Zweiten Weltkrieg gibt es die Geschichte von Piper Bill Millin, dem persönlichen Dudelsackspieler von keinem anderen als Simon Fraser, dem 15. Lord Lovat. Simon Fraser war ein Mensch, der seinen eigenen Kopf durchsetzte – ganz ähnlich wie sein Ahnherr, der alte Fuchs, der Elfte Lord Lovat, von dem wir schon April gehört haben.

Am D-Day spielte der einundzwanzigjährige Gefreite Bill Millin auf Bitten Simon Frasers seinen Dudelsack, als er den Strand der Normandie stürmte. Als ihn Millin darauf hinwies, dass die britischen Armeevorschriften Dudelsäcke in die Nachhut verwiesen, erwiderte Lord Lovat: »Es ist aber das englische Kriegsministerium. Für uns gilt das nicht, weil wir beide Schotten sind.«

Also marschierte der junge Bill auf Frasers Befehl auf dem Strand auf und ab, während er »Highland Laddie«, »The Road to the Isles« und »All the Blue Bonnets Are Over the Border« spielte. Er trug dabei denselben Cameron-Kilt, den schon sein Vater im Ersten Weltkrieg in Flandern getragen hatte, und war nur mit seinem *sgian-dubh* bewaffnet. Er spielte eine halbe Stunde lang, während ringsum seine Kameraden fielen. Später erfuhr er aus Gesprächen mit deutschen Scharfschützen, dass diese anscheinend irgendwann aufhörten, auf ihn zu schießen, weil sie glaubten, dass er den Verstand verloren hatte! Was für eine Legende.

Der schönste Moment unserer Begegnung mit Iain MacGillivray war die Überraschung, die er für den alten Graubart hatte. Er erzählte Graham, dass ein gewisser mit ihm verwandter Simon McTavish, der für die North West Company in Kanada im Pelzhandel gearbeitet hatte, der Neffe eines gewissen William MacGillivray gewesen war – er und Iain also entfernte Verwandte waren. Graham war überglücklich, und zur Feier dieses goldenen TV-Moments spielte Iain »The Black Bear« auf seinem Dudelsack – einen der Lieblingsmärsche der McTavishs.

NATURNOTIZEN

OUTLANDER-BLUMEN

SAM

Drei Blumen, die diesen Monat blühen, kommen in *Outlander* vor – aus ganz unterschiedlichen Gründen: Johanniskraut, Vergissmeinnicht und ta-da … Lavendel (schauder!).

Johanniskraut *(Hypericum perforatum),* dessen gelbe Blüten von Juni bis September zu sehen sind, war das erste Heilkraut, das in der Serie vorkam, als es nämlich Jamie Fraser als Schmerzmittel verabreicht wurde. Noch heute benutzt man die Pflanze als Stimmungsaufheller. Im achtzehnten Jahrhundert steckte man Menschen, die vom Teufel besessen waren, ein Beutelchen mit Johanniskraut in die Achselhöhlen.

Hast du dir auch die Achseln gewaschen, Graubart?

Das Vergissmeinnicht *(Myosotis sylvatica)* ist eine Pflanze, die auf den Britischen Inseln wild wächst; in Schottland allerdings eher im Südwesten als in den Highlands. Vielleicht ist Claire deshalb so überrascht, als sie ein Vergissmeinnicht im Steinkreis auf dem Craigh na Dun sieht. Sie kann es sich nicht näher anschauen, weil eine Gruppe von Tänzerinnen für ein Samhain-Ritual eintrifft (im Buch ist es Beltane, was besser zur Blütezeit des Vergissmeinnichts passt). Claire kehrt später zu den Steinen zurück, um die Blume zu suchen, stürzt natürlich durch die Steine, und der Rest ist Geschichte – eine acht *Outlander*-Staffeln lange Geschichte! Meine Kollegin Caitriona hat zusammen mit der Garden Shed

Drinks Company einen Gin kreiert, der Forget Me Not heißt. Jeder Jahrgang ist limitiert, er ist also zeitweise schwer zu finden. Typisch Caitriona: Ein Viertel der Verkaufsgewinne wird dazu verwendet, Kunstprojekte in Schottland zu fördern.

Lavendel *(Lavandula angustifolia)* ist keine in Britannien heimische Pflanze, sondern stammt aus dem Mittelmeerraum. Er ist in vielen schottischen Gärten zu finden und blüht von Juni bis August. Es gibt zahlreiche Unterarten und Züchtungen, mit denen sich Black Jack Randall als großer Lavendel-Fan sicherlich bestens auskannte. Meistens gilt Lavendel als Mittel zur Entspannung oder als Alte-Damen-Duft, doch in *Outlander* assoziieren wir finstere Dinge damit.

In Geillis Duncans Kräuterzimmer duftet es stark nach Lavendel (*Feuer & Stein*, Kapitel 9), und natürlich benutzt der Schurke Black Jack Lavendel als Signaturparfum. Daher muss Claire bei Jamie auf die heilende Wirkung der Pflanze verzichten. Ich mag den Duft allerdings und habe immer Lavendelöl in meinem Wohnwagen, damit es da angenehm duftet.

BEDEUTENDE GEBURTSTAGE, TODESTAGE UND EREIGNISSE

1. Juni 1946 – Brian Denis Cox CBE wird in Dundee geboren.
3. Juni 1945 – Der Schauspieler William »Bill« Paterson wird in Glasgow geboren; er spielte den hinreißenden Ned Gowan – Anwalt der Stars!
8. Juni 1772 – Robert Stevenson wird in Glasgow geboren. Der Ingenieur erbaute achtzehn Leuchttürme in ganz Schottland.
9. Juni 1942 – Die ersten US-Soldaten (über 10.000 Mann) gehen am Flussufer des Clyde von Bord der *Queen Mary*.
10. Juni 1688 – James Francis Stuart wird geboren. Zu Ehren des »Alten Prätendenten« wird dieser Tag in jakobitischen Kreisen als »White Rose Day« begangen.
10. Juni 1719 – Die Schlacht von Glen Shiel.

GRAHAM

Am 10. Juni 1719 wurde in der atemberaubend schönen Talenge des Glen Shiel die einzige reguläre Feldschlacht des ersten Jakobitenaufstandes ausgefochten. Die beiden Seiten erschienen mit vergleichbar starken Truppen, jeweils etwa tausend Mann.

Unter ihnen war eine Person, über die wir schon gesprochen haben, Lord George Murray (der in Culloden an der Seite des Prinzen stehen sollte). Zur Zeit von Glenshiel war Murray ein hellwacher junger Mann, erst fünfundzwanzig. Außerdem war der legendäre Rob Roy MacGregor dabei, der mit seinen achtundvierzig Jahren zum Zeitpunkt der Schlacht schon relativ betagt war.

Der Rest der Jakobitenarmee bestand aus MacKenzies (Tulach Ard), Camerons und MacDougalls. Hinzu kamen (ehe sie zu dem Schluss kamen, dass sie auf der Seite der Regierung besser aufgehoben wären) die Camerons und etwa 200 spanische Soldaten aus Galizien.

Es ist ein Kuriosum, dass einer der Spanier in der Woche vor der

Schlacht an einem Hitzschlag starb, so ungewöhnlich heiß war der schottische Sommer in diesem Jahr. Wer sich schon einmal in Glen Shiel die Füße vertreten hat, dürfte Schwierigkeiten mit der Vorstellung haben, dass man dort an etwas anderem als an Unterkühlung sterben könnte.

Es gibt dort einen Hügel, der *Sgùrr nan Spàinteach* (Hügel der Spanier) heißt. Vielleicht gibt es ja in der Nähe noch einen kleineren Hügel mit dem Namen »Der Hügel des einen Spaniers, der besser im Schatten gestanden und einen Hut getragen hätte«?

Auf der Regierungsseite standen unter anderem die Munros, Sutherlands, MacKays und, ja, ihr erratet es, die Frasers.

Die Regierungstruppen verwendeten eine neue Sorte kleiner Mörser, die sie hier mit großer Wirkung gegen die Jakobiten einsetzten. Sie siegten durch taktische Überlegenheit und weil sie in der Lage waren, die geplagten Gefolgsleute der Stuarts aus großer Entfernung mit Sprengkörpern zu beschießen.

Die Jakobiten, unter ihnen der schwer verwundete Rob Roy MacGregor, zogen sich durch das Tal zurück, zweifellos verfolgt von den spottenden Rufen der Vorfahren von James Alexander Malcolm MacKenzie Fraser.

18. Juni 1746 – Flora MacDonald begegnet Prinz Charles Edward Stuart und überredet ihn, die Flucht von den Äußeren Hebriden nach Skye in Frauenkleidern anzutreten.

19. Juni 1937 – J. M. Barrie, der Autor von *Peter Pan,* stirbt.

GRAHAM

Peter Pan war der erste Film, den ich im Leben gesehen habe, zu Hause im Odeon-Kino. Ich war fünf Jahre alt. Er hat mich unauslöschlich beeindruckt, und ich muss immer daran denken, wenn meine Kinder Animationsfilme schauen.

Ich habe ihn für ganz und gar real gehalten. Der Verstand eines

Kindes unterscheidet nicht zwischen dem richtigen Leben und einem Märchen. Die Wege zwischen den beiden Welten sind für Kinder völlig unverstellt. Es ist mehr als Vorstellungskraft; es ist die Fähigkeit, parallele Welten zu bewohnen. Was für ein Geschenk! Wie traurig es ist, wenn dieser freie Weg dann verstellt wird.

Als Erwachsene haben wir immer noch Freude an Fiktion und lassen uns aktiv emotional darauf ein. Sowohl als Darsteller als auch als Zuschauer erstaunt es mich immer wieder, dass vor allem im Theater dieser unausgesprochene Kontrakt zwischen den beiden Seiten der Bühne existiert, der es uns allen ermöglicht, ganz und gar an das Geschehen zu glauben. Es unserem fantasievollen Ich zu gestatten, sich kopfüber in die Geschichte fallen zu lassen, obwohl unser rationaler Verstand weiß, dass wir ein Theaterstück mit Requisiten und Kulissen sehen. Vom Drama mitgerissen zu sein, über die Komik zu lachen, Tränen über die Tragik zu vergießen.

Genau so hat mein fünfjähriges Ich *Peter Pan* gesehen. Überhaupt nicht als Fiktion. Peter war real. Dermaßen real sogar, dass ich noch genau weiß, wie ich meine Eltern fragte, wo Peter hingegangen ist, als das Kino den Film nicht mehr zeigte und die Poster abgenommen wurden. Denn für mich »lebte« Peter Pan in diesem Kino. Es ist eine meiner ersten Kindheitserinnerungen, so groß war die Macht des Pan.

Dreißig Jahre später führte die TAG Theatre Company *Peter Pan* auf, und ich durfte Käpt'n Hook spielen. Es war wild und fantasievoll. Als Hook trug ich einen roten Samtrock, eine weiße Hose und Doc Martens, die mir bis zu den Knien gingen, dazu eine lange schwarze Lockenperücke und natürlich einen großen Silberhaken! Bei meinem ersten Auftritt saß ich in einem Einkaufswagen. Mein Fuß lag auf der Vorderseite wie auf einem Schiffsbug, und ich wurde von Smee geschoben, den Thane Bettany spielte (Pauls Vater). Es war einer der besten Auftritte meines Lebens.

[Sam: »Verkneift sich jeden Kommentar«.]

Es ist ein wundervolles Stück, das erkundet, was es bedeutet, Kind zu sein, niemals erwachsen zu werden, und natürlich den Fluch des Erwachsenseins, den Hook repräsentiert.

Eines Abends bin ich in dem Stück aufgetreten. Kinder sind oft im Kostüm ihrer Lieblingsfiguren gekommen, als Peter, Wendy, Smee und manche auch als Hook. Während meiner flammenden Rede über den Untergang der Kinder kam plötzlich aus dem Dunkel eine Kinderstimme, die einfach nur »ich liebe diesen Mann« sagte.

Ich glaube wirklich, dass *Peter Pan* einer der wichtigsten Gründe ist, warum ich mein Leben mehr oder weniger erfolgreich mit dem Versuch verbracht habe, NICHT erwachsen zu werden.

29. Juni 1946 – Meine Eltern Alexander Graham McTavish und Ellen Patricia Alexander heiraten sechs Monate nach ihrer ersten Begegnung.

[Sam: Natürlich war von Graham da noch keine Rede.]

JULI

Clan MacNeil of Barra
Motto: *Buaidh no bas* (Erobern oder sterben)
Region: Barra

WICHTIGE KALENDERDATEN

Mitte Juli – The Open, St Andrews (Golf)
Mitte Juli – Eilean Dorcha Festival auf der Insel Benbecula

REGION DES MONATS

DIE ÄUßEREN HEBRIDEN

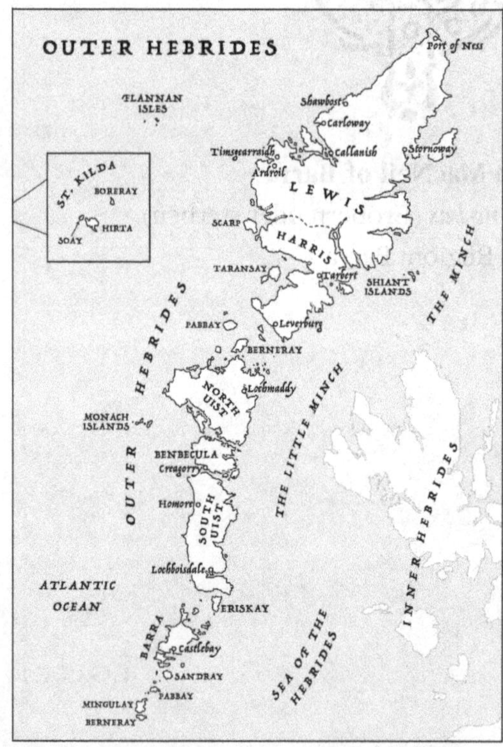

SAM

Als ich mit dem Traverse Theatre auf Tournee war, hatte ich das Glück, an vielen entlegenen Orten in den Highlands und auf den Inseln zu spielen. Es war eine magische Reise, wenn auch nicht ganz so glamourös wie mein Gastspiel davor beim Edinburgh Festival und am Londoner Royal Court, wo ich als Nachwuchstalent für den Laurence-Olivier-Award nominiert wurde. Ich erinnere mich noch, wie ich mit einem Glas Champagner in der Hand bei der Preisverleihung stand und dachte, o Gott, bitte lass mich nicht gewinnen, dieser Champagner ist mir zu Kopf gestiegen – denn ich hatte keine Dankesrede vorbereitet. Zum Glück habe ich nicht gewonnen und konnte einfach das Freigetränk genießen.

Um Mitternacht habe ich mich in einer öffentlichen Toilette umgezogen. Ich habe es ohne unmoralische Angebote aus meinem gemieteten Kilt geschafft und bin mit dem Nachtbus zurück nach Schottland gefahren. Acht Stunden später bin ich mit verquollenen Augen aus dem Bus gestolpert und zu meinem Neun-Uhr-Kurs in die Schauspielschule geschlurft. Die Festivitäten des vergangenen Abends und der Champagner waren nur noch ein Fleck auf meinem Leih-Kilt und ein Pochen in meinem Kopf. Ich dachte, von teurem Champagner bekommt man keinen Kater?

[Graham: Dieses Geräusch, ist das Laurence Olivier, der sich im Grabe umdreht?]

Auf unserer Tour mit dem Stück *Outlying Islands* wurde das gesamte Ensemble in einen Mehrzweckbus gestopft, und der Regisseur ist gefahren. Unter anderem waren wir auf Easdale Island. *Eilean Eisdeal* ist die kleinste Insel der Inneren Hebriden und scheint vollständig aus Schiefer zu bestehen. Da es dort außerdem perfekte Kiesel im Überfluss gibt, wurde dort schon die Weltmeisterschaft im Steineflitschen ausgetragen. Ich habe es ein paarmal versucht, aber ich glaube nicht, dass ich es auf das Treppchen geschafft hätte.

Easdale ist weniger als sechzig Hektar groß, und man kann in etwa vierzig Minuten um die ganze Insel herumspazieren. Die Insel ist 200 Meter vom Festland entfernt, daher kann man sie nur mit einem kleinen Boot erreichen. Dieses Bötchen transportiert ALLES, und es gibt auf der Insel keine Autos. Ich habe keine Ahnung, wie wir es geschafft haben, unsere ganze Bühne und die Kulissen dorthin zu transportieren, aber es ist uns gelungen.

Im Gemeindesaal drängten sich die Insulaner (etwa sechzig Personen) plus einige »Festländer« vor unserer kleinen Bühne. Das Stück, das auf der entlegenen Insel North Rona spielt, handelt von zwei jungen Ornithologen, die die dortige Fauna erforschen wollen und irrtümlicherweise den örtlichen Farmer umbringen (ups!). Dieser hat eine hübsche Tochter, in die sich die beiden jungen Männer verlieben, während sie ihnen geschmorten Papageientaucher auftischt.

Es ist ein schaurig-schönes Theaterstück über den Verlust der Unschuld, und es weckt dunkle Vorahnungen auf den Zweiten Weltkrieg – aufgehellt durch ein bisschen Laurel-und-Hardy-Humor. Unsere Kulisse, eine finstere Berghütte, war wie eine kleine Höhle im Gemeindesaal, wo sich sämtliche Inselbewohner versammelt hatten und mit angehaltenem Atem verfolgten, wie meine Figur um die Liebe der Farmerstochter kämpfte. Die Möwen, die draußen auf dem Dach nisteten, und die Wellen, die sich an der Schieferinsel brachen, steuerten echte Soundeffekte und eine magische Atmosphäre bei.

Auf dem Höhepunkt des Stücks begeht mein Kamerad Selbstmord, indem er von einer Klippe in den heraufziehenden Sturm springt. Unterdessen zog draußen tatsächlich ein Sturm herauf. Obwohl der Abstand zum Festland so klein ist, wurde es zu gefährlich, irgendjemanden dorthin zu transportieren. Außerdem war das Publikum vom Festland inzwischen ziemlich mit Single Malt abgefüllt. Nach dem Ende der Aufführung haben sich also die ganze Insel, die Schauspieler, die Crew und die »Fremden« vom Festland im Haus des Bootsbesitzers eingefunden und bis zum Morgen gesungen, getanzt und gelacht, während die Einheimischen Cèilidhmusik auf einer Dudelsackpfeife und einer Geige spielten. Ich habe keine Ahnung mehr, wo ich geschlafen habe, aber ich war froh, dass wir am nächsten Morgen zum Festland übersetzen konnten, ohne schwimmen zu müssen.

Auf dieser Tournee haben wir auch die Äußeren Hebriden besucht und bei meinem Freund, dem gälischen Dichter und Stückeschreiber Iain MacLeod, zu Abend gegessen. In einem seiner Stücke bin ich später aufgetreten; es heißt *The Pearlfisher* und handelt von den Letzten des fahrenden Volkes und Süßwasserperlenfischern in Schottland. Zudem habe ich Iain eingeladen, in einer Folge von *Men in Kilts* von der ewigen Rivalität und Missgunst zwischen den MacLeods und den MacDonalds zu erzählen.

Sein Vater webt heute noch traditionellen Harris-Tweed in Port of Ness an der Nordwestspitze von Lewis, wo gewaltige Wellen gegen die schwarzen Klippen krachen, die auf den Atlantik hinausschauen. Er hat uns seinen einfachen Webstuhl gezeigt, der wie schon seit Jahrhunderten von Hand betrieben wird.

Wir wollten Rona besuchen, die Insel, die in *Outlying Islands* vorkommt und knapp siebzig Kilometer nordöstlich von Lewis liegt. Es ist die entlegenste zumindest ehemals bewohnte Insel des Vereinigten Königreichs; ihre nächsten Nachbarn sind die Färöer-Inseln.

Die Insel ist so abgelegen, dass sie auf Landkarten von Großbritannien oft fehlt. Heute leisten ihr nur die Schafe der Farmer von Lewis, die kreischenden Vögel und der heftige Wind des Nordatlantiks Gesellschaft. Im Altnordischen bedeutet ihr Name »raue Insel«, was mir sehr passend erscheint. Im achten Jahrhundert gründete St. Ronan dort eine christliche Gemeinschaft. Sie müssen sich gefühlt haben wie am Ende der Welt.

Wir haben ein großes Motorboot gemietet, uns wärmende orange Rettungswesten angezogen und sind dann mehrere Stunden munter über die Wellen gehüpft. Hin und wieder haben wir einen Seehund oder einen Tölpel gesehen – die alljährliche »Ernte« dieser eigentlich geschützten, »Guga« genannten Vögel mit ihrem tranigen Fleisch ist auf Lewis eine Tradition, für die es noch heute eine Sondergenehmigung gibt.

Schließlich konnten unsere von zu viel Sonne, Wind und Salzwasser halb blinden Augen einen felsigen Stecknadelkopf im Meer ausmachen. Nach unserer Landung konnten wir die Überreste der vor Jahrhunderten bewohnten Ansiedlung des Heiligen besichtigen. Rona ist wirklich eine Insel am Rande der Welt, die nur von wenigen Menschen besucht wird. Sie hat ihren Zauber, aber meinen nächsten Urlaub würde ich dort nicht planen. Besser, wenn man sie den Möwen und Robben überlässt.

Eine weitere denkwürdige Schiffsreise war die Fahrt mit der Fähre über den Minch, den Kanal, der das Festland von den Äußeren Hebriden trennt. Wir waren für *Men in Kilts* mit der Kamera dabei, wie ich versucht habe, meinen Prosecco-getränkten Begleiter mit mythischem Wissen zu bombardieren.

Die Macht der Clans, die an der Küste und auf den Inseln herrschten, beruhte darauf, dass sie den Zugang zum Meer kontrollierten – damals die schnellste Fortbewegungsart. Allerdings war es auch die gefährlichste Fortbewegungsart, und die Kultur der schottischen Seefahrer kennt unzählige Legenden und mythische Kreaturen – zum Beispiel die Sturm-Kelpies.

Diese »blauen Männer des Minch« hielten Ausschau nach Schiffen, die sie versenken, und Seeleuten, die sie ertränken konnten. Sie waren so groß wie Menschen, aber blau gefärbt, und konnten nach Lust und Laune Stürme heraufbeschwören. Deshalb nannte man den Minch auch *Sruth nam Fear Gorm,* »Strom der blauen Männer«. (In meiner Vorstellung haben sie alle gewaltige weiße Bärte und Glatzen, und sie lieben Kaffee mit Schaum.)

In seinem Buch über den Aberglauben in den Highlands und

auf den Inseln schrieb John Gregorson Campbell im Jahr 1900 über den Ursprung der seltsamen blauen Männer: »Die gefallenen Engel wurden in drei Divisionen aus dem Paradies vertrieben; eine wurde zu den Feen an Land, eine zu den blauen Männern in der See und eine … die Girlanden des Nordens oder die fröhlichen Tänzer am Himmel.«

Die »fröhlichen Tänzer« waren ein anderer Name für die Nordlichter, zu denen wir im Monat Oktober noch kommen.

Zu den mythischen Kreaturen zählte auch der Nuckelavee, ein pferdeähnlicher Dämon, vor dem die Insulaner solche Angst hatten, dass sie jedes Mal ein Gebet sprachen, wenn sie seinen Namen gesagt hatten. Er kam in der Nähe von Stränden vor, ging aber witzigerweise nicht an Land, wenn es regnete, also kam er nicht so oft. Der Atem dieser Bestie konnte Ernten verdorren lassen und Seuchen über das Vieh bringen, aber wie so viele gruselige Seeungeheuer konnte es in Süßwasser nicht überleben – wenn man also von ihm gejagt wurde, war die beste Methode, ihm zu entwischen, sich in einen Fluss oder einen See zu stürzen.

Allerdings könnte es auch passieren, dass ihr euch einem Shellycoat gegenüberseht … Argh! Diese relativ harmlosen Muschelgeister lebten in Flüssen und Bächen und waren eher spitzbübisch als böse. Am liebsten führten sie Wanderer in die Irre.

BESTENLISTE DER FISCHERFOLKLORE

- Sprecht auf einem Boot NIEMALS über Lachse. Keine Ahnung, warum, lasst es einfach.
- Ebenso Schweine und Kaninchen.
- Nehmt niemals eine Banane mit an Bord. Nie, nie, nie. Selbst heutzutage nicht. (Es sei denn, ihr fahrt mit einem Bananendampfer.)
- Pfeift nicht in den Wind – so löst ihr einen Sturm aus. (Übrigens geht das gar nicht.)

- Wenn ihr auf dem Weg zum Boot einen Vikar oder eine Frau seht, geht heim!
- Tragt einen einzelnen Goldohrring. (Graham?!)
- Nehmt einen Weißdornzweig mit.
- Fahrt immer rechtsherum aus dem Hafen.
- Steckt euch eine Münze in die Socke.
- Was immer ihr tut, rettet nie jemanden vor dem Ertrinken …

… denn vor vielen Hundert Jahren war es in Shetland, Orkney und anderen Teilen des Nordostens verboten, jemanden auf See zu retten, weil die Menschen glaubten, ein Menschenleben wäre ein notwendiges Opfer für den Meergeist. Das ist der Grund, warum viele Insulaner und Fischer nie schwimmen lernen!

»Die See nimmt sich das Leben des Retters anstelle des Geretteten. Die See muss ihre Zahl bekommen«, sagte man im neunzehnten Jahrhundert in Peterhead in Aberdeenshire.

WETTKAMPF DES MONATS

SURFING, SURFING …

GRAHAM

Eine weitere Sportart, die Sam in unseren Reiseplan geschrieben hatte, war Surfen. Ich habe Surfer schon immer sehr bewundert. Ihre Athletik, ihre Balance, ihr blondiertes Haar.

[Sam: Haar … ich meine, er will mich doch provozieren, oder?]

Ich erinnere mich noch an *Baywatch*. Wer tut das nicht? (Na ja, um fair zu sein, vermutlich alle unter fünfunddreißig.) Aber der Anblick knapp bekleideter Frauen, die über den von der Sonne geküssten Sand Kaliforniens rennen, ist für mich eine bleibende Erinnerung an die Achtzigerjahre.

Ich dachte immer, eines Tages probiere ich das einmal aus. Freunde, die regelmäßig surfen, sind der Beweis dafür, wie süchtig es macht. Ständig prüfen sie die Brandungsvorhersage und fahren manchmal stundenlang zu einem Strand, nur um im Morgengrauen eine Welle zu erwischen.

Mein Traum vom Surfen wurde immer durch den tiefen Argwohn gedämpft, den ich gegenüber dem Ozean hege. Ich habe *Der weiße Hai* gesehen. Ich habe den Film gesehen, als er herauskam. Ich glaube, JEDER, der diesen Film in den Siebzigern gesehen hat, denkt IMMER daran, wenn er im Meer ist. Ich tue es jedenfalls.

Man weiß ja nie, was sich im Ozean unter einem befindet; dazu kommt die Tatsache, dass Surfer für Haie wie verlockende Seehunde aussehen … All das addiert sich zu einem tiefen Widerwillen, zu weit ins Meer hinauszuschwimmen.

Doch wenn eines in all diesen Gedanken und Träumen vom Surfen niemals vorkam, waren es die eisige Westspitze der Insel Lewis und der Nordatlantik. Ich kann euch versichern, dass die Beach Boys nicht an die Bucht von Uig gedacht haben, als sie »Catch a Wave« gesungen haben. Was die Haie betrifft, so bezweifle ich, dass Lewis ein großes Problem mit Weißen Haien hat, weil der Hai als Erster an Unterkühlung sterben würde.

Als Heughan Surfen vorgeschlagen hat, war ich sofort Feuer und Flamme, aber ich hätte nicht gedacht, dass er einen Wettkampf daraus machen würde. Rückblickend kann ich sehen, wie naiv ich war. Für Sam ist alles ein Wettkampf: ein Ei zu kochen, sich anzuziehen, eine Kanne Tee zu kochen. Wenn Schlafen Wettkampfsport würde, würde Sam dafür trainieren.

[Sam: Auf die Plätze, fertig, los! Zzzzzzz …]

So kam es also, dass Sam an unserem freien Tag Surfen geübt hat, um mich am nächsten Tag schlagen zu können. Ich schäme mich nicht, zuzugeben, dass es ihm gelungen ist. Ich habe kaum das Brett ins Wasser bekommen, ganz zu schweigen davon, darauf zu stehen.

Eigentlich hatten wir bei den Dreharbeiten zur ersten Staffel von *Men in Kilts* Glück mit dem Wetter, aber der Wettergott hat unseren Surftag ausgewählt, um zum Ausgleich für die Sonnentage mit horizontalem Regen, Wind und eisigen Temperaturen auf uns einzuprügeln.

Wir haben Neoprenanzüge bekommen. Wahrscheinlich habe ich noch einen Neoprenanzug über meinen Neoprenanzug gezogen. Auf jeden Fall hatte ich Handschuhe und eine Haube an. Im Großen und Ganzen sah ich aus wie ein Riesenbaby mit einem Strampelanzug, als ich mich mit meinem Surfbrett zum Wasser hinunter kämpfte.

[Sam: Hast du dich eingenässt? Ernst gemeinte Frage.]

Nach ein paar Metern habe ich jeden Versuch aufgegeben, meine Würde zu wahren. Mein Surfbrett hat buchstäblich ein Eigenleben entwickelt. Es war wie ein Ringkampf mit Duncan Lacroix, wenn er einen Whisky zu viel intus hat und dann hört, ein Stück weiter die Straße entlang könnte noch eine Kneipe offen sein.

Als ich irgendwann ins Wasser kam, war es tatsächlich eine Erleichterung. Ich bin auf meinem Brett gepaddelt und habe es geschafft, mir einzureden, ich wäre Teil der Surfergemeinschaft. Wenn ich nicht gerade Salzwasser geschluckt oder mich gefühlt habe, als würden mich die Wellen ohrfeigen, habe ich zu Heughan hinübergeschaut, der versuchte, sich auf sein Brett zu stellen.

Ich habe auf eine Welle gewartet, von der ich dachte, sie würde mir helfen, mühelos zum Strand zu gleiten. Als sie schließlich kam, war es ein herrliches Gefühl (wenn ich nicht gerade vom Brett gekippt bin oder keuchend mit den Armen und Beinen gerudert habe wie ein junges Gnu).

Als ich dann einmal länger als zehn Sekunden auf dem Brett geblieben bin, habe ich begriffen, was die Menschen am Surfen finden. Es machte Spaß! Es ging mühelos!!! Und dann versuchte ich es erneut, und Poseidon zeigte mir, was eine Harke ist, während ich mich in die Wellen zurückkämpfte.

Ich bin vielleicht bei zwei meiner fünfzehn bis zwanzig Versuche oben geblieben, und selbst das war vermutlich purer Zufall. Ich hatte keinerlei Zeitgefühl mehr, und erstaunlicherweise war mir gar nicht kalt!!! Okay, ich war natürlich auch eingepackt wie ein Mensch in einem Schlafsack, der sich mit einem Federbett zugedeckt hat, über das er eine Rettungsdecke gebreitet hat.

Zwischendurch warf ich einen weiteren flüchtigen Blick auf meinen wettkampflustigen Landsmann. Natürlich, da stand er ja auf seinem Brett – zugegebenermaßen wie ein Riesenbaby bei seinen ersten Schritten in der Krabbelgruppe, aber er STAND.

Schön für ihn, dachte ich. (Na ja, nein, das war es nicht, was ich dachte. Eher etwas wie, Gott, ich hoffe, er fällt hin.)

Irgendwann wurde mir klar, dass ich wahrscheinlich den Rest des Tages, wenn nicht den Rest meines irdischen Lebens, im Wasser bleiben musste, wenn ich warten wollte, bis ich auf einem Surfbrett stehen konnte, also habe ich Feierabend gemacht. Auf dem verrückten Rückweg zum Strand muss ich ausgesehen haben wie ein Mensch, der ein wildes Tier unter dem Arm trägt.

Es mag ein guter Tag zum Surfen gewesen sein, aber nicht für McTavish. Einer der führenden Surfbretthersteller heißt übrigens McTavish. Offensichtlich sind wir nicht verwandt.

SAM

Das Meer war gar nicht kalt, McTavish, es war warm! Überraschend warm sogar. Der Badeausflug im Sligachan Pool auf Skye … ooohhh … DAS war so kalt, dass einem die Eier verschrumpelten. Meine Stimme hat noch eine gute Stunde später gequietscht.

Aber beim Surfen war das Meer dreizehn Grad warm – durch den Golfstrom hat es dort im Schnitt eine Temperatur von kuscheligen acht Grad, also stellt sich Graham wieder einmal nur an. Und was die Riesenhaie angeht, sie sind harmlos, aber, oh, die Katzenhaie, Graubart, die sind tödlich! Ich habe keine Ahnung, wie du das überlebt hast.

Das erste Mal bin ich mit meinem Freund, dem Meeresbiologen Taylor Chapple, surfen gewesen. Tags zuvor hatte er mich auf einem Vier-Meter-Boot mitgenommen, um in der Bucht von Monterey Weiße Haie mit Markern zu versehen. Unterwegs haben wir Delfine und ein paar Orcas gesehen und, OH, habe ich WEISSE HAIE erwähnt?

Keine zwei Minuten, nachdem er das Lockmittel zu Wasser gelassen hatte (ein Stück vom Teppich seiner Mutter), umkreisten sieben Weiße Haie unser Boot. Ich hielt mich krampfhaft an der Reling fest und sah zu, wie Taylor einen nach dem anderen markierte. Einer hatte offensichtlich den Film gesehen und tat sein Bestes, eine besonders unvergessliche Szene nachzustellen. Er schwamm ein Stück weg, machte kehrt, kam geradewegs auf das Boot zu, schoss aus dem Wasser und biss nach dem Motor. Just als ich wirklich dachte, gleich kann mein Herz nicht mehr, verschwanden sie plötzlich alle.

»Wo sind sie alle hin?«, zitterte meine Stimme.

»Irgendwo muss ein großer sein«, erwiderte Taylor gut gelaunt und beugte sich über das Wasser.

Ich suchte den Horizont ab, das Herz in der Kehle. Puh, nichts … nur diese große Welle, die auf uns zukam. Nein. Moment. Diese WELLE wird durch irgendetwas verursacht … ein fünf Meter langer Weißer Hai, fast so breit, wie er lang war, glitt unter unserem Mini-Boot hindurch. Mir wurde klar, dass nicht wir es waren, die die Haie studierten – sie studierten uns. Clevere Biester.

Aber zurück zu den Äußeren Hebriden und einem warmen Tag am Strand, an dem ein alter Hund neue Kunststücke lernen sollte. Ich beschreibe euch die Szene …

Graham trug einen doppelten Neoprenanzug, extra dick für extra viel Schutz, und was noch lächerlicher war, er trug die Haube dazu. Ich meine, kein Mensch trägt die Haube eines Neoprenanzugs, oder? Also habe ich dafür gesorgt, dass Laura, unsere Stylistin, ihm geraten hat, sie anzuziehen, weil ich natürlich damit rechnete, dass er sich weigert. Aber nein – kein Wutanfall, keine schlechte Laune, kein Wort der Ablehnung. Graham schlüpfte bereitwillig in das überlebensgroße Kopfkondom. Er sah so komisch darin aus, einfach herrlich.

Vielleicht war es ja schön für ihn, zur Abwechslung einmal etwas auf dem Kopf zu haben.

Es war windig. Es war sogar sehr windig, und als sich Graham auf dem Weg zum Strand bemühte, sein Brett und seine Würde nicht zu verlieren, wurde er heftig umhergeweht. Wir kamen am Wasser an, und, ah, wie herrlich war es, als ich mein Brett in die Wellen hinausschob und Graham hinter mir am Strand zurückließ. Steif und mürrisch versuchte er immer noch, sein Brett im Wind zu behalten.

Ich paddelte ein Stück weiter und erfreute mich der immensen Freiheit, die einem das Surfen gibt. Das Wasser war so klar, dass man durch die smaragdgrünen Wellen bis auf den goldenen Sand am Boden schauen konnte. Wir reden hier von Schottland, nicht von den Tropen!

Ich schaute mich nach Graham um und konnte sehen, dass er bis zur Hüfte im Wasser stand und versuchte, sein Surfbrett in den Händen zu behalten. Inzwischen brüllte er etwas, was wie Gälisch klang, aber wahrscheinlich waren es einfach Verwünschungen. Ich lächelte vor mich hin, paddelte weiter und versuchte, mich zu erinnern, was mein Surflehrer auf Hawaii mir beigebracht hatte.

Graham: Oh, ja, ich hatte ganz vergessen, dass du da Unterricht genommen hast. Also bist du praktisch ein Profi.

Sam: Okay, ich gebe es zu, ich bin schon auf Hawaii gesurft und hatte außerdem am Vortag heimlich unter Anleitung geübt.

Graham: Klar hast du das.

Sam: Wir haben dich eingeladen mitzukommen, aber du hattest ja nur einen ungläubigen Blick und ein verächtliches Prusten für die Vorstellung übrig, an deinem freien Tag zu arbeiten.

Während ich trotz des starken Windes die Wellen genoss, schluckte Graham so viel Salzwasser, wie er konnte, und blieb vielleicht zehn Minuten im Wasser. In dieser Zeit wurde er unzählige Male von den Babywellen umgeworfen, die an dieser flachen Stelle verebben.

Seien wir doch ehrlich, das Ergebnis stand schon im Voraus fest, denn er ist nun einmal ein Mensch, der eher dafür gemacht ist, in einem Infinitypool auf einer Luftmatratze zu liegen, in der einen Hand ein kaltes Glas Rosé, in der anderen seinen Agenten am Handy, während eine fleißige Seele im Inneren seiner (geborgten) Luxusvilla ein Drei-Gänge-Gourmet-Menü für ihn zubereitet.

Die fleißige Seele am Strand von Uig war George, sein Fahrer-plus-Butler, der geduldig auf seinen Herrn und Meister wartete wie das treue Hündchen Greyfriars Bobby (siehe NOVEMBER). Er hielt ihm den blauen Plüschbademantel hin, außerdem Pantoffeln mit seinem Monogramm, eine Wärmflasche, eine tartangemusterte Stahlflasche mit Latte macchiato und einen Notfallproteinriegel, alles wie bestellt.

Es war einfach jenseits von Gut und Böse; verglichen mit McTavish wirken sogar Mariah Careys legendäre Forderungen ganz vernünftig.

DER MACNEIL-CLAN

GRAHAM

Ich liebe diesen Clan. Klein, aber mächtig, und man kennt sie auch als fabelhafte Piraten. (Wer könnte schon einem Piraten widerstehen?)

Der Hauptsitz der MacNeils ist Barra, doch sie sind auch auf den Inseln Colonsay und Gigha prominent vertreten. Die MacNeils auf Colonsay haben sogar einen Disput darüber angefangen, auf welcher Insel es die MacNeils am längsten gibt.

Barra hat gewonnen.

Manchmal denkt man wirklich, den Schotten ist nichts zu schade für einen Streit!

Bis vor Kurzem glaubte man, dass der Clan MacNeil von Iren abstammt. Genau gesagt, von einem Iren – Niall mit den neun Geiseln.

(An diesem Punkt muss ich innehalten, um einen Moment über diesen Namen nachzudenken. Niall mit den neun Geiseln. Ein bisschen wie Duncan von den sieben Burgen. Hat er als Niall mit den zwei Geiseln angefangen und sich auf ein halbes Dutzend gesteigert, bis er schließlich bei neun Schluss gemacht hat?)

»Ich brauche mehr Geiseln!!!«

»Aber Mylord, Ihr habt doch schon fünf Geiseln. Das ist viel mehr als Euer Nachbar Billy mit den zwei Geiseln.«

»Neeeiin!!! Ich will neun Geiseln, verdammt. NEUN!!! Such mir noch vier von den Schuften!!! Du!!! Du kannst eine Geisel sein!!!«

»Aber ich bin doch deine Schwester.«

»Egal. Du bist jetzt eine Geisel! Und du!!!«

»Ja, Papa?«

»Geisel!!!«

Hat er für jede Geisel eine Kerbe in die Burgmauer geritzt?

»Euch wird bald der Platz ausgehen, Mylord.«

»Ruhe! Du kannst die nächste Geisel sein!«

Ich frage mich, ob Niall die Geiseln irgendwann freigelassen hat. Oder war es wie bei meinen Reisen mit Heughan, und die Geiseln haben eine Art mittelalterliches Stockholm-Syndrom entwickelt?

Das Motto der MacNeils ist *Baidh No Bas,* was »erobern oder sterben« bedeutet. Eindeutige Auswahl, kein Raum für Missverständnisse. Kein Risiko, dass jemand verwirrt sein könnte, wenn es darum geht, welche Optionen der Feind hat.

Kürzlich hat man durch DNA-Tests entdeckt, dass die MacNeils in Wirklichkeit von den Wikingern abstammen. Ein Blick auf ihr bevorzugtes Piratenschiff, eine Birlinn oder West Highland Galeere, bestätigt das – es ist im Prinzip eine Kopie eines Wikinger-Langboots. In diesen Booten durchpflügten die MacNeils das Meer wie Long John Silvers Ahnen.

Einer der MacNeil-Piraten hat während der Regentschaft von

James VI mehrfach elisabethanische Schiffe angegriffen. James war nicht begeistert, denn Elizabeths Wohlwollen war ihm wichtig. Als man MacNeil daher in Edinburgh vor den König zerrte, damit er sein Verhalten erklärte, sagte dieser schlicht, er hätte gedacht, James würde erfreut darüber sein, dass er die Schiffe der Frau attackierte, die Mary Stuart getötet hätte. Den König verblüffte diese Antwort derart, dass er MacNeil gehen ließ.

Der nordischen Sage nach war der erste Wikinger auf Barra ein Mensch mit dem wundervollen Namen Omund das Holzbein. Wenig überraschend hatte er wie jeder gute Pirat nur ein Bein. Vermutlich auch einen Papageien, aber das wissen wir nicht mit Sicherheit.

Vielleicht sind sich Omund und Niall irgendwann begegnet? Ein Holzbein und neun Geiseln, was für ein spaßiger Abend.

Die MacNeils waren überzeugte Jakobiten. In der Schlacht von Killicrankie wurde Graf »Bonnie« Dundee von keinem Geringeren als dem Schwarzen Roderick MacNeil unterstützt. Ich vermute, das bezieht sich auf seinen Ruf, nicht auf mögliche karibische Wurzeln.

Bemerkenswert waren auch die Worte, die das Faktotum des Clanoberhaupts jeden Tag nach einem Hornsignal von den Zinnen der Burg Kisimul rief: »Hört, o Leute, und lauscht, ihr Nationen. Der große MacNeil von Barra hat sein Mahl beendet; die Prinzen der Erde mögen nun speisen.«

Ich glaube, den Spruch werde ich auch benutzen, wenn ich demnächst mit Heughan essen gehe.

SCHLACHT DES MONATS

DIE SCHLACHT UM DIE HEBRIDEN, 1585–86

GRAHAM

Es ist ein wenig irreführend, dies als Schlacht zu bezeichnen. Eine Schlacht impliziert das Aufeinandertreffen zweier Armeen, und der Sieger bekommt die Beute.

Das hier war eher eine Reihe von Lügen, Betrügereien, Morden und Scharmützeln. Die Inseln, um die es bei diesen Ereignissen ging, sind so schön, dass es schwer zu glauben ist, dass dort Platz für so viel Feindseligkeit war.

Doch so war es.

Die »Schlacht« konzentrierte sich auf die Inneren Hebrideninseln Jura, Islay, Mull, Tiree und Teile von Kintyre.

Das Ganze trug sich von 1585 bis 1586 zwischen zwei Sippen der MacDonalds (Sleat und Dunnyveg) und den MacLeans zu.

Es begann, als einige MacDonalds das taten, was Highlander am besten konnten, und ein paar Rinder stahlen. Das Besondere war allerdings, dass sie es so aussehen ließen, als hätte ein anderer MacDonald es getan, ein Mensch namens Donald Gorm Mor. Diese dreisten Kerle!

Die Rinder gehörten Lachlan Mor MacLean. Dieser Mann war nicht für seine Friedfertigkeit bekannt, und die Diebe, die das wussten, wussten auch, dass Lachlan die Schuld sofort dem armen Donald Gorm Mor in die Schuhe schieben würde.

Und natürlich, Lachlan hüpfte mit ein paar rachsüchtigen MacLeans auf ein Schiff und stattete Donald einen Besuch ab. Ehe Donald ihnen auch nur eine Tasse Tee anbieten konnte (oder was auch immer er gerade kochte, vielleicht Latte macchiato?), tötete Lachlan sechzig MacDonalds. Donald Gorm Mor gelang mit ein paar anderen die Flucht.

Überflüssig zu sagen, dass Donald alles andere als glücklich war.

Er forderte alle Mitglieder des MacDonald-Clans auf, sich ihm anzuschließen und jeden zu Brei zu schlagen, der das Unglück hatte, den Namen MacLean zu tragen. Er bereitete sich sogar darauf vor, auf Mull einzumarschieren.

An diesem Punkt fanden sie heraus, dass es tatsächlich MacDonalds gewesen waren, die den Rinderdiebstahl begangen hatten.

»Eh, Donald, hast du einen Moment?«

Donald Gorm Mor ist über seine Axt gebeugt, die er gerade schärft.

»Aye, was ist denn?«

»Hm, es ist wirklich komisch, aber erinnerst du dich an diese gestohlenen Rinder?«

»Aye, der Diebstahl, den sie uns in die Schuhe schieben wollen? Reine Erfindung der verdammten MacLeans.«

»Hm, ja, was das betrifft … sieht so aus, als WÄREN die Diebe MacDonalds gewesen.«

»Tatsächlich?«

»Ja, sie haben versucht, dich zum Sündenbock zu machen. Wirklich zum Totlachen. Heißt das jetzt, wir blasen den Angriff Hunderter der Unseren auf die MacLeans ab? Die waren ja zu Recht sauer, weil MacDonalds ihre Rinder geklaut haben.«

»Nein, das heißt es ganz bestimmt nicht!!! Sobald diese Axt scharf genug ist, zeige ich's ihnen so richtig.«

So war das also. Wir lassen uns doch unseren schönen Rachefeldzug nicht von der Wahrheit versauen.

Auftritt: der König.

James VI von Schottland drängte die MacDonalds, mit diesem

mörderischen Unsinn aufzuhören und zu einer friedlichen Einigung mit den MacLeans zu kommen.

Daraufhin ruderte Angus MacDonald aus Islay nach Skye hinüber, um Donald Gorm Mor mit der sehr scharfen Axt zu einer friedlichen Einigung mit Lachlan MacLean zu überreden.

Auf dem Rückweg machte er in der Burg Duart halt (vielleicht, um einen von Lachlan MacLeans berühmten Latte macchiatos zu trinken) und versuchte, Lachlan ebenfalls zu einer friedlichen Vorgehensweise zu überreden.

Lachlan (der offenbar unter dem Einfluss einer Überdosis Koffein stand) entschloss sich stattdessen, Angus und seine Begleiter gefangen zu nehmen, und beharrte darauf, dass ihm Angus Ländereien auf Islay überließ.

Als Garantie nahm Lachlan Angus' Söhne James und Ranald als Geiseln.

Man könnte sagen, dass Angus bei seiner Heimkehr wirklich sehr bestürzt war.

Lachlan MacLean reiste prompt nach Islay, um seine neuen Ländereien in Besitz zu nehmen. Er quartierte sich für drei Tage in der Festung Lochgorm ein wie in einem Holiday Inn des sechzehnten Jahrhunderts.

Angus lud ihn wiederholt ein, seine Gastfreundschaft zu genießen. Irgendwann gab Lachlan nach und folgte mit sechsundachtzig seiner Männer der Einladung. Allerdings verbrachten sie die Nacht lieber in einem Nebengebäude.

»Ach ja, und deinen Sohn James nehme ich sicherheitshalber mit.«

Mitten in der Nacht verspürte Angus das unerklärliche Bedürfnis, das Nebengebäude aufzusuchen und Lachlan auf einen Absacker einzuladen.

Ungewöhnlicherweise nahm er 400 Männer mit, um seiner Einladung Nachdruck zu verleihen.

Es stellte sich heraus, dass Lachlan ein Mensch war, der niemals eine Einladung annahm, ohne einer Geisel ein Schwert an die Kehle zu halten. Das war der Anblick, der sich Angus MacDonald bot, als Lachlan die Tür öffnete.

»Ah, Angus, ich sehe, du hast ein paar Saufkumpane mitgebracht. Vierhundert an der Zahl.«

»Ah, Lachlan, ich sehe, du hältst meinem Sohn James ein scharfes, spitzes Schwert an die Kehle.«

An diesem Punkt tat Angus das einzig Vernünftige und sagte, wenn Lachlan seinen Sohn freiließe und sich mit seinen Männern ergäbe, würde man sie verschonen.

Unvorstellbarerweise glaubte ihm Lachlan.

Zwei seiner Männer weigerten sich (sie waren maßgeblich am Gemetzel unter den MacDonalds beteiligt gewesen), also zündete man den MacLeans das Dach über dem Kopf an. Einzig Lachlan selbst blieb verschont und überlebte.

Zweiter Auftritt: der König.

Er bat Archibald Campbell, den Grafen von Argyll, zu vermitteln.

Angus stimmte zu, unter der Bedingung, dass man ihm seine Verbrechen vergab, dass ihm MacLean acht Geiseln überließ und auf weitere Strafexpeditionen gegen die MacDonalds verzichtete.

So weit, so gut.

Dann unternahm Angus eine kleine Reise nach Irland. Lachlan nutzte seine Abwesenheit, um Islay in Schutt und Asche zu legen. Statt sich an den Geiseln zu vergreifen, marschierte Angus nach seiner Rückkehr auf Mull und Tiree ein und richtete dort ein Blutbad unter allen an, die auch nur den Kopf hoben, wenn jemand »MacLean« rief.

Die Volkszählung auf den Inneren Hebriden muss in diesem Jahr ein Mordsspaß gewesen sein, wenn auch ein kurzer.

Auftritt: der König.

SCHON WIEDER.

Weil er jetzt genug von diesem Theater hatte, ließ James VI beide Männer in die Burg von Edinburgh verfrachten, wo er sie einkerkerte, bis sie zur Vernunft kamen.

Das geschah schließlich, vermutlich, weil es auf Islay, Tiree und Mull niemanden mehr gab, den sie hätten umbringen können.

So endete ein weiteres geschäftiges Highland-Jahr zwischen den MacDonalds und den MacLeans.

NATURNOTIZEN

SCHAFE

SAM

Auf dem schottischen Festland und den Inseln gibt es mehr Schafe als Menschen. Es war sogar erklärtes Ziel der sogenannten »Highland Clearances«, der ethnischen Säuberungen zwischen 1750 und 1860, die gälischsprachigen Kleinbauern aus der Landschaft zu vertreiben und sie durch Schafe zu ersetzen, die für die Großgrundbesitzer mehr wert waren.

1770 wurde zum ersten Mal eine vollständige Ortschaft geräumt, um Platz für die wolligen Nutztiere zu schaffen. In einem extremen Fall vertrieben die Herzogin von Sutherland und ihr Mann, der Graf von Stafford, zwischen 1811 und 1821 insgesamt 15.000 Menschen von ihrem 600.000 Hektar großen Anwesen, um Platz für 200.000 Schafe zu schaffen. Es waren also nicht nur Engländer, die für die Vertreibungen verantwortlich waren; der schottische Adel machte sich in seinem Bemühen, nach der Schlacht von Culloden mit der Zeit zu gehen, genauso schuldig.

Nicht nur Jakobiten wurden in alle möglichen Gegenden der Neuen Welt deportiert; 1763 kam es zur ersten Welle der Räumungen in den Highlands. Etwa 10.000 Menschen emigrierten nach Nordamerika, darunter viele Großpächter. Diese Pächter bewirtschafteten das Land eines Großgrundbesitzers (oft ein Verwandter) und verpachteten es in kleinen Parzellen an Kleinbauern und Familien weiter. Nach dem Zusammenbruch der Clankultur zählten diese Pächter zu den Ersten, die überflüssig wurden.

Die Nächsten, die man nicht mehr brauchte, waren die Kleinpächter. Oft gingen die Schotten freiwillig, um nicht zu verhungern oder zuzusehen, wie man ihre Katen niederbrannte. Über 150.000 Menschen wurden aus den Highlands und von den Inseln vertrieben – eine bestürzende Zahl, wenn man bedenkt, dass Schottland im Jahr 1801 laut einer Erhebung 1.608.420 Einwohner hatte. Überall in Schottland erinnern Standbilder an die verlorenen Bewohner der Highlands, vor allem das Emigrantendenkmal in Helmsdale.

Graham und ich sind schon so manchem Furcht einflößenden schottischen Schaf begegnet. Wir sollten auch nicht vergessen, dass Dolly, das erste Klonschaf der Welt, von Wissenschaftlern der Universität Edinburgh erzeugt wurde.

Erst neulich haben wir uns in *Men in Kilts* die Zeit mit den wolligen Wanderern vertrieben, zusammen mit unseren Gastgebern Alasdair und Donald MacLeod und Calum MacInnes, allesamt keine blutrünstigen Clanhäuptlinge, sondern freundliche Bauern von der Insel Skye. Auf der Farm lebten drei Generationen, Vater Alasdair, Sohn Donald und dessen kleiner Sohn, vielleicht ein oder zwei Jahre alt.

Graham hat sich total in dieses Kind verliebt, und »Daddy Graham« wollte den Kleinen immer wieder auf den Arm nehmen. Mir kamen die Tränen, und ich bin mir sicher, der arme Junge war ähnlich traumatisiert.

Sie waren so eine nette, glückliche Familie, die in einer herrlichen, aber auch kahlen und oft brutalen Landschaft lebte. Ihre Zufriedenheit erinnerte mich einmal mehr an das gälische Wort *dulchas,* das Gefühl einer tiefen Verbundenheit mit einem Ort, das so viele von uns heute nicht mehr kennen.

Die MacLeods waren dabei, ihre Kate zu sanieren, deshalb wohnten sie in einem Trailer, aber wir durften ihn übernehmen, hauptsächlich als Garderobe für Graham. *[Graham: Du meinst* DEINE *Garderobe, für deine täglichen drei Stunden mit deiner persönlichen Stylistin Wendy.]*

Sie ließen ihre Schafe auf dem Quiraing grasen, einem durch einen Erdrutsch entstandenen grünen Steilhang am Meall na Suiramach mit berühmten Felsformationen wie *The Needle* – auch bekannt, weil sich Graham dort über sein Fahrrad beschwert hat, das weder bergauf noch bergab funktionierte. Donald erklärte uns, dass es eine Herausforderung ist, die Schafe in diesem Gelände wiederzufinden, und dass es für ihn oft eine Tagestour bedeutet.

Auf der Farm haben sie uns gezeigt, wie man die Schafe mithilfe von Hunden in Pferche treibt. Graham war voller Enthusiasmus, und ich war etwas argwöhnisch, warum. Er hat das Ganze kommentiert wie eine Sportveranstaltung.

»O mein Gott! Das ist ja fantastisch – seht euch die Hunde an. Da! Sie rennen *hinter* den Schafen her! Und jetzt laufen die Schafe auf den Pferch *zu!*«

Ich hatte Befürchtungen, er könnte noch Restalkohol vom gestrigen Abend in sich haben – oder er träumte von einer Karriere als Schaftreiber in ländlicher Idylle.

Insgesamt waren es sieben Schäferhunde, darunter auch das

Energiebündel Spot. Er rannte unermüdlich um die Schafe herum und rief: *»Action! Los, los, los!«* Dann gab es noch einen älteren Hund, der zwar mitfahren durfte, sich aber nur noch sehr langsam bewegen konnte und irgendwann vor Erschöpfung hechelnd auf die Ladefläche des Pick-ups gehievt werden musste.

Ich überlasse es euch, liebe Leser, eure Schlüsse zu ziehen, an wen euch diese Hunde vielleicht erinnern könnten.

Dann waren Graham und ich an der Reihe, Schäferhunde zu sein und die Schafe in den Pferch zu treiben. Wir hätten es tatsächlich fast geschafft … bis sie entwischten und auf Merlin zurannten, den Tonmann, der sein Aufnahmegerät fallen ließ und über die Wiese rannte, als wäre eine Herde durchgehender Gnus hinter ihm her, nicht nur ein paar Lämmchen. Wir sahen hilflos zu, wie die Schafe über Merlins Equipment hinwegrannten und Schafscheiße darauf landete! Graham war begeistert.

Nachdem das Ton-Equipment gereinigt und wieder mit seinem Techniker vereint war, zeigten uns unsere Gastgeber, wie man ein Schaf schert. Nun betrachtet sich Graham zwar als Mann vom Land, aber nicht im bäuerlichen Sinn – nein, in der ländlichen Idylle seiner verwirrten Vorstellung ist er der Herr von allem, was er überblicken kann. Ich habe ihn angeschaut, während er mit dem Hirtenstab in der Hand schweigend beobachtete, wie Donald ein Mutterschaf auf den Rücken drehte und mit kundiger Hand sein Vlies schor.

[Graham: Ich habe mich wie ein Kind gefreut zu sehen, dass Sam den Versuch aufgeben musste, das Schaf umzudrehen. Im Gegensatz zu Felsbrocken wehren sich Schafe nämlich.]

GRAHAM

Wie ihr Leser sicher alle wisst, waren Schafe unter den ersten Tieren, die domestiziert wurden. Ich finde es allerdings erstaunlich, dass diese Domestizierung schrittweise geschehen ist: Zuerst kam das Fleisch (wenn es aus Fleisch ist, ist unser erster Gedanke, ob wir es kochen können – zumindest ist das mein erster Gedanke). Aber Milch und Wolle haben die Dreifachnutzung im Lauf der Zeit komplettiert.

Vor 6000 Jahren gab es in Britannien keine Wollschafe (heutzutage kaum vorzustellen), aber man hat bei Ausgrabungen kleine Schafe mit kurzen Schwänzen und vier Hörnern gefunden. Sie müssen zäh gewesen sein, um die Nässe Nordeuropas zu überleben; schließlich ist es nirgendwo nasser als auf den Hebriden.

[Sam: Graham hat ein »faszinierendes« Buch über Schafe gelesen. Macht euch darauf gefasst einzudösen. Oder stellt euch vor, ihr würdet Schafe zählen, die über einen Zaun hüpfen, ihre glücklichen Plüschgesichter … Zzzzzz …]

Es gibt deutliche genetische Unterschiede zwischen den verbreiteten weißen Wollschafen und den Hebridenschafen.

Man fragt sich, was ein reguläres Schaf wohl über diese gehörnten Tiere denken würde. Außerdem frage ich mich, ob es die Hebridenschafe waren, die als Erste diese feindselige Haltung gegenüber Autos und Menschen entwickelt haben, die man in Schottland so häufig antrifft.

Während ein Schaf in Südengland die Flucht ergreift, wenn man sich nähert, halten schottische Schafe die Stellung, funkeln ihr Gegenüber an und drohen jedem, der vorbeiwill.

Ich erinnere mich an eine sommerliche Klettertour in Perthshire, bei der ich von Schafen umzingelt wurde, die von einem besonders aggressiven Hammel angeführt wurden. Als ich mich an den Abstieg machte, sind sie mir gefolgt, als wollten sie sichergehen, dass ich auch wirklich verschwinde.

»So ist's recht, Junge. Das ist UNSER Berg!!!«

Es gab sogar eine Zeit, in der sich die Aristokratie die kleineren, dunklen, gehörnten Schafe des Nordens zur Zierde hielt.

Glücklicherweise findet man diese herrlichen Geschöpfe immer öfter in ganz Britannien – unbeirrbar und stolz, wie eine Motorradbande auf vier Beinen.

SAM

Falls ihr einmal nach Harris kommt – und das hoffe ich –, müsst ihr euch unbedingt ansehen, wie die dortigen Weber auf Handwebstühlen ihren legendären Stoff herstellen. Harris-Tweed wird nur dort produziert und hat eine jahrhundertealte Tradition.

Seine Erfolgsgeschichte verdankt der Harris-Tweed vor allem einer Frau namens Lady Catherine Murray (geborene Catherine Herbert), der Gräfin von Dunmore, die die Insel in der Mitte des neunzehnten Jahrhunderts beim Tod ihres Mannes erbte (und mit vier Kindern allein blieb). Sie verbesserte die Lebensbedingungen auf der Insel und ermunterte die Frauen, textile Handwerke zu lernen, um sich ihren Lebensunterhalt von zu Hause aus verdienen zu können.

Catherine schob die industrielle Fertigung des Tweeds an, indem sie ihn über Händler in Edinburgh und London vermarkten ließ und bei ihren adeligen Freunden dafür warb. Ihre Bemühungen zahlten sich aus, und der Harris-Tweed wird heute noch von Hand vor Ort produziert. Um das begehrte Tuch vor Nachahmern zu schützen, wurde es mit dem Reichsapfel als Markenzeichen versehen und als einziger Stoff der Welt per Gesetz geschützt.

GRAHAM

Ich muss meine legendäre Hebriden-Radtour von 1995 erwähnen.

Das hier war meine Route:

Fähre von Barra nach Oban (vermutlich betrunken)
Castlebay – Lochboisdale, South Uist
Lochboisdale – Benbecula
Benbecula – Lochmaddy, North Uist
Lochmaddy – Tarbert, Harris
Tarbert – Callanish (da muss ich doch für Snacks und ein Fünfsternemenü pausiert haben?)
Callanish – Stornoway
Stornoway – Ullapool
Ullapool – Lochinver
Lochinver – Scourie
Scourie – Cape Wrath
Cape Wrath – Lairg
Lairg – Zug nach Hause

[Sam: Ich kann mir nicht vorstellen, dass er das gemacht hat, ohne ständig zu essen, Latte macchiato zu trinken und sich von einer ganzen Entourage helfen zu lassen. Eher Tour des Opas als Tour de France.]

Einer der Höhepunkte dieser Tour war der Besuch bei den Steinen von Callanish, und es war schön, sie bei *Men in Kilts* wiederzusehen. Ein Ort wie dieser hat für den Craigh na Dun in *Outlander* Pate gestanden; er lässt niemanden kalt. Man steht zwischen den Steinen und schweigt, überwältigt von ihren Dimensionen und ihrem Ernst.

Es ist erstaunlich, wie sie in dieser obskuren Ecke einer schottischen Insel die Jahrtausende überdauert haben.

Der Weg nach Callanish ist weit. Erst mit der Fähre von Skye nach Lewis und dann noch einmal eine lange Fahrt zu einem entlegenen Teil einer ohnehin entlegenen Insel. Aber es ist die Reise wert. Die Reise macht es sogar noch mehr zu etwas Besonderem.

Als Sam und ich den Ort besucht haben, waren wir mit einem besonders schönen Tag gesegnet. Die Sonne schien auf die uralten

Steine, und man konnte sich ihrer eindrucksvollen Präsenz nicht verschließen.

Die Steine sind alt. Ich meine wirklich, wirklich, wirklich alt.

Sie bestehen aus Lewis-Gneis, dem ältesten Gestein Britanniens, das vor etwa 3000 Millionen Jahren entstanden ist. Wenn man diesen Stein berührt, fällt es leicht zu glauben, dass man in der Zeit zurückreist. Im Inneren des Kreises kann man sich tatsächlich in die Zeit seiner Errichtung zurückbefördern – die Aussicht dürfte sich im Lauf der Jahrhunderte kaum verändert haben.

Callanish wird oft als das »Stonehenge Schottlands« bezeichnet. Die Steine sind in der Form eines verzerrten Keltenkreuzes arrangiert. Der größte, zentrale Stein ist über sechs Meter hoch und wiegt etwa fünfeinhalb Tonnen. Könnt ihr euch vorstellen, was vor 5000 Jahren dazu nötig war, ihn aufzurichten?

Er ist von dreizehn kleineren Steinen umringt, und eine Art Weg aus Steinen führt darauf zu. In der Mitte ist eine Begräbnisstätte, in der man menschliche Überreste gefunden hat. Wir wissen nicht genau, warum der Steinkreis erbaut wurde und wozu er diente. Forschungen deuten aber darauf hin, dass er eine Art gigantisches astronomisches Observatorium war.

In den letzten Jahren wurden noch weitere Kreise unter dem Torf entdeckt, darunter einer mit Spuren eines gewaltigen Blitzschlags. Was mögen sich die Menschen vor 5000 Jahren bei einem solchen Einschlag gedacht haben?

Welches Mitglied der Sippe mag wohl die Idee für dieses Bauwerk gehabt haben?

»Ich glaube, wir sollten einen Steinkreis bauen.«

»Gute Idee; ich gehe ein paar Steine sammeln und arrangiere sie im Kreis, ja?«

»Nein, ich glaube, der zentrale Stein sollte sechs Meter hoch sein und fünfeinhalb Tonnen wiegen.«

»DU GLAUBST WAS???«

»Ja, und es sollte noch ungefähr dreißig kleinere Steine geben. Wenn du jetzt anfängst, solltest du in ein paar Jahren fertig sein.«

Einer Legende nach sind die Steine die erstarrten Überreste von Riesen, die mit einem Fluch belegt wurden, weil sie keine Christen wurden.

Aber ganz gleich, warum, wie und von wem sie erbaut wurden, man geht davon aus, dass sie um 800 vor Christus verlassen wurden …

… und wir haben keine Ahnung, warum.

Aber wie die Frage, warum Sam Heughan wie ein Kind seine Freunde quält und warum er wie besessen Werbung für seinen Whisky macht, bleiben manche Dinge besser ungeklärt.

SAM

Kommen wir noch einmal kurz auf deine legendäre Radtour zurück, Bradley McTavish. Ich muss sagen, für einen Menschen, der behauptet, mit dem Rad durch ganz Schottland gefahren zu sein, habe ich dich bis jetzt herzlich wenig radeln gesehen. Ich frage mich sogar insgeheim, ob du wirklich geradelt bist, oder ob du dich nur von einem Ort zum nächsten gefuttert hast, während dich ein unglückseliger Begleiter im Auto herumkutschiert hat, das Fahrrad hinten an den Gepäckträger geklemmt. Klingt vertraut, oder?

Ich meine, *angeblich* ist er über die Inseln geradelt und durch Irland und sonst wo, aber jedes Mal, wenn ich Graham mit einem Fahrrad konfrontiert habe, hat er sich nur bitterlich beklagt. Er hat über die Räder in *Clanlands* gemeckert. Er hat über die Räder in *Men in Kilts* gejammert. Nicht nur über das Tandem, sondern auch die Einzelräder. Er ist nie zufrieden – sie waren nicht schnell genug, nicht bequem genug, er hat über seinen wunden Hintern gestöhnt. Kein Rad war jemals gut genug für ihn. Auf Skye sind wir mit zwei tollen Rädern den Quiraing hinuntergeradelt, und er hat sich beschwert, dass die Bremsen nicht funktionierten. Dann sind wir den Quiraing um die Wette hinaufgeradelt; ich habe ihn abgehängt (wie üblich), und er sagte, seine Gangschaltung wäre Schrott!

Grahams Vorstellung vom Radfahren ist sehr langsam, deshalb hätte ich gedacht, diese altmodischen Räder wären genau sein Ding. Vielleicht sollte ich ihm beim nächsten Mal doch ein High-End-Rennrad besorgen, damit er unserem schottischen Olympioniken Chris Hoy nacheifern kann, komplett mit Lycra-Ganzkörperanzug und Alien-Helm.

Andererseits hat Graeme Obree, auch so eine schottische Rad-Ikone, sich sein Fahrrad aus einer Waschmaschine gebaut. Er hat alles gewonnen und zwei Weltrekorde aufgestellt und sich nie beklagt, seine Waschmaschine wäre zu langsam oder zu unbequem.

GRAHAM

Allmählich wird es meine Standardaufgabe, einige von Heughans wilderen Behauptungen richtigzustellen. Ich glaube, seine Erfahrung auf dem Rad beschränkt sich auf eine einzige Tagestour von London nach Brighton.

»Wie weit ist das?«, habe ich gefragt.

»Ungefähr 130 Kilometer«, kam seine selbstsichere Antwort.

Tatsächlich sind es fünfundachtzig Kilometer.

[Sam: Ich habe meinen unbeabsichtigten Umweg mit eingerechnet … räusper. Habe mich irgendwo in der Nähe von Gatwick verfahren.]

Ich frage mich, ob er die Strecke auf einem Eisenklumpen aus Beständen der Inquisition zurückgelegt hat, so, wie wir sie bei *Men in Kilts* zur Verfügung hatten. Ich vermute, nein.

Außerdem vermute ich, dass Sam einer dieser Radfahrer ist, die sich komplett in Lycra zwängen, mit einem Oberteil, das mit den Sponsoren und Markennamen beflockt ist, deren Geldfluss er anzapft.

Weiterhin vermute ich, Sam denkt, die »North Coast 500«-Route ist nur eine besonders lange Tour von einer Whisky-Destillerie zur nächsten.

Ich habe meine erste lange Radtour mit siebzehn unternommen, von Welshpool über die Berge von Wales nach Südengland. Im Jahr danach sind mein Freund und ich von Edinburgh zur Südküste gefahren. Die Räder hatten fünf Gänge, und es war nirgendwo auch nur eine Karbonfaser in Sicht.

Seitdem bin ich mit dem Fahrrad an der irischen West- und Ostküste entlanggefahren, über die Äußeren Hebriden und dann von Ullapool nach Cape Wrath sowie von Arran nach Kintyre und Gigha und dann Richtung Norden nach Mallaig.

Vielleicht zeigt uns Sam ja ein Foto, auf dem er in seinem nachgemachten Tour-de-France-Outfit neben seiner Achtzehn-Gang-Karbon-Rennmaschine steht.

[Sam: Ich habe tatsächlich ein Radsportoberteil aus Lycra mit einem Whisky-Logo. Außerdem bin ich beim Triathlon am Blenheim Palace gestartet, also bin ich durchaus schon ernsthaft in die Pedale getreten.]

Was seinen Sieg bei unserem Wettrennen am Quiraing angeht, so erinnere ich ihn nur ungern daran – und ich entschuldige mich bei allen Fans, die gedacht haben, wir wären diesen Hang hinaufgeradelt –, aber wir sind fünfzig Meter weit gefahren, und dann hat jemand »Schnitt!« gerufen.

Es ist allerdings wahr, dass ich an diesem Punkt vermutlich einen Latte macchiato brauchte.

Ich bin nicht nur in den Ferien Rad gefahren. Nach dem Studium habe ich erst einmal als Fahrradkurier gejobbt (wenn ich nicht gerade an Theatertüren klopfte und versuchte, die Leute davon zu überzeugen, dass ich Schauspieler war).

[Sam: Habe ich schon erwähnt, dass ich mit dem Fahrrad in ganz London Sandwiches ausgeliefert habe? Im Winter.] [Graham: Dir selbst Mittagessen zu besorgen, zählt nicht als Job, Sam!]

Ich habe bei der allerersten Radkurier-Firma gearbeitet, sie hieß »On Yer Bike«. Die Zentrale war in einer Seitenstraße am Smithfield Market (es kam mir irgendwie passend vor, dass es der Ort war, wo William Wallace gehängt und gevierteilt wurde).

Ich bekam ein Walkie-Talkie, eine Tasche mit einem Schultergurt (wie sie später als »Kuriertasche« Mode wurde) und wurde losgeschickt.

Ich habe überall in London Pakete, Briefe, alles Mögliche ausgeliefert. Was mich überrascht hat, war, dass ein Fahrrad die Strecke vom West End ins Zentrum schneller zurücklegen konnte als ein Lieferwagen oder sogar ein Motorrad. Ich nehme an, das war auch der Grund, warum Lieferanten und Taxifahrer mit allen Mitteln versucht haben, mich umzubringen. Ich kann bis heute keinen weißen Lieferwagen sehen, ohne dass er in meinem Kopf »der Feind« ist, weil die Menschen am Steuer mit kaum verhohlener Verachtung und mörderischer Wut auf jeden Radfahrer hinunterschauen.

Am Ende eines Tages sah ich aus wie ein Kohlekumpel. Keine Masken oder Helme für uns Anfang der Achtziger. Einer der Gründe, warum ich nach achtzehn Monaten aufgehört habe, war tatsächlich, dass ich noch UNFALLFREI unterwegs war.

In der Zeit zwischen Schule und Uni habe ich als Briefträger gearbeitet, und zwar, ja, mit dem Fahrrad.

Der Briefträger, der mich angeleitet hat, meinte, ich sollte immer einen Holzknüppel auf dem Rad dabeihaben.

»Greif sie an, ehe sie dich angreifen«, hat er zu mir gesagt. Das war sein Motto.

An manche Adressen wurde wegen ihrer Hunde keine Post ausgeliefert. Ich erinnere mich an eine Cujo-ähnliche Bestie, die mich vom Fenster aus böswillig anstarrte. Ich musste so tun, als hätte ich gar nichts für dieses Haus, und dann im letzten Moment vom Rad springen, durch den Vorgarten rennen und die Post in den

Briefschlitz stopfen – während ich hörte, wie die Krallen des Hundes von Baskerville über das Parkett rutschten, ehe er gegen die Haustür prallte und die Post zwischen seinen sabbernden Kiefern zerfetzte.

Dafür holte anderswo gerade eine junge Frau die Milch herein, als ich auf ihr Haus zuging. Angetan mit einem Negligé und einem breiten Lächeln bückte sie sich, um die Flaschen aufzuheben, während meine Wenigkeit, ein furchtbar schüchterner Achtzehnjähriger, ihr mit zitternder Hand die Post überreichte.

Einmal hat mir sogar eine nackte Frau die Tür aufgemacht. Zum Glück war kein Hund in der Nähe.

Im Prinzip habe ich alles mit dem Fahrrad erledigt, bis ich Mitte vierzig war. Ich fand es großartig und habe mir erst mit sechsundvierzig ein Auto gekauft *[Sam: Weil man dich überall hinkutschiert hat. Wahrscheinlich hat deine Mutter auch noch für dich gewaschen!]*. Radfahren ist und bleibt meine liebste Fortbewegungsart. (Außer mit Heughan auf einem Tandem.)

Nach den ganzen Fahrradgeschichten bin ich jetzt hungrig. Ausgehungert sogar.

SAM

Nun, ein Rezept, das dein Butler oder deine treuen Freunde unbedingt für dich kochen sollten, ist Hummer Masala. Du weißt schon, aus *Men in Kilts*?

[Graham: O ja. Mir läuft das Wasser im Mund zusammen.]

Die Fangsaison in Schottland erstreckt sich über die Sommermonate; die Äußeren Hebriden sind gute Fanggründe. Hier ist Tonys fantastisches Rezept.

Äh, gern geschehen!

TONY SINGHS HUMMER MASALA

Zutaten

250 g frische pürierte regionale Tomaten
Fleisch von zwei Hummern
150 g Butter
25 fein gehackte Knoblauchzehen
4 fein gehackte Serrano Chilis
50 g fein gehackter Ingwer
50 ml Sassenach-Whisky
150 ml Fischfond
100 ml Rapsöl
½ Teelöffel Kurkuma
1 Teelöffel Garam Masala
1 Teelöffel Salz
150 ml Wasser

Zubereitung

Das Öl in einem Topf oder einer Pfanne erhitzen. Knoblauch hinzugeben und anbraten, bis er einen Hauch von Farbe bekommt (etwa eine Minute).
Ingwer hinzufügen und eine weitere Minute braten.
Dann alle Gewürze hinzufügen und eine weitere Minute erhitzen.
Mit dem Whisky flambieren, Tomaten hinzufügen und schmoren, bis sich das Öl von der Sauce trennt.
Hummer, Fischfond und Wasser hinzufügen und schmoren, bis es gar ist, dann salzen und servieren.

ABENTEUER DES MONATS

BEN MORE

SAM

Auf den Inseln nördlich von Skye gibt es keine Munros, aber auf Mull gibt es einen, Ben More – den großen Berg. Ich bin in dem hübschen Fischerdörfchen Tobermory gestartet, wo jedes Haus in einer anderen bunten Farbe angestrichen ist, von Rot bis Blau, Gelb und Grün. Von dort bin ich mit dem Auto um die Insel herumgefahren. Es ist keine lange Strecke, aber es dauert trotzdem eine Weile, weil die Straße zum Großteil einspurig ist und man nie weiß, ob nicht hinter der nächsten Kurve eins der örtlichen Schafe lauert, um einen mit seinem Blick zu bezwingen. Die Sonne strahlte, und das Meer war smaragdblau.

Ich habe neben dem Strand geparkt und bin in Shorts und T-Shirt losgezogen, weil ich wusste, dass der Aufstieg leicht sein würde. Der Weg folgt einem Bach mit einigen kleinen Wasserfällen und einem großen Badebecken, in das ich auf dem Rückweg unbedingt hineinspringen musste. Ein kurzes steiles Stück, dann ist man oben, wo einen eine steife Brise und eine unfassbare Aussicht auf das Festland und auf Iona im Westen erwarten.

Es ist vielleicht kein sehr dramatischer Aufstieg, aber der Ausblick lohnt sich allemal!

TROPFEN DES MONATS

LEDAIG 10 YEARS OLD

SAM

Nachdem ich den einzigen Munro auf Mull bestiegen hatte, fand ich mich am Ufer des Loch Scridain wieder. Es war Sommer, und der Gipfel des Ben More sah viel höher aus als beim Aufstieg. Ich habe mein Zelt aufgebaut, am Sandstrand Feuer gemacht und eine Flasche Single Malt aus der Gegend geöffnet: Ledaig. Gegen Abend schwamm eine Robbenfamilie zu der Insel, die vielleicht 200 Meter entfernt war. Sie betrachteten mich fragend mit großen Augen, die an Disneyfiguren erinnerten, beinahe menschlich im Dämmerlicht der sinkenden Sonne.

Ich kann verstehen, warum man sie Selkies nennt. Der keltischen Sage nach können sie ihren Pelz ablegen und in Menschengestalt erscheinen. Vielleicht lag es auch an meinem Whisky. Jeder Schluck Ledaig war wärmend mit einer Spur von Rauch, eine Belohnung für den steilen Aufstieg vorhin. Am Rand des Flaschenhalses klebte etwas Sand (wer braucht schon ein Glas?), das Treibholzfeuer erzeugte seinen eigenen Rauch und seine eigene Wärme. Ich blieb lange wach, lauschte den Wellen, die plätschernd auf den Strand liefen, und sang meiner Seehundfamilie etwas vor.

Ich erwachte ziemlich benommen am helllichten Tag. Meine Robbenfreunde waren schon lange fischen gegangen, als ich aus meinem Zelt stolperte. Was für ein toller Whisky. Was für eine wunderschöne Insel. Was für ein gigantischer Kater. Ich habe ihn mit Schlaf kuriert. Im Schatten der Bäume lag ich in der Sommerwärme und sah zu, wie die Sonne auf dem Wasser spielte. In der Ferne ragten die Berge des Festlands auf. Magie. Ich glaube an Feen und an das Selkievolk im tiefen grünen Wasser rings um die Insel.

Ledaig ist zehn Jahre alt, süß und würzig und wirkt wie Medizin. Trinkt ihn mit guten Freunden, ehe sie sich in Seehunde verwandeln.

BEDEUTENDE GEBURTSTAGE, TODESTAGE UND EREIGNISSE

1. Juli 1782 – Aufhebung des Proskriptionsgesetzes, das nach der Schlacht von Culloden 1746 den Highland-Schotten das Tragen von Tartan und von Waffen verbot.
2. Juli 1266 – Vertrag von Perth; Norwegen verzichtet darauf, die Hebriden für sich zu beanspruchen.
11. Juli 1274 – Robert Bruce wird in der Burg Turnberrry geboren.
21. Juli 1796 – Robert Burns stirbt mit siebenunddreißig Jahren in Dumfries.
23. Juli 1745 – Der Jakobitenaufstand von 1745 beginnt mit Charles Edward Stuarts Landung auf Eriskay.
24. Juli 1411 – Die Schlacht von Harlaw
31. Juli 1965 – Die Autorin J. K. Rowling, die in Edinburgh lebt, kommt in Yate, England, zur Welt.

AUGUST

Clan Douglas

Motto: *Jamais arrière* (Niemals rückwärts)

Gegend: Lanarkshire, Galloway, Dumfriesshire und Angus

WICHTIGE KALENDERDATEN

1. – Lammas/Lughnasadh
1. bis 4. Woche – Edinburgh International Festival
Edinburgh Festival Fringe
Royal Edinburgh Military Tattoo
Letztes Wochenende – Cowal Gathering, größte Highland Games der Welt
Ende Aug bis Anfang Sept – Largs Viking Festival, North Ayrshire

1. August 1746 – Das Proskriptionsgesetz trat in Kraft

SAM

Nach der Schlacht von Culloden wurde das Proskriptionsgesetz erlassen, um dem Jakobitentum den Kopf abzuschlagen und die Clans zu neutralisieren, indem man ihnen die Waffen abnahm und die Highland-Tracht – in den Highlands ein Symbol der Identität und der Clanverwandtschaft – mit einem Bann belegte. Kilts wurden durch Hosen ersetzt, und weil die Menschen keine Plaids mehr tragen durften, gingen innerhalb einer Generation viele traditionelle Färbe- und Webtechniken und historische Muster verloren.

Dies ist ein Auszug aus dem »Dress Act« (Bekleidungserlass) von 1746:

Dass vom ersten Tage im August eintausendsiebenhundertundsechsundvierzig kein Mann oder Junge innerhalb jenes Teils von Britannien, der Schottland genannt wird, außer solchen, die als Offiziere und Soldaten in der Armee Seiner Majestät tätig sind, unter keinem Vorwand die Kleider anlegen oder tragen soll, die im Allgemeinen Highland-Kleider genannt werden (nämlich) Plaid, Philabeg oder den halben Kilt, Hosen, Schultergürtel oder irgendeinen Teil dessen, was besonders zur Highland-Tracht gehört; und dass kein Tartan oder parteiisch gefärbtes Plaid oder Tuch für Mäntel oder Jacketts benutzt werden soll, und wenn eine derartige Person nach dem erwähnten ersten Tag im August die aufgezählten Gewänder oder Teile davon trägt oder anzieht, soll jede Person, die diesen Verstoß begeht … Für den ersten Verstoß sechs Monate eingekerkert werden und beim zweiten Verstoß auf eine der Plantagen Seiner Majestät jenseits der Meere deportiert werden, um dort für den Zeitraum von sieben Jahren zu bleiben.

Das Gesetz wurde am 1. Juli 1782 widerrufen, doch es war der Anfang vom Ende der Highland-Kultur, wenn auch nicht der »Männer in Kilts« …

WETTKAMPF DES MONATS

RUGBY IN MURRAYFIELD

SAM

Im August 2020 wollte es das Schicksal, dass Graham und ich in einem anderen großartigen schottischen Sport gegeneinander antraten – nein, *dem* großartigen schottischen Sport schlechthin und meinem liebsten Mannschaftssport auf der ganzen Welt: RUGBY. Ich versuche immer, mir jedes Spiel anzusehen, in dem Schottland spielt, live oder im Fernsehen. Ich habe um fünf Uhr morgens in meinem Bett in Amerika Rugby geschaut, im Trubel einer Sportbar in Südafrika und vor Ort in der Hauptstadt Schottlands, wo der eisige Nordwind in die Festung Murrayfield weht. Ich war sogar beim allerersten Six-Nations-Spiel gegen Italien in Rom dabei – das wir zwar verloren haben, aber wir haben trotzdem gefeiert, als hätten wir gewonnen.

Im Flugzeug nach Italien trugen mein Freund und ich unsere Rugbytrikots und haben eine Dose Peroni nach der anderen getrunken, ein kräftiges Lager, das wir im Flughafen gekauft hatten, um so zu tun, als wären wir kultiviert und als versuchten wir, uns an die italienische Küche heranzutasten. Die Flugbegleiterin war verwirrt, weil wir zufällig im selben Flieger saßen wie das Rugbyteam, und sie ist zum Trainer gegangen, um zu fragen, ob wir Alkohol trinken dürften.

»Sie gehören nicht zu uns«, sagte der Coach und schüttelte entgeistert den Kopf, während wir ihm fröhlich aus dem hinteren Teil des Flugzeugs zuprosteten. »Salute! Auf euch, Jungs!«

Die Heimreise war allerdings eine andere Geschichte. Nach einem langen Wochenende, das darin gipfelte, dass wir den Römern Cèilidhtänze beibrachten, auf der Piazza del Popolo »Strip the Willow« getanzt und unsere Schottlandflagge im Trevibrunnen verloren haben, schafften wir es mit Ach und Krach in den Flieger. Die Azzuri, die als leidenschaftliche Fans bekannt sind, waren, sagen wir, überrascht und beeindruckt von der Begeisterung (und den Chianti-Mengen), mit der wir das verlorene Spiel feierten. *»Non tranquilo«*, jubelten sie uns zu, während sie uns mit einem Rückenklopfer in den Bus zum Flugplatz bugsierten.

Mein Freund legte seine pochende Stirn leise stöhnend auf die Lehne seines Vordersitzes, sein Gesicht mit dem schottischen Andreaskreuz bemalt, eine feuchte Italien-Flagge um die Schultern drapiert. Sein Trikot trug Spuren der Frutti di Mare von gestern Abend und von getrocknetem Tiramisu. Unser freundlicher Rugbycoach blieb auf dem Weg zum WC in Begleitung der Stürmerlegende Doddie Weir bei uns stehen.

»Alles gut, Kumpel?« Doddie beugte sich mit seinen ganzen eins zweiundachtzig über uns und flüsterte: »Lust auf eine Partie Schach?«

Mein Begleiter stöhnte, weil seine Qualen sein Sprachvermögen beeinträchtigten. Er hob erschöpft den Arm und winkte den Sportgiganten weiter. Er war zu verkatert, um zu begreifen, dass ihn gerade eins seiner größten Idole eingeladen hatte, sich zum Team zu setzen. Obwohl ihn Doddie vermutlich eher aufgezogen hat.

(Doddie Weir ist im November 2022 an ALS gestorben. Seine Stiftung widmet sich dem Kampf gegen diese heimtückische Krankheit. Informationen unter www.myname5doddie.co.uk)

Ich liebe Rugby wirklich sehr und würde mit Freuden für ein Spiel um die Welt reisen. (Ich würde gern die legendären All Blacks in Neuseeland spielen sehen und McT in seiner natürlichen Umgebung besuchen.)

[Graham: Was wirklich sehr seltsam ist, wenn man bedenkt, dass du noch nie Rugby gespielt hast. Nicht einmal flüchtig. Angewandtes Rugby ist schlicht an dir vorübergegangen. Du bist bei diesem Spiel nur ein Voyeur …]

Jedenfalls war es mehr als nur ein Traum, für *Men in Kilts* das Murrayfield-Stadion zu besuchen.

GRAHAM

Ja, Murrayfield: Heimat des schottischen Rugbysports, der Tempel der Tränen, wo (wie Sam es so treffend ausdrückt) Schottland zu oft den Zähnen des Siegs eine Niederlage entrissen hat.

Zwei Legenden aus dem schottischen Team, Al Kellock und Chris Paterson, sollten Sam und mir bei unseren Rugbykünsten unter die Arme greifen.

Chris war der klassische kleinere Rugbyspieler. Wendig, schnell, und seine Treffsicherheit war fantastisch. Den Gegner wie eine Dampfwalze niederzumachen, mit den Köpfen zusammenzuprallen, jeden Muskel seines Körpers zu überdehnen, war nicht sein Ding. Chris war der Tarnkappenbomber, die Lenkrakete des Teams. Kühl unter Druck und tödlich bei der Explosion.

[Sam: Und er ist mein Idol. Chris Paterson ist einer der besten Kicker in der Geschichte der Rugby Union. Eine Legende. Er hat mit links so manchen Sieg für Schottland errungen und ist dank seines präzisen rechten Schuhs der schottische Torschützenkönig. Bei unserer Begegnung war ich voller Ehrfurcht, und es war mir so peinlich, dass ich einen Rugbyball schießen sollte, obwohl ich in meinem ganzen Leben noch keinen angefasst hatte.]

Ein Blick auf Al verriet mir dagegen, dass dies ein Mann war, der mit Gewalt auf dem Feld vertraut war.

Seine Ohren.

Sie sahen aus, als wäre jemand wiederholt darauf herumgetrampelt und hätte dann einen besonders bösen Hund eingeladen, sie als Kauspielzeug zu benutzen. Als der Hund dann fertig war, muss die Person einen kleinen Hammer und eine Zange genommen und Als Ohren auf einem Amboss in die Form einer Pizza Calzone gehämmert haben.

Aber nette Kerle und sehr geduldig mit uns beiden.

[Sam: Al ist ein feiner Kerl. Und noch eine Legende – er war Kapitän der Nationalmannschaft. Er hat mich sogar eingeladen, mit ihm und ein paar Ehemaligen Touch zu spielen. Vielleicht nur ein Vorwand, um auf einem verweichlichten Schauspieler herumzutrampeln oder mich zu quälen, aber die Spieler waren zumindest alle älter – wenn auch nicht so alt wie McTavish.]

Als ich in der Schule Rugby gespielt habe, war ich Flügelstürmer – das ist im Prinzip der schnellste Läufer auf dem Feld und in meinem Fall derjenige, der am wenigsten gerne Rugby spielt und dem es am unangenehmsten ist, wenn man ihn umschubst und sich vierzehn verschwitzte Kerle auf ihn werfen, die alle größer sind.

[Sam: Genau. Damit bist du eindeutig im Vorteil. Diesmal also keine Ausreden …]

Während wir mit unseren beiden »Coaches« plauderten, ist mir Sams Aufmachung ins Auge gefallen. Er war in die schottischen Farben gehüllt und sah aus wie ein Rugby-Profi. Ich glaube, auf dem Rücken stand sogar sein Name in großen weißen Lettern.

Das Einzige, was fehlte, war irgendein Hauch von Spielerfahrung.

Ja, genau. Der Mann, der Rugby liebt, bei internationalen Spielen den ganzen Text von »Flower of Scotland« brüllt und bei jeder Gelegenheit stolz ein Rugby-Shirt trägt, hat noch NIE Rugby gespielt.

Als er das auf dem Feld im Stadion beiläufig erwähnte, hätte ich mich vor Erstaunen fast verschluckt.

Noch nie?

Nicht einmal in der Schule?

Anscheinend ist es Sam gelungen, weder als Kind noch als Teen, noch als junger Erwachsener an einem einzigen Rugbyspiel teilzunehmen.

Stattdessen stand ich nun auf diesem heiligen Rasen mit einem Rugby-Voyeur, einem Poser.

[Sam: Mein Bruder hat Rugby gespielt, für Lismore, Boroughmuir und kurze Zeit für Newcastle. Ich bin lieber Cheerleader als Quarterback. Falscher Sport, aber ihr wisst schon, was ich meine.]

Es wurde beschlossen, dass unser »Wettkampf« aus einer Reihe von Trainingsübungen bestehen würde.

Als Erstes sollten wir auf eine Kegelreihe zusprinten, einen einzelnen »Burpee« machen (eine Fitnessübung aus einer Kniebeuge, die in einen Liegestütz übergeht, aus dem man sich zu einem

Strecksprung aufrichtet) und dann zurückrennen, um den Rugbyball in eine Mülltonne zu werfen.

[Sam: Ich hatte vorher mit den Jungs gesprochen und den Burpee vorgeschlagen, weil ich wusste, dass McTavish das nicht mögen und dass er vermutlich langsamer sein würde als ich. Für mehr Chancengleichheit auf dem Spielfeld – räusper.]

»LOS!!!«

Wir rannten vor und zurück, und zu meiner kochenden Wut und Selbstverachtung gewann Sam dabei einen kleinen Vorsprung. Nach drei Bällen wurde es am Ende ein Kopf-an-Kopf-Rennen.

[Sam: Obwohl ich Erster war, finde ich, man hätte einen Bonuspunkt vergeben sollen.]

Es würde also darauf ankommen, wer am besten kickte.

Unsere Aufgabe war es, den Ball fallen zu lassen und ihn so weit zu schießen, dass er in einem markierten Quadrat landete. Chris Paterson machte es vor und ließ es lächerlich einfach aussehen.

Dann war Sam an der Reihe.

Er schoss.

Na ja, es »Schuss« zu nennen, wird dem Wort vielleicht nicht ganz gerecht. Ein Teil seines Beins kam mit dem Ball in Berührung. Möglich, dass es sein Schienbein oder sein Knöchel war, vielleicht sogar sein Knie. Entweder war ihm einfach überhaupt nicht bewusst, welcher Teil seiner Anatomie sein Fuß war, oder er hatte noch nie im Leben einen Ball getreten. Irgendeinen Ball.

Wenn der Rugbyball hundert Kilo gewogen hätte, hätte Sam in dieser Disziplin alle übertroffen. Vielleicht war er überrascht, wie leicht der Ball war. Es würde mich nicht schockieren zu entdecken, dass Sam keine Ahnung hatte, dass ein Rugbyball mit Luft gefüllt ist, nicht mit Steinen.

Der Ball erhob sich in die Luft und landete …

… außerhalb des Quadrats.

[Sam: Ich habe so geschossen, wie sie es mir gesagt haben, den Ball in

einem bestimmten Winkel, der anscheinend für mehr Zielgenauigkeit sorgt, meinte Al – der Rangler aus der zweiten Reihe, der den Ball so gut wie nie vor den Fuß bekommen hat. (Warum habe ich nicht auf Chris gehört?) Graham dagegen hat einfach draufgehalten. Wie eine Ramme. Keine Finesse, schiere Gewalt.]

Ich habe den Ball genommen und wusste, wenn es jemals einen Moment gab, in dem ich mein ganzes Schuljungen-Muskelgedächtnis auf eine einzige Bewegung fokussieren musste, dann jetzt.

Ich habe aus dem Körper mit der Fußspitze zugetreten.

Der Ball ist im hohen Bogen durch die Luft geflogen und ist mit einem satten Geräusch gelandet …

… kabumpf …

… mitten im Quadrat!

Meine kindliche Freude ist im Film festgehalten, aber ich entschuldige mich nicht dafür.

Das war mein olympischer Moment, meine Sieger-Ziellinie bei der Weltmeisterschaft, mein Rekord-Hochsprung.

Er war schön!

Und er gehörte mir.

Kann sein, dass Sam noch bis zum Abend geblieben ist, um seine Schusstechnik zu üben, bis es zu dunkel wurde.

Aber es war zwecklos.

Wir hatten geschossen.

Als es galt.

Als dieser Ball in der Mitte dieses Feldes landen musste.

Das hat nur ein Ball geschafft.

Dieser Ball trug meine Fußspur.

[Sam: Ich bin noch eine Stunde oder so wie wild auf dem Spielfeld herumgelaufen. Ich habe herausbekommen, wie ich mit dem Ball zielen kann, und es war super, in unserem Nationalstadion herumzurennen und so zu tun, als jubelte mir die Menge zu. Leider schaute mir nur ein

erschöpfter, übermäßig stolzer McTavish zu, während er sich in seinem knappen Sieg suhlte. Wartet nur, bis er sieht, was ich als Nächstes vorhabe.]

Räusper. Mir fällt auf, dass sich Sams Version der Ereignisse sehr auf Ausreden konzentriert und darauf, was hätte sein können, und »ich war viel besser, als niemand hingesehen hat«, während meine schlicht festhält, was sich zugetragen hat.

Auch bekannt als … »die Fakten«.

SAM

Die traurige, traurige Wahrheit dieses Schicksalstages in Murrayfield war, dass mein mürrischer Filmonkel es mir in diesem Sport, der mir so viel bedeutet, so richtig gezeigt hat – und um es noch schlimmer zu machen, hat er mich vor meinen Sportheroen gedemütigt und seinen Triumph zur Schau getragen wie einen Kilt der Schmach, in dem er mich mit einem hüftschwingenden Daddy-Tanz verspottete. Das ist ein Bild, über das ich nicht länger nachdenken möchte.

Der Stand der Dinge bei unserem *Clanlands*-Wettkampf ist also:

Saufen – Sam
Axtkampf – Graham
Meckern – Graham
Golf – Graham
Abseilen – Sam
Surfen – Sam
Schwerttanz – Graham
Rugby – Graham

Die hodenverschrumpelnde Realität eines hüllenlosen Schwimmausflugs im Nordatlantik kam immer näher.

REGION DES MONATS

DIE HAUPTSTADT VON SCHOTTLAND: EDINBURGH

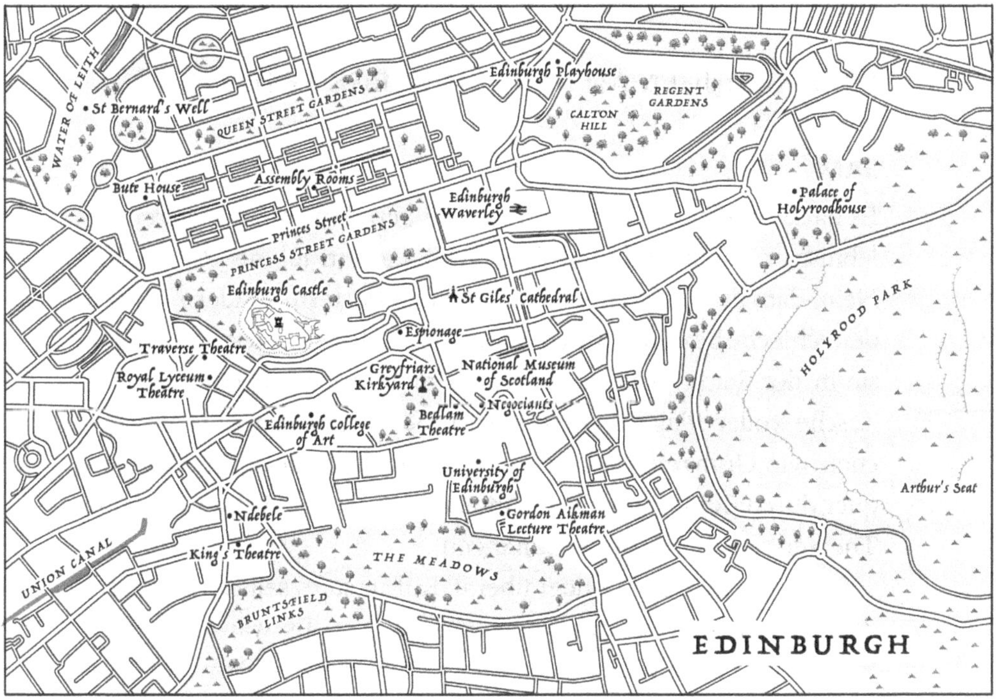

SAM

Willkommen in der Hauptstadt von Schottland! Aber was noch wichtiger ist, in meiner Heimatstadt!

Old Town und New Town bekamen 1995 für ihre Architektur und ihre Grundrisse den Status des Weltkulturerbes verliehen – mittelalterlich im »alten« Teil, georgianisch im »neuen«.

König David I erklärte den Ort im zwölften Jahrhundert zur

freien Stadt. Seitdem ist Edinburgh mehrfach belagert worden, aber niemand konnte seiner elektrisierenden Atmosphäre etwas anhaben. Theater, Museen, Restaurants, Architektur, Gärten, Festivals – die Stadt hat immer etwas zu bieten. Ob man hier zur Schule gegangen ist, legendär gefeiert hat oder das Festival erlebt hat – Edinburgh hinterlässt immer einen Eindruck, den man nie vergisst.

ERINNERUNGEN AN DAS EDINBURGH FESTIVAL

SAM

Es hat also alles in Edinburgh angefangen. Eins meiner ersten Erlebnisse mit dem Edinburgh Festival war ein Job als Poster Boy. Nein, damals war ich noch nicht *auf* den Postern, sondern ich war der schlecht bezahlte junge Mann, der dafür verantwortlich war, sie in der Stadt zu verteilen. Dazu musste ich mit einer großen Tasche voller Plakate auf meinem klapprigen Fahrrad (ein bisschen wie Grahams Rad auf unserer *Clanlands*-Tour, nur kleiner) quer durch Edinburgh fahren und in die Kneipen, Restaurants und Theater gehen, um sie aufzuhängen.

Um diese Jahreszeit findet überall Kultur statt, selbst in schmuddeligen Kellern oder winzigen Wohnungen. Es war aufregend, Einblicke in diese anderen Welten zu bekommen, aber die Flyer-Verteilerei war ehrlich gesagt nicht mein Ding. Manchmal habe ich lieber das Innere eines Mülleimers geflyert, statt zum hundertsten Mal an einem Tag den Mound hinaufzuradeln.

Also habe ich eine andere Karriere eingeschlagen und in Theatern gejobbt, erst im Traverse Theatre und dann im Lyceum Theatre. Nicht auf der Bühne, sondern dahinter oder darunter. Schon damals hatte ich zwar den vagen Wunsch, Schauspieler zu werden, aber ich wusste nicht, dass so etwas möglich war – oder dass es ein echter Beruf ist. Als Bühnenarbeiter brauchte ich praktische Fähigkeiten. Das Problem ist, dass ich ungefähr so praktisch veranlagt bin, wie Graham unkompliziert ist.

Ein aktuelles Beispiel für mein mangelndes technisches Talent: Ich habe mir vor Kurzem eine neue Kamera gekauft – leider habe ich das falsche Gehäuse und den falschen Griff bestellt. Irgendwann ist mir dann aufgefallen, dass ich Hunderte von Fotos ohne Speicherkarte gemacht hatte.

Nachdem ich damals um ein Haar den Cheftechniker verstümmelt hätte, indem ich ein Bodenelement auf seine Hand fallen ließ, endeten meine Tage als Bühnenarbeiter, und die Bühnenleiter im ganzen Land stießen einen kollektiven Seufzer der Erleichterung aus.

Im Lyceum wussten sie nicht, was sie mit mir anfangen sollten, also gaben sie mir die eigentlich unkomplizierte Aufgabe, für eine Szene in Tom Stoppards *Raue See* Gurkensandwiches zuzubereiten. Selbst das habe ich nicht hinbekommen, weil ich sie nicht so gemacht habe wie erwartet. Mir wurde gesagt, die Krusten müssten abgeschnitten werden, um weniger Butter zu verbrauchen, und nur sehr dünne Gurkenscheiben, damit sich der Schauspieler nicht verschluckte (außerdem mochte er eigentlich keine Gurken). Ich weiß noch, wie ich gedacht habe, Gott, ist das schräg. Ich meine, es ist doch nur ein Gurkensandwich, aber sie haben so einen Aufstand darum gemacht.

Außerdem sollte ich Pappmascheevasen basteln, die im Lauf des Stücks zerbrochen wurden … es wurden enttäuschende Exemplare, und ich konnte es wirklich nicht. Sie haben mich zwar nicht rausgeworfen, aber irgendwann habe ich nur noch nutzlos herumgestanden.

Es war zwar die falsche Sparte, aber diese Erfahrungen hinter der Bühne haben den Funken entzündet, der zu meiner Leidenschaft für die Schauspielerei werden sollte. Der Schauspieler, der dafür hauptsächlich verantwortlich war, war Tom McGovern. Ich verehrte Tom und hatte seinen Werdegang genau verfolgt. Er war sehr athletisch, sogar in der Art, wie er seine Texte sprach. Wie diejenigen von euch, die *Clanlands* gelesen haben, vielleicht noch wissen, habe ich eines Tages im Traverse Theatre vor seiner Garderobe gestanden und ihm gesagt, dass ich Schauspieler werden wollte. Tom hat mir geraten, ich sollte so viel Erfahrung wie möglich sammeln. Das habe ich getan, unter anderem bei einem Ensemble in Edinburgh.

[Graham: Ich habe gerade mit Tom gesprochen. Anscheinend hat er eine einstweilige Verfügung gegen dich verhängen lassen. Willkommen im Club, Tom!]

Mit diesem Ensemble sind wir ein paarmal beim Festival aufgetreten, unter anderem mit einem Open-Air-*Macbeth,* der in der ganzen Stadt spielte. Ich war Macduff, und es war fantastisch, vom Greyfriars Kirkyard (wo wir später *Men in Kilts* gedreht haben) über die Royal Mile bis Holyrood zu wandern, während uns das Publikum auf dem ganzen Weg folgte. Es war nicht die beste Inszenierung, und die Kostüme waren improvisiert, aber die Atmosphäre war klasse.

Bei meinem nächsten Besuch im Traverse Theatre durfte ich meinen Traum Wirklichkeit werden lassen – diesmal war ich auf der Bühne, nicht dahinter. *Outlying Islands* hat als Aufführung beim Fringe Festival begonnen und von dort seinen Weg zum Royal Court Theatre in London gemacht.

Die Atmosphäre während des Festivals ist elektrisch. Jeden Abend gibt es beim Military Tattoo vor der Burg Feuerwerk, und Menschen aus aller Welt kommen zu Besuch, um sich die berühmte Parade anzusehen, ganz zu schweigen vom eigentlichen Festival mit Theater und Musik, dem Fringe Festival mit Comedy und der allgemeinen Stimmung. Die Pubs und Kneipen bleiben sehr lange geöffnet. Im Prinzip läuft es etwa so: Man trifft jemanden auf einen Drink und sieht sich ein Stück an, während sich andere etwas anderes ansehen. Hinterher treffen sich alle in einer anderen Kneipe, trinken noch etwas und gehen dann zu einer Comedy-Veranstaltung – und so macht man den ganzen Abend weiter.

Ich habe gern im Traverse angefangen, weil man da die Leute kommen und gehen sehen konnte und immer viel los war. Dann ging es weiter zum Gilded Balloon, wo Comedy auf dem Programm stand, dann in einen schäbigen Nachtclub wie das Espionage (ich war immer unten auf der Tanzfläche – Tanzmusik und betrunkene Teenager), von wo an es bergab ging.

Am Ende landeten wir im Negociants, einer Bar, die bis in die Nacht geöffnet hatte. Ich weiß noch, wie wir dort einmal vergessen haben zu bezahlen (vielleicht zu viel getrunken?). Die Wachleute sind hinter uns her, aus irgendeinem Grund hat irgendjemand WEG HIER gerufen, also sind wir alle losgerannt und haben dabei »Lust for Life« gesungen, den *Trainspotting*-Titelsong. In diesem Moment kamen wir uns wie Helden vor, aber natürlich sind wir zurückgegangen und haben bezahlt. Irgendwann.

Ich habe die fantastische Dickens-Performance mit Simon Callow gesehen, der in der zweiten *Outlander*-Staffel unser intriganter Herzog von Sandringham war. Außerdem habe ich immer gern Comedy gesehen; besonders gern *Flight of the Conchords,* ein Duo, das Musik und Comedy kombinierte. Sie sind längst große Fernsehstars, aber es war großartig, sie so früh auf einer kleinen Bühne zu sehen. Das ist der einzigartige Zauber des Festivals, dass man kommende Stars in kleinen Spelunken sehen kann, die man nüchtern niemals finden würde.

Ich habe während des Festivals oft in Restaurants, Bars und anderen Etablissements gearbeitet. *[Graham: Ich kann mir die »Etablissements« vorstellen, in denen du dich zwischen deinen Engagements verkauft hast.]*

Als Teenager habe ich in einem afrikanischen Café namens Ndebele gearbeitet. Es war ein fantastischer Ort voller Klänge, Menschen und Gerüche aus einer anderen Welt. Dort habe ich gelernt, Boerewors (Wurst mit Rind, Schwein und Koriander) mit Tomaten- und Mango-Chutney zuzubereiten; ich habe Strauß mit Mrs Balls Chutney serviert und Droewors, Chilirind und Kudu Biltong gegessen.

Die Betreiberin war eine energische Dame namens Jenny, und manchmal hat sie uns ein eiskaltes Castle Lager spendiert oder eine warme Tasse Milo-Malzschokolade. Das Café war ein beliebter Künstlertreffpunkt, und die Kellner waren Comedians, Schauspieler, Schriftsteller und Musiker. Es hat solchen Spaß gemacht, Durban Curry zu kochen oder in der Pause zur Belustigung oder zum Entsetzen des zahlenden Publikums auf der Djembe zu trommeln.

Einmal habe ich sogar mit einem Zuluhäuptling zusammengearbeitet, der im Vereinigten Königreich zu Besuch war und jetzt hier das Geschirr spülen sollte. Es war mir peinlich, ihn herumzukommandieren, und ich habe dafür gesorgt, dass er Pause machen oder etwas essen konnte, wann immer er wollte. Am Ende seiner Schicht hat sein Freund für mich übersetzt: »Der Häuptling möchte dir einen Zulunamen geben, ›Sipho‹. Es bedeutet ›Geschenk‹ oder ›junger Mann‹.« Ich war begeistert, und vielleicht war das ja meine erste Rolle, der junge Zulukrieger »Sipho« aus Schottland, der den Einheimischen Sandwiches und Rüblikuchen servierte. Ich kann mich nur nicht erinnern, jemals einen graubärtigen Schauspieler mit einer Vorliebe für Latte macchiato und Weißwein bedient zu haben …

Abends haben wir uns oft in die Kneipe neben dem Kings Theatre gezwängt, wo sich andere Künstler, Schauspieler oder Techniker aus dem Theater mit uns zum Quatschen und Musikhören getroffen haben – der Pub hatte die beste Jukebox in Schottland.

Dort habe ich auch Martyn Bennett kennengelernt, den keltischen DJ und Dudelsackspieler, einen zurückhaltenden Insulaner mit langen Dreadlocks und einem schelmischen Lächeln. So schüchtern er in Person war, so verwandelt war er auf der Bühne. Er war berühmt dafür, traditionelle schottische Folksongs und Balladen mit modernen Dancerhythmen zu mischen; seine Musik war elektrisch, und als i-Tüpfelchen spielte er im Kilt auf der Bühne Dudelsack, während die Menschen unten ravten. Seine Musik benutzte Lieder der Roma und gälische Traditionals der Hebriden, viel »echte« schottische Folk-Kultur. Kein Tartan und Shortbread, stattdessen Musik und Texte, die seit Generationen mündlich weitergegeben wurden. Oft benutzte er in seinen Samples auch alte Aufnahmen, zum Teil sogar aus den Fünfzigern. Einer seiner Songs, Blackbird, wurde von Lizzie Higgins gesungen, einer bekannten Sängerin aus dem fahrenden Volk. Klagend betrauert die Sängerin den Verlust ihrer großen Liebe. Der Song ist auf Martyns Album »Grit« erschienen, das als Geburtsstunde des »Celtic Fusion« gilt.

What a voice, what a voice, what a voice I hear
It's like the voice of my Willy dear
But if I had wings like that swallow high
I would clasp in the arms o' my Billy boy

What a voice, what a voice, what a voice I hear
It's like the voice of my Willy dear
But if I had wings like that swallow high
I would clasp in the arms o' my Billy boy

When my apron it hung low
My true love followed through frost and snow
And noo my apron it is tae my chin
He passes me by and he ne'er spiers in

There is a blackbird sits on yon tree
Some says it is blind and it cannae see
Some says it is blind and it cannae see
And so is my true love tae me

Wir haben Martyn viel zu früh verloren, aber seine Musik, sein Talent und seine Kreativität leben weiter. Ich hatte das Glück, beim »Celtic Connections« (siehe »Wichtige Kalenderdaten« im JANUAR) zu erleben, wie das komplette Album live von einem Orchester mit DJ und Dudelsackspieler gespielt wurde. Es war wunderschön und bewegend, die klassischen Streichinstrumente und Blechbläser zu den Beats eines Plattenspielers und dem lauten Ruf des Dudelsacks zu hören. Ich konnte es kaum abwarten, das letzte Stück zu hören, »Mackay's Memoirs«, und die letzten Momente, in denen ein einzelner Dudelsackspieler ein traditionelles Solo spielt.

1998 habe ich in einer Sushibar gekellnert. Es war die erste in Edinburgh, vielleicht sogar in Schottland, und ich hatte keine Ahnung von japanischem Essen, was mich aber wie immer nicht aufgehalten hat. Eines Abends haben eine Handvoll Schauspieler aus New York dort gegessen, die in einem finsteren Theaterstück auftraten. Ich weiß noch, wie ich mich voller Ehrfurcht mit ihnen unterhalten habe, nur ein Junge, der so tat, als wüsste er, was Sushi ist. Das war auch so ein Moment, in dem ich mir sehr gewünscht habe, Teil dieser Welt zu sein, statt kalten Fisch zu servieren.

Doch ich sollte weiter sporadisch als Kellner / Cocktail-Barmann / Fahrradkurier und so weiter arbeiten, bis ich im reifen Alter von vierunddreißig die Rolle des Jamie in *Outlander* bekommen habe. Es war aus meinem Leben nicht wegzudenken.

Kurz vor *Outlander* habe ich für einen Cocktail-Caterer gekellnert. Die Firma gehörte einem befreundeten Schauspieler in London, und zu den Events, die wir betreut haben, gehörten die

Abendveranstaltungen im Naturkundemuseum. Ich weiß noch, wie ich einmal eine Flasche Champagner geöffnet habe und der Korken durch das Skelett des Blauwals flog. Es gab viele tolle Abende; wir haben unglaubliche Gäste kennengelernt, hinterher gab es Freigetränke, und manchmal bekamen wir Einladungen zu exklusiven Aftershow-Partys. Es war harte Arbeit, und es wurde oft spät, aber es hat Spaß gemacht.

Einmal war ich Chef-Barmann bei der Londoner Fashion Week. Dort musste immer jemand mit einem Tablett an der Tür stehen und die Getränke der Leute halten, während sie eine Zigarette rauchen gingen. Ich stand mit jemandem dort und habe mich unterhalten, als Richard Madden ankam, den ich aus Schottland kannte. Er drehte damals gerade *Game of Thrones*. Er hat mich weder wahrgenommen noch erkannt und mir einfach nur sein Glas gereicht. Dann hat er draußen eine Zigarette geraucht, ist wieder hereingekommen, hat seinen Cocktail an sich genommen und ist die Treppe hinaufgegangen, ehe ich auch nur die Chance hatte zu sagen: »Hi, Richard, ich bin's.«

Ich erinnere mich noch so deutlich an diesen Moment und an das frustrierende Gefühl, dass ich noch härter arbeiten müsste, um nach oben zu kommen. Ich war nicht annähernd da, wo ich beruflich sein wollte. Ich dachte, eines Tages werde ich in dieser Situation sein. Eines Tages. Dieser Moment hat mich gelehrt, Kellnern mit Wertschätzung zu begegnen, weil ich weiß, wie hart sie arbeiten. Und auch, dass der Typ, der gerade mein Glas entgegennimmt, vielleicht der nächste große Star sein könnte.

Prost, Richard!

GRAHAM

Das erste Mal bin ich 1983 beim Edinburgh Festival aufgetreten, also ungefähr zu der Zeit, als Sam gelernt hat, aufs Töpfchen zu gehen. Ich sehe vor meinem inneren Auge, wie ich auf den Straßen von Edinburgh herumgelaufen bin und arglosen Passanten Flugblätter in die Hände gedrückt habe, während Goldlöckchen vor die Möbel gerannt ist und zauberhafte Rülpser ausgestoßen hat (woran sich eigentlich wenig geändert hat).

[Sam: Öörps!]

1983 war das Festival noch ganz anders als heute. In den vier Fringe-Wochen gab es 875 Aufführungen; heute sind es fast 3500. Aber die Atmosphäre war auch damals schon großartig, und wer noch nicht da war, sollte es unbedingt auf seine Liste setzen. Außerdem ist es eine Feuertaufe für viele Nachwuchstalente.

Ich stand kurz vor dem Abschluss meines Studiums, und ich war Mitglied der London University Drama Society. Ich wurde in dem Vier-Personen-Stück *Geschlossene Gesellschaft* von Jean-Paul Sartre als Garcin besetzt. In diesem Kammerspiel wird ein Zimmer für die darin Eingesperrten buchstäblich zur Hölle, und es fällt der berühmte Satz: »Die Hölle, das sind die anderen.«

Es ist ein faszinierendes Stück, und wir spielten morgens um Viertel nach zehn am Edinburgh College. Wir bekamen gute Kritiken, sodass der Saal selbst um diese Uhrzeit voll war. Ich weiß noch, wie wir alle in einer Kneipe gesessen und die frisch gedruckten Zeitungen nach den Kritiken abgesucht haben, um zu erfahren, wie das Urteil lautete.

Nach einer guten Kritik im *Scotsman* wusste ich, dass wir gewonnen hatten. Ich weiß nicht einmal mehr, ob man uns die Reisekosten bezahlt hat, von einer Gage ganz zu schweigen, aber dieses Erlebnis war für mich der Moment, in dem ich mit Gewissheit wusste, was ich sein wollte.

Ich war noch nie bei irgendeinem Festival gewesen. Ich war weder auf solche Menschenmassen vorbereitet noch auf die Kameradschaft und die gegenseitige Unterstützung unter den Ensembles. Abends zog es uns alle zum Fringe Club, den sie in der Uni von Edinburgh eingerichtet hatten.

Verqualmte Räume, laute Musik und laute Menschen, die Fußböden klebrig von verschüttetem Bier, überall Schauspieler, Komiker, Tänzer, Sänger, Zirkusartisten, die Dampf abließen, sich gegenseitig erzählten, wie ihr Tag gewesen war, und sich dabei furchtbar betranken. Aber mit zweiundzwanzig hatte ich am nächsten Morgen nicht die Spur eines Katers. Ach ja, die gute alte Zeit …

Ich war so begeistert, dass ich im nächsten Jahr mit Nick Pace, einem Kollegen aus *Geschlossene Gesellschaft,* wieder hingefahren bin. Wir hatten uns angefreundet und beschlossen, wieder in Edinburgh aufzutreten, diesmal mit dem Zwei-Personen-Stück *Die Zoogeschichte* von Edward Albee.

Auch ein wunderbares Stück und eine noch bessere Gelegenheit für die beiden Darsteller, ihr Talent zu beweisen. Nick und ich sind hinterher damit noch durch London getourt, zusammen mit Becketts *Das letzte Band,* das schon meine Eintrittskarte in die Schauspielergewerkschaft gewesen war.

Es war *Die Zoogeschichte,* die Nick und mich bewogen hat, unser eigenes Zwei-Personen-Stück zu schreiben. Daraus wurde *Letters from the Yellow Chair* über die Korrespondenz zwischen Vincent und Theo van Gogh. Mit diesem Stück sind wir schließlich durch die ganze Welt gereist. (Aber dazu ein andermal mehr.)

1984 spielten wir im damaligen Roxburgh Hotel am Charlotte Square in einem Raum, der ironischerweise später das Produktionsbüro von *Men in Kilts* beherbergen sollte. Das Leben ist wirklich seltsam.

Abgesehen von unserer Aufführung, die gut gelang (so gut, dass wir ein Jahr später damit zurückgekehrt sind), erinnere ich mich vor allem daran, wie ich mit einem Töpfchen Tapetenkleister und einem Pinsel auf und ab gelaufen bin und Plakate für das Stück geklebt habe. Heutzutage braucht man dafür vermutlich eine offizielle Erlaubnis, aber 1984 galt das Recht des Dreisteren. Man klebte sein Plakat einfach über ein anderes. In der ständigen Konkurrenz des Fringe-Theaters war kein Platz für Rücksichtnahme.

Zum vierten und bisher letzten Mal bin ich 1994 beim Festival aufgetreten, im Royal Lyceum in *Armstrong's Last Night* von John Arden. Diesmal waren wir Teil des »richtigen« Festivals. Kein Tapetenkleister mehr, dafür jede Menge langweilige Pflichttermine, bei denen ich das Wegatmen von Kanapees und das Champagnerschlürfen perfektioniert habe.

Ich liebe das Festival. Es ist absolut einzigartig, auch mit 3500 Veranstaltungen, und ich fühle mich privilegiert, weil ich schon so oft in so vielen Rollen daran teilhaben durfte.

Vielleicht gibt es dort eines Tages eine *Men in Kilts*-Liveshow mit Sam und mir, in deren Verlauf er mich vermutlich als Teil des grauenvollen Finales aus einer Kanone abfeuern wird.

GREYFRIARS KIRKYARD

GRAHAM

Der Kirchhof von Greyfriars war einer der zahlreichen Schauplätze, an die mich Sam im Rahmen unseres *Men in Kilts*-Abenteuers gelockt hat, um mich irgendeiner Tortur zu unterziehen. Ich werde natürlich immer über unterschiedliche Aspekte meiner zweiten Schottlandreise mit dem Bekilteten berichten, aber ich wusste von Anfang an, dass er an diesem Tag alles geben würde, um mir Todesangst einzujagen.

Seit dem Ende dieser zweiten Reise (ja, ich fürchte, dass es eine dritte geben wird, vielleicht eine vierte … je nachdem, wie lange das Rohypnol reicht) stelle ich mir hin und wieder vor, was Sam wohl denkt, wenn er morgens aufwacht.

Nein, nicht das.

Wacht er auf, putzt sich die Zähne, vollführt eine lächerliche

Kraftübung in seinem Badezimmer und hält dann inne, um sich zu fragen: »Wie soll ich Graham heute den Tag verderben?« Wenn er Tagebuch führen würde (was ich sehr bezweifle, weil ich nie einen Beweis dafür gesehen habe, dass er schreiben kann – selbst seine Unterschrift hat Ähnlichkeit mit der eines Bonobo-Affen), würde jeder Eintrag mit den Worten enden: »Wieder ein großer Tag der Graubart-Folter«.

[Sam: Abgehakt.]

Auf dem Kirchhof wusste ich, dass er etwas im Schilde führte. Alle paar Sekunden konnte ich ein diabolisches Lächeln auf seinen Lippen sehen. Unsere Führerin, die sich selbst als »Todeshistorikerin« bezeichnet (das ist bestimmt ein toller Eisbrecher auf jeder Party), ist mit uns in das Covenanter-Gefängnis gegangen. Das ist ein Stück offenes Gelände, wo man 1679 vier Monate lang tausend Covenanter gefangen gehalten hat, den Elementen ausgesetzt bei hundert Gramm Brot am Tag. Wenig überraschend sind die meisten von ihnen an Erschöpfung oder Hunger gestorben.

Die 247 Überlebenden sollten auf die Westindischen Inseln deportiert werden (das war 1679 kein beliebtes Ferienziel, sondern eine von Seuchen, Elend und Moskitos geplagte Hölle). Doch ihr Schiff sank vor den Orkneyinseln, und bis auf siebenundvierzig ertranken alle. Angesichts dieses gigantischen Pechs ist es nicht unwahrscheinlich, dass der Rest ein paar Tage später vom Blitz erschlagen wurde.

Dieses Gefängnis ist sehr gruselig. Ich wusste, dass dies der Ort war, an dem Heughan seinen monströsen Plan, mich zu Tode zu erschrecken, ausführen würde. In der entsprechenden *Men in Kilts*-Folge kann man sehen, wie ich mich ständig umschaue. So weit, so gut.

[Sam: Muahahahah …]

Dann erreichten wir das schwarze Mausoleum. Das war ein feuchtes, finsteres Gewölbe, in dem eine ziemlich unangenehme

Gestalt namens George MacKenzie (ja, wahrscheinlich Dougals Vorfahre) begraben liegt.

Stellt euch die Szene vor: Die Öffnung ist durch ein abgeschlossenes Eisentor versperrt. Unsere »Todeshistorikerin« hat uns entzückt berichtet, dass es in dem Museum spukte. Sie hat uns sogar ganz reizende Fotos von MacKenzies Herumgegeistere gezeigt. Als sie das Tor öffnete (welches natürlich laut ächzte), schlug Sam vor, dass ich als Erster eintreten sollte.

Hier würde es passieren! Ich war mir sicher. Er bebte praktisch vor boshafter Freude wie ein Kobold auf Koks. Ich bin also … langsam hinein.

Nichts!

Wir sind in das Gewölbe gegangen und haben uns bemüht, tapfer zu wirken (eigentlich habe ich es gar nicht erst versucht – meine nackte Angst war viel zu offensichtlich). Dann hat uns unsere Führerin ein paar Horrorgeschichten erzählt, und ich konnte meinen entsetzten Blick nicht von dem sehr großen dunklen Fleck an der Decke abwenden.

Schließlich gingen wir wieder ins Freie. Wieder achtete ich doppelt und dreifach auf Dinge, mit denen mich Samwise hätte erschrecken können.

Alles gut.

Ich hatte es geschafft. Der Dreh war im Kasten. Wir würden jetzt aufbrechen. Sam und ich mussten nur noch wie an jedem Drehort unser kleines ID-Video drehen, unseren Versuch einer schlagfertigen Verabschiedung. Unsere Todesführerin stand lächelnd daneben.

Dann schlug er zu!

Während ich das Grinsen nicht abstellen konnte, weil ich noch lebte und mich in Sicherheit wähnte, packte mich ein Typ in einem Kostüm aus der Welt von H. P. Lovecraft von hinten.

Falls ihr die Folge nicht gesehen habt, das ist der Moment, in dem ich buchstäblich in die Luft gegangen bin und dem Rotschopf fluchend mit dem Tod gedroht habe. Der Angreifer trug einen knöchellangen Ledermantel und die Maske eines Pestarztes. Ihr wisst schon, die Sorte mit dem langen Krummschnabel. Eine Schutzbrille trug er, glaube ich, auch. Anscheinend war er der Lebensgefährte der »Historikerin«, und diese Gegenstände stammten aus seiner persönlichen Sammlung. Was für ein ungewöhnliches Privatleben diese beiden führen müssen.

Es ist nicht übertrieben zu sagen, dass ich mir fast in die Hose gemacht hätte.

Den ganzen restlichen Tag, ach, was sage ich, Monat hat mich Heughan immer wieder zusammenfahren lassen. Ich sag doch, ein Monster.

[Sam: Ah, Rache. Welche Freude. Welch erhebendes Gefühl. Es entzückt mich tatsächlich zu sehen, wenn der Graubart zusammenfährt. All sein Machogehabe ist vergessen, wenn er wie ein verschrecktes Tier in die Luft springt und sich dann Trost suchend an die nächstbeste Person oder den nächstbesten Gegenstand klammert. Unglücklicherweise bin das meistens ich. Dann die Flucherei. Ich glaube, einige seiner Worte hat es bis jetzt gar nicht gegeben. Nicht einmal auf Gälisch. Graham ist sehr kreativ.]

GEMÄUER DES MONATS

EDINBURGH CASTLE

SAM

Die Burg aus dem elften Jahrhundert ist vielen als Schauplatz der fantastischen Tattoo-Parade bekannt, aber vor allem beherrscht sie auf ihrem Aussichtspunkt, dem seit der Eisenzeit besiedelten Castle Rock, die Silhouette unserer Hauptstadt.

Als Festung, Garnison, königliche Residenz, Kerker ist die Burg im Lauf der Geschichte immer wieder belagert worden. Den letzten Versuch, sie einzunehmen, unternahm 1745 die Armee der Jakobiten. Unter dem Kommando des Bonnie Prince nahmen sie zwar die Stadt ein, aber nicht die Burg. Nachdem sie später im selben Jahr zum Rückzug aus Edinburgh gezwungen wurden, marschierten sie heimwärts Richtung Culloden. Wir wissen ja, wie das endete.

Im Lauf der Jahrhunderte wurde die Festung mit immer mehr Kanonen ausgestattet, darunter Mons Meg, ein Sechs-Tonnen-Belagerungsgeschütz, das ein hundertfünfzig Kilo schweres Geschoss drei Kilometer weit feuern konnte! Meg (nach der belgischen Stadt Mons benannt, wo sie hergestellt wurde) hat einen Laufdurchmesser von einem halben Meter. Sie ist eine der größten Kanonen der Welt (gemessen an ihrem Kaliber) und war 1457 ein Geschenk für James II. Ob seitdem schon einmal jemand versucht hat, sie anzuheben?

Die andere berühmte Kanone der Burg ist die »One O'Clock Gun«, die täglich außer sonntags um ein Uhr mittags abgefeuert wird. Seit 1861 diente dies dazu, es ausfahrenden Schiffen im Firth of Forth zu ermöglichen, ihre Chronografen noch einmal zu stellen. Heute ist der tägliche Schuss vor allem eine Touristenattraktion. Am 8. März 2013, dem Internationalen Frauentag, übernahm Bombenschützin Alison Jones als erste Frau die tägliche Ehre, die One O'Clock Gun abzufeuern. Falls es einen Hut zum Auslosen dieser Aufgabe gibt, würde ich meinen Namen auch gern hineinlegen.

Aber noch lieber würde ich Mons Meg abfeuern.

BUUUMMMMMMMMMMMMMMMMMMMMMMMMMM!

ABENTEUER DES MONATS

ARTHUR'S SEAT

SAM

Arthur's Seat ist kein Munro; er hat gerade einmal ein Viertel der nötigen Höhe, aber er überragt die Granitstadt Edinburgh wie ein stolzer Beschützer. Perfekt für eine Rodel- oder Skipartie, wenn es im Winter genug schneit. Als Teenager habe ich ganz in der Nähe gewohnt.

Der Holyrood Park grenzt am unteren Ende der Royal Mile direkt an den Palast an und ist über 200 Hektar groß, mit dem Arthur's Seat, einem erloschenen Vulkan, als höchstem Punkt. Der Hügel ist 251 Meter hoch mit einer wundervollen Aussicht auf die Stadt. An klaren Tagen kann man zum Königreich Fife hinüberschauen.

Als Teenager fand ich den Weg nach oben beschwerlich und viel zu weit, aber eigentlich ist es ganz einfach. Entweder klettert man direkt hinauf, oder man folgt der Straße durch den Park, dann ist es ein kurzer Spaziergang zum Gipfel. Dort oben gibt es auch ein großes, gut erhaltenes Fort – eine von vier etwa 2000 Jahre alten Hügelfestungen.

2019 sind wir mit unseren »Peakers« (Mitglieder meines »My Peak Challenge«-Fitnessprogramms) im Rahmen unseres alljährlichen Gala-Wochenendes auf den Arthur's Seat gewandert. Ich habe mich an die Spitze von mehreren Tausend Banner schwenkenden Menschen gesetzt und das Kommando zum Start des Spaziergangs gegeben (diesmal kein McTavish). Die Glencorse Pipe Band ist vor uns hergegangen, Dudelsäcke und Trommeln erschollen im Wind, die Basstrommel gab uns das Tempo vor.

Nach ein paar Hundert Metern wurde mir klar, dass ich noch nie hinter einer Dudelsackkapelle hermarschiert war, und ich begriff, dass sie reichlich Bewegungsspielraum brauchten. Wir steuerten auf eine kleine Gruppe knorriger Bäume zu, die unseren musikalischen Marsch zu unterbrechen drohten. Ich signalisierte der Band und den begeisterten Massen hinter mir, die Richtung zu wechseln, und wir haben das Tohuwabohu knapp verhindert.

Auf unserem weiteren Weg kamen wir an den Salisbury Crags vorbei, einigen dreißig Meter hohen Klippen in der felsigen Hügelwand, die sich im Sonnenuntergang rot oder orange färben.

Es war schön, dort aufzuwachsen, und ich kehre heute gern zurück und steige auf den Hügel, um mich daran zu erinnern, woher ich komme (und wie viel leichter der Aufstieg jetzt ist, wo mir ein bisschen Bewegung nichts mehr ausmacht). Ich würde euch aber raten, keine größere Gruppe von Musikern mitzunehmen – als Erstes werdet ihr den Basstrommler verlieren!

TROPFEN DES MONATS

WAS IMMER IHR MÖGT ... WIR SIND AUF KNEIPENTOUR IN EDINBURGH

SAM

Überraschenderweise gab es in Schottlands Hauptstadt bis vor Kurzem keine Whisky-Destillerie. Ich bin mir zwar sicher, dass es in der Vergangenheit welche gegeben hat, legal oder anderweitig, aber erst in jüngster Zeit haben sich einige Destillerien hier neu gegründet, darunter die Holyrood Distillery (2019) und Port O'Leith (2020). Doch deren erste Jahrgänge ruhen noch in Eichenfässern dem Mindestalter entgegen, ab dem sie Whisky genannt werden dürfen. Unterdessen überbrücken die Destillerien die Zeit mit Produkten wie Gin oder Rum.

Edinburgh ist immer eine Handelsstadt gewesen; besonders zeigte sich das in Leith und an den Docks. Hier wurden Gin und Rum nach England, Europa und auch in die Neue Welt umgeschlagen. Wie schon erwähnt, habe ich meine Jugend in den finsteren Gassen von »Old Reekie« vergeudet, daher würde ich gern ein paar Orte vorschlagen, an denen man sich mit etwas Trinkbarem erfrischen kann:

- **The Bow Bar** – eine schnörkellose Bar an der malerischen Bow Street, große Auswahl an Whisky und Bier, einen Steinwurf vom Grassmarket entfernt, wo **The Last Drop** an die letzte öffentliche Hinrichtung am Galgen erinnert.

- **The Meadows Tap** – eine meiner Stammkneipen als Teen, direkt am Meadows Park.
- **The Black Cat** – bis drei Uhr nachts geöffnet. Eine der vielen Bars an der Rose Street, wo die Wette gilt, in jeder Bar an der Straße ein kleines Bier zu trinken … unmöglich!
- **Bennets Bar** – wurde um 1830 eröffnet und wirkt wie eine Zeitreise. Ich habe dort oft nach der Arbeit in einem nahen Café noch einen Absacker getrunken.
- **The Scotch Malt Whisky Society (SMWS)** – an der Queen Street, eigentlich für Mitglieder, aber es gibt auch einen öffentlichen Bereich mit Zugang zu unendlich vielen Spezialabfüllungen. Könnte Tage dort verbringen.
- **Voodoo Rooms** – großartige Einrichtung, toller Service.
- **The Devil's Advocate** – urige Kneipe in der Nähe der Royal Mile mit über 300 Whiskys.
- **The Sheep Heid Inn** – nach einer anstrengenden Wanderung über den Arthur's Seat ist ein Bier in dieser Kneipe aus dem sechzehnten Jahrhundert die ideale Erfrischung. Graham erinnert sich wahrscheinlich noch an die Eröffnung.
- **Hector's** – im schicken Stockbridge; dort habe ich oft an verkaterten Sonntagen eine Bloody Mary getrunken oder spätabends Freunde mit einem gekühlten Cocktail beeindruckt. Eher McTavishs Stil.
- **Cask & Barrel** – an der Broughton Steet. Ich habe eine Zeit lang dort gearbeitet und liebte die Spieltage, an denen die Sportwetter vor dem Fußball noch ein kaltes Bier getrunken und Bratkartoffeln gegessen haben.
- **The Cumberland Bar** – ein hübscher Pub in einer schönen Gegend, den Besuch wert. *[Graham: Ich kann nicht glauben, dass du **The Blue Blazer** weggelassen hast! Hierhin gehen die Schauspieler und die Crew des Royal Lyceum, wenn sie nach der Aufführung etwas trinken wollen. Ein schlichter Laden mit einer großen Auswahl an*

Fassbieren und einer kleinen, aber eindrucksvollen Whiskysammlung.]

CLAN DOUGLAS

GRAHAM

Kaum glaubt man, dass man die brutalsten schottischen Clans abgehandelt hat, da stolpert man über eine Bande wie den Douglas-Clan, und schon muss man nach neuen, immer extremeren Adjektiven suchen, um ihre Historie zu beschreiben.

Das berühmteste Mitglied dieses Clans war Sir James Douglas. Bei den Schotten als »Good Sir James« bekannt, doch seine Feinde (im Prinzip ganz England) hatten einen anderen Namen für ihn.

»Der Schwarze Douglas«.

Das verdankte er anscheinend zwei Dingen – seinem schwarzen Haar (als würde man Sam »Der Rote Heughan« nennen) und seinem wahrhaft schreckenerregenden Ruf. Die Engländer glaubten allen Ernstes, die Hölle hätte ihn gesandt. (Die Vergleichsmöglichkeiten mit Sam nehmen zu.)

Die Anfänge dieses Rufs gehen auf sein achtzehntes Lebensjahr zurück. Damals beschloss er, seinen Familiensitz, Burg Douglas, von der englischen Garnison zurückzuerobern. Dazu wählte er den Palmsonntag, weil er wusste, dass der Großteil der Garnison dann in der Kirche sein würde. Kluges Kerlchen.

Ohne Rücksicht auf das religiöse Zeremoniell betrat der Schwarze Douglas die Kirche mit seiner Horde, die ihren Kriegsruf brüllte, der leicht zu merken war: »Douglas! Douglas!« (Wie peinlich wäre es gewesen, wenn ein Clanmitglied den Kriegsruf vergessen hätte? »Äh, er beginnt mit D … sag nichts, er liegt mir auf der Zunge!«)

Das folgende Massaker wurde charmanterweise als »Douglas'

Speisekammer« bekannt, weil man die Überlebenden in den Keller brachte und enthauptete.

Damit nicht zufrieden, ließ der Schwarze Douglas die abgetrennten Köpfe auf einen Stapel zertrümmerter Weinfässer montieren.

Als Zugabe zündete er die Köpfe an.

Dann brannte er die Burg nieder.

Da hatte sich offenbar eine Menge Wut angesammelt.

»Was sollen wir mit den Gefangenen machen, Chef?«

»Schneidet ihnen die Köpfe ab.«

»Okay, passt.«

»Moment. Seht ihr die Weinfässer da? Schlagt sie in Trümmer und steckt die abgetrennten Köpfe darauf.«

»Wird gemacht, Chef.«

»Dann zündet sie alle an.«

»Anzünden? Okie dokie.«

»Oh, und dann brennt die Burg nieder.«

Damals gab es im Norden Englands ein beliebtes Schlaflied. Es lautete:

Still, still, du süßer Wicht
Still, still, fürchte dich nicht
Der Schwarze Douglas kriegt dich nicht.

Man erzählt sich, am Ende des Liedes hätte einmal eine schwielige Hand die Schulter der Mutter gepackt, und eine raue Stimme hätte gesagt: »Sei dir da nur nicht so sicher.«

Der Schwarze Douglas eroberte die Burg von Roxburgh, indem er sich und seine Männer in Kuhfelle hüllte und auf allen vieren zur Burg kroch. Dann stürmten sie hinein und meuchelten die Bewohner.

Manche behaupten, er hätte Wallace im Zweikampf schlagen können, und das sagt einiges.

Seine Siegesliste war auf jeden Fall beeindruckend: 57 Siege, 13

Niederlagen (die eher taktische Rückzüge waren; er wurde nicht besiegt). Er war ein bisschen wie der Lionel Messi des Mordens, der Tom Brady des Gemetzels.

Einmal belagerte er die Burg von Berwick upon Tweed. Der Papst intervenierte und befahl ihm, SOFORT aufzuhören, sonst würde er die Exkommunikation und ewige Verdammnis riskieren. Seine Antwort gibt uns eine Vorstellung davon, mit wem man es zu tun hatte: »Ich möchte lieber nach Berwick als ins Paradies.« (Vielleicht sollten wir eine Kampagne starten, das zum neuen Stadtmotto von Berwick zu machen.)

Er starb schließlich auf dem Weg in den Nahen Osten, während er das Herz von Robert Bruce in einem Kästchen um den Hals trug (was auch sonst?). Umzingelt und allein, blieb ihm nichts anderes übrig, als es nur mit Schwert, Axt und Eiern aus Stahl mit etwa 200 Feinden aufzunehmen.

Doch die Macht des Clans wuchs und wuchs, zunächst durch seinen Sohn Archibald, der Grimmige genannt. (Ich weiß, ich weiß, wo waren die Schotten mit Namen wie »Sean, der gern ein Liedchen trällert« oder »Alastair, der schrecklich Schüchterne«?)

Irgendwann bekam der Clan den Beinamen »Douglas von den sechs Burgen«, leider eine weniger als unser lieber Freund »Duncan von den sieben Burgen«.

Ihre Macht wurde so bedrohlich, dass König James II beschloss, sie nach Edinburgh zu holen. Sir William Crichton traf die Vorbereitungen und überredete William, den 6. Grafen von Douglas, und dessen Bruder, zum Abendessen vorbeizukommen.

»Kommt zum Essen! Ihr braucht keinen Wein mitzubringen.«

Als das Essen in vollem Gange war, wurde ein schwarzer Stierkopf hereingebracht.

Willy und sein Bruder hatten vermutlich eher auf Hühnchen oder einen schönen Truthahn gehofft. Mit Sicherheit wussten sie, was der schwarze Stierkopf bedeutete.

Er war ein Symbol für den Tod.

Zack, zerrte man sie ins Freie auf den Burgberg, machte ihnen zum Schein den Prozess und enthauptete sie.

James II war zu diesem Zeitpunkt übrigens zehn Jahre alt.

Die Moral von der Geschichte ist, dass man immer nachprüfen sollte, ob Stierkopf auf der Speisekarte steht, und dass man sich nicht von einem Kind zum Abendessen einladen lassen sollte.

Dieses Ereignis inspirierte George R. R. Martin zu seiner »Bluthochzeit« in *Game of Thrones* und zu der Aussage: »Egal, was ich mir ausdenke, es gibt immer historische Ereignisse, die genauso schlimm oder schlimmer sind.«

Seien wir ehrlich, die meisten davon haben sich in Schottland zugetragen.

NATURNOTIZEN

DIE GNITZE

GRAHAM

Aus der Familie der *Ceratopogonidae* (versucht einmal, das nach ein paar ordentlichen Gläsern Whisky zu sagen). Für diejenigen, die nicht wissen, was eine Gnitze ist oder wie sie aussieht, hier ist ein Bild:

Das ist nicht lebensgroß … zum Glück.

Gnitzen sind winzig, ich meine wirklich winzig, und es gibt nichts, was sie mehr lieben, als Menschenblut zu saugen. Verglichen mit Gnitzen, sehen Stechmücken aus wie Albatrosse. Eine einzelne Gnitze zu erspähen, ist eine echte Herausforderung, aber glücklicherweise (oder unglücklicherweise) sind sie im Allgemeinen in Schwärmen unterwegs, die Bataillongröße haben. Sie tauchen als bewegliche Wolke aus fliegenden Fleckchen auf, und sie haben schon so manchen Schottlandurlaub ruiniert.

Nun sind wir in den (mini mini) Augen der Gnitzen nicht alle gleich. Sie haben definitiv ihre Favoriten, und wie bei so vielen *Outlander*-Fans ist Heughan einer ihrer absoluten Lieblinge.

Vielleicht sitzen sie alle vor ihren gnitzengroßen Fernsehern und können den roten Locken und den Muskelmassen des »Königs unter den Männern« einfach nicht widerstehen. Vielleicht haben sie mich auch als Dougal MacKenzie gesehen und sich gedacht, von dem Kahlkopf halten wir uns lieber fern! Jedenfalls mögen mich Gnitzen einfach nicht.

Sie lassen mich in Ruhe.

Sie machen einen weiten Bogen um mich.

Sie winken nur kurz mit ihren winzigen Gnitzenflügeln und stürzen sich dann wie Schwadronen verliebter *Ceratopogonidae* auf Jamie Alexander Malcolm MacKenzie … (den Rest wisst ihr ja!).

Wenn ihr *Men in Kilts* gesehen habt, da gibt es eine Szene, in der wir Gälischunterricht bekommen. Wir, das sind unsere Gälisch-Lehrerin Morag, Sam, ich und ungefähr 8000 Gnitzen, die im Orbit um Sams Kopf verharren.

Die arme Seele. Er saß da wie ein Mensch, der einen Anfall hat; er krampfte und zuckte und wedelte mit den Armen in dem vergeblichen Versuch, seine Miniaturfans abzuwehren.

Sam meinte, ich müsste eine Art teuflischer Gnitzenfarm geschaffen haben, die nur dem einen Zweck diente, ihn zu quälen. Ich kann das weder bestätigen noch verneinen. Alles, was ich bestätigen kann, ist, dass die Gnitzen mich komplett in Ruhe gelassen haben, wie man in der Szene sehen kann.

Im Gegensatz zu Sams verzweifeltem Veitstanz bin ich entspannt und habe die Beine übereinandergeschlagen, ein kleines Lächeln auf den Lippen, während ich mit dem Gälisch kämpfe und aus dem Augenwinkel Zeuge werde, wie sich ein kräftiger Mann in ein lallendes Wrack verwandelt.

Ein Mann, der einen Hundert-Kilo-Felsbrocken hochheben, einen Marathon laufen und einen Munro nach dem anderen erklettern kann, entmannt von Insekten, die kleiner sind als ein Salzkorn.

Ich gestehe, ich habe gehofft, dass die Gälischstunde niemals enden würde. Nach all den Scherzen, die er unterwegs auf meine Kosten gemacht hatte, erschien mir die Welt plötzlich in einem tröstlicheren Licht, als er sich eine Tüte über den Kopf zog, während er wild auf sich einschlug.

Als er schließlich die Flucht ergriff, war sein Gesicht eine einzige Masse aus Hilflosigkeit (es hatte durchaus Ähnlichkeit mit Edward Munchs Gemälde »Der Schrei«), und die brodelnde Wolke getreuer Gnitzen folgte ihm en masse.

Wenn ich die Augen schloss, glaubte ich fast, ihre mini mini Gnitzenstimmen im Chor rufen zu hören: »Geh nicht weg, Sam, geh nicht weg! Wir lieben dich …!«

6. August 1881 – Sir Alexander Fleming, der Entdecker des Penizillins, wird geboren.

9. August 1757 – Der Bauingenieur Thomas Telford wird in Dumfries geboren.

9. August 2014 – Die erste *Outlander*-Folge läuft bei Starz. Die Serie, inzwischen in ihrer siebten Staffel (die achte und letzte ist in Vorbereitung), hat über 70 Nominierungen und 31 Auszeichnungen bekommen, von Golden Globes und Emmys bis hin zu schottischen BAFTAs und Critic's Choice TV Awards.

12. August 2021 – Deutsche Premiere *Men in Kilts - Die Schotten kommen*

13. August 1888 – John Logie Baird, der Entwickler des Fernsehens, wird geboren.

15. August 1771 – Der Romanautor und Dichter Sir Walter Scott wird geboren.

16. August 1766 – Lady Carolina Oliphant Nairne wird geboren, eine beliebte Dichterin und Verfasserin vieler jakobitischer Lieder.

17. August 1947 – Eröffnung des ersten Edinburgh International Festivals

19. August 1745 – Charles Edward Stuart hisst seine Standarte in Glenfinnan – der Beginn des Aufstands von 1745.

20. August 1897 – Ronald Ross seziert eine Mücke und stellt die Verbindung zu Malaria her. Als erster Schotte bekommt er 1902 einen Nobelpreis.

[Sam: Ich würde gern ein paar von diesen verdammten Gnitzen sezieren. Oder sie so umprogrammieren, dass sie sich Graham holen.]

23. August 1303 – William Wallace wird hingerichtet.

25. August 1930 – Der Schauspieler Sir Sean Connery kommt in Edinburgh zur Welt. Er stirbt am 31. Oktober 2020.

SEPTEMBER

Clan Farquharson

Motto: *Fide et Fortitudine* (Durch Treue und Tapferkeit)

Region: Invercauld, Aberdeenshire

WICHTIGE KALENDERDATEN

1. September bis 30. November – Meteorologischer Herbst
Anfang September – Braemar Gathering (Highland Games)
22. – Herbst-Tagundnachtgleiche (astrologischer Herbstbeginn)
Mabon – heidnisches Erntefest
Mitte September – Austernfestival in Stranraer

REGION DES MONATS

ABERDEENSHIRE, BANFFSHIRE UND MORAYSHIRE

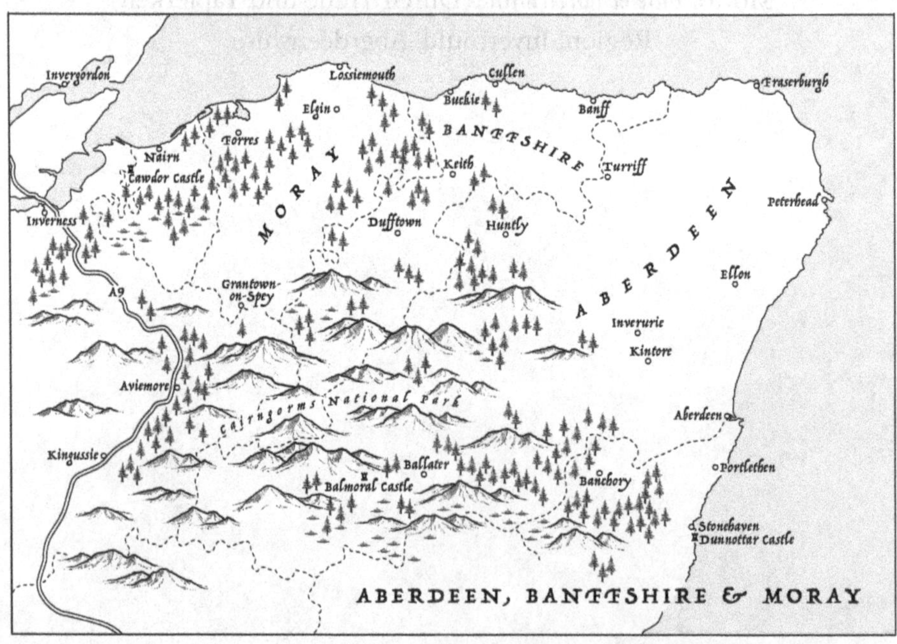

GRAHAM

Eigentlich wäre es sinnvoller, in diesem Kapitel über die Cairngorms zu schreiben, weil sich hier vieles um Braemar dreht, aber Samwise hat den Cairngorm Nationalpark zum Ort der Liebe und der Picknicks im Februar erklärt. Wir wissen ja alle, wie sentimental er ist, also können wir uns hier mit Aberdeenshire und Morayshire befassen, besonders mit der herrlichen Küste von Moray.

Es ist ein Teil von Schottland, der oft übersehen wird, weil er so weitab der üblichen Wege liegt, die die Menschen in die Highlands führen, aber er ist den Besuch absolut wert.

Knapp vierzig Kilometer nördlich der Cairngorms liegt das Städtchen Nairn. Hier hatten die Regierungstruppen unter Cumberland vor der Schlacht von Culloden ihr Lager. Dieser Ort hätte sich so viel besser für eine reguläre Schlacht geeignet als der Sumpf von Drumossie bei Culloden.

In Nairn herrscht ein gemäßigtes Mikroklima, es ist einer der trockensten Orte in Schottland.

Man kann gut und gern darüber spekulieren, wie diese Schlacht wohl ausgegangen wäre, wenn es den Jakobiten gelungen wäre, sich in der Nacht an den Feind heranzuschleichen, während Cumberland mit seinen Männern Geburtstag feierte. Stattdessen irrten sie kilometerweit in der Gegend herum, bis sie schließlich erschöpft und nass bis auf die Haut auf einem Stück Land endeten, dessen Mikroklima, falls vorhanden, der Sammelpunkt für den gesamten Aprilregen Schottlands zu sein schien.

Wären sie im Sommer gekommen und hätten sie Lust auf Bewegung gehabt, hätten die Jakobiten die knapp achtzig Kilometer des Moray Coast Trails von Forres bis Cullen genießen können. Oder, da sie gerade bis nach England und wieder zurückmarschiert waren, hätten sie vielleicht lieber von einem der herrlichen weißen Strände dieser Küste aus den Seehunden und Delfinen beim Spielen zugesehen.

Ist das nicht ein schöner Gedanke? Bonnie Prince Charlies Tartan-Armee, wie sie beim Picknick am Strand einer Schule Delfine applaudiert?

Anfang September – Braemar Gathering (Highland Games)

SAM

Die Highland Games sind ein Fest der keltischen Kultur in Form von Sport, Musik und Tanz. Es gibt über hundert solcher Feste in ganz Schottland und weltweit noch viel mehr.

Während diese Veranstaltungen mehr oder weniger eine viktorianische Erfindung nach dem Ende der »Säuberungen« waren, sind viele der Sportarten älter als die historischen Aufzeichnungen. Die erste Erwähnung findet sich während der Herrschaft von König Malcolm III (1031–93), der seine Männer aufforderte, den Creag Choinnich bei Braemar hinaufzurennen, um dann den schnellsten Läufer zu seinem königlichen Boten zu machen.

Dann gibt es einen Brief, in dem der Häuptling der Grants seine Männer mit all ihren Waffen zu einem Gathering zusammenruft, denn bei den ersten Wettkämpfen ging es darum, die besten Soldaten auszuwählen.

Das Cowal Gathering in Dunoon ist das größte Fest in Schottland, das Braemar Gathering das prestigeträchtigste, da es nicht weit von der königlichen Sommerresidenz Balmoral entfernt stattfindet und von der Königsfamilie besucht wird. Allerdings ist Grandfather Mountain in North Carolina mit 30.000 Zuschauern vermutlich das größte Gathering der Welt.

Die wichtigsten Wettkämpfe:

- Baumstammwurf: man hebt einen Telegrafenmast senkrecht hoch, läuft damit los und wirbelt ihn einmal in der Luft herum
- Steine putten
- Hammerwurf: aber mit einem übergroßen Vorschlaghammer
- Gewichtsweitwurf: mit einer Kugel an einer Kette
- Gewichtshochwurf: über eine Art Hochsprungbalken
- Garbenwurf: man schleudert einen Zehn-Kilo-Sack mit Stroh mit einer Mistgabel senkrecht hoch
- Tauziehen: acht Männer versuchen, acht anderen Männern ein Seil zu entreißen
- Whiskytrinken: na ja, es *sollte* eine anerkannte Sportart sein

Und ringsum Dudelsäcke, keltische Bands und traditionelle Tänze.

WETTKAMPF DES MONATS

MEIN BAUMSTAMM IST »BETTLER« ALS DEIN BAUMSTAMM

SAM

Natürlich war es nur recht und billig, dass Graham und ich uns an einigen dieser Wettbewerbe versuchten, also habe ich das für *Men in Kilts* arrangiert. Wieder einmal hatte Graham vergessen, worauf er sich eingelassen hatte …

Wir fuhren von Inverness nach Braemar, mit einem Zwischenstopp für ein Gruppenfoto am Skizentrum The Lecht, wo es trotz der Jahreszeit eiskalt war, weil der Wind aus Nordosten kam. Im Winter sind die Berge dort schneebedeckt, aber selbst jetzt, im Spätsommer, fühlte es sich kalt genug dafür an. Natürlich machten wir eine Essenspause (um Mr Hungry zu beruhigen), aber da es nur ein Lunchpaket mit einem Sandwich, einem Stück Fleischpastete, einem Apfel und einem Trinkpäckchen gab, war Grahams Bestürzung groß. Er hatte versucht, sich Drei-Gänge-Mittagessen mit Wein in seinen Vertrag schreiben zu lassen, aber als hauptverantwortlicher Produzent hatte ich das entschlossen zurückgewiesen.

Wir sind an diesem Tag eine lange Strecke gefahren, und ich weiß noch, dass ich ziemlich steif aus dem Wohnmobil gestiegen bin. *[Graham: Wie ich sehe, fängst du früh mit deinen Ausreden an.]* Nachdem wir uns im Fife Arms – einem schönen Hotel in Braemar – kurz frisch gemacht hatten, fuhren wir zum Duke of Fife Memorial Park, wo die Highland Games stattfinden.

Wir waren standesgemäß mit weißen Leibchen, Kilts und Strümpfen mit Strumpfbändern bekleidet. Ich weiß noch, dass Grahams Brustwarzen verstörend steif waren. Das Erste, was Kyle Randall, unser achtundzwanzigjähriger Highland-Games-Meisterlehrer, zu uns sagte, war: »Tretet niemals ohne Unterwäsche an – falls ihr auf den Kopf gestellt werdet.«

Da ich ohne Scheu an die heutige Lektion herangegangen war, wurde mein Schambereich plötzlich nervös. Kyle, der uns erzählte, dass er seine Zeit damit verbrachte, in den Highlands herumzulaufen und »Zeug zu werfen«, erzählte uns weiter, dass er sich beim Hammerwerfen die Bauchmuskulatur gerissen hatte und nun »jahrein, jahraus in Schmerzen und Traurigkeit« lebte. Die Nervosität stieg wie die Flut.

Als Erstes wollten wir uns am Hammerwurf versuchen, und ja, ich wusste, dass ich gut sein würde. Ich meine RICHTIG GUT.

Nun, zumindest dachte ich, dass ich es sein würde. Es gibt zwei Sorten von Hämmern: den schottischen Hammer, sieben Kilo mit flexiblem Griff – und den, den ich bekommen habe, den Braemar-Hammer, ein Zehn-Kilo-Monster mit einem anderen Griff, den auch Kyle benutzte.

[Graham: Ich denke, im Sinne der Transparenz ist es nur fair zu erwähnen, dass Kyle und ich seit diesem Tag in Braemar Freunde sind. Ich: »Hey, Kyle, was haben die Hämmer gewogen, die Sam und ich beim Hammerwurf benutzt haben?« Kyle: »Ihr hattet beide den Sieben-Kilo-Hammer.« Hmmmm. Da schweigt des Sängers Höflichkeit ...]

Ich weiß nicht, was mit dem Griff los war, ob es Kyle war oder ob Graham ihn sabotiert hatte, aber er war komplett mit Harz verklebt. Vielleicht sogar mit Sekundenkleber.

Ich kam an die Reihe, und als ich mich um mich selbst drehte, wie Kyle es uns gezeigt hatte, konnte ich nicht loslassen, weil der Griff an meinen Händen klebte. Runde um Runde drehte ich mich im Kreis, und mein Magen drehte sich auch, aber ich wurde den Hammer nicht los. Ich klebte an dem verflixten Ding fest, und *gah!* – fünfmal, sechsmal, sieben... ich drehte mich immer weiter.

Schließlich flog er los und fiel beinahe sofort auf den Boden. Mein Ego fiel mit. Es war ein enttäuschend kurzer Wurf. Ich schimpfte innerlich mit mir. Das hatte ein guter Tag werden sollen. Es war Sportsabotage, doch ich konnte es nie beweisen. Die bevorstehende Niederlage kribbelte in meiner Brust, als ich zusah, wie Graham das Leichtgewicht, nein, das Bantamgewicht unter den Hämmern aufhob, natürlich ohne Kleber am Griff, sich ein paarmal auf den Zehenspitzen drehte wie beim Ballett, losließ ... und das Ding MEILENWEIT flog.

Beim Baumstammwurf wurde alles unendlich viel besser. Die Teilnehmer heben einen großen Telegrafenmast aus Lärchenholz vom Boden auf, der an einem Ende mit einem Gewicht beschwert ist; sie laufen damit los und versuchen, ihn in der Luft um sich selbst zu drehen. Auch hier gab es zwei Größen, Medium und den Braemar, der sechs Meter lang war und knapp achtzig Kilo wog.

Ich habe nur den Medium geworfen, aber ich habe es geschafft, ihn zu drehen. Graham hat es versucht, aber er hat ihn nicht einmal hochbekommen (kicher), geschweige denn geschafft, damit loszulaufen und zu werfen. Ich habe es ein paarmal mit dem Braemar probiert, und ich habe ihn auch hochbekommen, aber diesen Klotz zu werfen, war auch für mich zu viel. Ich frage mich, ob es so etwas wie Baumstamm-Viagra gibt?

Dann kam das Tauziehen. Die ganze Crew musste mitmachen, und Graham hat sich über die Kräfteverteilung aufgeregt. Während ich noch mit dem Baumstammwurf beschäftigt war, hat er Kyle bearbeitet und ihm gesagt, er könnte ihm eine Rolle im nächsten Hobbit-Film besorgen: »Kyle, du bist ein Naturtalent. Das fällt nicht jedem in den Schoß – Heughan musste dafür arbeiten, aber bei dir ist es angeboren. Wir könnten unsere eigene Sendung drehen, Kyle, *wenn* du meinem Team beim Tauziehen hilfst. Was sagst du dazu?«

Er sagte natürlich Ja, und Grahams Team hat gewonnen. Der Graubart war außer sich vor Freude.

Vor allem, weil er wusste, dass er unsere Sportwette gewonnen hatte und ich nun splitterfasernackt im Atlantik schwimmen musste.

Es wurde übrigens das Nacktbad mit dem längsten Anlauf, den man je gesehen hat, denn Graham hat es so eingerichtet, dass Ebbe war und ich buchstäblich kilometerweit rennen musste, um das Meer überhaupt zu finden. Dabei beobachteten mich einige skandinavische Pärchen von ihren Wohnmobilen aus. Allerdings zuckten sie angesichts meiner baumelnden Kronjuwelen nicht mit der Wimper – sie sind ja in der Sauna auch ständig nackt. Ich habe mir sogar Sorgen gemacht, sie könnten es für eine Einladung oder eine schottische Tradition halten und mir am Ende noch hinterherlaufen.

Seine Majestät beobachtete das Geschehen vom Strand aus, in

Decken gehüllt wie die Königinmutter, von George mit heißem Tee versorgt, ein teures Schweizer Fernglas vor den Augen, während er zufrieden gluckste.

NÄCHSTES MAL, GRAUBART. NÄCHSTES MAL …

GRAHAM

Ich bin ein großer Fan der Highland Games. Ich habe solche Feste schon auf der ganzen Welt besucht und bin voller Bewunderung für die Männer und Frauen, die diese enorm schweren Gegenstände heben und werfen können.

Hammer, Baumstamm, der Bauernspaziergang (bei dem man mit einem Gewicht in jeder Hand so weit geht, wie man kann, ehe es einem die Gelenke zerreißt), das Tauziehen, das Putten (wie Kugelstoßen, nur mit einem Stein) und der Gewichtshochwurf (bei dem man ein Zwanzig-Kilo-Gewicht mit einem kleinen Griff über eine Art Hochsprungbalken wirft. Bei jedem Wurf wird der Balken höher gelegt. Der Rekord liegt bei sechs Meter siebzehn – das sind fast drei Stockwerke!!!).

Die älteren traditionellen Wettbewerbe im Haggisweitwurf und im Zwergenschleudern sind (im zweiten Falle glücklicherweise) dem Vergessen anheimgefallen.

Überflüssig, zu sagen, dass das alles quasi nach Sam Heughan schrie. (Natürlich nicht das Zwergenschleudern.) Seine fieberhafte Begeisterung für das Heben schwerer Gegenstände ist ein Hauptantrieb in seinem Leben. Wenn er abends in sein Hotelzimmer geht, veranstaltet er wahrscheinlich noch eine Runde Bankdrücken mit seinem Bett, oder er wirft zur Entspannung volle Whiskyfässer in seinem Haus herum.

All das hatte ich im Kopf, als ich beklommen mit den Games begann.

Es war kein warmer Tag, und Sam hat recht, wenn er sagt, dass meine Brustwarzen steif wie die Huthaken in der Kirche waren.

Kyle Randall war der Mann, der uns anleiten sollte. Als er auf uns zukam, glaubte ich an eine optische Täuschung, weil er immer größer wurde. Er behauptet, einen Meter fünfundneunzig groß zu sein, aber er kam mir viel größer vor. Ein Behemoth mit Händen wie Servierteller und einem Händedruck wie ein Fleischwolf.

Dazu trug er einen alarmierenden Schnurrbart.

Man hatte uns im Vorfeld gesagt, wir sollten den Schnurrbart nicht erwähnen, also tue ich es jetzt aus sicherem Abstand an meiner Computertastatur. Es war ein kühner Schnurrbart, schwarz und unheilvoll wie aus einer vergangenen Ära.

Er lächelte zwar viel, doch irgendwie wirkte es durch den Schnurrbart erst recht auf stille Weise bedrohlich.

Als ich Kyle fragte, was sein Beruf war, reagierte er zurückhaltend und sagte nur, dass er anderen dabei hilft, Dinge einzusammeln …

Kann sein, dass ich in diesem Moment erneut geschluckt habe. Er entließ mich aus seinem Bärengriff.

Wir haben mit dem Hammerwurf angefangen. Kyle hat uns die beiden Hämmer gezeigt, sieben und zehn Kilo. Dann hat er eine Art Harz auf seine Hände aufgetragen, um den Hammer besser im Griff zu haben (weiß Gott, was das war, vielleicht die destillierten Tränen seiner Konkurrenz). Dann packte er den Stiel des Hammers und suchte nach der besten Position für seine Hände. Ich musste an einen Riesen denken, der an seiner Würgetechnik arbeitet.

Wieder schluck!

Dann war es Zeit zu werfen.

Wir haben den Hammerschwung ein paarmal geübt (ich war fest überzeugt, dass ich jeden Moment einen Bandscheibenvorfall bekommen würde), dann trat Sam in den Kreis.

Er drehte sich.

Kyle und ich sahen ihn ermunternd an.

Er drehte sich weiter.

Kyle und ich sahen besorgt drein.

Er drehte sich immer noch.

Kyles Schnurrbart war inzwischen merklich gewachsen.

Und … weiter im Kreis.

Die Dämmerung fiel über uns.

Und … er ließ los.

[Sam: Die Haut auf meinen Händen hat den Hammer bei seinem Flug begleitet.]

Der Hammer beschrieb einen Bogen und riss ein ordentliches Loch in den Rasen.

Kyle und ich wachten auf und feuerten Sam an.

Jetzt ich.

Ich nahm Sam den Hammer ab und wanderte in den Kreis.

Ich bereitete mich innerlich auf die Erniedrigung vor, weit hinter Sams Versuch zurückzubleiben, aber wie ein Gefangener, der zum Galgen hinaufsteigt, packte ich pflichtbewusst den Hammer und schwang ihn.

Verdammt, ist der schwer.

Ich beschloss, mich nicht zu lange im Kreis zu drehen wie Sam (nicht schwierig, weil Sam eine deutliche Vertiefung im Boden hinterlassen hatte, als er sich auf der Stelle drehte wie ein rothaariger Korkenzieher).

Ich ließ los (oder vielleicht war es auch der Hammer, der mich losließ).

Er flog im hohen Bogen davon.

Er landete.

Ich hörte Sam überrascht knurren: »Sie sind … so dicht beieinander.«

Wir maßen den Abstand zu Sams Rasenlücke. Dann zu meiner.

Belassen wir es dabei, dass wir länger brauchten, um meine zu erreichen.

Ja!!! Ich hatte weiter geworfen.

Ich war völlig baff.

An diesem Punkt bin ich auf die Knie gefallen, habe zum Himmel geblickt und meine Freude hinausgeschrien.

[Sam: Es war wie ein Urschrei. Wie ein wildes Tier. Oder ein aufgebrachter Hobbit, der nach einem Jahr Essensentzug in Isolationshaft seine Ration bekommt.]

Sam stand in der Nähe (okay … an seiner Landestelle, also ungefähr zwei Meter entfernt). Seine Miene war ein halbes Schmollen, kombiniert mit einem verblüfften Stirnrunzeln.

Als ich schließlich mit meinem Gebrüll und Gehampel fertig war, war es Zeit für den Baumstammwurf.

Das würde schwer werden. Wir versuchten es beide, nachdem Kyle es uns vorgemacht hatte (bei ihm sah es aus, als würde er einen Zahnstocher wegschnippen).

Wir scheiterten beide, aber ich muss es Sam hoch anrechnen, dass er nicht einfach aufgab.

Er versuchte es erneut, und JA!!! Sein Stamm drehte sich in der Luft. Ich war schwer beeindruckt (glaubt mir, das kommt NICHT so schnell vor), und ich konnte sehen, wie viel es ihm bedeutete. Außerdem besaß er den Anstand, es mir nicht unter die Nase zu reiben (na ja, zumindest nicht sofort).

Unser letzter Wettkampf war das Tauziehen. Wir teilten die Crew hinter uns auf. Unser Gastgeber, der Zeremonienmeister der Games, war der Schiedsrichter.

Ich nahm ein Ende des Seils, Sam nahm seins.

Ich liebe Tauziehen. Es macht einfach Spaß. Das hier war keine Ausnahme.

Wir gingen in Position …

Und LOS!!!

Erst waren wir gleichauf, dann überredete Sam Kyle (den Behemoth) Randall, auf seine Seite zu kommen.

Plötzlich gerieten wir ins Hintertreffen.

NEEEIIN!!!, dachte ich.

Dann rettete uns der Zeremonienmeister. Er sprang auf unsere Seite, und gemeinsam zogen wir Sam und sein Team über die Linie.

Ein weiterer Tag des leidenschaftlichen Wettkampfs war vorüber, wir dankten unseren muskulösen Gastgebern, und ich zog mich zurück, um mir die Brustwarzen zu wärmen.

SAM

Danach haben wir im Fife Arms übernachtet und eine gigantische Party gefeiert. Einer unserer Produzenten konnte Dudelsack spielen, und wir haben auf der Straße Cèilidhtänze getanzt bis in die Nacht – und eine Verwarnung dafür bekommen.

Das Fife Arms ist eins der besten Hotels, in denen wir übernachtet haben; ich empfehle es von Herzen. Es besitzt berühmte Kunstwerke, darunter einen Picasso. Schottisch-modern und luxuriös, großartige Cocktails und gutes Essen. Dabei war Graham gar nicht zu sehen – wahrscheinlich hatte er der Queen geschrieben und sie gebeten, stattdessen in Balmoral übernachten zu dürfen.

DER FARQUHARSON-CLAN

GRAHAM

Der Clan der »Fighting Farquharsons«. Wenn ein Clan das Wörtchen »kampflustig« als Beinamen führt, weiß man, dass mit diesen Menschen nicht zu scherzen ist. Die anderen Clans waren zwar auch nicht als die »Friedfertigen« Mackintoshs oder als die »Ich wär lieber mit 'nem guten Buch daheim«-MacDonalds bekannt, aber wenn einem das Wort »fighting« vorauseilt, sagt das doch einiges.

Alles begann, als Donald Farquharson (man spricht es übrigens

Farker-son, falls ihr euch das schon gefragt habt) Isobel Stewart heiratete. Sie bekamen einen Sohn, Finlay Mor, der es bis zum stellvertretenden königlichen Standartenträger in der Schlacht von Pinkie Cleugh brachte.

Finlay fiel in der Schlacht, doch zuvor zeugte er neun Söhne (kein Stellvertreter in seinem Ehebett). Man ist versucht, sich vorzustellen, wie Finlay am Ende eines harten Kampftags nach Hause kam und auf der Stelle einen weiteren Sohn zeugte. Wenn er nicht in Pinkie Cleugh gestorben wäre, wer weiß, wie viele Söhne er noch zuwege gebracht hätte. Zwölf? Warum nicht fünfundzwanzig.

Doch wie sich herausstellte, reichten neun junge Männer aus, um das Hauptquartier der Farquharsons im Tal des Dee zu erbauen, auf drei Seiten beschützt von hohen Bergen. Es gab nur einen Weg hinein und hinaus, und dieser wurde von den neun muskelbepackten Söhnen Finlays des Großen bewacht. (Wahrscheinlich wie eine Art schottischer Zerberus, der die Unterwelt bewacht.)

Um jedoch ganz sicher zu sein, dass sie gut geschützt waren, schlossen sie sich dem Superclan Chattan an, der Tartan-Version der Cosa Nostra.

Sie bauten ihren angsteinflößenden Ruf weiter aus, und Donald »Og« Farquharson wurde Montroses bester Kommandeur in den Covenanter-Kämpfen.

John Farquharson aus Inverey kämpfte an der Seite von »Bonnie Dundee« in Killicrankie. Er war als der »Schwarze Oberst« bekannt, ein Name, der sich vermutlich nicht auf seine bevorzugte Kleiderfarbe bezog. Dies war ein Mann, der 1666 zum Gesetzlosen erklärt wurde – zufälligerweise im Jahr des Teufels!

1715 und 1745 unterstützten sie die Jakobiten, und ihr Clanoberhaupt wurde verhaftet, um schließlich am Morgen seiner geplanten Hinrichtung begnadigt zu werden. Man kann sich vorstellen, wie er sich fühlte, als der DIESE Nachricht bekam. (Nachdem er seine Unterhose gewechselt hatte, natürlich.)

Eine der faszinierendsten Personen aus dem Farquharson-Clan war Anne, die als »Oberst Anne« bekannt wurde. Sie war mit einem Mackintosh verheiratet, rief in seiner Abwesenheit das »Mackintosh-Regiment« zusammen und führte es in die Schlacht von Culloden. Man hielt sie kurz in Inverness gefangen, ließ sie dann aber frei.

Noch lieber ist mir aber, glaube ich, der Mann mit dem gälischen Namen *Fearchar gaisgach liath,* der die gesamte jakobitische Rebellion miterlebte und erst selbst als Junge unter Montrose kämpfte und siegte, bis er schließlich seinen letzten Sohn in Culloden fallen sah. Noch im Alter von 115 Jahren wanderte er durch das Land und besuchte die Gräber derer, die er einst gekannt hatte. Übersetzt bedeutet sein gälischer Name passenderweise Farquhar …

… der graue Krieger!

Das hohe Alter scheint bei diesem Clan in der Familie zu liegen. Der 16. Häuptling, Alwyne Arthur Compton Farquharson, ist im Oktober 2021 fast auf den Tag ein halbes Jahr nach seinem Freund und Nachbarn Prinz Philip mit 102 Jahren verstorben. Dagegen ist der 17. Häuptling, der ebenfalls Philip heißt, mit Mitte vierzig fast noch ein Küken.

GEMÄUER DES MONATS

BALMORAL

SAM

Die große Schottlandfreundin Königin Victoria und ihr Mann Prinz Albert kauften das Schloss im Jahr 1852 von den Farquharsons, denen heute noch das benachbarte Braemar gehört. Das Anwesen und die Gärten sind öffentlich zugänglich, und man kann das Gartenhaus besichtigen, wo Victoria Briefe geschrieben hat oder sich, wie ich es mir gern vorstelle, mit Albert über ein anständiges schottisches Frühstück hergemacht hat. Oder vielleicht sogar ein Frühstücksbrötchen aus dem Café in Braemar.

O mein Gott, ich träume heute noch von diesem Brötchen. Es war so gut. Vom The Bothy in Braemar. Ich würde am liebsten sofort hinfahren, um mir noch eins zu holen. Ich war ein bisschen verkatert, und Davie, mein Fahrer, hatte eins übrig und hat es mir gegeben. Es waren zwei Frikadellen und ein Ei mit brauner Sauce in einem Brötchen, frisch gebacken, innen weich, aber außen knusprig, es war so unglaublich. Argh, ich klinge schon wie Graham …

Es gibt aber noch einen anderen Grund, warum ich noch einmal nach Braemar möchte, und zwar, um die Pyramide im Wald von Balmoral zu sehen. Ja, es gibt tatsächlich eine Pyramide in den Cairngorms.

Sie wurde zur Erinnerung an Victorias Ehemann Albert errichtet:

To the beloved memory of Albert the great
and good Prince Consort.
Erected by his broken hearted widow Victoria R.
21st August 1862

Cairngorm ist Gälisch für »blaues Cairn«, und ein Cairn ist ein Grab- oder Gedenkhügel aus Steinen. Auf dem Anwesen gibt es elf solcher Cairns, die durch einen Wanderweg verbunden sind. Ich möchte den Gedenkort für Prinz Albert wirklich gern besuchen. Und noch so ein Brötchen essen. Ich sabbere auf meine Tastatur. Warum haben sie keinen Lieferservice?

Es gab noch ein weiteres Cairn, das Königin Victoria 1883 zur Erinnerung an Mr John Brown errichten ließ, ihren persönlichen Diener und Jagdaufseher. Doch ihr Sohn Edward ließ die Gedenkstätte wieder entfernen. John Brown wurde in dem gleichnamigen Film sehr einprägsam von Billy Connolly gespielt. Niemand weiß genau, welcher Natur ihre Beziehung war, doch es war nicht zu übersehen, dass Königin Victoria ihn sehr schätzte. Südöstlich des Schlosses steht eine Bronzestatue von ihm, eine Gestalt im Kilt, die Mütze in der Hand, mit der Inschrift: *Mehr Freund als Diener, loyal, treu, tapfer, selbstlos im Dienst, selbst bis ins Grab.*

Auch Königin Elizabeth liebte Schottland. Sie ist gern in den Bergen gewandert oder auf den hiesigen Ponys ausgeritten und war jeden Sommer hier. Ich habe sie nie persönlich kennengelernt, aber Charles bin ich schon ein paarmal begegnet. Graham kennt vermutlich die ganze Königsfamilie und lässt sich von ihnen bekochen oder in London umherkutschieren.

2018 war ich einmal im Buckingham-Palast eingeladen. Ich sollte einen Konzertabend des Royal Conservatoire of Scotland moderieren, wo ich meine Schauspielausbildung absolviert hatte. Der damalige Prinz Charles war der Schirmherr des Conservatoire.

Es war ein sehr interessanter Abend. Man darf im ganzen Palast keine Fotos machen, und wir hätten so gern Bilder von uns gehabt. Wir waren backstage, als Prinz Charles' persönlicher Mitarbeiter hereinkam. Wir haben sofort an seiner schrecklichen knallroten Hose erkannt, dass er ein Offizieller war, und dann trug er auch noch gelbe Socken und braune Halbschuhe. Oje.

Genug gesagt.

Er kam zu mir und sagte: »Was würde Ihre Mutter dazu sagen, dass Sie Schnürschuhe zu Ihrem Kilt tragen?« Ich beachtete ihn nicht, aber er legte gerade erst los. Nach einem wunderschönen armenischen Stück stand der Dirigent auf und erzählte etwas über die Musik. Doch das verstieß gegen das Protokoll. Der besagte Offizielle wurde vor Wut leuchtend rot, Schweiß trat ihm auf die Stirn, und er wanderte laut schimpfend hinter der Bühne auf und ab. »Was macht er denn da. Das sollte er nicht tun! Nein. Nein. NEIN!!!«

Ich habe mich mit einer Kellnerin unterhalten, und sie meinte lachend: »Ah, Sie sind also der Rotnase begegnet, wie?« Ich habe sie gefragt, wie sie das meinte. »Wenn er wütend wird, wird seine Nase immer röter.«

An diesem Abend verwandelte er den Palast in einen wahren Rotlichtbezirk.

Leider habe ich erst später herausgefunden, dass ich eigentlich mit den Musikern und Prinz Charles zu Abend essen sollte, aber das hat mir die alte Rotnase verschwiegen – vielleicht als Strafe, weil ich Schnürstiefel zu meinem Kilt trug.

Ich habe mich durch den Eingang des Palasts hinausgeschlichen, bin durch das Tor zum Victoria-Memorial-Kreisel gegangen und habe ein Taxi angehalten, während mich Scharen von Touristen angafften. Vermutlich haben sie sich gefragt, wer zum Teufel ich wohl war.

Die Moral von der Geschicht: Trau keinem Mann mit einer roten Hose.

ABENTEUER DES MONATS

LOCHNAGAR

SAM

Der Lochnagar ist ein 1153-Meter-Munro in den Grampian-Bergen. Er befindet sich auf den Ländereien von Balmoral, etwa acht Kilometer südlich des Flusses Dee. Im Jahr 1848 hat Königin Victoria ihre Wanderschuhe und ihr Tweedkostüm angezogen und ist auf den Berg gestiegen. Der Hauptgipfel trägt den gälischen Namen *Cac Càrn Beag,* was kleiner Dreckberg bedeutet. Wie Queen Vic das wohl gefunden hätte?

Bestimmt hatte sie einen Flachmann dabei, um auf ihre Ankunft am Gipfel zu prosten, während sie die Aussicht auf die Cairngorms und auf Braemar genoss. Doch das Wetter an diesem Tag war tatsächlich Dreck, und weil sie nichts sah, schrieb sie die berühmten Worte: »Aber ach! Nicht das Geringste zu sehen, und es war kalt, nass und freudlos.«

Dabei ist es ein dramatischer, beliebter Munro, wenn das Wetter stimmt. Lord Byron (1788–1824) verbrachte in seiner unruhigen Jugend dort einige Zeit und schrieb 1807 dieses Gedicht:

Lachin y Gair – Das Tal Lochnagar

Einfach und ländlich nur magst du erlaben,
England! Ein Herz, das im Hochgebirg' war.
O um die Klippen so wild und erhaben,
Düster umgrollend das Tal Lochnagar.

TROPFEN DES MONATS

12-YEAR-OLD ROYAL LOCHNAGAR

SAM

Ich kann mir gut vorstellen, wie Königin Victoria einen großen Schluck aus ihrem goldverzierten Flachmann nimmt, um sich aufzuwärmen. Vielleicht war die Flasche mit Whisky aus der nahen Royal Lochnagar Distillery gefüllt. Victoria und Prinz Albert haben die Destillerie beide besucht und die köstliche Spirituose bestimmt ordentlich verkostet. Es ist eine kleine Destillerie, die vor allem für die besseren Johnnie-Walker-Blends produziert, aber sie füllen auch ihren eigenen Whisky ab. Bei den *Men in Kilts*-Dreharbeiten in Braemar war es der Lieblingswhisky der Crew, und wir haben vor unserer Abreise aus den Highlands noch diverse Flaschen geleert. Die Destillerie ist in der Vergangenheit schon zweimal abgebrannt, aber wir haben sie zum Glück nicht brennend zurückgelassen, und so steht sie heute noch nicht weit vom Ufer des Dee im Nordosten der Highlands.

SCHLACHT DES MONATS

DIE SCHLACHT VON PRESTONPANS, 21. SEPTEMBER 1745

GRAHAM

Wer mit der TV-Serie *Outlander* vertraut ist, weiß, dass es eine ganze Folge mit dem Titel »Prestonpans« gibt. Diese versetzt Sam und mich in das Zentrum einer Schlacht, die den Jakobiten ihren ersten großen Sieg bescherte. Dort stürmten Dougal MacKenzie und sein in Kürze verräterischer, mörderischer Neffe Jamie Fraser (ja, ich hab's noch nicht verwunden) Seite an Seite auf die Regierungstruppen zu.

Der Hauptunterschied zwischen dieser Episode und dem 21. September 1745 ist, dass die tatsächliche Schlacht ein fürchterliches Gemetzel war, während unsere Schlacht in einem riesigen weißen Zelt stattfand, wo der Rauch aus der Nebelmaschine kam und die Stuntleute so freundlich waren, uns so tun zu lassen, als brächten wir sie um – wenn wir nicht gerade Kaffee gebracht bekamen oder an einem Proteinshake nippten. (Ich glaube allerdings, dass ein Teil von Sam glaubt, dass er tatsächlich an der ECHTEN Schlacht teilgenommen hat.)

Prestonpans war alles, was Culloden später nicht war. Abgesehen von dem verblüffenden Sieg der Jakobiten zeigte sich hier die vernichtende Effektivität des Highland-Ansturms.

Um die Szene zu beschreiben: Das Aufeinandertreffen der beiden Armeen war beinahe eine Verwechslungskomödie. Die britische Regierung hatte nur zwei Regimenter in Schottland, die jetzt mit diesem Aufstand fertigwerden mussten. Unter dem Kommando von Sir John Cope marschierten sie nach Norden, um auf Bonnie Prince Charlie (BPC) zu treffen, während dieser gen Süden marschierte.

Fast wie auf einer Irrfahrt durch die Highlands mit Sam am Steuer, brachten die beiden Armeen es fertig, einander unbemerkt zu passieren. BPC setzte seinen Weg fort und nahm am 17. September 1745 Edinburgh ein, das sich kampflos ergab.

Cope begriff unterdessen, dass die einzigen Feinde, die ihm in nördlicher Richtung entgegenkommen würden, streitlustige Schafe und der eine oder andere wilde Haggis sein würden. Also bog er rechts ab, ging nach Aberdeen, nahm das schnellste Schiff, das er finden konnte, und fuhr nach Süden, um just östlich von Edinburgh an Land zu gehen.

Unterdessen marschierte ihm BPC entgegen.

Am 20. September begegneten sich die beiden Männer und ihre jeweiligen Armeen.

Unser Charlie beschloss, das höher gelegene Gelände oberhalb von Preston zu besetzen. Sein Plan sah vor, den Hügel hinunterzustürmen und dem Feind einen brutalen Schlag zu versetzen.

Schlauer alter Charlie.

Unterdessen ließ Cope seine Männer entlang einer Nord-Süd-Linie Aufstellung nehmen. An seiner Flanke befanden sich die Mauern zweier Gutshäuser, sodass jeder Ansturm in einen wartenden Flaschenhals geführt hätte.

Schlauer alter Cope, höre ich euch sagen.

Zu BPCs Pech entdeckte dieser, dass das Gelände zwischen ihnen voller sumpfiger Stellen und Kohlegruben war. Dort hindurchzustürmen wäre gewesen, als sähe man Sam und mir bei dem Versuch eines Schwerttanzes zu (also peinlich und furchtbar).

Die Jakobitenarmee ließ sich zu ausgiebigen Streitgesprächen nieder (das sollte charakteristisch für ihren ganzen weiteren Feldzug werden). Cope jedoch wusste nichts von alldem.

Die Jakobiten bewegten sich nach links.

Cope bewegte sich nach rechts.

Die Jakobiten bewegten sich nach rechts.

Cope bewegte sich nach links.

Es war wie ein völlig misslungener Tanz, bei dem keiner der Partner weiß, wer führen soll.

Dieses ganze Hin und Her war Gift für die Nerven der rot berockten Soldaten, die völlig zu Recht zu dem Schluss kamen, dass niemand wusste, was er da eigentlich tat.

Es wurde Nacht, und bis auf gelegentliche frustrierte Musketenschüsse von beiden Seiten passierte nicht das Geringste.

Auftritt Robert Anderson. Er war ein ortsansässiger Mann in der Jakobitenarmee, der Lord George Murray die Information über einen Hirtenpfad, der nach Osten führte und den sie nehmen konnten, zukommen ließ. Damit würden sie die Flanken der Regierungstruppen umgehen.

Murray erzählte es BPC, und der Befehl wurde ausgegeben: »Folgt Bob Anderson!«

Um drei Uhr nachts brachen sie auf. Es gab in dieser Nacht kaum Mondlicht, und man kann sich vorstellen, wie ein paar Tausend Mann im Gänsemarsch über den Pfad schritten. Diejenigen, die Breitschwerter hatten, dämpften die Geräusche wahrscheinlich mit ihren Plaids. Andere hatten kaum mehr als Farmwerkzeuge dabei oder Klingen, die sie an Stiele gebunden hatten. Die Jakobiten hatten keine Kavallerie und damit auch keine Pferde, die den Feind hätten alarmieren können.

Der gute alte Bob Anderson muss sich mit Geschichte ausgekannt haben. Denn das war genau die Methode, mit der die Perser die 300 Spartaner bei den Thermopylen umgingen (oder vielleicht war er auch einfach nur viel klüger als die Männer, die das Sagen hatten!).

Copes Truppen sahen sie zu spät und feuerten einen Signalschuss ab. Cope ließ seine Männer hastig Position beziehen, doch seine sechs Kanonen hatten keine Gelegenheit, den Platz zu wechseln, und drängten sich alle auf der rechten Seite.

BPC hatte nicht vor zu warten, genauso wenig wie die Highlander. Endlich war der Feind da, direkt vor ihnen. Als es dämmerte, stürmten die Highlander unter dem Kriegsruf »Claymore!« los.

Die feindlichen Soldaten, die ihnen gegenüberstanden, hatten so etwas buchstäblich noch nie gesehen.

Sie waren es gewohnt, dass sich zwei Armeen gegenüberstanden und sich aus einiger Entfernung höflich mit Kanonen und Musketen beschossen. Das hier war eine Horde barfüßiger Wilder, die mit wehenden Plaids und erhobenen Breitschwertern auf sie zugerannt kamen, während sie in einer fremden Sprache im Chor schrien.

Es muss sich angefühlt haben, als hätte man sie auf einem anderen Planeten abgesetzt. In einem Moment schlief man, und im nächsten hörte man das Dröhnen der Kriegsdudelsäcke und tausend Männerstimmen, die auf Gälisch brüllten.

Copes Mannen schafften es genau einmal, ihre Kanonen abzufeuern. Der Lärm der Kanonen erschreckte die Pferde ihrer eigenen Dragoner, die unglaublicherweise nie darin trainiert worden waren, unter Feuer zu kämpfen. Sie gingen durch. Sie rannten ohne Pause bis nach Edinburgh, wo ihnen die Tore der Burg verschlossen blieben und man ihnen drohte, sie wegen Feigheit vor dem Feind zu erschießen.

Draußen auf dem offenen Feld hallten die Kriegsrufe der Clans derweil über die verbliebene Infanterie hinweg. Die MacDonalds aus Appin, die Camerons, die MacLachlans, die Robertsons, die MacDonalds aus Glencoe (genau die), die MacGregors und die MacDonalds aus Glengarry, Keppoch und Clanranald. Das waren die Männer, die an jenem Tag über dieses Feld rannten. Vielleicht waren ja auch ein Dougal MacKenzie und ein Jamie Fraser dabei.

Die gegnerische Seite brachte ein paar Salven zustande, ehe die Wand aus mordlustigem Plaid auf sie prallte. Clanranald und die Camerons waren die Ersten, gefolgt vom Rest.

Es hilft, wenn man sich die Szene an diesem Septembermorgen vorstellt. Männer, die den Schlaf noch in den Augen hatten, standen da und versuchten, sich einen Reim auf das Geschehen zu machen. Sie waren die Regierungsarmee, zum Kuckuck, und nun waren sie mit etwas Unvorstellbarem konfrontiert. Während sie hastig versuchten, ihre Musketen nachzuladen, haben sie vielleicht aufgeblickt. Was sie sahen, war eine ganze Wand aus Charlie Allans, die nicht auf sie zumarschiert kam, sondern auf sie zuRANNTE, brüllend, die Münder aufgerissen, die Gesichter hassverzerrt, mit einem Wald aus Breitschwertern, die im verblassenden Mondlicht glitzerten.

Das Geräusch Tausender nackter Füße, die über den weichen Boden liefen, das leise Rascheln ihrer Plaids, vielleicht metallisches Klirren. Sie hätten genauso gut einem Rudel tollwütiger Hunde gegenüberstehen können. Bis sie ganz begriffen, welcher Horror sich da zutrug, sahen sie bereits, wie der Freund an ihrer Seite von einem nach Blut brüllenden Bauern in Stücke gehackt wurde.

Männer mit Breitschwertern, Dolchen, Mistgabeln, Äxten und Schlachtermessern hackten ihnen die Gliedmaßen ab oder schnitten ihnen die Oberseite ihrer Köpfe ab wie bei einem Ei.

Also taten sie, was jeder denkende Mensch angesichts Tausender bärtiger, schreiender, spuckender Berserker tun würde …

Sie ergriffen die Flucht.

Unglücklicherweise liefen sie dabei genau in jenen Flaschenhals, den sie eigentlich für die Highlander vorgesehen hatten. Stattdessen fand hier ein großer Teil von Copes Männern ihr Ende.

Die Jakobiten kannten wenig Gnade. Sie töteten 450 von ihnen und nahmen weitere 1500 gefangen. Nur 170 feindliche Soldaten entkamen.

Die Highlander hatten dreißig Mann verloren.

Was dort im Zeitraum von fünfzehn blutigen Minuten des totalen Grauens geschehen war, war die Zerstörung der einzigen Regierungsarmee in Schottland. Sie waren von einem Heer von Hirten, Kleinbauern und Freiwilligen geschlagen worden, die von einem Fünfundzwanzigjährigen ohne jede Kampferfahrung angeführt wurden.

Es ist nicht unwahrscheinlich, dass der gute alte Robert Anderson überlebte. Man fragt sich, wie ihm gedankt wurde. So, wie ich das Militär kenne, eher mit einem festen Händedruck und einer Extraration Whisky als mit einem Ritterschlag.

Doch es gibt keinen Zweifel, dass die Sache ohne Bob, den Schafhirten, GANZ anders ausgegangen wäre. Ich frage mich, ob er es bis nach Culloden geschafft hat …

NATURNOTIZEN

HEIDE

SAM

Es gibt zwei verbreitete Arten von Heidekraut in Schottland: Besenheide *(Calluna vulgaris)* und Graue Heide *(Erica cinerea)*. Normalerweise blühen sie zweimal, im Frühsommer und im Spätsommer/Frühherbst.

Die Heide ist eins der schottischen Nationalsymbole (zusammen mit der Distel und der Kaledonischen Kiefer). Über zwei Millionen Hektar Berghänge, Täler und Moorland sind mit Heidekraut bedeckt, das in Farbtönen von Rosa bis Lila vorkommt und ganz selten auch in Weiß.

Die mannigfaltigen Verwendungen der Heide (der Blume, nicht der Dame!)

- Als Glücksbringer
- Als Talisman gegen das Böse
- Beim Hausbau (Strohdächer)
- Zum Färben von Tuch und Wolle, zum Beispiel Tartan
- Medizinisch gegen Magenbeschwerden, Husten, Rheuma und Nervosität
- In Seifen und Salben
- In Matratzen
- In Heidebier. Vor 4000 Jahren haben jungsteinzeitliche Siedler Alkohol aus Heidekraut fermentiert und dazu Keramikflaschen benutzt, die heute noch Restspuren enthalten. Bei den Pikten war das Getränk ebenfalls beliebt.

Heidebier: Legende aus Galloway

Aus Glöckchen frischer Heide
Entstand ein Trank so fein,
Viel lieblicher als Honig,
Viel stärker noch als Wein.
Sie brauten ihn und tranken
Im familiären Bund,
Berauschten sich zusammen
In Höhlen unter'm Grund.
Robert Louis Stevenson, 1890

BEDEUTENDE GEBURTSTAGE, TODESTAGE UND EREIGNISSE

3. September 1745 – Prinz Charles Edward Stuart proklamiert seinen Vater in Perth zum König James III von Schottland.

3. September 1752 – Durch die Übernahme des gregorianischen Kalenders wird der 3. September 1752 zum 14. September. Massen strömen durch die Straßen und fordern: »Gebt uns unsere elf Tage wieder!«

6. September 1715 – Zu Beginn des ersten Jakobitenaufstandes entrollte der Graf von Mar in Braemar die Standarte des »Alten Prätendenten«.

11. September 1297 – Die Schlacht von Stirling Bridge

SAM

Als ich 2018 am Stirling Marathon teilnahm und meine Beine bei Kilometer achtundzwanzig so richtig brannten, fiel mein Blick auf das Wallace Monument. Es kennzeichnet den Schauplatz der Schlacht von Stirling Bridge, wo Wallace die Engländer besiegte und zum Nationalhelden wurde, dem man den Titel »Hüter von Schottland« verlieh. Er war ein Furcht einflößender Krieger, dem man nachsagt, sein Claymoreschwert sei über einen Meter achtzig lang gewesen, also größer als Dwalin, der wütende Zwerg. Man kann das Denkmal besichtigen und über eine enge Wendeltreppe mit 246 Stufen ganz nach oben gelangen, wo man eine dramatische, windige Aussicht hat.

Der Aufstieg lohnt sich; macht es nur lieber nicht, wenn ihr gerade einen Marathon gelaufen seid.

GRAHAM

Man hat in den letzten Jahren viel von William Wallace gehört, was in der Hauptsache Mel Gibson zu verdanken ist. (Gibson ist ein schöner schottischer Name, und Mel hat bestimmt mit Fug und Recht eine Eulogie über den Mann gedreht, der den Unabhängigkeitskrieg in Schottland angefangen hat.)

Also, ich liebe *Braveheart*. Ich habe den Film bestimmt drei- oder viermal gesehen, aber Mel hat bei der Art, wie er William Wallace porträtiert hat, einen Kardinalfehler gemacht ... er hat ihn einfach nicht brutal genug gezeigt.

In einer Kultur, die anscheinend täglich neue blutrünstige Berserker in die Welt setzte, überragte Wallace die meisten.

Das liegt zum Teil daran, dass er den Erzählungen nach die meisten tatsächlich überragte. In einer Zeit, in der die Mehrheit der Menschen um die eins fünfundsechzig groß wurden, soll allein sein Schwert schon über eins achtzig lang gewesen sein. Man kann sein Schwert im Wallace Monument besichtigen; es hängt dort in einer sehr großen Glasvitrine.

Ihr versteht, was ich meine ...

William Wallace war vermutlich ein gewöhnlicher, friedliebender Highlander, bis ein paar englische Soldaten versucht haben, ihm seine Angelbeute abzunehmen.

Aber zunächst ein paar Worte zum Hintergrund.

Die Krone von Schottland war nach dem Tod des Königs und seiner siebenjährigen Nachfolgerin verwaist. In ihrer Verzweiflung wandten sich die Schotten an den letzten Menschen, den sie um Hilfe hätten bitten sollen: Edward I von England, liebevoll auch »Langbein« genannt.

Das war so, als bäte man einen Wolf, auf die Schafe aufzupassen, während man selbst feiern geht. Edward war ein Mensch, der sich wahrscheinlich die Zähne mit den Knochen seiner zahlreichen Feinde gesäubert hat und sich selbst mit Bechern zuprostete, die aus Menschenschädeln gefertigt waren. Oh, und er hasste Schottland.

Es gab zwei Anwärter auf den schottischen Thron, Robert Bruce und den ungeliebten John Balliol. Natürlich verhalf Edward Letzterem auf den Thron.

Das ist also das Land, in dem sich WW wiederfand, als er in Lanark Bier trinken und angeln ging. Alles war gut, bis er fünf stockbesoffenen englischen Soldaten begegnete, die darauf bestanden, dass er ihnen den gesamten Fang des Tages überließ.

Als er ihnen wohlüberlegt vorschlug zu teilen, statt alles zu verlieren, drohten sie, ihn des Hochverrats zu bezichtigen.

Williams nächste Reaktion war weniger wohlüberlegt. Er schlug einem der Soldaten das Gesicht ein, stahl ihm das Schwert und hackte die anderen in Stücke. Vermutlich summte er dabei ein Shanty.

Der Sheriff ging zu Williams Freundin, um ihn zu suchen, und als sie ihm sagte, sie hätte keine Ahnung, wo Wallace sei, ließ er sie standrechtlich hinrichten.

Aber hallo.

William war nicht erfreut.

Er erlangte zumindest einen Teil seiner inneren Freude zurück, nachdem er den Sheriff gemetzelt und sich vermutlich aus dessen Gesicht einen Sporran gefertigt hatte. Zudem hatte er die gesamte Garnison von Lanark getötet.

Und das war erst der Anfang.

Er und seine wachsende Anhängerschar machten sich dann über sämtliche englischen Soldaten in Schottland her. Wahrscheinlich prügelten sie die Hälfte von ihnen mit den abgetrennten Körperteilen der anderen Hälfte zu Tode und posierten mit den abgetrennten Köpfen all jener, die ihnen nicht schottisch genug klangen.

All das brachte Edward »Lord Vader« Langbein ziemlich auf die Palme.

Nachdem er die meisten Generäle, die ihn bis jetzt hängen gelassen hatten, zur Ermunterung der anderen hingerichtet hatte, schickte er Englands Beste gen Norden, um am 11. September 1297 in Stirling auf den widerspenstigen Mr Wallace zu treffen.

Es hätte eine ausgemachte Sache sein sollen.

Eine gut ausgebildete und ausgerüstete englische Armee mit vielen Berittenen gegen einen Bauernpöbel, der zum Teil kaum mit mehr als schlechter Laune bewaffnet war.

Die Engländer waren ihnen zahlenmäßig fünffach überlegen.

Wallace zog eine Kapitulation nicht einmal in Betracht. Wahrscheinlich stand er formidabel auf der anderen Seite der Brücke von Stirling und funkelte böse in Richtung der Engländer. Sein Kilt reichte ihm nur mit Ach und Krach über die gewaltigen Eier, und seine Jacke war aus den Häuten seiner gefallenen Feinde zusammengenäht.

Die Engländer waren so außer sich, dass sie beschlossen, die Brücke geschlossen zu überqueren. Sobald der erste Teil der Armee die andere Seite erreicht hatte, befahl Wallace seinen Männern, aus den Wäldern zu kommen und sich auf sie zu stürzen wie ein Rudel Hyänen in einer dieser David-Attenborough-Dokumentationen. Ihr wisst schon, die Sorte, in der das langsame, nicht besonders helle Gnu von der Herde getrennt und dann in Stücke gerissen wird, während David Attenborough die Szene teuflischen Grausens mit sanfter Stimme kommentiert.

Wäre Sir David doch in Stirling dabei gewesen: »Hier haben wir die traditionelle Highlander-Gruppe, die über die verwirrte englische Armee herfällt. Beachten Sie, wie hervorragend sich die Highland-Schwerter zum Ausweiden und zur Enthauptung eignen. Grundgütiger! Das ist aber eine Menge Blut!«

Statt zu dem weisen Schluss zu kommen, dass sie es besser vergessen sollten, gegen etwas zu kämpfen, das der Jahresversammlung der Berserker ähnelte, schickten die Engländer ihre Kavallerie über die lächerlich schmale Brücke.

Großer Fehler.

Der alte Billy Boy hatte die Brücke im Vorfeld manipuliert (wahrscheinlich mit den Zähnen), und sie brach zusammen, sodass die englischen Ritter in den Fluss stürzten.

Unter den hilflosen Blicken der gestrandeten englischen Nachhut ermordete Wallace' tollwütige Komparsenhorde aus *28 Days Later* alles, was einen englischen Akzent hatte.

William beendete das Entertainment des Tages, indem er die Leiche des englischen Kommandeurs auspeitschte und seine Haut benutzte, um den Griff seines wahrhaft enormen, mit Eingeweiden beschmierten Schwertes damit zu umwickeln.

In den nächsten Monaten folgte noch reichlich weiteres Blutvergießen, das in der Schlacht von Bannockburn gipfelte, von der wir im JUNI schon gehört haben.

27. September 1958 – Der Autor Irvine Welsh *(Trainspotting)* wird im Edinburgher Stadtteil Leith geboren.

30. September 1928 – Der in Ayrshire geborene Sir Alexander Fleming verkündet die Entdeckung des Penizillins.

OKTOBER

Es gibt auf der Welt keinen Ort,
an dem sich mehr alter Aberglaube und
traditionelle Magie mit dem Alltag vermischen
als die schottischen Highlands.
Diana Gabaldon, *Outlander*

Clan MacKenzie
Motto: *Luceo non Uro* (Ich leuchte, ich verbrenne nicht)
Gegend: Ross und Cromarty, Insel Lewis

WICHTIGE KALENDERDATEN

Black History Month (im Vereinigten Königreich und in Irland)
Anfang bis Mitte Oktober – Royal National Mòd (gälisches Kulturfestival)
Mitte bis Ende Oktober – Scottish International Storytelling Festival
31. – Samhain / Halloween

1. Oktober – Internationaler Tag des Kaffees

GRAHAM

Ich liebe Latte macchiato.

Ehe der Espresso überall in London Einzug hielt, war Tee so ziemlich das Einzige, was man bekommen konnte. Kaffee trank kaum jemand, hauptsächlich, weil es kaum Cafés gab. Heutzutage kann man kaum fünfzig Meter laufen, ohne einen Kaffeeladen zu sehen, aber Anfang der Achtziger gab es nichts dergleichen.

Ich glaube, meinen ersten Latte macchiato habe ich 1986 getrunken. Es war in einem Costa (inzwischen gibt es die überall, aber damals waren sie so ungewöhnlich wie eine *Outlander*-Folge, in der Jamie Fraser sein Hemd anbehält).

Ich wünschte, ich könnte mich noch an diesen ersten Schluck erinnern. Es war wahrscheinlich Zufall, dass ich überhaupt einen probiert habe. Ihr müsst bedenken, dass Kaffee früher aus gefriergetrocknetem Granulat bestand. Instantkaffee. In jedem Proberaum gab es eine große Dose Instantkaffee. Wenn es Nescafé Gold Blend gab, wusste man, dass man in einem besseren Theater war. Das Konzept namens Espresso war also so undenkbar wie ein ruhiger Abend mit Duncan Lacroix.

[Sam: So wahr! Ich weiß noch, dass es eine Revolution war, als die ersten Kaffeeläden in Edinburgh begannen, Latte macchiato zu verkaufen! Ungefähr zehn Jahre nach London und dem Rest der Welt, aber wir haben es schließlich geschafft!]

Jedenfalls war es der Beginn meiner Liebesbeziehung (mit Macchiato, nicht mit Lacroix). Ich habe keine Ahnung, wie viele Tassen ich seitdem getrunken habe, aber es müssen um die 25.000 sein.

Mein erstes Upgrade war von Costa zu Monmouth im Covent Garden. Dort bin ich zum ersten Mal mit der beinahe zen-ähnlichen, religiösen Qualität guter Kaffeezubereitung in Berührung gekommen. Das Café wurde ein Pilgerort für mich und meine Freunde. Kleine Holzbuchten, das Schnorcheln des Dampfröhrchens, das Zischen des Wasserdrucks, das Aroma der Bohnen.

Seitdem habe ich überall auf der Welt Latte macchiato probiert. Manchmal auch einen Cappuccino oder einen Milchkaffee, aber am Ende folge ich immer dem Sirenenruf des doppelten Espresso mit geschäumter Vollmilch. Pflanzendrinks sind nichts für mich. Wann immer ich eine Kuh sehe, spreche ich ein Dankgebet.

Das Einzige, was ich nicht leiden kann, was in manchen Kreisen aber gleichbedeutend mit einem Latte macchiato ist, ist dieses absurd hohe Glas, das nach unten hin schmaler wird und ganz unten einen winzigen Griff hat. Einen Griff, der so klein ist, dass nur ein fünfjähriges Kind mit einer frühreifen Kaffeemarotte ihn halten könnte.

Meistens gibt es dazu einen sehr langen Löffel.

Ich hasse diese Gläser. Als hätte man einen fünf Zentimeter großen Teller mit Besteck, das für Bilbo Beutlin gemacht ist.

Heughan lästert ständig über meine Latte-Liebe. Aber ich muss einfach darauf hinweisen, dass nicht alle Latte macchiatos von Geburt an gleich sind.

Ich habe die Arbeit an *Outlander* geliebt, wirklich, und die ganze Crew.

[Sam: Achtung, jetzt kommt's …]

Aber was den Latte macchiato betrifft, werden sie in naher Zukunft keine Barista-Wettbewerbe gewinnen. Ich gebe zu, dass ich seit den *Hobbit*-Dreharbeiten in Neuseeland furchtbar verwöhnt bin. In diesem Land gleicht die Kaffeezubereitung einer Religion, über der nur noch die besessene Verehrung des All Blacks Rugby Teams steht. Jeder Neuseeländer, der am *Hobbit* mitgearbeitet hat, konnte einen großartigen Latte macchiato / Milchkaffee / Americano / Cappuccino etc. zubereiten, als würden sie es in der Schule lernen. Oder vielleicht ist es Teil ihrer DNA, ähnlich wie ihre Fähigkeit, sämtliche Vokale austauschbar klingen zu lassen.

Sogar in den Flughäfen gibt es in Neuseeland fantastischen Kaffee. Es ist unglaublich schwer, dort eine schlechte Tasse Kaffee zu bekommen. Wenn es doch passiert, ist es ein Moment der Schande für den Barista und ein peinliches Erlebnis für den Kunden. Es ist ein bisschen so, als hätte man das ganze Land enttäuscht. Möglicherweise ist es sogar ein Grund für den Entzug der Staatsbürgerschaft …

Wenn ich im Ausland arbeite, muss ich immer ein gutes Café finden. Ich habe in dieser Beziehung eine echte Spürnase entwickelt. Wenn ich diesen Tempel der Freuden einmal gefunden habe, gehe ich JEDEN Tag dorthin. Meine fanatische Hingabe an die Tasse erinnert an einen religiösen Eiferer.

Beim *Outlander*-Dreh habe ich am laufenden Band Latte macchiatos bestellt. Das Ergebnis war unglücklicherweise ein Strom schaumigen Spülwassers, das sich als Kaffee verkleidet hatte. Es war nicht ungewöhnlich, dass wir während des Drehs um Kaffee gebeten haben (als berittener Highland-Kriegshäuptling kann man ja selbst nirgendwo hingehen), und meistens wurde es schon Nacht, wenn der Kaffee dann endlich kam.

Ich kann mir nur vorstellen, dass das arme Crewmitglied, das für den Kaffee zuständig war, beschlossen hatte, meilenweit zur nächsten Ortschaft zu gehen, dann auf dem Rückweg entführt, als Geisel gehalten und gerade rechtzeitig freigekauft wurde, um die erwähnte Tasse als kalte, geronnene Masse geschmacklosen Moorwassers abzuliefern.

[Sam: Ich muss ihm zustimmen; der Kaffee wurde in einem großen Kocher transportiert, in dem er wahrscheinlich stundenlang kochte. Nicht dass wir Kaffesnobs wären, aber Koffein ist beim Dreh eines Films so wichtig. Wenn man mitten in der Nacht dran ist und dann auf einem eiskalten Acker oder Sumpf funktionieren soll, spendet eine Tasse Kaffee ein bisschen Erleichterung und Wohlbefinden. Es sei denn, er entspricht nicht McLattes hohen Ansprüchen.]

Das andere Extrem ist ein Latte macchiato, den man beinahe gar nicht anrühren möchte, weil er so perfekt ist. Diese Momente, wenn es den Anschein hat, Michelangelo oder Leonardo hätten sich dem Baristahandwerk zugewandt. Ihr wisst, was ich meine. Köstliche Farbwirbel erzeugen eine perfekte Oberfläche, etwas nachgiebig und deutlich abgerundet. Dieser Kaffee hat Gewicht, Struktur und die perfekte Temperatur. Er ist praktisch Musik in unseren Ohren. Es fühlt sich wie ein Frevel an, einen Schluck zu trinken. Als ginge man mit einem Hammer in die Sixtinische Kapelle. Das Wort für solche Momente ist noch nicht erfunden. Selbst Shakespeare hätte Schwierigkeiten gehabt, ihnen gerecht zu werden.

Sam: Ich bin ein simpleres Kaffee-Gemüt. Ich mag STARKEN schwarzen Americano. Doppelter Espresso, wenig Wasser. Gerade so, dass mir das Koffein flüssig durch die Kehle rinnt, hinter meine Augäpfel packt und mein Hirn wachrüttelt! Das ist alles, was ich brauche. Kein Theater. Kein geschäumter Unsinn. Milch ist für Babys. Die Art, wie wir unseren Kaffee trinken, sagt so viel über uns aus, nicht wahr?

Graham: Stimmt. Dein bevorzugter Kaffee ist simpel, fantasielos und wenig raffiniert. Ich sage nichts mehr.

Sam: Für einen Kenner grenzt das, was du dem Kaffee antust, an Barbarei!

WETTKAMPF DES MONATS

SÄRGE FLECHTEN

SAM

Jetzt, da Graham nach seiner Ovomaltine wieder bei Kräften ist – seien wir ehrlich, ein Latte macchiato ist doch nicht weit entfernt von diesen altmodischen milchigen Schlaftrünken, oder? *[Graham: Gemein!]* –, werden wir um die Wette Körbe flechten.

Auch diesen Sieg hätte Graham am liebsten für sich beansprucht. Seine langen, flinken Finger, die an Silas Marner erinnern, der seine Goldmünzen streichelt, waren hervorragend für das Flechthandwerk geeignet, und wer hätte gedacht, dass sich dieses Handwerk so für einen Wettstreit eignen würde?

Ich sehe schon eine neue Reality-TV-Sendung kommen. Vergesst die ganzen Kochsendungen – »Körbchen Impossible« hatte gerade seine Premiere bei *Men in Kilts* im Wormiston House!

Es hat mir großen Spaß gemacht, Körbe zu flechten, obwohl man nicht unterschätzen sollte, wie anstrengend es für die Finger ist. Das Handwerk ist so alt wie die Menschheit, und man hat Keramikreste aus der Jungsteinzeit gefunden, an deren Außenseiten Korbabdrücke zu sehen waren, was darauf hindeutet, dass der Ton vor dem Brennen in einen Korb gepresst wurde. Was bedeutet, dass der Korb zuerst da war.

Weiden wachsen überall in Schottland; man benutzt sie, wenn sie noch frisch und grün duften.

Graham war überzeugt, dass er automatisch ein Meisterflechter sein würde, weil sein Ururgroßvater Korbflechter war. Er redete ständig davon. Anscheinend war es erblich. Nun, wenn ihr *Clanlands* gelesen habt, wisst ihr ja, dass mein Onkel aus Eigg ebenfalls Korbflechter ist. Er konstruiert diese coolen Teile, die die Schotten dann anzünden – zum Beispiel auch die flammenden Kreuze aus der fünften *Outlander*-Staffel und die Hirsche aus der zweiten. Die Verwandtschaft ist enger, und außerdem hat mein Onkel Lise Bech ausgebildet, die uns angeleitet hat.

Eigentlich sollte die Korbflechterei gar kein großer Wettstreit werden, aber der Graubart hat damit angefangen, indem er sich bei Lise eingeschleimt hat (und nebenbei die ganzen frisch gekochten Kartoffeln gegessen hat, die wir eigentlich als Requisite benutzen wollten). Ich war ganz zufrieden damit, einfach dazusitzen und es auszuprobieren, aber er brannte darauf anzugeben, indem er schneller flocht als ich, um damit ihre Anerkennung zu ernten.

Leider ist Lise auf ihn hereingefallen und hat ihm gesagt, wie geschickt er sich anstellte, und das auch noch mit der linken Hand … Er war hin und weg.

[Graham: Ich glaube, wenn du nachsiehst, weißt du, dass sie das Wort exzellent benutzt hat. Sie hat gesagt, ich mache es exzellent.] [Sam: Exkrement!]

Weidenkörbe sind vielseitig einsetzbar. Lise zeigte uns, dass man sie sogar als Küchensieb benutzen kann. Dazu hatte sie die bereits erwähnten, frisch aus dem Garten von Wormiston geernteten Kartoffeln gekocht. Natürlich leuchteten Grahams Augen, und er hat den ganzen Nachmittag Kartoffeln gemampft, obwohl er gerade erst zu Mittag gegessen hatte. So geschickt (und voller Kohlehydrate) waren seine langen, flinken Finger, dass ich noch mit dem Boden meines Küchensiebs beschäftigt war, als er schon einen Riesenkorb bewerkstelligt hatte, rechteckig und über einen Meter lang.

[Graham: Eigentlich hat ihn, glaube ich, dein Onkel geflochten.]

Es war eher ein Sarg als ein Korb – er hatte versucht, einen Weidensarg für mich zu flechten! Wir fanden noch ein größeres Exemplar, das Lise »vorhin schon« geflochten hatte, und haben eine ganze Szene gedreht, in der wir mit einem großen Weidensarg im Wohnmobil herumfahren und ich besorgt dreinschaue, während Graham nachdrücklich leugnet, dass es ein Sarg ist.

[Graham: Ich wollte doch nur, dass er sich hineinlegt, um zu sehen, ob die Größe stimmt.]

Die Größe war »zufällig« perfekt für mich. Ich fand das sehr verstörend und frage mich bis heute, wie er ihn so perfekt für mich hinbekommen hat. Von jetzt an werde ich beim Schlafen ein Auge offen halten. Schade nur, dass Starz die Szene zu finster und unpassend fand …

[Graham: Mir dagegen wäre es selbstverständlich im Schlaf nicht eingefallen, einen Weidensarg zu organisieren und Sam zum Hineinsteigen zu zwingen (wozu ich ihm vermutlich die Arme und Beine hätte brechen müssen, damit er hineinpasst).]

GRAHAM

Mir war nicht bewusst, dass man um die Wette Körbe flechten konnte. Nur Sam kann so etwas in einen Wettstreit verwandeln. Wahrscheinlich macht er auch sein Bett oder schneidet sich die Zehennägel um die Wette?

Alles, was mir bewusst war, war die simple, unveränderliche Tatsache, dass ich es besser konnte als er. Natürlich gibt es so viele

Dinge, die Sam besser kann als ich (auf jeden Fall Felsbrocken hochheben und Emojis benutzen, aber bestimmt gibt es auch noch andere), aber Körbeflechten steht nicht auf dieser Liste.

[Sam: Einspruch. Jederzeit zur Revanche bereit, Alter.]

Ich hatte in meinem Leben noch nie etwas geflochten, aber ich hatte einen Ururgroßvater aus Argyll, der damit in Edinburgh sein Geld verdient hat.

Aber vielleicht hat Sam ja recht mit dem, was er in *Men in Kilts* sagt; vielleicht war mein entfernter Verwandter ja ein lausiger Korbflechter, und seine Körbe waren unbrauchbare Knäuel aus verhakten Zweigen, die die Leute aus Mitleid kauften.

»Ah, da ist ja McTavish und versucht schon wieder, einen Korb zu flechten.«

»Sieht eher aus wie etwas, was ein Pferd mit seinen Hufen gemacht hat.«

Das Ironische daran ist, dass Sam einen Onkel hat, der ein Flechtmeister ist. Gewaltige Flechtwerke, die anscheinend oft in Brand gesetzt werden. Ein flechtender Pyromane.

Während ich da so saß und vor mich hin flocht, dachte ich, was für ein schöner meditativer Zeitvertreib das werden könnte. Unsere Gastgeber haben mir sogar Komplimente über meine geschickten Finger gemacht. Anfängerglück? Oder lag es vielleicht daran, dass ich neben einem Menschen saß, für den seine ersten Flechtversuche waren, als wollte man einem Hund einen Kartentrick beibringen.

Ich konnte Sam im Gesicht ablesen, dass er wünschte, wir hätten einen extrem schweren Weidenkorb, den er hochheben könnte. (Sam wird unruhig, wenn er nicht bei jeder Gelegenheit schwere Gegenstände heben kann.)

2. Oktober 1263 – Die Schlacht von Largs

SAM

Die Schlacht von Largs war eine kleine, aber entscheidende Schlacht zwischen den Königreichen Schottland und Norwegen, die in der Nähe von Largs (heute ein bei Ausflüglern aus Glasgow beliebter Strand) am Firth of Clyde ausgefochten wurde. Sie sollte den Wikingerinvasionen und Plünderungen der vergangenen 500 Jahre ein Ende setzen. Ich meine, wir Schotten haben ja nichts gegen eine anständige Fehde, aber diese hier zog sich selbst für Highland-Verhältnisse ein bisschen in die Länge.

Nach einem vergeblichen Versuch, dem norwegischen König Haakon die Hebriden abzukaufen, verlegten sich die Schotten auf militärische Gewalt, um sich die Inseln zurückzuholen. König Haakon reagierte mit der Entsendung einer riesigen Flotte, die aus über tausend Schiffen bestand und sich der Sache annehmen sollte. König Alexander III von Schottland begriff, dass er zahlenmäßig unterlegen war, also ersann er einen schlauen und sehr schottischen Plan – er würde diplomatische Verhandlungen so lange wie möglich hinauszögern, um neue Kämpfer zu sammeln UND das unstete Herbstwetter abzuwarten, das für Invasionen völlig ungeeignet war.

Wie geplant scheiterten die Verhandlungen Ende September, just als die lauen Tage des schottischen Sommers endeten! Die Sonnenanbeter am Strand hatten sich zerstreut, und alles, was blieb, waren weggeworfene Eishörnchen. Haakon war bereit zur Invasion und ließ seine Flotte vor den Cumbrae-Inseln vor Anker gehen. Doch am 1. Oktober 1263 wurden sie von einem kräftigen Sturm getroffen. Viele norwegische Schiffe liefen vor Largs auf Grund.

Während die Norweger tags darauf ihre Schiffe bargen, trafen die schottische Infanterie und Kavallerie ein. Ihnen stand der Sinn nicht nach Sonnenbräune und Piña Coladas, sie wollten es dem Feind so richtig zeigen. Sie trieben die Eindringlinge an die Strände von Largs zurück. Nach heftigen Scharmützeln traten die Norweger den Rückzug an und hielten nur inne, um ihre Toten zu bergen. Dann fuhren sie nach Orkney, um dort zu überwintern.

Haakon plante zwar eine Revanche, doch er starb noch im gleichen Jahr in Orkney. Sein Sohn König Magnus Haakonarson unterzeichnete 1266 den Vertrag von Perth, einen Pachtvertrag über die Hebrideninseln, und König Alexander III war von da an als »Bezähmer der Raben« bekannt. Die Menschen in Schottland waren unterdessen entzückt, endlich wieder am Strand Urlaub machen zu können.

Als in Norwegen ein Bürgerkrieg ausbrach, stellte Schottland schließlich die Pachtzahlungen für die Inseln ein, doch Orkney und Shetland sollten noch weitere 200 Jahre in norwegischer Hand bleiben.

NATURNOTIZEN

DIE SCHOTTISCHE DISTEL

SAM

Die Distel ist das schottische Nationalemblem.

Der Legende nach trug es sich zu, dass bei König Haakons Invasionsversuch vor Largs in Jahr 1263 seine Soldaten ihre Schuhe auszogen, um die schlafenden Schotten zu überraschen. Doch sie stachen sich die Füße an den schottischen Disteln, sodass sie unter allgemeinem »Ooh« und »Aah« (mit norwegischem Akzent) herumhüpften. Sie mussten sich alle ins Gras setzen, um die Dornen herauszuziehen (haben wir das nicht alle schon getan?). In diesem Moment wurde es ernst und die schottische Kavallerie traf ein.

Das ist meine Lieblingsversion der Geschichte von Largs – die Vorstellung, dass die ganzen Wikinger auf dem Boden herumsitzen, um ihre nackten Füße zu inspizieren, und dann die Schotten angeritten kommen. »Ah-ha! Böse Wikinger! Haben wir euch!« Sehr pythonesk.

Die schottische Distel – eine violette Kratzdistel mit dem lateinischen Namen *Cirsium vulgare* – ist ein kraftvolles Emblem, und man findet sie überall in den Highlands, auf den Inseln und in den Lowlands. Sie erreicht stolze ein Meter fünfzig (etwa so groß wie Tom Cruise) und hat keine Fressfeinde, obwohl ich schon gesehen habe, wie zähe Highland-Rinder sie gefressen haben. Die Distel hat eine lange Geschichte in der schottischen Heraldik, aber Anfang des sechzehnten Jahrhunderts war sie auf jeden Fall schon als Landesemblem anerkannt.

Im Jahr 1687 gründete König James II einen schottischen Ritterorden namens »Order of the Thistle«, welcher heute noch existiert. Ich bin allerdings kein Mitglied. Noch nicht. Wenn das kein Wink mit dem Zaunpfahl ist! Wie ich sehe, hat man einige schottische Akademiker geadelt und zu Stachelrittern gemacht, also sollte es angesichts meiner beiden Ehrendoktorwürden nur eine Frage der Zeit sein! Sir Heughan von der Distel.

Im Oktober, November und Dezember blühen nur wenige, sehr robuste Pflanzen, darunter Taubnesseln und einige Disteln, die bis Oktober Nektar für die Bestäuber liefern und später Samen für Singvögel.

Claire Fraser benutzt die Distel in *Outlander* als Fiebermittel.

Ein schottisches Sprichwort sagt, im Mai geschnitten, wächst die Distel in einem Tag wieder nach, auch im Juni ist es zu früh, aber im Juli macht es ihr den Garaus:

Cut thistles in May, they'll grow in a day.
Cut them in June, that is too soon.
Cut them in July, then they will die.

Wir Schotten lieben Gedichte, besonders über den Tod!

REGION DES MONATS

ROSS & CROMARTY, SUTHERLAND, CAITHNESS UND DIE INSELN DES NORDENS (SHETLAND UND ORKNEY)

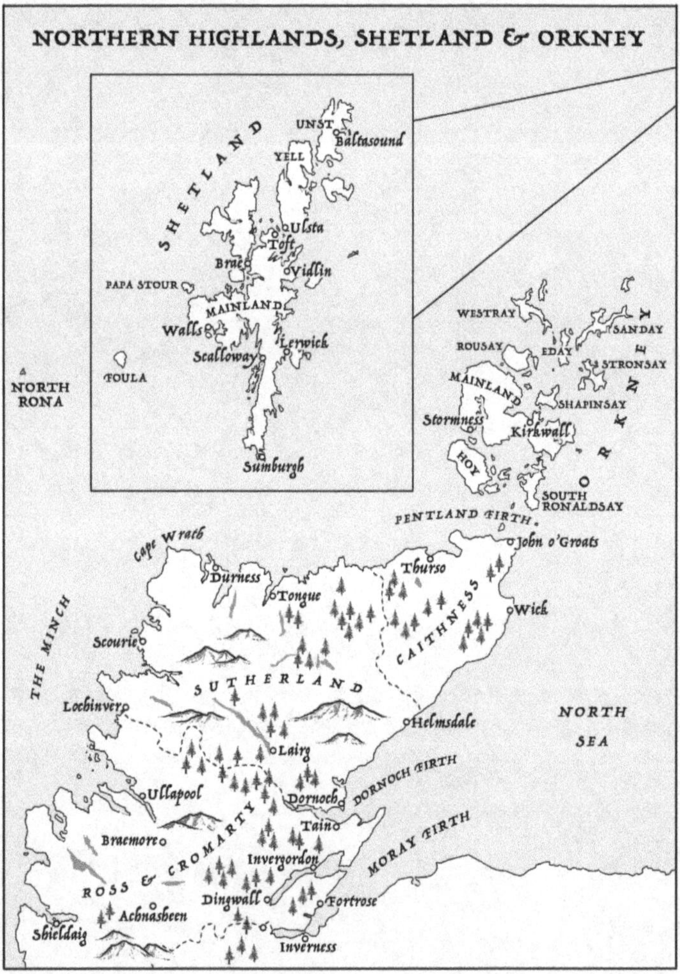

SAM

Mit dem Stück *Outlying Islands* bin ich überall in den Highlands und auf den Inseln auf Tour gewesen. Einer meiner Lieblings-Stopps war Shetland. Wir haben die Fähre von Kirkwall auf Orkney genommen, die ungefähr sieben Stunden braucht (vom Festland sind es mit der Fähre mehr als zwölf Stunden). Ich weiß noch, wie ich draußen an Deck gestanden habe, auf meinem CD-Player Musik gehört (was mein Alter verrät!) und zugesehen habe, wie der gewaltige Ozean vorüberzog. Es war Sommer, und die Sonne ist eigentlich nie richtig untergegangen. Shetland war in herrliches Licht getaucht; die Tage waren lang, aber es war auch schwer, nachts zu schlafen (falls man das überhaupt als Nacht bezeichnen kann). Vor jeder Aufführung in dem kleinen Gemeindesaal bin ich über den Feldweg entlang der Küste gejoggt. Ich weiß noch, wie ich nackt im blauen Wasser geschwommen bin und am Strand gesessen habe. Was für eine Art, sich auf einen Auftritt vorzubereiten. Zum Glück habe ich an meine Kleider gedacht.

[Graham: Ausnahmsweise.]

Ich bin fasziniert von Shetlands Geschichte und der Verbindung mit Skandinavien. Viele der Einheimischen betrachten sich und die Insel gar nicht als Teil von Großbritannien. Es fühlt sich von hier aus sehr weit weg an. Ich bin mir sicher, dass es im Winter ziemlich hart ist.

TROPFEN DES MONATS

14-YEAR-OLD CLYNELISH

SAM

Brora in Sutherland, für die Einheimischen »Electric City«, ist der Standort der Clynelish Distillery. Brora ist berühmt für seine Küstenlandschaft, seine Lachs- und Heringsfischerei und war vor vielen Jahren der erste Ort nördlich von Inverness, der Strom bekam. Daher der Spitzname – auch wenn ich es nicht unbedingt das Vegas des Nordens nennen würde!

Clynelish brennt einen »wachsigen« Whisky mit Honig- und Butternoten. Ein bisschen Küstenaroma macht ihn komplexer – als würde man an einem Sommertag mit ein paar Highland-Schafen in die Nordsee springen. Vielleicht hatte ich aber auch einfach einen zu viel …

Eine kurze Zeit lang wurde dort auch Brora-Whisky hergestellt, der eine kräftige Torfnote hatte. Er wurde einer der teuersten Whiskys, die man kaufen konnte, und die Flasche kostete etwa 1500 Pfund. Glücklicherweise ist der vierzehnjährige Clynelish nicht ganz so teuer, aber genauso seidig und rauchig.

ABENTEUER DES MONATS

BEN HOPE

SAM

Ben Hope ist der nördlichste aller Munros, ein einsamer, selten besuchter Monolith von einem Berg. Er tut mir leid, wie er da so isoliert über Loch Hope auf Durness und die Nordsee hinausblickt. Der nächste höher gelegene Punkt ist Ben Klibreck weit im Südosten, also ist Ben Hope ein fantastischer Aussichtspunkt. Man blickt auf eine endlose, verlassene Wildnis, die mit Lochans (sehr kleinen Seen) gesprenkelt ist, und hier und da erscheint ein Gipfel am Horizont. Das Meer erstreckt sich Richtung Arktis, und an klaren Tagen kann man vielleicht die Orkney-Inseln in der Ferne sehen.

DER MACKENZIE-CLAN

GRAHAM

Bevor ich in *Outlander* den Tartan des Kriegshäuptlings der MacKenzies angelegt habe, wusste ich nur sehr wenig über diesen Clan. Ich war mit einem MacKenzie zur Schule gegangen (sein Vater fuhr einen Jaguar – sehr, sehr schick, da, wo ich herkomme), aber das war es auch schon.

Einer meiner liebsten Burgbesuche bei *Men in Kilts* war Leod, der Sitz der MacKenzies in der Nähe von Strathpeffer. Der Park ist sehr hübsch; die Bäume in der Nähe der eigentlichen Burg wurden von Maria Stuarts Mutter Mary of Guise gepflanzt. Wenn man so etwas hört, weiß man, dass dieses Gemäuer Geschichte atmet.

Wir haben schon in *Clanlands* ausführlich über diesen Besuch gesprochen, aber da ich mich sehr für den Clan interessiere … käme es mir unhöflich vor, es hier nicht zu tun.

Wie es aussieht, begann der Clan sein Dasein im elften Jahrhundert mit dem großen Keltenhäuptling Gilleoin na h'Airde, einem direkten Nachfahren der Könige von Irland. (Die Verbindungen Irlands mit den schottischen Clans sind faszinierend, aber müssen auf ein anderes Buch warten.)

Der Name MacKenzie kommt von *MacCoinneach,* »Sohn des Kenneth«, übersetzt »Sohn des leuchtend Schönen«, vielleicht im Gegensatz zu einem Clan, dessen Name »Sohn des hässlichen Dummen« bedeutet. (Ich bin mir sicher, dass es den gibt.)

Das erste Clanoberhaupt, das in der Geschichtsschreibung auftaucht, war Alexander MacKenzie, der 6. Baron von Kintail, der es im fünfzehnten Jahrhundert zu einiger Prominenz brachte, weil er den König gegen die MacDonalds unterstützte. Ihr Einfluss wuchs bis nach Kintail, Ross-Shire und nach Lewis.

Es gab eine Zeit, als der Name MacKenzie ein Synonym für echte Tartan-Power war, und sie erlangten einen Großteil dieser Macht, weil sie die Interessen des Königs im Norden durchsetzten. Wenn die Highlander ein bisschen widerspenstig wurden, waren es die MacKenzies, die der König rief, um sie wieder einzunorden. Eine Art schottische Version Luca Brasis aus *Der Pate*. Sie scheuten vor keinem Kampf zurück. In Bannockburn stellten sie sich 500 Mann stark an Bruce' Seite, um Edwards Armee in Stücke zu schlagen.

Ganz besonders hatten die MacKenzies die MacDonalds in ihrem brutalen Visier. 1491 verprügelten sie die MacDonalds bei der Schlacht von Blar na Pairce. Dann beschlossen sie, während eines Raubzugs in der Grafschaft Ross gleich mehrere Clans gleichzeitig anzugreifen. Dort kreuzten sie ihre Schwerter mit den MacDonalds aus Lochalsh und aus Clanranald und obendrein diesem anderen Clan, der bei keiner Prügelei fehlte, den Camerons!

Als die MacDonalds 1497 in Ross-Shire einfielen, ratet, wer sie wieder vertrieb! Genau, die guten alten leuchtend Schönen, die MacKenzies.

Springen wir in das sechzehnte Jahrhundert, als sie in Flodden gegen die Engländer kämpften (und vernichtend besiegt wurden). Falls ihr dachtet, ihre Lust auf Fehden hätte nachgelassen: danach richteten sie ihren bösen Blick auf den Munro-Clan. Dann standen sie an der Seite Maria Stuarts, als diese in der Schlacht von Langside gegen ihren Halbbruder James Stewart kämpfte. Vielleicht war das der Grund, warum ihre Mutter diese Bäume gepflanzt hat …

Anfang des siebzehnten Jahrhunderts waren die MacKenzies überall. Weil sie an diesem Wochenende vermutlich nichts anderes zu tun hatten, fielen sie 700 Mann stark auf Lewis ein, um die MacLeods grün und blau zu prügeln. Im achtzehnten Jahrhundert war die Loyalität des Clans gespalten. George MacKenzie unterstützte die Jakobiten und Kenneth MacKenzie, sein Vetter und Clanhäuptling, die Regierung. Die Familienfeste müssen damals interessant gewesen sein.

Als MacKenzie muss man einen anstrengenden Terminkalender gehabt haben. »Wenn es Dienstag ist, müssen wir gegen die Munros kämpfen.«

Man fragt sich, wie viel Zeit man als durchschnittlicher MacKenzie wohl damit verbrachte, sich die Beine am Feuer zu wärmen, seine Kinder heranwachsen zu sehen und seinen Porridge zu essen.

»Ah, Jock, du bist wieder da! Es ist Monate her!«

»Ja, Morag, aber ich kann nicht bleiben. Ich wasche nur schnell meine Kleider, dann muss ich wieder los.«

»Aber warum denn, Jock?«

»Es geht gegen die MacDonalds.«

»Aber ihr habt doch schon vor ein paar Monaten gegen sie gekämpft.«

»Nein! DAS waren die Camerons.«

»Dann eben vor den Camerons.«

»Das waren die verdammten MacLeods, Weib! Hast du denn nicht aufgepasst? Wir hatten noch keine Zeit für ein Rückspiel gegen die MacDonalds, das steht also nächste Woche auf dem Plan. Mitzählen, Morag!!!«

Ja, es war nie leicht, ein MacKenzie zu sein.

Oder wie Dougal rief, wann immer sich die Gelegenheit bot: »Tulach Ard!!!«

SCHLACHT DES MONATS

THE BATTLE OF CHAMPIONS

GRAHAM

Es ist Oktober, also muss ich wieder einmal in meinem Wörterbuch blättern, um neue Superlative für die gigantische Fehde zwischen dem Gunn- und dem Keith-Clan zu suchen.

Diese Fehde ist klasse. Diese Kerle haben niemals IRGENDETWAS vergessen. Eine Riesenfehde, könnte man sagen.

Sie muss wohl begonnen haben, als Helen of Braemore beschloss, Alexander Gunn zu heiraten. Helen war die Tochter von Lachlan Gunn, gehörte also demselben Clan an.

Nun würde ein vernünftiger Mensch ja denken, dass es zwei Menschen erlaubt sein sollte zu heiraten, wenn sie das möchten.

Helen war in der Gegend als »Die Schöne von Braemore« bekannt. Nicht »Die einigermaßen okay aussehende Helen von Braemore« oder »Helen, die in einer finsteren Nacht aus dreißig Metern Entfernung nicht die Schafe erschrecken wird«. Nein, sie war in der ganzen Umgebung als absolute Schönheit bekannt.

Sie kannte Alexander schon seit ihrer Kindheit, und die beiden waren vermutlich seit ihrem ersten Kuss im Sandkasten verlobt.

Auftritt Dugald Keith aus Abergill.

Es heißt, er wäre eines Tages zu Pferd unterwegs gewesen, als er Helen erspähte. Es war wohl weniger »Liebe« als vielmehr »Lust auf den ersten Blick«, und Dugald beschloss, dass sie sich unbedingt kennenlernen sollten.

Statt auf ein Schwätzchen vorbeizukommen, sie vielleicht auf ein Getränk einzuladen und sie mit seinem Esprit und seiner Sensibilität zu umgarnen, beschloss Dugald stattdessen, die Gunns am Vorabend von Helens Hochzeit zu überfallen. Er und seine Männer kamen hereingeplatzt, töteten jeden Gunn, den sie finden konnten (auch Helens Sandkastenliebe Alexander), und entführten Helen in die Burg Ackergill in Wick an der Nordspitze Schottlands.

Falls Dugald der Auffassung war, diese direkte Vorgehensweise würde Helens Herz gewinnen, sollte er bitter enttäuscht werden. In Ackergill erlebte Helen das, was ein Geschichtsschreiber als Dugalds »Grobheit und Willkür« beschrieb. (Also wohl keine Gedichte und kein Lautenspiel.)

Helen schlug den einzigen Weg ein, der ihr offenstand, und bat ihre Wärterin, sie auf den Turm steigen zu lassen, um die Aussicht zu genießen. Dort beschloss sie, dass das am besten ging, indem sie sich von der Turmspitze stürzte.

Wie man sich vorstellen kann, waren die Gunns nicht erfreut.

So begann dieses Monster von einer Fehde.

Spulen wir zum sogenannten »Battle of Champions« oder dem

Kampf der Besten vor. Er fand entweder 1464 oder 1478 statt. (Angesichts der Länge und Brutalität dieser Fehde überrascht es nicht, dass solche Verwirrung in Bezug auf das Datum herrscht. Im Prinzip dürften die meisten Tage Kampftage gewesen sein.)

Der Kampf fand an der Kapelle der Heiligen Tränen statt. Man beschloss, die Fehde beizulegen, indem man den Kampf durch zwölf Reiter auf jeder Seite austragen ließ. Man fragt sich, wie diese Reiter ausgewählt wurden. Gab es einen Wettbewerb? Haben sie Lose gezogen? Wurde es als große Ehre betrachtet?

Die zwölf Gunns trafen als Erste ein und beteten noch ein wenig in der Kirche, während sie auf den Beginn des Blutvergießens warteten.

Dann kamen die Keiths. Hatten sie sich verspätet? Waren sie aufgehalten worden? Wer weiß, aber wenn sie länger brauchten, um den Ort zu erreichen, könnte es etwas damit zu tun gehabt haben, dass sie zwei Männer auf jedes Pferd gesetzt hatten.

Ja, das ist korrekt. Vierundzwanzig Keiths gegen zwölf Gunns.

Ihr könnt gern raten, wie das für die Gunns ausgegangen ist.

Ich frage mich, wann ihnen aufgefallen ist, dass die Keiths doppelt so viele waren? Schon aus einiger Entfernung? Oder haben sie erst beim Absteigen gemerkt, dass da noch ein Mann hinter dem ersten saß?

Erstaunlicherweise gelang es den Gunns, eine ganze Reihe Keiths zu töten, doch am Ende bedeckte das Blut der Gunns die Wände der Kapelle.

Dann stahlen die Keiths das Schwert des Häuptlings der Gunns – dieser, George the Crowner, wurde auch *Am Braisdach Mor* genannt, der Träger der großen Brosche. Besagte Brosche und andere Gegenstände stahlen sie ihm auch. Sie wurden nie wiedergefunden.

Ohne das Schwert konnte kein neues Clanoberhaupt benannt werden. Daher hat der Gunn-Clan bis heute keinen Häuptling.

Die überlebenden Gunns konnten den Gedanken nicht ertragen, dass sich Brosche und Schwert im Besitz der niederträchtigen Keiths befinden. (Diese Brosche muss wirklich etwas Besonderes gewesen sein. Vielleicht waren die anderen Clans neidisch. »Jetzt sieh dir diese Brosche an, die er da trägt!« – »Ich wünschte, ich hätte auch so eine große Brosche!« So in etwa.)

Sie trafen die Keiths bei ihrer Siegesfeier an und machten sich in wahrer Highland-Manier über sie her, indem sie dem Oberhaupt der Keiths einen Pfeil in den Hals schossen.

Fünfzig Jahre später überfiel William Hamish, der Enkel des Broschenträgers, mit mehreren Verwandten eine Gruppe Keiths, die in der Gegend von Helmsdale unterwegs war. Sie töteten alle vierzehn, und zum Abschluss ihres spaßigen Tages schnitten sie George Keith, dem Anführer, den Kopf ab, und hieben ihn entzwei.

Ich bin mir nicht sicher, warum sie das getan haben. Vermutlich mussten sie einfach etwas noch Barbarischeres tun, nachdem sie ihm den Kopf abgetrennt hatten.

»Schneiden wir ihn durch, William!«

Die beiden Clans begruben schließlich das Kriegsbeil, indem sie einen Vertrag schlossen.

Im Jahr 1978.

Ja, 1978.

Die Fehde hatte nur schlappe 500 Jahre gedauert.

SAMHAIN – HALLOWEEN

SAM

Wir Schotten lieben unsere Feuerfeste. Es gibt vier davon, die über das Jahr verteilt sind: Imbolc (Februar), Beltane (Mai), Lughnasadh

(August) und Samhain (Oktober). Die Kelten teilten das Jahr in zwei Hälften ein – Dunkelheit und Licht.

Samhain steht für den Beginn der Dunkelheit, und die Feuerzeremonien dürften ein Appell an die guten Geister gewesen sein, einen milden Winter zu senden und die bösen Geister fernzuhalten. Vielleicht waren sie auch Dank für das Element, das in der kommenden, schwierigen Jahreszeit Licht, Wärme und Nahrung spenden würde. Im Frühling steht das Feuer für die Sonne und die Reinigung von bösen Geistern, um Platz für neues Wachstum zu schaffen und die kommende Ernte zu segnen.

In der TV-Version von *Outlander* fällt Claire an Samhain durch die Steine, weil der Drehplan es verlangte, aber in Diana Gabaldons Buch passiert es an Beltane. Beide Feste stehen am Ende einer bestimmten Periode im Jahreslauf, aber besonders an Samhain gibt es so viel Aberglauben, so viele Gespenstergeschichten und so viel Verbindung mit unseren Vorfahren – die Heiden glauben, dass der Schleier zwischen der Geisterwelt und unserer Welt dann am dünnsten ist. Deshalb war es ein guter Zeitpunkt für Claires Reise in Jamies Welt.

In *Men in Kilts* waren wir in Wormiston House, um uns von dem Autor Leonard Low mehr über Heidentum und Hexerei erzählen zu lassen. Leonard sammelt Folterinstrumente. Denken wir kurz darüber nach – das ist sein HOBBY. Folterinstrumente. Er erzählte begeistert davon. Ich war zwar argwöhnisch, vor allem, weil Leonard so ein reizendes T-Shirt mit Skeletten und brennenden Teufeln trug, aber ich witterte auch sofort eine Gelegenheit … ein bisschen Spaß zu haben.

Auf. Grahams. Kosten.

In seinem Verlies zeigte uns Leonard seine Folterausrüstung, und ich hatte die großartige Idee, alles an Graham auszuprobieren. Mit den Daumenschrauben schien der Graubart noch ganz glücklich zu sein (ich hätte sie wirklich enger stellen sollen), aber als wir ihm die Schandmaske (eine Art Maulkorb aus Eisenbändern) über den polierten Schädel zogen, war seine Panik deutlich zu spüren. Ich konnte hören, wie seine Stimme schriller wurde, und wartete auf den Klassiker: »Ich bin ein Star, holt mich hier raus!«

Graham wollte aus der Schandmaske befreit werden. Keine Ahnung, warum, aber er bestand darauf.

»Nehmt mir dieses Ding ab! Sofort. Schnell – ich mein's ernst, Sam!«

Schließlich war er frei. Ein paar Minuten schnappte er nach Luft und stützte sich mit der Hand an der Mauer ab, während er mich wütend anstarrte. Als sein Herzschlag wieder normal war und sein Bart nicht mehr zu Berge stand, erzählte uns Leonard die Geschichte einer seiner Vorfahrinnen, Besse Mason, die von den Besitzern des Wormiston House umgebracht worden war. Weil mir ein unterhaltsamer Abend schwante, hätte ich Leonard gern zum Essen mit dem jetzigen Herrn von Wormiston eingeladen, aber Graham widersprach, sein Gesicht dicht vor meinem, während sich sein Finger in meine Brust bohrte.

»Das ist keine gute Idee, Sam.«

GRAHAM

Da wir gerade von Schreckmomenten und Horrorgeschichten sprechen – ich habe die Freuden des Halloween-Festes erst kennengelernt, als ich mit sieben nach Kanada gezogen bin.

[Sam: Halt! Was? Du bist ein Holzhacker?]

Bis dahin war dieser Tag stets ereignislos verstrichen. Ein normaler Kalendertag, an dem zufällig die Uhren zurückgestellt wurden und wir für die nächsten sechs Monate in Dunkelheit verfielen.

»Süßes oder Saures« war für mein siebenjähriges Ich wie eine Offenbarung.

Als mir erklärt wurde, was man dazu tun musste, konnte ich es gar nicht glauben.

Ich ziehe also los, im Kostüm, mit einem leeren Kissenbezug, und klopfe bei den Leuten an die Tür? Dann füllen sie meinen Kissenbezug mit Süßigkeiten? Dann gehe ich nach Hause und stopfe mich voll, bis ich breche?

Ich erinnere mich noch gut an das erste Mal, das ich gegangen bin. Damals war keine Rede von erwachsener Begleitung. Das war nur für Kinder. Bandenweise kleine Kinder, die auf der Suche nach dem Zuckerrausch mit Säcken durch die Nachbarschaft zogen.

Mein erstes Kostüm war ein Skelett. Ich weiß noch, wie aufgeregt ich war.

Zwar war ich in diesem Alter tagsüber oft allein unterwegs, aber dies war das erste Mal, dass ich abends ohne einen Erwachsenen vor die Tür ging.

Aber niemand machte sich deswegen Gedanken. Kinder hatten damals keine Angst, und falls die Erwachsenen Angst um sie hatten, ließen sie es sich nicht anmerken. Meine Eltern wünschten mir einen schönen Abend, und ich machte mich in unserer Nachbarschaft in Vancouver auf den Weg. Etwa anderthalb Stunden später kam ich mit einem prall gefüllten Sack voller bunt gemischter Süßigkeiten zurück.

Es ist einer meiner liebsten Tage im Jahr. Ich liebe es, meinen eigenen Kindern bei ihren Streifzügen zuzusehen. In Neuseeland, wo ich lebe, gehen alle Kinder zusammen, und sie gehen zu jedem Haus.

Wir haben in Santa Monica Halloween gefeiert, als meine Älteste kleiner war, und die Mühe, die sich manche Menschen mit ihren Dekorationen machten, war erstaunlich. Riesige, komplizierte Aufbauten, Soundeffekte, Grusel-Installationen, ganze Gärten, die in künstliche Friedhöfe verwandelt wurden. Fantastisch.

Als ich Kanada schließlich nach zwei glücklichen Jahren verließ, um in das süß- und sauerfreie Britannien zurückzukehren, schaute ich traurig aus dem Fenster, als das Flugzeug über den Nachthimmel zog und mich ein letztes Mal auf die glitzernden Lichter meines Viertels blicken ließ.

Das Datum meines Abschieds? Der 31. Oktober.

NATURNOTIZEN

AURORA BOREALIS (NORDLICHTER)

SAM

Ich habe schon in Galloway Nordlichter bewundert und am Polarkreis. Sollte man wirklich gesehen haben. Der Herbst ist die beste Zeit für die Aurora Borealis in Schottland – es liegt auf derselben geografischen Breite wie Stavanger in Norwegen und die Insel Nunivak in Alaska.

Diese grünen Polarlichter, die wie aus einer anderen Welt scheinen, sind kein organisches Feuerwerk und keine Neunziger-Jahre-Disco, sondern werden von Solarwinden erzeugt, die Partikel im Magnetfeld der Erde aufladen. Dadurch entsteht diese Lichtstrahlung in unterschiedlichen Farben und Mustern.

Zu den besten Orten gehörten: die Äußeren Hebriden, der Nordwesten der Highlands, Caithness, Moray und die Insel Skye.

GRAHAM
Ich habe erst ein einziges Mal Nordlichter gesehen, mit meinem Vater. Pa war Flieger im Zweiten Weltkrieg und wurde danach Pilot in der zivilen Luftfahrt. 1969 bekam er eine Stelle bei einer kanadischen Fluggesellschaft, deshalb sind wir nach Kanada gezogen, um alle zusammen zu sein. Die beiden Jahre in Vancouver zählen zu meinen schönsten Kindheitserinnerungen.

Als wir umgezogen sind, ist mein Pa das Flugzeug geflogen. Eine Boeing 707, damals das größte viermotorige Flugzeug der Welt.

Damals war Fliegen etwas Aufregendes. Kein Sicherheitscheck, kein Durchleuchten, nur glamouröse Menschen, die bequem dasaßen (sogar in der Economy) und echtes Essen und Getränke serviert bekamen. Damals machten sich die Menschen schick für einen Flug. Ich tue das immer noch, um der alten Zeiten willen, während ich von Menschen in Shorts und Flipflops umgeben bin.

Während dieses Fluges durfte ich ins Cockpit gehen. (Auch das durften Kinder damals immer.) Ich wusste natürlich, dass mein Pa Pilot war, aber ich begreife erst jetzt als Erwachsener, wie unglaublich cool das war. Mein Pa ist das Flugzeug GEFLOGEN!

Ich bin ins Cockpit gegangen und habe den tintenschwarzen Himmel gesehen, der das Flugzeug auf seinem Weg in die arktische Nacht umgab. Er hat gesagt, ich sollte nach rechts schauen – und da bot sich ein wirklich unvergesslicher Anblick. Die Aurora Borealis. Nordlichter.

Wie ein Schleier aus tanzendem Licht, der schimmernd über den Horizont wehte, ein so fantastisches Bild, dass es mir buchstäblich den Atem raubte.

Ich werde das nie vergessen, und ich bin so froh, dass ich das in 12.000 Metern Höhe mit meinem Pa erleben durfte, während er uns in unsere neue Heimat flog.

Eines Tages möchte ich es gern noch einmal mit meinen Kindern sehen.

BEDEUTENDE GEBURTSTAGE, TODESTAGE UND EREIGNISSE

4. Oktober 1821 – John Rennie stirbt. Nicht der Erfinder des Mittels gegen Sodbrennen, sondern einer der besten Bauingenieure seiner Zeit. Er konstruierte Brücken, Kanäle, Docks und Leuchttürme.

4. Oktober 1979 – Caitriona Balfes Geburtstag

5. Oktober 1849 – Der Leuchtturm von Ardnamurchan leuchtet zum ersten Mal. Er wurde von Alan Stevenson entworfen, Robert Louis Stevensons Onkel. Talentierter Haufen, diese Stevensons!

15. Oktober 1902 – Das Balmoral Hotel in Edinburgh wird eröffnet.

19. Oktober 1954 – Der Schauspieler Kenneth »Ken« Campbell Stott wird in Edinburgh geboren.

GRAHAM

Ich habe beim *Hobbit* mit Ken Stott zusammengearbeitet. Er hat meinen älteren Bruder Balin gespielt. Ken und ich kannten uns schon, weil wir um die Jahrtausendwende beide Stammgäste im »Pineapple« waren, einer Kneipe an der Leverton Street in London. Damals eine tolle Kneipe.

Wir ahnten ja nicht, dass wir einmal Brüder in Mittelerde spielen würden.

Eine der ersten Szenen, die wir gedreht haben, war unser Zusammentreffen in Bilbos Hobbithöhle Beutelsend. Wir wollten eine ungewöhnliche Begrüßung haben.

Ich habe Ken hochgehoben und ihn wie ein Kleinkind herumgeschwungen (während der *Hobbit*-Dreharbeiten war ich besonders fit). Aus irgendeinem Grund gefiel es Ken nicht, wie ein Siebenjähriger durch die Luft gewirbelt zu werden, also haben wir uns mit gegenseitigen Kopfstößen begrüßt. Viel besser!

Ken war super in den Filmen, ein großartiger Schauspieler, aber er fand es furchtbar, Prothesen zu tragen. Jeden Tag bei Drehschluss riss er sich auf der Stelle die künstliche Nase ab.

Nach einer Weile habe ich das auch gemacht und beschlossen, die Nasen zu behalten. Das lief darauf hinaus, dass ich wie ein Besessener alle Zwergennasen des Films gesammelt habe (manchmal war uns eben ein bisschen langweilig, okay?).

Am Ende hatte ich die Nasen aller Zwerge, Gandalfs Nase und Bilbos Ohren.

Die Kulissen- und Maskenbauer von Weta waren so lieb, sie mir wie eine makabre Schmetterlingssammlung in einem Glaskasten zu montieren, den ich stolz in meinem Haus in Neuseeland aufgestellt habe.

20. Oktober 1918 – Claire Beauchamp Randall Frasers Geburtstag

28. Oktober 1854 – In Dunkeld stirbt Charles Edward Stuart, Graf Roehenstart (Rohan & Stuart), der uneheliche Sohn von Charlotte Stuart, der nachträglich anerkannten Tochter von Charles Edward Stuart, besser bekannt als Bonnie Prince Charlie.

30. Oktober 1822 – Eröffnung des Caledonian Canal, der Inverness mit Fort William verbindet

31. Oktober 1745 – Der Bonnie Prince und die Jakobitenarmee begeben sich in Edinburgh auf den Marsch nach Süden, ohne auf Ratschläge zu hören, in Schottland zu bleiben und auf französische Unterstützung zu warten.

31. Oktober 1765 – Der Herzog von Cumberland alias »Metzger Billie« stirbt mit 44 Jahren in London.

31. Oktober 1888 – John Boyd Dunlop aus Ayrshire lässt aufblasbare Fahrradreifen patentieren, damit McTavish es bequemer hat.

NOVEMBER

Clan Cameron

Motto: *Aonaibh Ri Chéile* (Lasst uns einig sein)

Gegend: Lochiel

WICHTIGE KALENDERDATEN

1. – **Samhain** (Ende der Ernte / Winteranfang)
11. – Mohnblumentag
Vierter Donnerstag im November – Thanksgiving
30. – Andreastag – immer eine gute Ausrede für ein anständiges Cèilidh

WETTKAMPF DES MONATS

CÈILIDH UND TANZ

SAM

Mit dem Winteranfang am Samhain neigt sich unsere Reise durch die Jahreszeiten dem Ende zu, also sollte auch unsere Rivalität das tun. (Vorerst.) Ich glaube, wir sollten uns darauf einigen, dass wir beide unterschiedliche Dinge gut können und wir deshalb so gut miteinander zurechtkommen.

[Graham: Absolut. Du kannst schwere Dinge heben, ich kann Nietzsche zitieren (und Golfbälle treffen, Rugbybälle schießen und Hämmer schwingen). Aber lassen wir die Vergangenheit ruhen und schließen wir einen Waffenstillstand wie zivilisierte Menschen.]

[Sam: Ja, tun wir das. Und verzichten wir darauf, deinen Bärenhunger zu erwähnen, deine kleinen blauen Schuhe und die ganzen Dinge, die du nicht konntest, wie abseilen, surfen und trinken.]

Natürlich habe ich schon wieder diverse Dinge für Graham in

Men in Kilts 2 in petto. Psst, sagt es ihm nicht, aber ich dachte daran, Graham im Kilt aus einem Flugzeug springen zu lassen oder ihn über Shetland als Schaf verkleidet auf einem Flugzeug herumlaufen zu lassen? Einen Tag als Löwenwärter im Edinburgher Zoo oder eine Woche als Gefängniswärter in Barlinnie?

Aber etwas, was wir beide gut können, ist tanzen. Na ja, ich kann tanzen. Er schwingt seine Hüften. Es ist ziemlich verstörend. Wie Gollum mit spitzen Schuhen.

Die »traditionellen« schottischen Reeltänze sind von den Viktorianern strukturierte Highland-Tänze. Ein Cèilidh ist eine spontane Party mit Whisky, Musik, Gesang, Tanz und Geschichten.

Nur dass wir bei *Men in Kilts* keinen Whisky hatten und ich mich bitterlich darüber beschwert habe. Aber die Musik hat unsere nüchternen Lebensgeister auch so belebt, und bald hatten wir unseren Spaß und kamen ordentlich ins Schwitzen. Ich habe meine Schuhe, meine Tanzpartnerin und die Orientierung verloren. Bei Graham lösten sich die Schuhbänder, aber er beachtete es nicht, weil er so von Sophie-mit-dem-grünen-Kleid angetan war, der Vortänzerin der Stockbridge Reelers. Sie war hochgewachsen und elegant, trug ein herrliches Kleid und war genau die Art Frau, für die er schwärmt.

Selbst als sie uns den »Dashing White Sergeant« beibrachte, bestand Graham darauf, seinen Hüftschwung beim Freestyle zu demonstrieren. Die arme Sophie, die mit ansehen musste, wie er direkt vor ihr seine inzwischen berüchtigten Stoßbewegungen vollführte. Wir waren alle sprachlos, aber vielleicht dachte er, sie wäre beeindruckt. Er wurde immer leutseliger, und seine Hüften wurden immer lockerer, was für einen über Sechzigjährigen beeindruckend war.

Wir mussten beide gleichzeitig mit Sophie tanzen, wie eine merkwürdige Dreiecksbeziehung. Ich muss zugeben, dass auch ich sie attraktiv fand, deshalb buhlten wir beide um ihre Aufmerksamkeit, und ich wollte mich von der alten Schlangenhüfte nicht übertrumpfen lassen.

Ihr Freund war da (einer der anderen Tänzer), und er war alles andere als begeistert. Er hat mir leidgetan. Er hat nicht einmal gelächelt, jeden Augenkontakt vermieden und völlig zu Recht ziemlich geschmollt. Sophie dagegen war herrlich verführerisch, hat unser Spiel mitgespielt und sich angesehen, wie wir sie um die Wette angeflirtet haben.

Ich habe die schottischen Tänze in der Schule gelernt, wo sie Teil des offiziellen Lehrplans waren. Als Teenager konnte ich nichts damit anfangen und fand den organisierten »Spaß« peinlich. Als Erwachsener liebe ich es heute, auf ein Cèilidh zu gehen, und die Tänze sind das Beste an jeder Feier, ob es eine Hochzeit ist, eine Neujahrsparty oder ein spontaner Einfall. Mein Onkel, der Weidenmann, spielt in einer Cèilidhband namens »Two Left Feet«. Sie treten in ganz Schottland auf.

Diese Tänze sind schnell, schweißtreibend und atemberaubend. Die Musik wird immer schneller, die Tänzer wirbeln über die Tanzfläche, und es kann (und wird unweigerlich) sehr chaotisch werden. Diese Tänze sind auch die beste Methode, ein bisschen Whisky auszuschwitzen. Mein Lieblingstanz ist »Strip the Willow«, der wie ein Derwischtanz endet, bei dem sich alle umeinander drehen. Er erinnert daran, wie in Robert Burns' *Tam o'Shanter* der Teufel den Tanz mit dem Dudelsack anführt.

GRAHAM

Allmählich bekomme ich das Gefühl, dass Samwise nichts mehr einfällt, was man um die Wette anstellen kann. Um die Wette tanzen? Ernsthaft?

Ich dachte immer, bei einem Cèilidh geht es darum, Spaß zu haben, nicht darum, die anderen Tänzer zu besiegen. Vielleicht habe ich ja die ganze Zeit falschgelegen. Ich bin immer zu einem

Cèilidh gegangen, um mich und andere übermütig herumzuwirbeln und gemeinsam fröhlich zu stampfen, zu klatschen und zu jubeln – dabei hätte ich die ganze Zeit Sams Beispiel folgen und die anderen Tänzer mit meinem ehrgeizigen Kiltschwung beiseiteschieben müssen, um sie zu »schlagen«!

Im Prinzip glaube ich, dass sich Sam an den sprichwörtlichen Strohhalm klammert. Nachdem er so oft bei Dingen, die wirklich Wettkämpfe sind, den Kürzeren gezogen hat, versucht er jetzt verzweifelt, aus allem einen Wettkampf zu machen. Aus Dingen wie Cèilidhs oder dem Korbflechten. Vielleicht sollten wir versuchen, um die Wette die Stirn zu runzeln.

Aber im Sinne des Sportsgeistes bin ich gern bereit zuzugeben, dass Sam tatsächlich der Meister des Cèilidhs ist, wenn es seinem verletzten Stolz wieder auf die Beine hilft.

[Sam: Gewonnen!]

Ich kann mich an mein erstes Cèilidh nicht mehr erinnern. (Wobei es eigentlich in der Natur der Sache liegt, sich NICHT daran zu erinnern, schlicht aufgrund der konsumierten Whiskymengen.)

Eins sticht jedoch heraus. Es war auf der Insel Mull, der Neujahrstanz 1992 im Gemeindesaal von Dervaig. Wir waren tags zuvor am frühen Morgen mit dem Boot gekommen, das die Zeitungen bringt. Der Kapitän fuhr die Route morgens um sieben und war da schon betrunken. Er trank Single Malt aus der Flasche.

Ich hätte wissen müssen, was Mull am nächsten Morgen bringen würde – jedenfalls keine Zeitungen.

Ich weiß noch, dass wir extra früh gegangen sind, um einen Sitzplatz zu bekommen und in Ruhe etwas zu trinken, ehe es losging.

Wir waren um sieben Uhr da (ja, fünf Stunden vor Mitternacht).

Sie standen schon in fünf Reihen um die Bar. Es gab keine Sitzplätze mehr. Nur ein Gewimmel betrunkener Männer und Frauen, die sich hin und her bewegten wie eine Herde kurz vor dem Durchgehen.

Niemand gab sich mit Gläsern ab, sie tranken alle direkt aus der Flasche.

Das würde heftig werden.

Die einheimischen Bauern waren in großer Zahl erschienen und tanzten die diversen Reels mit einer Kraft und Leidenschaft, die kaum zu glauben war.

Wenn das ein Wettkampf war, würde ich definitiv verlieren.

Ich sah Frauen im Schlagzeug landen, weil die Bauern so heftig tanzten. Frauen, denen die Ohrringe aus den Ohrläppchen gerissen wurden.

Als ich eine Frau, die blutend vor mir stand, besorgt darauf ansprach, lachte sie nur und sagte: »Och, alles gut!«

Wie Dougal MacKenzie in seiner Getränkekritik schreiben würde: »Ab neun Uhr kann ich mich an diesem Abend an nichts mehr erinnern.«

Ein anderes unvergessliches Cèilidh war in Neuseeland während der *Hobbit*-Dreharbeiten.

An unserem Drehort herrschte akuter Frauenmangel, also ließen die Einheimischen busweise Frauen aus der nächsten Stadt (Invercargill) zu dem Cèilidh fahren, in der Hoffnung, bei diesem Anlass auch die eine oder andere willige Braut für die testosteronstrotzenden Bauern von Central Otago zu finden.

Der Abend war wie eine Wiederholung von Mull, jedoch zusätzlich mit der sexuellen Spannung der einsamen Schaffarmer, die sich den Frauen näherten wie einem exotischen Stamm, jedoch in einem Tanzsaal mit Zugang zu großen Mengen Alkohol und endloser Energie.

Ich versuchte, die meisten Tänze auszusitzen (ich war schließlich den ganzen Tag mit einem Dreißig-Kilo-Kostüm in der Gegend herumgelaufen, während mich imaginäre Wargs jagten).

Doch die Damen aus Invercargill wollten davon nichts hören. Ein liebenswertes Geschöpf wanderte zu mir herüber und äußerte den Wahnsinns-Satz: »Warum tanzt du denn nicht? Bist du irgend so ein Homo?«

Also rappelte ich mich auf und stürzte mich ins Getümmel.

Noch so ein Abend, der ab neun Uhr wie ausgelöscht ist.

Sagen wir einfach, dass der Zwerg Dwalin am nächsten Morgen durch die Gegend stolperte und vergeblich versuchte, seinen Teil zu einer 750-Millionen-Dollar-Filmtrilogie beizusteuern, während er sich fühlte, als hätte ihm ein Elefant einen Haufen in den Kopf gesetzt.

Gemessen daran war das Cèilidh in Borthwick eine harmlose Sache. Ich weiß allerdings noch, dass Sam und ich die meiste Zeit mit offenen Schnürsenkeln getanzt haben.

Wer bindet sich am schnellsten die Schuhe zu?

REGION DES MONATS

LOCHABER, FORT WILLIAM & GREAT GLEN

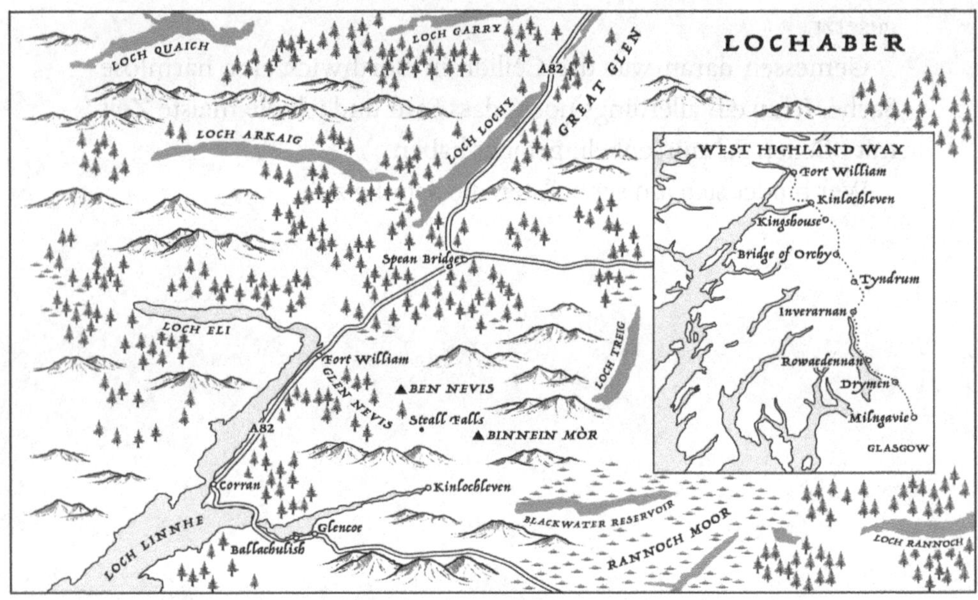

SAM

Fort William hat mich schon immer fasziniert. Obwohl es ein Mekka für Touristen ist, das Tor zum Norden am Fuß des Ben Nevis und der Endpunkt des West Highland Way, ist es eigentlich ein ziemlich grauer, fantasieloser kleiner Ort. Wenn man aber weiß, dass die Stadt auf Gälisch An Gearasdan heißt, übersetzt »Die Garnison«, begreift man, dass der Ort für die Briten wichtig war, um von dort aus die Highlands zu kontrollieren. Loch Linnhe, Glen Nevis und der Steall-Wasserfall sind nahe Ausflugsziele, und auf dem Ben Nevis gibt es Skianlagen und Wanderwege.

Loch Linnhe ist eine Meeresbucht, an die sich in nordöstlicher Richtung die drei Seen des Great Glen anschließen, Loch Lochy, Loch Oich und Loch Ness. Diese Gewässer folgen einer tektonischen Verwerfung, dem »Great Glen Fault«, und bilden eine hundert Kilometer lange natürliche Grenze, die das schottische Hochland in die Grampian Mountains und die Nordwest-Highlands unterteilt. An Glenn Mor, wie er auf Gälisch heißt, schien mir ein angemessener Namensgeber für meine Firma, The Great Glen Company, die eine Vielzahl schottischer Produkte herstellt: von Whisky, Tartan und Tweed bis hin zu *Men in Kilts* und anderen TV-Produktionen.

[Graham: Und ich dachte die ganze Zeit, sie heißt nach deinem Vetter Glen, der besonders groß geraten ist.]

ABENTEUER DES MONATS

BEN NEVIS

GRAHAM

Ich bin schon auf dem Ben Nevis gewesen. Zwei Mal. Es ist der höchste Berg Britanniens. 1345 Meter. Es tröstet mich also, dass Sam zwar viel mehr Berge in Schottland bestiegen hat als ich, ich aber immer ein kleines bisschen höher gestanden habe als er.

Das erste Mal bin ich in meinen Zwanzigern auf den Ben Nevis gestiegen (und nein, Sam, ich hatte keinen Tweedanzug und auch keine genagelten Bergschuhe an). Ich weiß allerdings noch, dass ich auf dem Weg nach oben ein paar Leute mit Flipflops gesehen habe, was sogar einem unerfahrenen Bergsteiger wie mir ein bisschen leichtsinnig vorkam.

Ich war mit ein paar Freunden unterwegs, und wir haben uns spontan dazu entschlossen. Vielleicht hatten wir etwas zu essen dabei (wahrscheinlich Marmeladenbrote in Alufolie), vielleicht aber auch nicht. Ich stehe in dem Ruf, auf solche Dinge immer dramatisch schlecht vorbereitet zu sein. Ich hatte mit ziemlicher Sicherheit weder einen vernünftigen Rucksack noch Regenkleidung. Wahrscheinlich trug ich nur Shorts, ein T-Shirt und Turnschuhe. Das ist nun einmal der lächerliche Optimismus der Jugend (und eine wahrhaft leichtsinnige Verachtung jeder Vernunft). Ich glaube nicht, dass es damals schon Goretex gab. Ich weiß noch, dass mein Rucksack den Überresten eines kleinen Eisentors ähnelte, das mit Zeltleinen bespannt war.

Ich vermute, die »Kletterabteilung« in Sams Kleiderschrank umfasst mehrere Kubikmeter: Steigeisen, Wadenschoner, diverse fleecegefütterte Jacken, eine Regenjacke, die sich auf die Größe eines Teelöffels zusammenfalten lässt, und einen Teelöffel, der sich auf die Größe eines subatomaren Partikels zusammenfalten lässt. Ich kann es vor mir sehen, farblich passende Kleidungsstücke für jede denkbare Art von Wetter. Funktionswäsche aus Merino, für die eine ganze Schafherde geschoren wurde, diverse Wander- und Kletterschuhe für jedes Terrain, Stirnlampen, Eisäxte, Signalfackeln, gefriergetrocknete Notfallrationen und wahrscheinlich sein persönliches Husky-Gespann. (Kurz gesagt also alles, woran es Scotts Antarktisexpedition zum Südpol gefehlt hat.)

Es war ziemlich heiß bei diesem ersten Mal, und ich weiß noch, dass ich mich überhaupt nicht müde gefühlt habe. (Na ja, ich war ja auch erst fünfundzwanzig oder so.) Angesichts der Tatsache, dass es in den 1980ern war, ist es sehr wahrscheinlich, dass alle anderen, die an diesem Tag auf den Berg unterwegs waren, wie die Schlote gequalmt und billiges Dosenbier getrunken haben, um für Flüssigkeit zu sorgen.

»Ben« ist Gälisch für Berg, aber der Ursprung von »Nevis« ist unklar. Es könnte »Himmel«, »giftig«, »wolkig« oder auch »Gott« bedeuten. Sucht euch etwas aus.

Das Wetter am Ben Nevis kann tückisch sein. Es gibt dort jedes Jahr um die 260 Unwetter mit 435 Zentimetern Regen. Vergleicht das mit London, wo es 60 Zentimeter regnet, oder auch nur mit Fort William, das direkt am Fuß des Berges liegt (200 Zentimeter), und ihr könnt sehen, dass es am Ben Nevis sehr, sehr nass (und sehr, sehr windig) ist.

Wie jeder launische Begleiter kann der Ben Nevis in Sekunden von warmer Sonne und T-Shirt-Wetter zu Eiseskälte, peitschendem Regen und dichtem Nebel umschlagen.

Mein zweiter Aufstieg war Teil einer Serie von Wanderungen für eine Firma namens iFit. Sie hatten mich gebeten, mich bei fünfzehn Wanderungen in Schottland von einem kleinen Filmteam begleiten zu lassen. Meine Aufgabe war es, vor der Kamera über alles und jedes zu sprechen, was mir unterwegs in den Sinn kam, um den Kunden, der mir von seinem High-End-Laufband aus zusehen würde, möglichst lebensnah mitzunehmen. Gegen Ende habe ich, glaube ich, über meine Lieblingsfarbe gesprochen oder das letzte Mal, dass ich mir die Zehennägel geschnitten habe, weil ich jedes Thema erschöpft hatte, das mir einfiel.

Als wir das Hotel verließen, sah das Wetter nicht gut aus. Vorhergesagt waren Nebel mit null Sichtweite und horizontaler Regen.

Doch als wir aufstiegen, beschlossen die wankelmütigen Wettergötter, sich von der besten Seite zu zeigen. Wir erklommen den Berg bei herrlichem Sonnenschein; es wehte fast kein Wind, und wir hatten eine fantastische Aussicht über die Grampian Mountains. Es war wirklich wie Magie. Ich habe es sogar im Kilt geschafft.

Der Abstieg war in vielerlei Hinsicht schwieriger als der Aufstieg, weil meine achtundfünfzigjährigen Knie bei jedem Schritt bergab einen ordentlichen Rums abbekamen. Unser Kameramann und der Fotograf sind dagegen zusammen mit meinem Trainer Nicky Holender den Berg hinunter GERANNT.

Der Kameramann und der Fotograf waren beide Marathonläufer und hüpften wie Bergziegen über den steilen Hang, den ich vorsichtig hinunterstieg, als trüge ich hohe Absätze.

Aber für diesen Moment auf dem Gipfel, wenn man auf diesem Vierzig-Hektar-Plateau steht und in jede Richtung 200 Kilometer weit sehen kann, war der Aufstieg jeden ächzenden Schritt wert. Während ich über die Tatsache nachsann, dass ich an der höchsten Stelle im Umkreis von knapp 750 Kilometern stand, begriff ich wie ein Kind, dass, wo immer Heughan in Britannien war … ich auf ihn hinunterblickte.

DER CAMERON-CLAN

SAM

Man vermutet, dass die Camerons, einer der ältesten Highland-Clans, vom Dänenkönig Camchron abstammen. Zumindest ist das eine Theorie. Eine andere ist, dass es einen Vorfahren mit einer krummen Nase gab (vielleicht ein früher Rugbyspieler?), der den Nachnamen lostrat. *Cam* ist Gälisch für krumm, und daher sollen die Campbells angeblich ihren Namen haben – wegen ihrer politischen Ränkespiele. Campbell bedeutet auf Gälisch frei übersetzt »krummer Mund«, denn *beul* bedeutet Mund.

Wieder einer anderen Legende nach war der erste Cameron kein Kelte, sondern Brite (oder Skandinavier), und kam aus Dunbartonshire westlich von Glasgow. Er hatte einiges auf dem Kerbholz, und bei irgendeiner Prügelei wurde ihm die Nase verbogen. Nachdem man ihn zum »zweithärtesten Mann in Dunbartonshire« degradiert hatte, zog die alte Krummnase nach Lochaber. Nach kurzer Zeit gehörte ihm praktisch die ganze Gegend. Die folgenden Generationen brachten noch mehr Land an sich – das Anwesen der Camerons in Achnacarry ist heute noch 25.000 Hektar groß!

Wie bei allen Clans gibt es auch bei den Camerons noch reichlich andere Entstehungsgeschichten, doch ihr wirklicher Ursprung ist vermutlich im Nebel der Landschaft von Lochaber und im trüben Wasser der Zeit verloren. Während unseres *Clanlands*-Abenteuers haben wir den derzeitigen Cameron-Häuptling kennengelernt, den 27. Lochiel. Während der Clan als »härter als die Härte selbst« beschrieben wird, ist Lochiel ein freundlicher, geistreicher Mann – nicht im Mindesten angsteinflößend. Er hat uns in der Burg Achnacarry empfangen und uns eingeladen, uns im Clanmuseum umzuschauen. Falls ihr einmal durch den Great Glen reist, ist es den Besuch absolut wert.

GEMÄUER DES MONATS

BURG ACHNACARRY

SAM

Burg Achnacarry, der alte Sitz der Camerons, liegt am Ufer des Loch Arkaig. Da der Sanfte Lochiel dem Bonnie Prince Beistand leistete, wurde die Burg nach der Schlacht von Culloden von Regierungstruppen niedergebrannt. Viele Jahre später wurde sie wiederaufgebaut und spielte schließlich im Zweiten Weltkrieg eine wichtige Rolle, denn sie diente den Briten von 1942 bis 1946 als Trainingslager für eine Elitetruppe. In dieser Zeit wurden 25.000 Mann dort ausgebildet, darunter die Militärlegende Sir Simon Fraser, der 15. Lord Lovat, der Bill Millins befahl, bei der Landung der Alliierten in der Normandie Dudelsack zu spielen (s. JUNI).

Die wilde Landschaft war das perfekte gefährliche Terrain, um diese Männer gegen den deutschen Feind auszubilden. Ein paar Kilometer von der Burg entfernt steht oberhalb der Ortschaft Spean Bridge im Schatten der Nevis-Kette das Commando Memorial, das an diese besonderen Männer erinnert.

Ein anderer Weltkriegsveteran, der mich sehr beeindruckt hat (und den ich in *First Light* darstellen durfte), ist Geoffrey Wellum. Geoffrey war eine Legende der Luftschlacht um Britannien, der jüngste Spitfire-Pilot des Zweiten Weltkriegs. Er war voller Energie und gleichzeitig bescheiden, denn er selbst betrachtete sich niemals als den Helden, der er zweifellos war. Er verbarg seinen innerlichen Druck und die Trauer über den Verlust seiner Freunde unter großer Würde. Ich durfte ihn bei der Vorbereitung auf meine Rolle persönlich kennenlernen, und er hat mich sehr unterstützt.

Einer der Höhepunkte der Dreharbeiten zu *First Light* war, dass ich lernen durfte, eine Spitfire zu fliegen. Man zeigte mir, wie man startet und einfache Manöver fliegt, so wie Geoffrey es in der 92. Schwadron nur mithilfe eines Handbuchs gelernt hatte. Ich war so stolz, als ich den Rolls-Royce Merlin Motor tatsächlich selbst anlassen konnte, nachdem ich das Handbuch ebenfalls gelesen hatte. Er stotterte, dann … ja … explodierte er zum Leben – sehr aufregend, wie ein Nobel-Sportwagen mit Flügeln und Maschinengewehren.

Spitfires spielten eine große Rolle beim Sieg der Briten in der Luftschlacht um Britannien, gemeinsam mit ihren selbstlosen jungen Piloten. Sie mussten sich alles selbst beibringen, und wenn sie lebend zurückkehrten, wurden sie in den Pilotenrang erhoben. Ihr Pflichtgefühl und ihre Opferbereitschaft sind schwer zu fassen. Es war wirklich eine Ehre, Geoffrey zu porträtieren.

Mein Opa Ginge war Soldat im Zweiten Weltkrieg, wurde aber zunächst aus medizinischen Gründen entlassen, als er sich bei einer Übung das Bein brach. Soweit ich weiß, hat er aber zusammen mit anderen Mitgliedern meiner Familie eine Zeit lang in Afrika gedient. Sie haben nie über ihre Erlebnisse gesprochen, aber ein Verwandter wurde so schrecklich von der Sonne verbrannt, dass er noch mit vierundneunzig die Narben auf dem Kopf trug.

Schon mein erstes TV-Engagement nach der Schauspielschule war 2003 eine Rolle in einem Weltkriegsdrama, *Island at War.* Es war eine bewegende Geschichte über die deutsche Besatzung der Kanalinseln, erzählt anhand der Beziehungen zwischen einigen einheimischen Familien und den Besatzungstruppen. Ich spielte Philip Dorr, einen Undercover-Elitesoldaten, der als Kundschafter auf die Inseln geschickt wird. Dort freundet er sich arglos mit dem deutschen Kommandeur an, herausragend gespielt von Philip Glenister.

Die Serie wurde auf der Insel Man gedreht, und es war erschütternd zu sehen, wie sich die kleinen Fischerdörfer und Städtchen in das von Deutschen besetzte Britannien zurückverwandelten. Das Drehteam hatte große Hakenkreuze am Gemeindesaal aufgehängt, und eine Prozession von deutschen Soldaten marschierte durch die Stadt. So dicht am europäischen Festland muss es schrecklich für die Einheimischen gewesen sein, die Wucht der deutschen Armee auf ihrer kleinen Insel zu erleben. Doch noch faszinierender war es zu sehen, wie sich auf beiden Seiten Beziehungen und manchmal sogar Respekt entwickelten. Es war mein erster TV-Job, ich habe viel gelernt und konnte mit einer Gruppe bemerkenswerter Schauspieler zusammenarbeiten. Apropos Schauspieler …

Graham, was hast du eigentlich im Krieg gemacht? Warst du an der Heimatfront? Du musst doch zumindest in der gepanzerten Kinderwagendivision gewesen sein …

15. November 1915 – David Stirling, Gründer der Spezialeinheit SAS, kommt in Perthshire zur Welt.

SAM

Oberstleutnant Sir Archibald David Stirling, DSO, OBE, britischer Armeeoffizier, Bergsteiger und Begründer des Special Air Service (SAS), wurde 1915 in Lecropt in Perthshire geboren. Im Juli 1941 gründete er den SAS – etwa zum gleichen Zeitpunkt, als in Achnacarry das Commando Training Centre eingerichtet wurde. Das war natürlich kein Zufall, weil damals auf Befehl des Premierministers Winston Churchill diverse Spezialeinheiten gegründet wurden, um besonders gewagte Operationen gegen den Feind auszuführen. Männer wie David Stirling und Roger Courtney, der den Special Boat Service (SBS) gründete, wollten eine neue Methode der Kriegsführung finden.

Sie wählten nur besondere Soldaten aus, um diese auf ihre eigenen Operationen vorzubereiten, die sie auch unabhängig planten und durchführten. Ihr wichtigster Unterstützer Winston Churchill ignorierte die Einwände der Heeresleitung und sorgte dafür, dass die Spezialeinheiten die nötige Finanzierung und Autonomie bekamen.

Diese kleinen Überfallkommandos erwiesen sich als effektiv und tödlich. Sie sabotierten feindliche Kommunikationswege und führten nächtliche Angriffe auf Flugplätze und Häfen durch. In Nordafrika zerstörten sie im Zweiten Weltkrieg über 300 Flugzeuge und kosteten dabei einen Bruchteil eines ständigen Bataillons. Einer der wichtigsten Mitbegründer und Trainingsleiter des SAS war übrigens der frühere Rugbystar Oberstleutnant »Jock« Lewes, der im Einsatz in Nordafrika ums Leben kam.

SAS und andere Spezialkräfte existieren heute noch, und bis heute bestehen nur wenige den harten Auswahlprozess, zu dessen Aufgaben es zählt, im Brecon Beacons Nationalpark einen Fünfundsechzig-Kilometer-Ausdauermarsch mit dreißig Kilo Gepäck auf dem Rücken in unter zwanzig Stunden zu bewältigen.

Erfolgreiche Kandidaten erhalten ein beiges Barett mit dem Emblem eines geflügelten Dolches und sind damit Mitglied einer der weltweit besten Elitekampftruppen, die anderen Spezialeinheiten wie den US Navy Seals als Vorlage gedient hat.

David Stirling ist am 4. November 1990 gestorben.

Ich bin nicht nur durch meine Rolle in SAS: *Red Notice* mit David Stirlings Arbeit in Berührung gekommen, sondern hatte auch dieselbe Managerin wie seine Großnichte Rachael Stirling. Ihre Mutter war keine Geringere als Dame Diana Rigg, und ihr Vater war der schottische Theaterproduzent Archie Stirling, der das Anwesen Keir in Lecropt übernahm, auf dem David Stirling zur Welt gekommen war. Außerdem kommen wir auf dem Weg zum *Outlander*-Dreh fast täglich an Sir David Stirlings Statue vorbei, die auf einer Anhöhe oberhalb von Stirling steht und über die Hügellandschaft und den geheimen Standort von Fraser's Ridge hinwegblickt.

Wie schon erwähnt, habe ich 2020 in einem Film namens *SAS: Red Notice* mitgespielt, der auf einem Bestseller von Andy McNab basiert. Ich war auf Anhieb begeistert von dem Drehbuch, das von Andy McNab und Laurence (Larry) Malkin geschrieben wurde. Sie haben mich zum Abendessen in ein Sternerestaurant eingeladen (das hätte Graham gefallen), und wir haben uns den ganzen Abend über das britische Militär und über die Natur von Psychopathen unterhalten. Andy ist ein diagnostizierter Psychopath – gemeinsam mit dem Psychologen Dr. Kevin Dutton hat er sogar ein Buch darüber geschrieben, wie man seinen inneren Psychopathen kontrollieren und zur Selbstoptimierung nutzen kann –, und meine Figur, Tom Buckingham, ist ihm nachempfunden.

Auch Tom ist im Prinzip ein guter Psychopath, der so tun muss, als empfände er Dinge wie Liebe. Es war so vielschichtig – ich war ein Schauspieler, der einen Typen spielt, der Emotionen spielen muss. Was für eine Herausforderung!

Die Geschichte nimmt ihren Lauf, als Tom mit seiner Freundin nach Paris fährt, um ihr einen Heiratsantrag zu machen, und ihr Zug im Kanaltunnel von Verbrechern gekapert wird. Das Leben Hunderter Geiseln steht auf dem Spiel, und Tom ist ihre einzige Hoffnung. Doch er ist unbewaffnet und von seiner Spezialeinheit abgeschnitten. Die Kulisse war klasse, die Action unglaublich, und es hat solchen Spaß gemacht. Andy war jeden Tag dabei und hat das Kampftraining beaufsichtigt. Dank meiner Kolleginnen Ruby Rose, Hannah John Karmen und Tom Hopper war es wirklich großartig. Es war der Traum jedes Jungen, mit modernsten Mitteln auf Verbrecherjagd zu gehen. Wer möchte nicht gern einen Zug in die Luft sprengen und Gut gegen Böse spielen?

TROPFEN DES MONATS

TRINKFEST

GRAHAM

Ich wechsele hier jetzt zugegeben den Gang, aber ich habe mich entschlossen, in diesem Buch auf mein eigenes Getränk hinzuweisen. Sam ist mir in so vielen Dingen ein Vorbild, aber niemals mehr, als wenn er gnadenlos fanatisch Werbung für seinen eigenen Whisky (und seine SAS-Filme) macht. Ich dachte also, es ist Zeit, dass ich etwas Ähnliches mache.

Erst dachte ich an Rum (zu piratig), Wodka (zu russisch), Crème de Menthe (zu widerlich), bis ich schließlich auf das Folgende gekommen bin:

Die Hauptzutat ist »Buckfast«. Für die, die das Vergnügen noch nicht hatten, Buckfast ist eine Art Rotwein mit Koffein. Wie in *Clanlands* erwähnt, wurde es in den 1880ern von Benediktinermönchen erfunden und noch bis vor Kurzem in der Abtei Buckfast hergestellt, wo die Samstagabende mit Sicherheit unvergesslich waren.

Eigentlich ist es gar kein Wein, sondern unfermentierter Traubensaft mit Äthanol (Industrie-Alkohol, der als Lösungsmittel benutzt und in Benzin verwendet wird). Dann wird Koffein hinzugefügt.

Man schreibt diesem Getränk diverse selbstzerstörerische Folgen zu, darunter vollständiger Gedächtnisverlust in Verbindung mit völliger Hemmungslosigkeit.

Als wäre es für mich gemacht.

Um dem Getränk aber meine ganz persönliche Note zu geben, füge ich noch »geheime« Zutaten wie Feuerzeugbenzin und Parkettversiegelung hinzu. So bekommt es seine unverwechselbare »Nase«.

Angelehnt an Sams glühende Beschreibung seines »Sasquatch« (oder wie sein Whisky auch immer heißt), würde ich es folgendermaßen formulieren:

Ich lasse es in Ölfässern reifen, sodass der industrielle Charakter gut zur Geltung kommt. Die Nase enthält Kreosot, Hustensaft und die Aromen einer Baustelle, das Mundgefühl erinnert an Baumwolle, Edelstahl, fauliges Obst und das unverwechselbare Aroma eines in die Enge getriebenen Faultiers; es ist wie eine Folge von Schlägen auf die Zunge, die sich steigert und sich dann im Abgang völligem Gedächtnisverlust und den Symptomen eines Schlaganfalls ergibt.

Ich nenne es TRINKFEST.

[Sam: Klingt gut.]

Ich habe mich noch nicht für ein Logo entschieden, aber ich bin für Vorschläge offen. Ich dachte an die geschmackvolle Silhouette eines über eine Toilettenschüssel gebeugten Mannes? Oder ein Porträt von Lacroix? Was, wenn ich es recht bedenke, auf das Gleiche hinausläuft.

Es gab schon ein paar Testläufe mit Freunden, die mir glühende Kritiken geschrieben haben, siehe unten:

»Ich habe keine Ahnung mehr, was gestern nach acht Uhr passiert ist, Graham. Danke, Kumpel.« *S. W., Liverpool*

»Bin mit dem Kopf im Klo aufgewacht, war in Schweiß gebadet, und das Haus ist voller toter Pflanzen. Was für ein Stoff!!!« *G. O'R, Edinburgh*

»Ich bin Weihnachten zu meiner Familie gefahren und mit einem Vollbart und voller russischer Mafia-Tattoos in einem türkischen Gefängnis aufgewacht. Ich kann ›Trinkfest‹ nur wärmstens empfehlen.« *S. H., Glasgow*

»Ich arbeite jetzt als Ziegenhirte in Libyen, habe keinerlei Erinnerung an die letzten sechs Monate, und ich wohne mit zwei Dutzend Katzen und einem Hängebauchschwein zusammen. Ich kann dir gar nicht genug dafür danken, Graham, dass du mich mit ›Trinkfest‹ bekannt gemacht hast.« *T. M., Libyen*

»›Trinkfest‹ zu trinken war ein Nahtod-Erlebnis. Mir sind alle Haare ausgefallen, und ich habe Blasen am ganzen Körper. Ich weiß nicht einmal mehr, wie ich heiße. Wow!!! Danke!« *Anonym*

[Sam: Bald auch in einem Laden in eurer Nähe … Äh, klingt köstlich, aber ich glaube, ich bleibe bitte bei der Weißweinschorle!]

SCHLACHT DES MONATS

DIE DRITTE SCHLACHT VON YPERN (ALIAS SCHLACHT VON PASSCHENDAELE) 31. JULI – 10. NOVEMBER 1917

GRAHAM

Es mag den Anschein haben, dass ich vom Kampfgeist der Highlander besessen bin. Ich gebe zu, dass das stimmt. Es gibt in der Geschichte der Highlands einen roten Faden, der von der blutrünstigen Brutalität eines William Wallace bis hin zu den beiden Weltkriegen führt und alles dazwischen berührt.

Ein solches Beispiel ist die dritte Schlacht von Ypern im Jahr 1917.

Nach Culloden wurden die Highlander die beliebtesten Ansprechpartner der britischen Armee, wenn es darum ging, es dem Feind so richtig zu zeigen.

Seringapatam, Assaye, die Abrahamsebene, Waterloo, Ypern, Lucknow, die Liste ist endlos.

In Ypern verdienten sich zwei Highland-Schotten am selben Julitag das Victoriakreuz.

Alexander Edwards war neunundzwanzig, als er 1914 eingezogen wurde, also praktisch ein alter Mann!

Er überlebte die Somme und wurde Sergeant, doch dann schickte man ihn mit einer Halsentzündung in den Heimaturlaub. Was einem verdienten Krieger wie Alexander vermutlich extrem peinlich war. Unterdessen wurden zwei andere Mitglieder seiner Familie, sein Bruder John und sein Vetter George, für ihre Dienste mit

Orden ausgezeichnet. Letzterer, weil er allein 200 Deutsche gefangen gesetzt hatte.

Beim Abendessen bei den Edwards muss es hoch hergegangen sein.

»Zweihundert??? Für so wenige stehe ich doch gar nicht auf!«

»Wie kommt es, dass du zu Hause bist, Alexander?«

»Halsentzündung.«

»Ach herrje. Gib mal das Salz, du altes Weichei!«

Aber Edwards kehrte rechtzeitig zurück, um in Ypern zu kämpfen. Am 31. Juli erhielt sein Regiment, die Seaforth Highlanders, die Order, an einem Flussufer Stellung zu beziehen.

Das Wetter war schrecklich. Strömender Regen und Schlamm behinderten den Vorstoß, auch wenn das für einen Mann wie Alexander vermutlich nur wie ein typischer lauer Sommertag am Moray Firth war.

Da er sah, dass sie nicht vorankamen, schlich er weiter und stieß auf eine deutsche Maschinengewehrstellung, die ihnen besonders zu schaffen machte. Nur mit zwei Revolvern und einer ordentlichen Portion männlicher Härte bewaffnet, spazierte Alexander in die Stellung hinein und erschoss den Gewehrschützen; dann benutzte er seine restlichen Patronen, um die verschanzte Besatzung zu töten. Es würde mich nicht wundern, wenn er die Revolver danach noch als Knüppel benutzt hätte.

Dann erst begriff er, dass er von einem Scharfschützen getroffen worden war.

An diesem Punkt hätten die meisten normalen Individuen Feierabend gemacht. Nicht so Alexander Edwards.

Er beschloss, dass dieser Scharfschütze verschwinden musste.

Ohne seine Verletzung zu beachten, »kroch er los, um sich an den Mann heranzupirschen«, wie es in der Urkunde zu seinem Orden heißt.

Hätte der Deutsche doch erkannt, was für ein Mensch sich da an ihn heranpirschte. Ein Mann, in dessen DNA es tief verankert war, andere hinterrücks zu meucheln. Womöglich war das am Moray Firth sogar ein sonntäglicher Zeitvertreib? Gleich nach der Kirche vielleicht?

Alexander schlich sich mitten durch das Schussfeld des Scharfschützen, bis er nah genug war, um ihn zu erledigen. Ein bisschen, als hätte er Pate für das *Squid Game* gestanden, nur dass diesmal der Roboter das Opfer war.

Während Edwards Deutschland mit links verwüstete, ging auch der Gefreite George McIntosh zur Sache.

Er diente im 6. Bataillon der Gordon Highlanders (wie ihr wohl schon erkannt habt, konnten die Highlander niemals genug davon bekommen, Leichen aufeinanderzustapeln).

Er und seine Kameraden kamen am Morgen des 31. Juli unter schweren Maschinengewehrbeschuss (um euch eine Vorstellung zu geben: Das deutsche Maxim-Maschinengewehr konnte 450–500 Schuss pro Minute abfeuern).

Statt mit den anderen Deckung vor diesem Kugelhagel zu suchen, rannte McIntosh auf die Stellung zu.

Der Anblick eines einzelnen Mannes im Kilt, der nur mit einem Revolver und einer Granate bewaffnet auf sie zugerannt kam, muss die Deutschen verblüfft haben – jedoch nicht so sehr, dass sie das Feuer eingestellt hätten.

Geschosse drangen in seinen Rucksack ein und zerfetzten seinen Kilt, während er wahrscheinlich »Loch Moigh!« brüllte, den Schlachtruf der McIntoshs.

McIntosh sprang unbeirrt von Krater zu Krater, bis er das Maschinengewehr erreichte. Die verängstigten Deutschen hoben die Hände, um sich zu ergeben, doch George war nicht nach Gnade zumute. Er warf die Granate in die Stellung und tötete zwei der Schützen, während der Rest verängstigt die Flucht vor dieser Sagengestalt ergriff.

Dann nahm er die beiden Maschinengewehre, die pro Stück knapp dreißig Kilo wogen, schulterte das eine und klemmte sich das andere unter den Arm, während er in aller Ruhe zu seinen Männern zurückging.

(Ich glaube, wir sollten Sam herausfordern, das in der nächsten Staffel zu machen, aber nur, nachdem ich zehn Minuten auf ihn gefeuert habe.)

Als man ihn fragte, warum er es ohne Unterstützung mit zwei Maschinengewehren aufgenommen habe, war seine Antwort typisch schottisch-kurz: »Irgendwer muss es ja tun.« Außerdem wusste er, dass niemand besser Granaten werfen konnte als er (wahrscheinlich sogar noch, während er mit dem freien Arm ein Pferd hochhob).

Kehren wir zu Alexander Edwards zurück. Er sah sich mehreren feindlichen Stellungen gegenüber. Als er bemerkte, dass ein Major seiner Kavallerieeinheit schwer verwundet im Niemandsland lag, rannte er los, um den Mann zu bergen. Dabei war er selbst schon blutdurchtränkt und bekam unterwegs noch ein Stück Schrapnell ins Knie.

Auch er fand deutliche Worte für das, was ihn antrieb: »Wenn ich es nicht zu Ende gebracht hätte, wäre es für die Jungs keine große Ermutigung gewesen … die Verletzung an meinem Arm war schlimmer, mein Ärmel war abgerissen, mir waren die Strümpfe über die Schuhe gerutscht, und ich war voller Schlamm. Oh, was für ein Spiel …«

Oh, was für ein Spiel???

Vergesst nicht, wenn ihr von Highland-Schotten abstammt, strömt das Blut von Menschen wie George McIntosh und Alexander Edwards durch eure Adern.

Alba gu bràth! Für immer Schottland, das kann man wohl sagen.

NATURNOTIZEN

KLATSCHMOHN

SAM

Klatschmohn *(Papaver rhoeas)* kommt überall in Schottland und Britannien vor und blüht hauptsächlich von Mai bis Juli. Die Mohnblüte ist das Symbol der Erinnerung an die Gefallenen der beiden Weltkriege und anderer Kriege. Sie steht auch für die Hoffnung auf eine Zukunft in Frieden.

Im Ersten Weltkrieg blühten oft Mohnblumen im aufgewühlten Gelände zwischen den Fronten und den Schützengräben. Oberstleutnant John McCrae, ein kanadischer Arzt mit schottischen Wurzeln, war vom Anblick der anspruchslosen roten Blumen inmitten der Verwüstung des Krieges so gerührt, dass er 1915 nach dem Verlust eines Freundes in Ypern das Gedicht *In Flanders Fields* schrieb.

Auf Flanderns Feld

Auf Flanderns Feld Mohnblumen blühn –
wo Kreuze, Reih an Reih, sich ziehn,
dort liegen wir; am Himmel hoch
die Lerche fliegt, singt tapfer, doch
im Lärm der Schlacht hört keiner sie.

Gestern noch da, heute dahin,
sahn Tage kommen und verglühn,
wir lebten, liebten – nun gefällt
auf Flanderns Feld.

Ihr müsst für uns ins Feld jetzt ziehn,
wir werfen euch mit letztem Mühn
die Fackel zu: Haltet sie hoch.
Und brecht die Treu ihr uns dennoch,
dann ruhn wir nicht, mag Mohn auch blühn
auf Flanderns Feld.
John McCrae, 1915

BEDEUTENDE GEBURTSTAGE, TODESTAGE UND EREIGNISSE

11. November 1918 – Der Erste Weltkrieg endet in der elften Stunde des elften Tags des elften Monats.

12. November 1869 – Die Universität von Edinburgh lässt als erste akademische Institution Frauen zum Medizinstudium zu.

SAM

Frauen durften zwar an der Edinburgh University Medizin studieren, aber sie durften keinen Abschluss machen. Allerdings erwarb dort im Jahr 1812 eine unerschrockene Frau unter dem Namen James Barry einen medizinischen Doktortitel und wurde Stabs… arzt in der Armee!

Ich muss leider feststellen, dass ich noch keine Ehrendoktorwürde aus Edinburgh habe. Die Universitäten von Glasgow und Stirling waren schneller, aber ich bin für weitere Titel immer offen. Vielleicht wäre Edinburgh ja so freundlich. Und wenn es nur dazu dienen würde, Graham auf die Palme zu bringen, denn es geht ihm sehr gegen den Strich, dass er mich Doktor Heughan nennen muss.

[Graham: Ich wäre ja neugierig, was diese »Ehrendoktortitel« eigentlich ehren sollen? Ein dreijähriges Intensivstudium im Gewichtheben? Verdienste um rothaarige Menschen? Seinen Beitrag zur Körperenthaarung mit Wachs?]

[Sam: Filmschaffen und wohltätiges Engagement. Mein Körper ist noch nie mit Wachs in Berührung gekommen. Na gut, einmal.]

12. November 1939 – Die ersten Bomben, die im Zweiten Weltkrieg auf britischen Boden treffen, fallen auf den Shetlandinseln.

13. November 1850 – Der Autor und Dichter Robert Louis Stevenson wird in Edinburgh geboren.

GRAHAM

Ich hatte ehrlich keine Ahnung, dass die ersten Weltkriegsbomben in Shetland gefallen sind. *[Sam: Vielleicht hatten die Deutschen etwas gegen Schafe? Zum Glück haben sie abgesehen von einem armen kleinen Kaninchen niemanden getroffen.]*

Die Luftwaffe hat danach jedenfalls eine Menge Zeit investiert, um über ganz Britannien Bomben abzuwerfen. Der »Blitz« über London dauerte von September 1940 bis Mai 1941. Frankreich war an Deutschland gefallen, und Britannien war der letzte Gegner der Nazis in Zentraleuropa. Rückblickend ist es kaum zu glauben, dass es überlebt hat.

Am Ende lag es an einer Kombination aus der Hybris Hermann Görings und der Luftwaffe, Hitlers Entscheidung, 1941 in Russland einzufallen, dem amerikanischen Kriegseintritt, der aufrüttelnden politischen Führung durch Winston Churchill und dem schieren Mumm der Briten.

Meine Mutter ist 1941 der WAAF beigetreten (Women's Auxiliary Air Force / Hilfsluftwaffe der Frauen), wo sie Flugzeug-Maschinenschlosserin wurde und half, die riesigen Sperrballons am Londoner Himmel zu platzieren. Ihre Wahl fiel auf die Air Force, weil diese, wie sie es formulierte, »die beste Uniform hatte«. Ein besserer Grund fällt mir auch nicht ein.

Vor ihrer Zeit bei der Air Force arbeitete sie in einer Schirmfabrik an der Wood Street in der Londoner Innenstadt. Sie hat mir erzählt, dass sie eines Tages die beiden Straßenbahnen und den Bus vom Haus ihrer Eltern in Lewisham in die Stadt nahm. Als sie dort ankam, lag die ganze Straße in Trümmern. Sie war in der Nacht zuvor bei einem Bombenangriff getroffen worden. Die Schirmfabrik war dem Erdboden gleichgemacht worden.

Ich musste bei ihrer Erzählung an das Trauma denken, an die Tränen einer Achtzehnjährigen, die diese Zerstörung mit ansehen musste. Ich habe sie vorsichtig gefragt, was sie getan hat.

»Nun, da gab es nichts zu tun. Ich bin einfach wieder in den Bus gestiegen und nach Hause gefahren.« Ich glaube, diese Bemerkung ist ein gutes Beispiel für die Einstellung dieser Generation. Sie haben einfach ihr Leben weitergelebt.

Bei einer anderen Gelegenheit saß sie mit ihrer ganzen Familie dicht an dicht im Luftschutzraum in ihrem Garten, als eine Bombe so dicht bei ihnen landete, dass der Luftschutzwart durch die Tür auf ihren Schoß flog.

Er überlebte unverletzt, doch als ich sie fragte, ob sie Angst hatte, kam wieder so eine Antwort: »Eigentlich war ich eher bestürzt, weil ich einen fremden Mann auf dem Schoß hatte.«

Ihr Bruder, mein Onkel Tommy, war in der Marine und steuerte am D-Day unter Feuer ein Landefahrzeug zum Sword Beach. Er überlebte diesen Tag, und eine gebrochene Nase war seine einzige Verletzung.

Meine Tante Mary, die Schwester meines Vaters, war auch bei der WAAF. Mein Pa ist 1942 mit zwanzig der Air Force beigetreten, nachdem er seine Druckerlehre auf Eis gelegt hatte. Er fing als Ingenieur an, aber als der Bedarf an Piloten wuchs, meldete sich mein Vater freiwillig für die Ausbildung. Er fuhr auf der als Truppenschiff requirierten *Queen Mary* nach Amerika und lernte in Pensacola, Florida, beim US-Marinekorps am Steuer von Stearman-Doppeldeckern das Fliegen. Wenn man überlegt, wie gefährlich es damals im Nordatlantik war, muss ihm allein die Überfahrt Todesangst gemacht haben.

Er ist kurz vor Kriegsende zurückgekommen und ist Lancaster-Bomber geflogen. Wie so viele Männer und Frauen hat auch er nie über den Krieg gesprochen. Er wurde schließlich nach RAF Valley auf der Insel Anglesey in Wales versetzt, wo er bei einer Tanzveranstaltung meiner Mutter begegnet ist.

Er hat sie auf der Tanzfläche gesehen und seinen Sergeant gefragt, wer das wäre.

»Oh, das ist Ellen Alexander. Aber bemüh dich nicht; sie ist verlobt«, kam die Antwort.

»Ich frage sie trotzdem, ob sie mit mir tanzt.«

Sechs Monate später waren sie verheiratet. Den Brief, den sie ihm am Vorabend ihrer Hochzeit geschrieben hat, habe ich heute noch gerahmt zu Hause hängen. Er ist einer der romantischsten Texte, die ich je gelesen habe.

Sie sind die nächsten siebenundfünfzig Jahre zusammengeblieben, bis er 2003 gestorben ist. In dieser Zeit ist er zur RAF zurückgekehrt, ist im Kalten Krieg Küstenpatrouillen geflogen, hat schließlich eine Anstellung in der aufstrebenden zivilen Luftfahrt gefunden und ist in der ganzen Welt geflogen. Nach seiner Pensionierung hat er Londoner Busfahrern das Fliegen beigebracht. Ein wahrhaft erfülltes Leben!

Als wir uns beim Bestatter von ihm verabschiedet haben, waren die letzten Worte meiner Mutter zu ihm: »Du hast mir ein Abenteuer versprochen, Alec, und du hast mir eins geschenkt.«

15. November 1873 – Auf dem Greyfriars Kirkyard wird eine Statue von Greyfriars Bobby enthüllt.

SAM

Ah, der arme kleine Hund. Vor dem Kirchhof von Greyfriars, einer alten Kirche im Zentrum von Edinburgh, steht die Bronzestatue eines winzigen Skye Terriers. »Bobby« war der treue Hund eines Edinburgher Polizisten, der sein Herrchen in den 1850er-Jahren auf Streife begleitet hat. Jahr für Jahr sind sie durch den Schnee und Schmutz von Edinburgh gestapft. Leider ist John Gray, der Polizist, an Tuberkulose gestorben und wurde auf dem Kirchhof begraben, wie es ihm zustand.

Der kleine Hund, der seinen Herrn vermisste, hielt Wache und lag jeden Tag auf dessen Grab. Nur um ein Uhr ging er immer etwas fressen (er war ein sehr pünktlicher Hund). Bobby wurde in ganz Edinburgh bekannt, und er wurde eine Berühmtheit. Vierzehn Jahre blieb er seinem Herrn treu, dessen Grab er nie verließ. Selbst heute wacht seine Statue über dem Friedhof, und die Einheimischen und Touristen haben so oft seine kleine Nase als Glücksbringer gerieben, dass sie ganz golden ist. Ich muss weinen …

24. November 1942 – Der Komiker und Schauspieler Billy Connolly wird geboren. The Big Yin!
30. November 1957 – Der Schauspieler Gary Lewis (geb. Stevenson) kommt in Glasgow zur Welt. »Komm in meine Arme, Mann!«

DEZEMBER

Clan Mackintosh

Motto: *Touch not the cat but a glove*

(Wer die Katze berührt, sollte Handschuhe tragen)

WICHTIGE KALENDERDATEN

1. Dez bis 28. Feb – Meteorologischer Winter
11. – Nationaler Tag des Weihnachtspullis
21. oder 22. – Julfest / Wintersonnenwende (astronomischer Winteranfang)
25. – Weihnachten
31. – Hogmanay / Silvester

REGION DES MONATS

GLASGOW

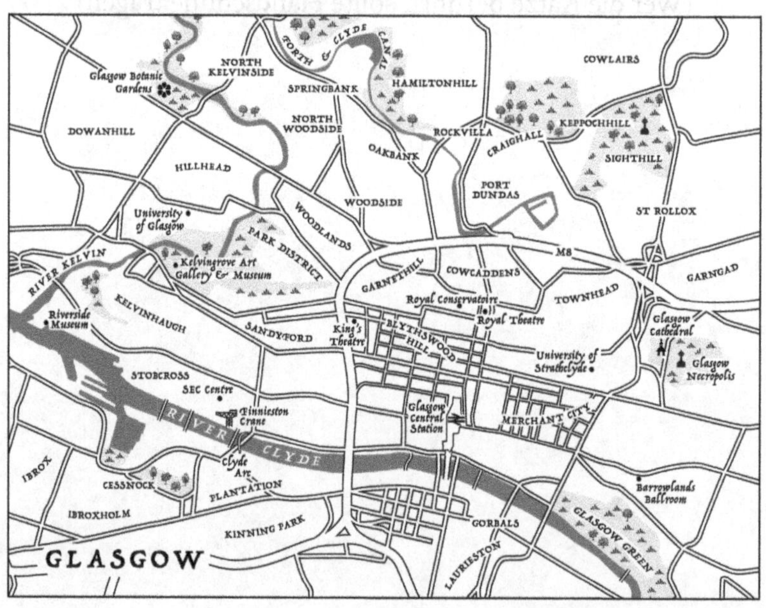

SAM

Glasgow ist eine Stadt mit 800.000 Einwohnern (300.000 mehr als die schottische Hauptstadt Edinburgh), die so manchen hitzköpfigen Schotten hervorgebracht hat, einschließlich meines Kumpels Graham. Auch ich lebe in dieser Stadt, seit ich die Rolle des Jamie Fraser übernommen habe. Das erste Mal war ich als Teenager in »Glasgee«, um den Auftritt der Silencers im Barrowland zu sehen, einem berühmten Tanzclub, der aus Holz gebaut ist und eine unglaubliche Akustik hat. Ich weiß noch, wie ich vorher in einer Kneipe etwas trinken war, deren Boden mit Sägespänen bestreut war, um das verschüttete Bier aufzusaugen. Und Blut. Aber vielleicht versagt auch mein Gedächtnis, ein bisschen wie bei McTavish, wenn die Rechnung gebracht wird.

Ich habe drei Jahre lang die Royal Scottish Academy of Music and Drama (heute das Royal Conservatoire) besucht, um dort klassisches Schauspiel zu lernen. Shakespeare, Stanislavski, Meisner, Tschechow und so weiter.

[Graham: Hust.]

Wie ihr sehen könnt, habe ich all diese Techniken in *Men in Kilts* eingesetzt, obwohl Graham den Ehrenpreis für den besten Panto-Auftritt eingeheimst hat.

Ich finde Glasgow wundervoll, obwohl ich ja eigentlich aus Edinburgh komme, das vielleicht dramatischer und schöner ist. Es sind die Menschen, die Glasgow zu dem machen, was ich aktuell meine Heimat nenne.

Die Flüsse Clyde und Kelvin durchschneiden die Stadt, und im West End findet man immer ein gutes Café oder eine Galerie. Zwar regnet es buchstäblich jeden Tag, typisch für die Westküste, aber das trübt die Gemüter der Menschen nicht. Die Taxifahrer plaudern gern; seid also darauf gefasst, ihnen eure Lebensgeschichte zu erzählen oder was ihr von der schottischen Unabhängigkeit haltet oder wer beim Fußball gewonnen hat, während ihr die Sauchiehall Street entlangfahrt. Ich liebe das Kelvingrove Art Gallery and Museum (wo unsere erste *My Peak Challenge* Gala stattgefunden hat, inmitten der ausgestopften Tiere und der antiken Funde) und den Park, wo man an den raren Sommertagen entspannt auf dem Rasen sitzen und Leute beobachten kann. Außerdem sind es nur fünfundvierzig Autominuten bis Loch Lomond und zu den Arrochar Alps, den ersten Lowland-Munros – ideal für ein Wochenend-Abenteuer.

PLATZ FÜR PANTOMIME

GRAHAM

Jetzt, da unsere sportlichen Wettkämpfe vorerst beendet sind (obwohl der Himmel weiß, was der rothaarige Irre nächstes Jahr vorhat), dachte ich, es wäre vielleicht lustig, im Monat Dezember unsere weihnachtlichen Pantomimeerlebnisse zu vergleichen.

Die Weihnachtspantomime ist etwas typisch Britisches – ausgeklügelte, ungehobelte, schrille, durchgeknallte Unterhaltung für … Kinder! Ich bin mir nicht sicher, wo Pantomime erfunden wurde, vielleicht England, vielleicht in Italien, aber wer auch immer diese Kunstform geschaffen hat, hat sich mit Sicherheit nicht ausgemalt, dass sie im Citizens Theatre im sozialen Brennpunkt in Glasgow vor 600 halb wilden Schulkindern aufgeführt werden würde.

»Panto«, wie es auch genannt wird, ist das Theaterstück, das traditionell zu Weihnachten und Neujahr aufgeführt wird. Man geht oft mit der ganzen Familie dorthin. Für manche ist es der erste Theaterbesuch, für viele auch der letzte.

[Sam: Er ist HINTER *dir!!!]*

Die Stücke sind traditionell bekannte Märchen wie »Cinderella«, »Schneewittchen«, »Aladin und die Wunderlampe« und so weiter.

Eines der vielen Dinge, die das traditionelle Panto von normalem Theater unterscheiden, ist, dass die Hauptfigur (Aladin, Peter Pan, Robin Hood) von einer Frau gespielt wird, wohingegen die Schurkinnen (die böse Stiefmutter etc.), ihr ahnt es schon … von Männern gespielt werden. Sehr progressiv.

Ehe ihr fragt, nein, ich habe nie die schrullige Alte gespielt, aber Ian McKellen hat sich kürzlich einen lebenslangen Wunsch erfüllt und den Part am Old Vic in London übernommen. Ich höre, er war sehr gut.

Panto ist in Schottland schon immer besonders beliebt gewesen. Dort treten viele echte Stars in dieser Sparte auf, keine Reality-TV-Möchtegerne wie in England, sondern professionelle Schauspieler, die jedes Jahr in diesen mit Spannung erwarteten Produktionen gutes Geld verdienen. Ich bin mir nicht sicher, warum Schottland Panto so ins Herz geschlossen hat, aber es lässt sich nicht leugnen, dass es so ist.

Der andere Unterschied zu normalem Theater ist die Interaktivität. Das Publikum ist ausdrücklich aufgefordert, die Darsteller anzufeuern, mitzusingen, Buh zu rufen, zu jubeln und ganz allgemein so viel Lärm wie möglich zu machen. Was das betrifft, so erinnert es wirklich an die Ursprünge des Theaters, als die Zuschauer den Schauspielern oft Ratschläge zuriefen oder ihre Meinung über das Geschehen kundtaten. (Das ist mir bei Aufführungen in einem Frauengefängnis und in einer forensischen Psychiatrie passiert – aber dazu ein andermal mehr.)

Was mich geradewegs nach Glasgow zurückbringt. Nicht dass ich die Panto-Aufführung im Citizens Theatre mit der Psychiatrie vergleichen würde, aber … ihr versteht, was ich meine.

Als ich 1992 dort aufgetreten bin, wurde das Citizens Theatre (auch liebevoll Citz genannt) von einem wunderbaren Triumvirat geleitet, Giles Havergal, Philip Prowse und Robert David MacDonald. Giles inszenierte unter vielen anderen Dingen auch das Panto. Es repräsentierte für ihn die Reinheit des Theaters, und er sah darin eine Möglichkeit, jungen Menschen die Freude am Live-Theater zu vermitteln.

[Sam: Ich bin in Giles' letzter Panto-Weihnachtsaufführung aufgetreten. Ich hoffe, dass ich nicht der Grund war, warum er aufgehört hat.]

Das Citz war ein Theater, das europaweit einen bedeutenden Ruf genoss. Diese drei offen queeren Männer bauten in den Siebzigern ein heruntergekommenes Gebäude um und verwandelten es in eine preisgekrönte Bühne. Und sie taten es in einem der heruntergekommensten Stadtviertel in Schottland – in den Gorbals.

Die Gegend war berüchtigt, weil es dort viele Gewalttaten gab, Gangs, Langzeitarbeitslosigkeit und Armut.

Aber Giles, Philip und David gaben den Menschen dort etwas, woran sie ihr Herz hängen und worauf sie stolz sein konnten.

Ich bin einmal abends auf dem Weg zu einem Auftritt auf einer vermüllten Straße von einer Gruppe ausgesprochen unfreundlicher Jugendlicher angehalten worden. Ich vermute, sie wollten mich ausrauben.

Sie haben mich gefragt, wohin ich wollte. Möglich, dass sie mich auch »Wichser« oder »Bastard« genannt haben. Als ich gesagt habe, ich wäre auf dem Weg zum Citz, um dort zu spielen, änderte sich ihr Verhalten komplett.

Sie bestanden darauf, mich unbehelligt bis zum Bühneneingang zu begleiten. Sie haben mich gefragt, in welchem Stück ich auftrete, haben das Theater in den höchsten Tönen gelobt und mir zum Abschied viel Glück gewünscht. Es war unglaublich berührend …

All das nur, um euch einen Eindruck davon zu vermitteln, welche Bedeutung dieses Theater für die Nachbarschaft hatte und wie wichtig Panto ist.

Ich bin mehrmals in regulären Produktionen im Citz aufgetreten, *Romeo und Julia* und *Don Juan* und in meinem eigenen Stück über Vincent van Gogh, aber das erste Mal durfte ich in *Pinocchio* auf diesen heiligen Brettern auftreten, unter der Regie von Giles persönlich.

Ich sollte den Schurken spielen, Bragonzi, den bösen Puppenspieler (keine Überraschung). Ein guter Freund von mir hatte Jahre zuvor dieselbe Rolle im Citz gespielt.

»Irgendwelche Ratschläge?«, habe ich ihn gefragt.

»Pass auf deine Eier auf.«

Das hätte ich mir hinter die Ohren schreiben sollen.

Es wurde eine fantastische Panto-Feuertaufe. Wir haben zweieinhalb Wochen lang geprobt und waren dann jeden Abend ausverkauft. Es gab eine Live-Band, und sie haben das Intro gespielt (um das Publikum aufzuwärmen), während der Vorhang noch geschlossen war. Hinter dem Vorhang stand Pinocchio persönlich. Ich werde ihn Colin nennen, um seine Anonymität zu wahren. Zu Beginn jeder Vorstellung stand er in seinem Kostüm hinter dem Vorhang und hat das Publikum beschimpft und ihm den Mittelfinger gezeigt. Sie konnten ihn natürlich nicht sehen und ihn wegen der Musik auch nicht hören – und sobald sich der Vorhang hob, WAR er Pinocchio mit seinen ungelenken Holzarmen und -beinen. Die Kinder liebten ihn. Es war nur einfach so, dass er sie HASSTE.

Mich dagegen SOLLTE das Publikum in meiner Rolle als böser Puppenspieler hassen, und das tat es auch. Wenn ich nicht gerade von Fünfjährigen wüst beschimpft wurde, wurde ich mit Münzen beworfen.

In dem Stück gibt es eine Stelle, an der der »Held« und der »Schurke« ins Publikum rennen. Ich jage Pinocchio, und die Kinder rasten aus. Ein Riesenspaß …

… war es nicht.

Weil es drei Publikumsräume gibt (Parkett, Rang und Galerie), brauchten wir jeweils drei Helden und Schurken. Ich bin im Parkett herumgerannt, während meine Doubles die beiden anderen Ebenen amüsiert haben.

Als ich das erste Mal ins Publikum gerannt bin, habe ich den Rat meines Freundes verstanden, weil ich tatsächlich mehrfach von kleinen geballten Fäusten in die Eier geschlagen wurde, während fünf- und sechsjährige Stimmen riefen: »Nimm das, Bragonzi, du verdammter Mistkerl!«

Dem armen Kerl, der mein Double auf der Galerie war, ging es noch schlimmer. Das waren die billigen Plätze, wo er mehrfach zu Boden geworfen und brutal verprügelt wurde, bis ihn die Platzanweiserinnen von den Grundschulkindern befreiten.

Jedes Mal, wenn ich mich in diese Menge stürzen musste, habe ich mich dabei ertappt, dass ich an ein Landefahrzeug am D-Day dachte. Eigentlich fehlten nur die Maschinengewehre (die die Kinder mit Sicherheit mitgebracht hätten, wenn sie gedurft hätten).

[Sam: Ich war in meiner Pfadfinderzeit jedes Jahr im Citz, um das Panto zu sehen, und ich erinnere mich vage an einen affektierten Schauspieler, der vor unserer Gruppe jugendlicher Delinquenten die Flucht ergriff.]

Wir waren mit Funkmikros ausgestattet (um im Lärm des Publikums hörbar zu sein), die von der Lichtregie gesteuert wurden. Sie sollten eigentlich ausgeschaltet sein, sobald man die Bühne verließ.

Bei einer denkwürdigen Vorstellung schob ich Pinocchio von der Bühne, um ihn zu entführen. Hinter dem Bühnenrahmen sollte mein Mikro ausgeschaltet werden.

Das passierte aber nicht.

Stattdessen konnte das Publikum mit anhören, wie Bragonzi zu Pinocchio sagte: »Runter von der Bühne, du kleiner Holzwurm!«

Ach, war das schön.

Wie ihr euch vorstellen könnt, ließ es einen nicht kalt, das manchmal in drei Vorstellungen am Tag zu tun (zwei und fünf Uhr nachmittags und acht Uhr abends).

Wir wurden eine Truppe wilder Trinker. Jeden Abend wurde

eine andere Garderobe zur improvisierten Cocktailbar, wo wir die Sorte Drink mixten, die nur Lacroix mögen kann, und wir blieben, bis wir hinausgeworfen wurden. Worauf wir dann in die Kneipe auf der anderen Seite der Brücke gingen, die bis zwei oder drei in der Nacht geöffnet war.

Gegen Ende der Spielzeit bestand ich aus nicht viel mehr als einem Satz schmerzender Genitalien und einer vergrößerten Leber.

Ich weiß noch, wie ich bei einer Vorstellung im Vestibül hinter dem Publikum auf einen meiner großen Auftritte gewartet habe. Ich trug einen riesigen Zylinder und einen bodenlangen roten Mantel mit gestreiften Aufschlägen. Unauffällig … nicht!

Ich fand mich dort mit drei Kindern wieder, von denen ich vermutete, dass sie auf der Toilette gewesen waren und jetzt auf dem Rückweg waren.

Ich lächelte sie an, und weil ich dachte, dass es vielleicht eine große Sache für sie wäre, so direkt neben einer der Figuren zu stehen, versuchte ich, sie zu beruhigen, während sie mich eitlen Pfau mit offenen Mündern anstarrten.

»Hey, Jungs, gefällt euch das Stück?«

Was folgte, war ihre lapidare Beurteilung meiner Arbeit.

»Es ist Mist.«

SAM

Ich bin zum ersten Mal im Citizens Theatre mit Panto in Berührung gekommen, wo ich als sehr kleiner Junge gesehen habe, wie ein schon älterer Graham als Eisbär oder Pinguin von einem anderen Tier durch den Mittelgang gejagt wurde, aber ich hätte nie gedacht, dass ich eines Tages mit ihm zusammenarbeiten würde.

[Graham: Ich habe bei der Darstellung von Tieren immer die Grenze gezogen.]

[Sam: Grrrrrrrr.]

Ich liebe Panto-Aufführungen und bin oft mit den Pfadfindern aus New Galloway nach Glasgow gefahren, um ins Theater zu gehen. Ich war Wölfling und hatte den ganzen Ärmel voller Aufnäher. Bester Toilettenrolleneinfädler, schnellster Teeeingießer und so weiter. Ich fand die Abzeichen und Accessoires großartig.

Eine meiner ersten Panto-Rollen war ein Vogel in *Die Zwicks*.

Das Citz war für seine extravagante Ausstattung bekannt, und mein Kostüm bestand aus Plateauschuhen, einer hautengen Paillettenhose, die mir bis zum Schambein ging, also gerade eben meine Kronjuwelen bedeckte, einem Korsett und einer Karnevalsmaske. Es war eher ein Weihnachtsstück als richtiges Panto. Ich bekomme eher die Angebote mit Klasse, wie *Eine Weihnachtsgeschichte*, während Graham im Allgemeinen eher die wilderen Pantos spielt (»Es ist hinter dir!«).

Ich glaube, er würde einen ausgezeichneten Kapitän Hook abgeben. Ich würde diese Rolle auch gern spielen, weil sie einige umwerfende Monologe hat, aber leider bin ich einfach nicht alt genug dazu. Vielleicht könnte ich der Peter Pan zu seinem Hook sein. Dann könnte er sich endlich rächen.

[Graham: Ich HABE *schon Kapitän Hook gespielt, du rothaarige Luftnummer! Du hast* WIRKLICH *keinen meiner Beiträge in diesem Buch gelesen!]*

Obwohl, wenn ich es recht bedenke … Graham würde auch ein hervorragendes Glöckchen abgeben. Mit seiner Highland-Kuh-Stimme wäre es zum Totlachen.

21. (oder 22.) Dezember – Julfest, Wintersonnenwende

SAM

Wir haben alle schon von Julklötzen (nicht wahr?), Julfeuern und Julfesten gehört, aber was genau ist Jul? Es ist ein Fest der Wintersonne, das heute noch von germanischen und nordischen Kulturen begangen wird. Im Mittelpunkt des Julfestmahls der Wikinger stand ein mit Lorbeer und Rosmarin geschmückter Wildschweinkopf, der die anderen Gäste bis Hogmanay satt gemacht hätte, für den Graubart aber nur eine nette Vorspeise gewesen wäre. Noch während er sich den Backenbart mit einer Serviette abtupfte, hätte er gesagt: »Ja, ja, das war wirklich sehr lecker. Was gibt es jetzt?«

Der Brauch des Julklotzes stammt von den Druiden, die einen Baumstamm anzündeten, um die Dunkelheit des Winters zu besiegen und die bösen Geister zu vertreiben. Sie glaubten, die Sonne stünde zwölf Tage still, bis sie am kürzesten Tag wiedergeboren würde: dem Jultag. Auch die Julfeuer kennzeichnen die Mitte des Winters.

Viele unserer heutigen Weihnachtsbräuche haben ihre Wurzeln in der keltischen Geschichte (Stechpalmen und Efeu, Mistelzweige, Geschenke und fröhliche Zusammenkünfte). Seit dem siebzehnten Jahrhundert war Weihnachten in Schottland verboten, und es wurde erst 1958 ein offizieller Feiertag.

Vor der Reformation im Jahr 1560 (als Henry III Klöster plünderte, Kirchen beschlagnahmte und seine Ehefrauen hinrichtete – vielleicht möchte Andy McNab ja über ihn schreiben) war Weihnachten in Schottland ein normales religiöses Fest. Doch die mächtige protestantische Kirche betrachtete alles, was auch nur einen Hauch von Weihrauch an sich hatte, mit gerunzelter Stirn und verhängte 1640 ein Gesetz, das Weihnachtsfeiern verbot. Die

Menschen hörten zwar nicht auf, den Tag zu begehen, aber er wurde erst Mitte des zwanzigsten Jahrhunderts ein fester Teil unserer Kultur.

GEMÄUER DES MONATS

BLACKNESS CASTLE

GRAHAM

Für *Outlander*-Fans ist Burg Blackness auf der Südseite des Firth of Forth für immer der Ort, an dem Jamie Fraser die längste Auspeitschung der Geschichte spielen musste. Er wurde so lange malträtiert, dass man beim genauen Hinschauen sehen kann, dass Dougals Bart am Ende ein Stück gewachsen ist.

Tobias Menzies' rechter Arm war nach den endlosen Hieben wahrscheinlich gewaltig bemuskelt. Ich weiß nicht, wie viele Hiebe Jamie bekommen hat, aber ich glaube, nach den ersten 750 habe ich aufgehört zu zählen.

[Sam: Hundert. Zweimal.]

Aber Jamie hat es überlebt. Nur sein Rücken ähnelt jetzt einem gut durchgegarten Stück Rinderbrust und erinnert uns alle permanent an die Folgen seiner schmerzhaften Begegnungen mit dem guten alten Black Jack.

Es war aber nicht das erste Mal, dass ich in dieser Festung aus dem fünfzehnten Jahrhundert war. 1996 habe ich dort *Macbeth* gedreht. Ich war Banquo (das zweite Mal, dass ich Macbeths Kumpel gespielt habe), und es war schön, mit so vielen befreundeten schottischen Schauspielern (Kenny Bryans und Iain Stuart Robertson als Macduff und Ross) und mit Jason Connery als Macbeth zusammenzuarbeiten.

Es war in vielerlei Hinsicht wie ein Vorläufer meiner Arbeit bei *Outlander*. Ein zusammengewürfelter Haufen Leute, die an einem durch und durch schottischen Ort Fantastisches erleben. Ich habe ja, glaube ich, schon gesagt, dass *Macbeth* wohl mein Favorit unter den Shakespeare-Tragödien ist. Das Erzähltempo, die Handlung, die Figuren sind großartig.

Wenn ich mir die Fotos von damals ansehe, fiel dieser Dreh außerdem in eine Zeit, in der ich meinen Haarausfall mit Händen und Füßen verleugnet habe.

Haarausfall ist für Männer ein schwieriges Thema. Das erste Mal habe ich mir 1993 für ein Stück im Citizens Theatre den Schädel kahl geschoren. Bis dahin hatte ich mir drei Jahre lang vorgemacht, dass ich nicht im Begriff war, eine Glatze zu bekommen – hauptsächlich, indem ich jeden genaueren Blick auf meinen Scheitel vermied.

In dem Theaterstück hat der Kahlkopf gut funktioniert, aber aus irgendeinem Grund, den ich nicht näher ausführen möchte, beschloss ich, mir die Haare für *Macbeth* wieder wachsen zu lassen.

Wenn ich mir diese Fotos heute anschaue, ähnelt mein Haar einem wogenden Kornfeld, das an mehreren Stellen angefressen wurde. Ich habe viel zu viel Zeit damit verbracht, es mit dem Kamm zurechtzulegen, in der Hoffnung, dass auf meiner ganzen Kopfhaut wie durch ein Wunder Haare sprießen würden.

Anfangs habe ich Spezialshampoos probiert, Behandlungen, sogar eine Haarklinik. Ich wurde hoffnungslos über den Tisch gezogen, aber es gab mir das Gefühl, wenigstens irgendetwas zu tun.

Wären die heutigen Transplantate damals schon erhältlich gewesen, hätte ich das vermutlich versucht.

Aber zum Glück waren sie es nicht.

Heute kann ich mir nicht mehr vorstellen, keinen rasierten Schädel zu haben. Ich wäre entgeistert, wenn ich plötzlich eine dichte Mähne hätte. Eigentlich war es sogar meiner Karriere förderlich, weil Kahlköpfe in Mode kamen (vorher sah man einfach wie ein Krimineller aus – vielleicht tue ich das ja heute noch).

Aber ich schweife ab.

Ich werde die Festung Blackness immer in besonderer Erinnerung behalten. Nicht nur wegen *Macbeth,* sondern weil ich gleich zwei wunderbare berufliche Erlebnisse dort hatte, und weil es der Schwanengesang für mein Haar war. Seit 1996 rasiere ich es grundsätzlich ab. Ich habe das Gefühl, das würde Black Jacks Beifall finden.

SAM

Auch ich verbinde Blackness mit einigen prägenden Erinnerungen. Ziemlich eisigen, unangenehmen Erinnerungen. Es herrschte Frost, als wir dort gedreht haben. Es war zwar nicht ganz Weihnachten, aber es fühlte sich so an, vor allem dann, wenn ich zum hundertsten Mal mein Hemd ausziehen und mich auspeitschen lassen musste, weil ich rote Haare hatte.

Es war noch relativ am Anfang der ersten *Outlander*-Staffel, und der Ostwind wehte Grahams letzte Haarsträhnen davon. Ich musste für diese Szene den Oberkörper frei machen, und ich hatte monatelang trainiert, um so muskulös wie möglich auszusehen. Meine engelsgeduldige, unablässig tatkräftige Stylistin Wendy hatte an diesem Morgen mehrere Stunden damit verbracht, mir zwei Prothesen an den Rücken zu kleben – die »Einschnitte und daraus resultierenden Narben« der wiederholten Auspeitschungen.

»Los, Großer, gut siehst du aus«, sagte sie und klopfte mir auf den künstlichen Rücken, während das letzte Stück mit Farbe und Kunstblut perfektioniert wurde (ein mühsamer Prozess, der Stunden dauern kann und mich beinahe wünschen ließ, sie hätten mich tatsächlich ausgepeitscht). Tobias Menzies, der den psychotischen Rotrock »Black Jack Randall« spielte, sollte sich in Rage peitschen, bis Jamies Rücken in Fetzen hing, doch Jamie Alexander Malcolm MacKenzie Fraser, »König unter den Männern«, später in Liebe zu Claire entbrannt, würde NICHT schreien oder ein trotziges Wort äußern. Es wurde ein Kampf der Charaktere, denn Black Jack versuchte, Jamie zur Unterwerfung zu zwingen.

Tobias begann mit der Bestrafung und genoss den brutalen Vorgang. Er ließ die neunschwänzige Katze fest auftreffen, eine grausame Peitsche mit neun Schnüren, die im Britischen Militär für Bestrafungen benutzt wurde. Sie sollte die Prothese treffen, nicht ZU fest, und mein Rücken würde durch das dicke Latex geschützt sein. Außerdem hatte ich eine Wattierung unter dem Kilt, um meinen Hintern zu beschützen (über den würde Black Jack sich später hermachen).

Doch die Katze hatte andere Pläne, und die Schnüre schlugen am Latex vorbei und trafen auf beiden Seiten meinen Körper.

Da die Kamera lief, wollte ich nichts sagen und blieb in der Szene. Die Leute schauten zu. Ich hielt die Luft an, während die Seiten meines Rückens von der Peitsche getroffen wurden und es höllisch brannte. Jamies Vater bekam von der Regie die Anweisung, in Ohnmacht zu fallen und einen Herzinfarkt zu erleiden, während er zusah, wie sein Sohn misshandelt wurde. Ein wirklich schwerer Tag für Familie Fraser.

Als Vollprofi schwieg ich und hielt mich an den Handeisen fest, mit denen ich an den Pfosten gefesselt war. Der Schmerz, mit dem sich das Metall in meine Handgelenke bohrte, lenkte mich von meinem schmerzenden Rücken ab. Es war eine grauenvolle Szene. Kleine Stücke der blutigen Rückenprothese flogen unter dem Ansturm der Peitsche umher. Ich kann zwar freudig feststellen, dass ich in Blackness nicht mein Haar verloren habe, aber ich bin mit einigen spektakulären Peitschenspuren von dort zurückgekehrt.

DER MACKINTOSH-CLAN

GRAHAM

Die Brutalität des Mackintosh-Clans hat hier schon ein paarmal Erwähnung gefunden (ihre Schlacht auf dem North Inch, die Schlacht gegen die Farquharsons, die Tatsache, dass sie einer der ersten Clans beim Sturm auf die Regierungstruppen in Culloden waren – mehr dazu in *Clanlands*), aber ich finde, es lohnt sich, einen Blick auf ihre andere große Fehde zu werfen, mit dem Comyn-Clan.

Die schiere Zahl der Fehden, die in Schottland ständig im Gange waren, war atemberaubend. Man fragt sich fast, ob es einen Fehdenwettstreit gab, bei dem eine mittelalterliche Version von Sam Heughan versuchte, die beste und ultrabrutalste Fehde zu führen.

Die Auseinandersetzung der Mackintoshs mit dem Comyn-Clan (heute als Cumming bekannt) war besonders bitter, weil die Engländer daran beteiligt waren (und die Beteiligung der Engländer immer eine Garantie für besonders furchtbares Blutvergießen war). Vor Robert Bruce (mit dem kleinen Pferd und der Streitaxt) waren die Comyns vermutlich der mächtigste Clan in Schottland. Sie stammten nicht nur von einem, sondern von zwei schottischen Königen ab.

Dann beschloss Bobby B., dass die Comyns seinem Streben nach Schottlands Freiheit und Unabhängigkeit im Weg waren.

Roberts elegante, unverblümte Lösung für dieses Hindernis war es, den Häuptling der Comyns zu ermorden – der Legende nach in der Greyfriars Church in Dumfries.

Wie in diesen Situationen üblich, erzeugte dies eine Kluft zwischen Bruce und der Comynbande. Diese war so tief, dass die Comyns beschlossen, in Bannockburn auf der Seite der Engländer zu kämpfen (siehe JUNI).

An diesem Punkt kamen die Mackintoshs ins Spiel. Sie beschlossen, sich gegen die Comyns an Bruce' Seite zu stellen, womit sie den ohnehin schon bitteren Hass zwischen den beiden Clans zementierten.

Überspringen wir etwas mehr als hundert Jahre (nur ein Blinzeln in der Welt der Clanfehden). Damals beschlossen die Comyns, den Mackintoshs eine Menge Land sowie die Burg Rait zu rauben, seit 1238 Sitz des Mackintosh-Clans.

Im Zuge dieses Land- und Burgenraubes hängten die Comyns vier Jungen auf einem Hügel in der Nähe (der bis heute *Knocknagillean* genannt wird, was »Hügel der Jungen« bedeutet).

Ratet, was als Nächstes passierte? Ja, die Mackintoshs übten Vergeltung.

Es folgte die Ermordung einer Menge Menschen mit dem Familiennamen Comyn.

Dann waren wieder die Comyns an der Reihe. Auf der Insel Moy gingen 500 Mackintoshs unverwandt ihrem Alltag nach. Auftritt der Comyns, die wie eine Bande mörderischer Biber flussabwärts einen Damm bauten, sodass der See anstieg.

Der Clanhäuptling erkannte die Bedrohung für das Dorf und hatte die schlaue Idee zu fragen, wer der beste Schwimmer im Ort war.

Eine törichte Seele hob die Hand.

Man schickte ihn ins Wasser, um den Damm zu beschädigen. So ertränkte er die Comyn-Krieger, die es sich gerade gemütlich machten, um sich den Spaß anzusehen. Leider verlor auch unser Mackintosh-Schwimmer dabei das Leben.

Aber man hat sicher ein rührendes Lied über ihn geschrieben.

Vielleicht war er nach Hunderten von Jahren des Blutvergießens erschöpft; vielleicht gingen ihm auch die Träger des Namens Comyn aus – der Häuptling des Clans beschloss, einen Waffenstillstand auszurufen, und lud die Mackintoshs zu einem Fest in der Burg Rait ein.

Die Mackintoshs, die gern gut aßen, nahmen die Einladung an.

Ich denke, ihr ahnt schon, worauf das hinauslaufen könnte, oder?

Comyn hatte Pläne, die nichts mit einer entspannenden Käseplatte am Ende des Festmahls zu tun hatten.

Er ließ seine Männer Geheimhaltung schwören und sagte ihnen, sie sollten darauf achten, dass jeder von ihnen beim Essen einen Mackintosh neben sich sitzen hatte. Dem Anschein nach sollte das die Mackintoshs beruhigen, doch in Wirklichkeit würde jeder Comyn beim Hauptgang neben einem Mackintosh sitzen, dem er sein Messer ins Herz stechen konnte.

Hinterhältig, höre ich euch sagen.

Aber die Liebe findet immer einen Weg, alles durcheinanderzubringen.

Denn es war so, dass die Tochter des Comyn-Häuptlings heimlich in einen Mackintosh-Krieger verliebt war.

Sie trafen sich an der üblichen Stelle. (Einem großen Felsen – mit Adressen war es damals schwierig. Sie konnten auch nicht sagen, wir sehen uns im Pub. Daher also: »Wir treffen uns an unserem üblichen Felsbrocken.«) Ehe es zwischen ihnen heiß hergehen konnte, verriet die Tochter des Comyn ihrem Geliebten den Plan, sie alle umzubringen.

Derart gewarnt, nahmen die Mackintoshs die Einladung an, trafen aber die Vorsichtsmaßnahme, je einen Dolch in ihrer Kleidung zu verstecken.

Nach einer vermutlich ausnehmend langen und langweiligen Rede des Comyn-Häuptlings wurde der Wildschweinkopf auf einer Silberplatte hereingetragen.

Das reichte den Mackintoshs. Sie sprangen auf, brüllten ihren Schlachtruf, »Loch Moy!!!«, und ermordeten die Comyns.

Ein paar von ihnen entkamen dem Tod, unter ihnen der Häuptling, der kein Dummkopf war. Er wusste, dass seine Tochter eine Menge Zeit an einem gewissen Felsbrocken mit einem der Mackintoshs verbrachte.

Ehe man *Fhad 's a bhios maide sa choill, cha bhi foill an Cuimeineach* (der Kriegsruf der Comyns bedeutet »solange noch ein Ast im Wald ist, wird der Comyn-Clan keinen Verrat begehen« – gelinde gesagt, ironisch und ein ziemlicher Zungenbrecher, wenn man in eine Schlacht rennt!) rufen konnte, war Häuptling Comyn auf der Jagd nach seiner verräterischen Tochter die Treppe hinaufgehechtet, um sie Bekanntschaft mit seinem Breitschwert schließen zu lassen.

Da sie erkannte, dass Papa nicht in der Stimmung war, alles in Ruhe auszudiskutieren, packte sie einen Vorhang, um sich aus dem Fenster in die Arme ihres wartenden Geliebten zu schwingen, der ein ziemlicher Prachtkerl gewesen sein muss, wenn er eine Frau im freien Fall aus einem Burgfenster fangen konnte.

Doch in letzter Sekunde müssen ihr Zweifel gekommen sein, denn sie ließ sich wieder auf ihren wartenden Vater zuschwingen, der ihr mit seinem riesigen Schwert prompt beide Hände abhackte.

Ohne Hände stürzte die arme junge Frau zu Tode.

Überwältigt vor Schmerz, beschloss der Clanhäuptling, die Burg Rait zu verlassen. Sie ist bis heute nicht wieder bewohnt.

Jedenfalls setzte dieses Ereignis der Fehde zwischen den Comyns und den Mackintoshs schließlich ein Ende.

NATURNOTIZEN

MISTELZWEIG (VISCUM ALBUM)

SAM

Der Kuss unter dem Mistelzweig geht wahrscheinlich auf die Druiden zurück. Wobei Graham, der schließlich wie ein Druide aussieht, vielleicht mehr darüber weiß …

Heutzutage sehen wir nicht mehr oft, dass Menschen Mistelzweige aufhängen. Sie interessieren sich nur noch für Playstations und Xboxen. Ich wüsste nicht einmal, wo ich einen Mistelzweig finde, wenn es nicht beim Obst und Gemüse im Supermarkt ist. Vielleicht neben der Minze und dem Koriander.

In vielen Kulturen, darunter die der Römer, war die Mistel eine kostbare Pflanze mit medizinischen und magischen Eigenschaften. Ich habe zum ersten Mal in den Asterix-Comics davon gehört, wo der Druide Miraculix ständig auf eine Eiche kletterte, um die halb parasitische Pflanze zu sammeln. Es gab sogar ein Promo-Video für die dritte *Outlander*-Staffel, in der wir zu Weihnachtsmusik unter einem Comic-Mistelzweig herumknutschten. Sehr kitschig, aber auch sehr feierlich.

Der Mistelzweig ist ein Fruchtbarkeitssymbol, aber auch ein Friedenszeichen. Wenn sich Feinde im Wald unter einem Mistelzweig begegneten, ließen sie ihre Waffen fallen und riefen einen Waffenstillstand aus. Das würde ich eines Tages gern mit Graham tun, wenn wir endlich beschließen, uns nicht länger gegenseitig das Leben schwer zu machen. Allerdings kommt es nicht infrage, dass ich ihn küsse.

GRAHAM

Es ist die Zeit der fröhlichen Feste, und wer sollte uns besser durch diese partyreiche Zeit führen als unser persönlicher Lebenskünstler Duncan Lacroix.

Ich habe mich an einem seltenen Abend der vollständigen Nüchternheit mit ihm getroffen, und er hat mir die folgenden weisen Worte mit auf den Weg gegeben:

Weihnachten mit Duncan Lacroix

1. Vorweg gesagt: Es hat keinen Zweck, unzureichend vorbereitet zu dieser einzigen großen Party namens Dezember zu kommen. Fangt früh an zu trainieren. Ich empfehle, spätestens September (lasst es jedes zweite Wochenende krachen). Manche fangen im Januar an. Möge der Fairste gewinnen.
2. Achtet darauf, dass ihr immer eine Nikolausmütze dabeihabt. Der Nikolaus ist immer willkommen.
3. Fangt im Oktober an, euch zu steigern, damit ihr rechtzeitig fit für frühe Weihnachtsfeiern seid.
4. Wenn ihr das Gefühl habt, ihr hättet zu viel getrunken, tanzt eine Runde (volle Kanne, nicht dieses Herumgeschlurfe). Schwitzen hilft.
5. Bringt euch bei, wie man gute Weihnachtscocktails macht. Ich mag es, wenn sie harmlos wirken und man erst merkt, dass sie da sind, wenn einem der Mund taub wird.
6. Kauft euch einen Schlitten. *[Sam: Oder klaut einen.]*
7. Lernt den Text von *Merry Christmas Everybody!* von Slade und brüllt es bei jeder Gelegenheit, um es dann auf Social Media zu posten.
8. Legt euch eine Sammlung unförmiger Strickpullis zu. *[Sam: Oder klaut einfach Grahams Sammlung.]*
9. Lauft zumindest einmal nackt durch eine anständige Nachbarschaft, aber nicht da, wo ihr wohnt.

10. Fangt an, Pfeife zu rauchen.
11. Achtet darauf, dass ihr immer einen Vorrat an Flugzeug-Kotzbeuteln und etwas Schnur dabeihabt.

Frohe Weihnachten!

28. Dezember 1971/1970/1969 – Die Geburt des Duncan Lacroix

GRAHAM

Angeblich ist der 28. Dezember 1971 Duncans Geburtstag, aber es ist schwer, das Jahr genau zu bestimmen. Es könnte 1969, 70 oder 71 gewesen sein. Der Zweifel über das exakte Jahr weist auf das Rätsel um seine Geburt hin. Weniger »geboren« als vielmehr »auf die Erde gebracht«, von Mächten, die wir nicht verstehen.

[Sam: Ich glaube, es hat eine seismische Verschiebung gegeben.]

Es heißt, der kleine Duncan hätte sein erstes Guinness mit sechs Monaten getrunken, als er es angeblich einem Verwandten abgenommen und auf ex getrunken hat. Es gibt auf jeden Fall Fotos, auf denen leere Bierdosen im Kinderbett des kleinen Lacroix liegen. So vieles rund um Duncans Ankunft unter uns ist in Mythen und Vorahnungen gehüllt.

Während es ohne Zweifel stimmt, dass er als Baby eine beträchtliche Menge an Brusthaaren hatte (es gibt Fotos), ist es schwieriger, das Gerücht zu belegen, er hätte die Hebamme geboxt.

Duncan hat von Anfang an sein eigenes Ding durchgezogen. Als Kleinkind hat er sich als Eremit versucht, dann ist er mit fünfzehn als Erfinder des Hip-Hop in der Musikszene aufgetaucht. Mit siebzehn setzte er sich zur Ruhe und gab emotionale und nervliche Erschöpfung als Grund an, nur um zwei Jahre später als Mentor von Steve Jobs wieder aufzutauchen (etwas, worüber er nur selten spricht). In seiner Biografie schreibt Steve Jobs: »Als ich Duncan Lacroix begegnet bin, wusste ich, dass ich mich in Gegenwart eines revolutionären Kopfes befand. Diesen alkoholgetränkten Nächten in Galway mit dem Mann, den ich später ›Vater‹ nannte, verdanke ich alles.«

Zur Schauspielerei kam Lacroix erst spät. Gelangweilt vom Dasein als Wegbereiter technischer Innovation und von seiner dritten Ehe, reiste Lacroix in den Himalaja, um als erster Mensch mit einer Whiskyflasche den Everest zu besteigen. Dort auf dem Dach der Welt kam ihm die Erkenntnis, dass ihn das Theater rief.

Bei seiner Rückkehr nach Irland hatte Lacroix bereits die meisten bedeutenden Shakespeare-Rollen gespielt. Wer das Glück hatte, sie zu sehen, spricht heute noch von seiner Lady Macbeth in Kathmandu.

Nachdem er die Welt der Computerinnovation, das Theater und reihenweise gebrochene Herzen hinter sich gelassen hatte, sah sich Lacroix 2013 zu einer schwierigen Entscheidung gezwungen: sich mit Elon Musk zusammenzutun, der ihn angefleht hatte, ihm bei der Entwicklung seiner Rakete zu helfen, oder Murtagh in *Outlander* zu spielen.

Diese Gelegenheit konnte sich ein Mann, für den kein Hindernis zu groß ist, nicht entgehen lassen. Der Rest ist Geschichte.

ABENTEUER DES MONATS

HOGMANAY 31. DEZEMBER & 1. JANUAR

SAM

Wenn ihr eine Liste von Partys habt, die ihr einmal erleben möchtet, solltet ihr Hogmanay sofort an die Spitze setzen, denn es gibt wirklich nichts Vergleichbares – in Edinburgh gibt es vier Tage lang Veranstaltungen, Straßenmusik, Konzerte, Cèilidhs und Fackelmärsche und natürlich die große Hogmanayparty selbst. Es ist die größte Silvesterparty der Welt. In anderen Teilen der Welt kann Silvester ziemlich ernüchternd sein (das haben wir alle schon erlebt), aber Hogmanay hat mich noch nie enttäuscht.

Ich bin ja zu 3,7 % Norweger, aber ich wusste nicht, dass diese skandinavische DNA für meine Partygene verantwortlich ist. Es heißt, die Wikinger hätten Hogmanay im achten und neunten Jahrhundert mitgebracht, weil sie die Wintersonnenwende anständig feiern wollten. In Shetland heißt das neue Jahr noch heute Yules, nach dem skandinavischen Mittwinterfest. Ehe Weihnachten in Schottland Feiertag wurde, haben die meisten Menschen an diesem Tag gearbeitet und erst zum neuen Jahr gefeiert und sich gegenseitig Geschenke gemacht.

Das Wort Hogmanay kommt aus dem normannischen Französisch, von *hoguinané*, einer Variante des altfranzösischen *aguillaneuf* – »letzter Tag des Jahres, Geschenk des neuen Jahrs«.

Beeindruckt? Ich schon!

Hogmanaybräuche

- Hausputz: Begleicht eure Schulden, putzt das Haus, bringt die Asche nach draußen, ehe es Mitternacht schlägt. Bei den Schotten gibt es keinen Frühjahrsputz; sie machen einen Neujahrsputz, bereit für einen Neubeginn.
- *Saining:* Das mache ich jedes Jahr. Es ist wichtig, Haus und Tiere zu segnen, indem man magisches Wasser aus einem Fluss verspritzt, der von den Lebenden und den Toten überquert wurde, und dann Wacholderzweige zu verbrennen, ehe man frische Luft hereinlässt (alle Rauchmelder vorher ausschalten).
- Feuerzeremonien: Die Fackelmärsche vertreiben anscheinend böse Geister.
- Gastfreundschaft: Ein wichtiges Wort in Schottland, vor allem am Hogmanay, an dem man so viele Freunde und Verwandte wie möglich einladen sollte, um mit ihnen Brot zu brechen und zu feiern.
- Cèilidhtanz: Zieht einen Kilt an und tanzt ein paar traditionelle Tänze.
- *First Footing:* Der »erste Fuß« im Haus nach Mitternacht sollte einem dunkelhaarigen Mann gehören, das bringt Glück. Das geht vermutlich auf die Wikingerzeit zurück, als ein blonder Fremder, der mit einer Axt an die Tür klopfte, schuld daran war, wenn man das neue Jahr nicht auf dem rechten, sondern dem linken Fuß begann. Der dunkelhaarige Mann sollte Kohlestückchen mitbringen (um den Kamin warm zu halten), Shortbread, Salz, Früchtekuchen und einen ordentlichen Schluck Whisky.
- Gleich nach Mitternacht Robert Burns' *Auld Lang Syne* zu singen (und zu brüllen und zu lallen).
- *Loony Duck:* Ein neuer Brauch, der 1986 in Edinburgh als Mittel gegen den Kater ins Leben gerufen wurde. Inzwischen stürzen sich bis zu tausend Menschen in verrückten Kostümen ins eiskalte Wasser des Firth of Forth.

- The Kirkwall Ba' Game: Jedes Jahr zu Hogmanay verbarrikadieren die Ladenbesitzer auf Orkney ihre Türen und Fenster als Vorbereitung auf ein chaotisches Massenfußballspiel, das auf den Straßen von Kirkwall mit einem korkgefüllten Lederball zwischen den Uppies und den Doonies ausgetragen wird (die Doonies leben nördlich der Kathedrale, die Uppies südlich).

Ich bin früher gern *First Footing* gegangen – nach Mitternacht zu Freunden, Nachbarn und Zufallsbekanntschaften. Der oder die Besuchte erwiderte das Geschenk mit einem Schluck zu trinken, um einen warm zu halten auf dem Weg … zum nächsten Haushalt! Es war im Prinzip eine häusliche Kneipentour, ehe man am Neujahrstag heimstolperte. Ich weiß noch, dass die Leute da, wo ich aufgewachsen bin, die Haustüren offen ließen und eine Flasche Whisky und etwas zu essen auf den Tisch stellten. Wenn sie auch unterwegs waren, durfte man eintreten und sich ein bisschen stärken. Die Menschen hatten großes Vertrauen.

Als Teenager habe ich mir auf der Princes Street in Edinburgh das große Feuerwerk über der Burg angesehen. Mein zweitliebster Moment des Abends war ein Wasserfall aus Feuerwerk, der über die Granitfelsen und Befestigungen lief. Es sah aus wie ein Lavastrom, der sich unten in die Gärten ergoss.

Tausende Feiernde waren auf den Straßen unterwegs und zählten um Mitternacht von zehn bis null, ehe sie anfingen zu singen. Alle fassten sich an den Händen und sangen »Auld Lang Syne«. Mein liebster Moment war dann, den Passanten ein frohes neues Jahr zu wünschen.

Dann und wann gab es einen Kuss oder eine Umarmung von einem Menschen, der sich dick in Winterkleidung eingepackt hatte, um sich vor der bitteren Kälte zu schützen. Es war immer schwer zu sagen, ob es ein Freund war oder nur ein betrunkener Fremder in Feierlaune.

Auld Lang Syne
Soll alles denn vergessen sein,
die Freude und das Leid,
begraben die Erinnerung
an die vergang'ne Zeit?
Auf die vergang'ne Zeit, mein Freund,
auf die vergang'ne Zeit,
ein Schluck auf die Erinnerung
an die vergang'ne Zeit.
Robert Burns, 1788

TROPFEN DES MONATS

HEISSES BIER

SAM

Vor über einem Jahrhundert bot man den Neujahrsbesuchern das in einem Kupferkessel erhitzte Bier an, um sie zu wärmen. Es klingt wirklich köstlich.

Zutaten

2 ½ Liter mildes Ale
1 Teelöffel Muskatpulver
30 g Zucker
3 Eier
300 ml schottischer Whisky

Zubereitung

Das Bier in einen Topf mit einem dicken Boden geben, Muskat dazugeben und erhitzen. Nicht kochen lassen.

Den Zucker hineinrühren, bis er sich auflöst.

Die Eier gründlich aufschlagen und unter ständigem Rühren unter das Bier mischen.

Den Whisky hinzufügen und den Herd heißer stellen. Nicht kochen lassen.

In erwärmte Krüge (kein Glas) und zurück in den Topf schütten.

Diesen Vorgang wiederholen, bis die Flüssigkeit klar ist, dann mit einem Lächeln und mit ruhiger Hand servieren.

Dieses Getränk kann man auch mit Weißwein und Brandy statt mit Ale und Whisky zubereiten.

[Sam: Äh, Graham, das könnte eine neue Methode sein, deinen neuseeländischen Sauvignon Blanc zu genießen!]

BEDEUTENDE GEBURTSTAGE, TODESTAGE UND EREIGNISSE

1. Dezember 1787 – Schottlands erster, von Thomas Smith entworfener Leuchtturm wird in Kinnaird Head, Fraserburgh, in Betrieb genommen.
6. Dezember 1745 – Charles Edward Stuart tritt in Derby den Rückzug an.
8. Dezember 1542 – Maria Stuart, eine der berühmtesten (und tragischsten) Frauengestalten der schottischen Geschichte, wird im Linlithgow Palace geboren. Sie regiert vom 14. Dezember 1542 bis zu ihrer erzwungenen Abdankung am 24. Juli 1567. Nachdem Elizabeth I sie neunzehn Jahre lang in diversen englischen Schlössern gefangen gehalten hat, wird sie des Verrats für schuldig befunden und am 8. Februar 1587 enthauptet.
11. Dezember 1970 – Ewan Bremner *(Trainspotting)* wird in Edinburgh geboren.
24. Dezember 1724 – General George Wade wird zum Oberkommandeur der britischen Armee in Schottland ernannt, nachdem er berichtet hat, dass man dort Militärstraßen bauen sollte.
25. Dezember 1954 – Die Sängerin Annie Lennox OBE wird in Aberdeen geboren.
28. Dezember 1734 – Rob Roy MacGregor stirbt.
28. Dezember 1971 – Duncan Lacroix' Geburtstag
31. Dezember 1720 – Charles Edward Stuart wird in Rom geboren.

GRAHAM

Es erscheint mir passend, dieses Buch mit dem Geburtstag von Bonnie Prince Charlie zu beenden. Ich frage mich, was er über all die Dinge denken würde, die über ihn geschrieben worden sind, ganz zu schweigen von den Filmen, TV-Serien und auch diesem Almanach.

Er wurde am 31. Dezember 1720 in Rom geboren und auf den Namen Charles Edward Louis John Casimir Sylvester Severino Maria Stuart getauft.

[Sam: Ich denke oft, dass Graham auch noch ein paar Vornamen haben muss, die er mir nicht verraten will, weil er Angst hat, dass ich ihn auslache.]

Wie schon sein Vater und sein Großvater wuchs auch Charles in dem unerschütterlichen Glauben an das göttliche Recht der Könige auf. Ich meine, wenn man schon König ist, warum dann nicht aufs Ganze gehen und glauben, dass man von Gott erwählt wurde.

Im Dezember 1743 ernannte ihn sein Vater James II zum Prinzregenten, was bedeutete, dass er die Autorität besaß, ALS König zu sprechen und zu handeln. Er verlor nicht viel Zeit, sammelte ein paar französische Schiffe um sich und segelte nach Eriskay in Schottland, um seine zum Scheitern verurteilte Rebellion gegen die zu beginnen, die er als die deutschen Besatzer betrachtete: das Haus Hannover. Da er selbst Italiener war, war das ein bisschen so, wie im Glashaus mit Steinen zu werfen.

Heute wissen wir alle, was aus der Rebellion von 1745 geworden ist, und wenn nicht, ist es Zeit, dass ihr *Clanlands* noch einmal lest und euch *Men in Kilts* und *Outlander* anschaut!

[Sam: Hört, hört!]

Nach der tragischen Schlacht von Culloden konnte er im September 1746 ein Schiff nach Frankreich besteigen. Am Ufer des Loch nan Uamh in Lochaber kennzeichnet ein Cairn die Stelle, an der Bonnie Prince Charlie Schottland für immer verlassen hat.

Er ließ sich in Frankreich nieder, wo er sich diversen Affären widmete, unter anderem mit Clementina, mit der er eine Tochter bekam, Charlotte. Er hatte Clementina schon während der Rebellion kennengelernt, wobei es Stimmen gibt, die sie für eine Spionin der Hannoveraner halten.

Charlie wollte den Traum von der Königswürde nicht aufgeben. Er begab sich sogar heimlich nach London und konvertierte zum Protestantismus, weil er hoffte, dass es seinem Anliegen helfen würde.

Das tat es nicht.

Ein paar Jahre später konvertierte er wieder zum Katholizismus zurück.

Während des Siebenjährigen Krieges wurde Charles zu einem Treffen mit dem französischen Außenminister eingeladen, der vorhatte, mit 100.000 Mann in England einzumarschieren. Er wollte Charlie und so viele Jakobiten wie möglich mitnehmen. Doch eine Begegnung mit Charlie reichte aus, um ihn eines Besseren zu belehren.

Am Ende wurde die Invasion in einer Reihe von Seeschlachten zurückgeschlagen, während sich Charles auf dem Kontinent die Zeit vertrieb, Berichten nach reichlich Alkohol trank und seiner Umgebung auf die Nerven fiel.

Selbst Papst Clemens XIII war wenig beeindruckt und verweigerte ihm die Anerkennung als König, die seinem unlängst verstorbenen Vater James noch zuteilgeworden war.

1772 heiratete Charlie Prinzessin zu Stolberg-Gedern, eine Ehe, die acht Jahre später unter Gewaltbezichtigungen endete, nachdem Louise die königliche Matratze mit einem anderen geteilt hatte.

Schließlich starb der einstmals attraktive Prinz am 30. Januar 1788 im Alter von sechsundsiebzig als aufgedunsener einsamer Alkoholiker – exakt 139 Jahre, nachdem sein Urgroßvater Charles I an jenem winterlichen Morgen in London enthauptet worden war.

Das nenne ich schlechtes Timing.

[Sam: Und der Rest ist, wie man sagt, Geschichte – mit einer ordentlichen Portion romantischer Fiktion.]

EPILOG

SAM

Wow, was für eine Reise durch Schottland. Ein ganzes Jahr in Begleitung zweier Freunde, die sich trotz ihres konstanten Gemeckers und ihrer kaum verhohlenen Dauerkonkurrenz in diesem Moment liebevoll in den Armen liegen und gemeinsam ein großes Glas Sassenach trinken (oder zwölf). Es war uns ein Vergnügen, unsere Einblicke, Anekdoten und nutzlosen Weisheiten über unser wunderbares Land mit euch zu teilen.

Wir hoffen, ihr hattet Spaß an unserem Abenteuer-Trip durch das Kalenderjahr. Ich könnte das gleich noch einmal machen! Und es gibt so viel, worauf wir uns freuen. Graham und ich arbeiten an einer ganzen Reihe von Projekten, gemeinsam und einzeln, und wir hoffen, dass es eine Neuauflage von *Men in Kilts* geben wird, mit Sicherheit noch mehr *Outlander*, und ihr könnt immer darauf zählen, dass wir uns für neue Eskapaden zusammentun. Seid gern wieder dabei!!!

Bis dahin … *sláinte!*

Und jetzt gib mir die Flasche, mein Freund!

DANKSAGUNG

SAM

Das hier ist ein ganz besonderes Buch, das ohne die Weitsicht und Kreativität von Briony Gowlett, die harte Arbeit und Hingabe von Charlotte Raether und die immer zauberhaften, oftmals blutrünstigen und meistens weitschweifigen Erzählungen meines bärtigen Reisebegleiters Graham McTavish niemals zustande gekommen wäre.

Danke an sie und an alle, die in diesem Buch vorkommen – zu viele, um sie alle zu erwähnen, aber ich versuche es: Wendy, Duncan, Caitriona, Marina, Sophie, Richard und alle meine *Outlander*-Freunde. Alex und das GGC-Team. Meine Agentinnen Ruth, Theresa, Zoe, Thea. Meine Familie und natürlich meine Mutter Chrissie.

GRAHAM

Danke an alle, die da waren, wenn ich sie brauchte (die Liste ist lang). Ihr wisst, wer ihr seid, aber ein paar möchte ich besonders erwähnen:

Garance, meine Töchter Honor und Hope. Meine Kameraden Dougy, Paul, Paddy, Chris und Mark.

All die wunderbaren Menschen, die mir geholfen haben, meine Familie zu ernähren:

Meine Managerin Cheri, Dawn, Caitlin und alle bei CAM, Glenn, Adrian, Adam und alle bei Artists Representatives und natürlich Zoe bei United Agents.

Einmal mehr geht mein Dank an Briony Gowlett und alle bei

Hodder & Stoughton sowie die unendlich geduldige Charlotte Reather. Danke an euch beide dafür, dass ihr uns bei unserer zweiten gemeinsamen Reise zur Seite gestanden habt und dass ihr mein exzentrisches Geschreibsel gezügelt habt.

Mein Dank geht auch an Kevin Johnseon, den wunderbaren Regisseur von *Men in Kilts,* an alle bei Boardwalk und an unsere fantastische Crew, die unseren Roadtrip zu einem solchen Vergnügen gemacht hat und – ganz wichtig – für mein Überleben gesorgt hat. Beim nächsten Mal musst du auch einen Kilt tragen, Kevin.

Last but not least danke ich meinem Fahrer, Begleiter, sanften Folterer, Co-Autor, Halb-Irren und lieben Freund Sam Heughan. Du hast mich zum Lachen gebracht, dazu, mich meinen Ängsten zu stellen und Neues über das Glück der Kameradschaft zu lernen. Ich kann mir nicht vorstellen, das mit irgendjemand anderem zu machen, Kumpel.

CHARLOTTE

Ich möchte mich nur bei meinem geduldigen Ehemann Ed und meinen Kindern Tallulah und Matilda bedanken, die jetzt noch von Sam und Graham reden, als gehörten die beiden zur Familie – zumindest, bis sie einen Plan ausgeheckt haben, um die beiden loszuwerden, damit sie Mami wiederhaben können.

WEITERFÜHRENDE LEKTÜRE

WEBSITES

electricscotland.com
highlandtitles.com
outlanderlists.weebly.com
rampantscotland.com
scotclans.com
scotlandinfo.eu
scotlandwelcomesyou.com
undiscoveredscotland.co.uk
visitscotland.com
wild-scotland.org.uk
scottishwildflowers.org

DIE AUTOREN

Sam Heughan ist Schauspieler und Philanthrop, am bekanntesten für seine Rolle als Jamie Fraser in der erfolgreichen TV-Serie *Outlander*. Seine Theater-, TV- und Filmkarriere erstreckt sich über gute zwei Jahrzehnte, von seinen Anfängen am Royal Court Theatre bis hin zu seiner jüngsten Rolle in der Romanze *Love Again* mit Priyanka Chopra und Celine Dion. Er hat ein preisgekröntes Whisky-Unternehmen gegründet (für das in diesem Buch schamlos geworben wird), seine erste eigene TV-Serie *Men in Kilts* produziert und es mit *Clanlands,* dem Vorgänger dieses Buches, auf die Bestsellerliste der New York Times geschafft. Mit zunehmender Bekanntheit nutzt Sam seine Stimme und Reichweite, um für wohltätige Zwecke Geld zu sammeln und Öffentlichkeit zu erzeugen, darunter Marie Curie UK und Blood Cancer UK. In den letzten Jahren hat er über fünf Millionen Dollar für Leukämieforschung, Hospizpflege, für die Tafeln, den Umweltschutz und für die Hodenkrebsaufklärung gesammelt. Für seinen Einsatz für wohltätige Zwecke und seinen künstlerischen Erfolg verliehen ihm die University of Glasgow und die University of Stirling 2019 die Ehrendoktorwürde. Als Nächstes plant er, Graham McTavish zu überreden, im Kilt aus einem Flugzeug zu springen.

Graham McTavish hat schon immer die Gefahr gesucht, während er gleichzeitig die Herausforderungen des Lebens bezwang, schon seit seinen Anfängen als Forscher für die Royal Geographical Society. Für seine Arbeit bei den Yuqui in Bolivien errichteten ihm diese scheuen, einfachen Menschen einen kleinen Schrein. Seine Sammlung von Auszeichnungen ist nur klein, aber sie bedeutet ihm viel. Besonders wichtig ist ihm der Preis für seine Verdienste um die kaum bekannte Welt der Zwergrentier-Haltung. Er ist stolzer Schirmherr der »Zwergrentier-Gesellschaft von Saariselka« in Finnland. Er war Fahrradkurier, erst in Delhi, dann in London, wo er sich mit dem Schauspielvirus infizierte. Nach seinen Anfängen im Amateurtheater wurde er schließlich Profi und musste seine Karriere als Gelegenheits-Trapezkünstler aufgeben. Inzwischen ist er seit über fünfunddreißig Jahren Theater-, Film- und Fernsehschauspieler. Am bekanntesten wurde er durch seine Rollen als Dougal MacKenzie in *Outlander,* als grimmiger Zwerg Dwalin in der *Hobbit*-Trilogie, als Dracula in *Castlevania* und als Dijkstra in *The Witcher,* um nur einige Figuren zu nennen, die mit »D« beginnen. Er hat auf der ganzen Welt auf der Bühne gestanden, vom Royal National Theatre in London (mit Ingmar Bergman) bis zum Metropolitan Museum of Art in New York, wo er in seinem eigenen Stück auftrat, das er zusammen mit dem Künstler Nicholas Pace geschrieben hat. Inzwischen ist er Mitautor und Produzent von *Men in Kilts,* was seinen Vater bestimmt freuen würde. Außerdem ist doch klar, dass er auch schon an der Mailänder Scala gesungen hat. Er ist begeistert, dass der Traum, den er als Zwölfjähriger hatte – ein Buch zu veröffentlichen – ein zweites Mal wahr geworden ist!

Charlotte Reather ist eine bekannte Lifestyle-Journalistin, Kolumnistin und Comedy-Autorin. Sie ist Co-Autorin des Bestsellers *Clanlands* von Sam Heughan und Graham McTavish ebenso wie des Angel-Abenteuers *Extreme Fishing* von Robson Green. Sie lebt mit ihrem Mann (einem ehemaligen Marinesoldaten) und ihren beiden Töchtern in West Sussex, wo sie an ihrem ersten Roman arbeitet.

Charlottereather.com / @charlottereather